일의 격

성장하는 나

성공하는 조직

성숙한 삶

신수정 지음

일의 격

성장하는 나, 성공하는 조직, 성숙한 삶

초판 1쇄 발행 2021년 6월 22일
초판 26쇄 발행 2024년 11월 25일

저 자 신수정
기획.편집 강민호

펴낸곳 ㈜턴어라운드
발행인 강민호
표지 디자인 디스커버
내지 디자인 문지용
교정교열 박선이

출판등록 2018.04.10 제 2018-000106호
주소 서울시 강남구 강남대로 240, 413
전 화 02-529-9963
웹사이트 www.tabook.kr
이메일 turnbook@naver.com
ISBN 979-11-90276-02-3 13320

일의 격

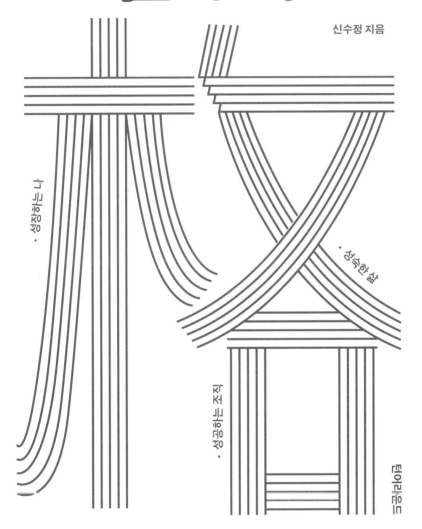

신수정 지음

· 성장하는 나

· 성숙한 삶

· 성공하는 조직

턴어라운드

288인의 추천, 그리고 응원의 말. (From. 페이스북)

축하드려요! **오영호** ｜ 성장에 대한 목마름이, 멘토에 대한 기다림이, 사회에서 본 받을 만한 선배에 대한 갈망이 있는 우리시대 직장인들을 위한 좋은 길잡이가 되리라 생각합니다. 축하드립니다^^ **양준균** ｜ "경험에서 나오는 공감의 글을 마주하며, 성숙과 위로와 영감의 한 주를 시작하게 됩니다. 좋은 글 늘 고맙습니다" 출간을 축하드립니다. **이재훈** ｜ 엄청난 책이 나올 것 같습니다. 미리 출간을 축하드립니다! **임정욱** ｜ 너무 축하합니다! 삶에 지침서가 세상에 드디어 나오네요. 소중한 분들께 선물 하겠습니다! **심성재** ｜ 축하드립니다. 매번 생각을 하게되는 좋은 글들을 공유하셔서 도움을 받아왔었는데, 보다 많은 이에게 영감을 주는 일을 시작하셨군요. 저역시 기독교인이며 직장인인지라 수정님의 글은 다른 어떤 페친들의 글과 달리 현실적으로 마음에 와닿는 부분이 많았습니다. 나눔의 철학도 훌륭하시구요. 앞으로도 많이 배우겠습니다. 감사합니다. **김준수**

"이제까지 직장인으로서 회사생활을 체험하며 스스로 세상 이치를 깨닫는 모습을 이렇게 솔직하게 알려주는 경우는 처음입니다. 대기업과 신생기업을 두루 섭렵하며 수평적 리더십이 몸에 배어, 무상 코칭으로 차별이나 편견없이 후배들을 리더로 육성해내는 모습은 훈훈합니다. 깊은 삶의 지혜와 통찰이 담겨있으면서도 현실적이고 실용적인 처세방법을 알려주어, 직장인의 생활 지침서, 학생들의 인생 교과서로도 좋다고 생각합니다"
임춘택

출간 축하드립니다! 페북에서 보던 글을 정리된 목차로 볼수 있게 되어 기쁩니다. 저의 간단한 추천사로 감사의 마음을 전합니다. 수정님이 선택하신 세가지 키워드 성장 성공 성숙 중 한가지만을 이야기하는 책은 그간 많았으나 성장이라는 한단계를 넘어서는 방법과 성공을 이룬 후 지속적인 성장으로 이어지는 혜안까지 아우르는 책은 잘 보지 못한 것 같습니다. 그렇기에 늘 단편적인 조언과 전략에 의존하며 전체적인 삶의 방향을 어찌 세워야 할 지 고민했던 많은 사람들에게 온라인상의 멘토가 되어주신 수정님의 정식 책 출간 소식이 무척 반갑습니다. 직장 초년생부터 대표까지 각자의 실생활에 바로 적용할 수 있는 쉽지만 깊이있는 통찰력이 녹아있는 글을 읽다보면 독자들은 어느새 사회적 성공을 넘어서 선한 영향력을 발휘하며 인간으로 더 나은 삶을 살고 싶다는 삶의 뚜렷한 모토를 세우게 될 것입니다. 이 책을 통해 자신의 일을 통해 세상을 변화시키는 비전을 꿈꾸는 리더들이 많아지길 기대합니다. *Hyunjoo Ahn*

"삶을 살아가는 방법에 대한 질문에 늘 찾던 '어른'으로 일상의 잔잔한 깨달음으로 일깨워주시는 '위트'와 '영감' 그리고 '귀감'이 되어주심에 감사드립니다. 언젠가 저도 누군가에게 지혜를 나눌 수 있도록 노력하며 살아야겠다 책임감을 느끼게 됩니다. 출간을 축하드립니다!"
Hyewon Yim

주말 아침을 부사장님의 글과 함께 시작합니다. 멘토와 코치에 목말라 있는 수많은 후배들에게 시간 쪼개어 인사이트 나누어 주셔서 늘 감사드립니다. 책 나오면, 늘 제 침대 머리맡에 위치하는 3권 중 1권이 될 것 같습니다. 기

대하고 응원드립니다! **송지혜** | 평소 감탄하며 즐겨 읽던 신수정님의 글이 책으로 나온다니 기대가 큽니다. 그동안 페이스북에서 놓치거나 스쳐 지나간 귀한 글들을, 항상 옆에 두고 꼼꼼하게 읽고 깊이 생각해 볼 기회가 될 것 같습니다. **박정훈** | 멋지십니다. 많은 분들에게 성장과 도움이 되어 인생을 좀 더 행복하게 살아갈거라 확신합니다.^^ **조흔우** | 오~ 드디어 책을 내시는군요. 저 역시 신수정 부사장님 글의 팬입니다. 주변에 많이 공유하기도 했습니다. 성공-성장-성숙.. 키워드도 좋은 것 같습니다. 저도 꼭 사서 보겠습니다. 희망하시는대로 충분히 널리 읽지 않을까 합니다. **최병천** | 많은 이들에게 좋은 영향을 끼치는 책이 되길 바랍니다! 멀리서도 손쉽게 읽을 수 있도록 전자책도 부탁드려요~ **문병준**

"인생에서 주위에 선한 영향력을 베풀 줄 아시는 분이세요. 삶의 지혜, 깊이, 통찰을 매주 선물받아 감사드리고, 이 책이 더 많은 분들께 유익한 삶의 나침반이 되기를 기대합니다"
안수봉

안녕하세요~^^ 대표님. 세상에 대한 인사이트를 짧고 간결하게 전달해 주는 메시지에 항상 감사드립니다. 저에게는 어둠 속을 걸어가는데 한줄기의 빛이 되어주시는 촌철살인 같은 존재입니다. 익숙하게 생각하는 통념을 벗어나 셀프 리더십을 만들어갈 수 있을 것 같아 출간하시는 책도 기대가 됩니다. **오금택** | 아... 책이 나오는군요. 축하드립니다. **박창완** | 일단 나오면 빨리 알려주세요 **Woojin Park** | 실전적 경험과 통찰에서 비롯된 실질적 조언을 담은 책이 될 것 같습니다. 읽고나면 그런가 보다 하지만 덮고 나면 막상 어떻게 해야 할 지 모르겠는 시중의 흔한 자기 계발서가 아닌 진정한 의미의 멘토로서 조언이 가득 담긴 좋은 도서가 나올 것을 기대 합니다. **Ggom Lee** | 댓글만으로도 또 한 권의 책이 되겠네요. 축하드립니다. **양승호** | 누구보다 앞선 생산성과 선한 리더십을 가진 리더가 직원과 조직을 위하는 마음이 인간에 대한 깊은 성찰이 되고, 그 선순환으로 가장 높은 수준의 리더십을 정립하신 리더의 이야기입니다. 앞으로도 찾기 어려운 이야기 꼭 일독을 권합니다.. **김규하** | 페북에서 생각의 영감을, 큰 깨달음을 받을 수 있어 너무 너무 감사합니다. 페북을 그만 할까 고민했지만… 수정님의 글에서 위로와 공감 인사이트 많이 배웁니다. 진심으로 책 출간 축하드리며 40대 혼돈의 시기를 잘 이겨내는데 많은 도움이 됩니다. 감사합니다. 많은 분들에게 수정님의 지혜를 배울수있는 귀한 기회가 될꺼라 의심치 않습니다. 화이팅! **Young Hwa Jang** | 시공을 초월하는 공자, 맹자, 플라톤의 놀라운 통찰력에 동의하지만, 초지능 초연결 시대에 맞게 주석해 봐도 고루함과 억지스러움이 있습니다. 그동안의 페북 글이 쉬운 글과 오컴의 면도날과 같은 예리한 관점으로 성장-성공-성숙 고뇌하는 열정자들에게 공감과 비전, 해결의 실마리를 마련해 주었고, 이번 출간은 논리와 체계를 더해 주리라 기대합니다. 출간 방식도 DX기반이면 좋겠습니다. **HyungTaek Lee** | 페북을 통해 쓰는 책이라니! 진정한 소통의 달인 답습니다. 너무너무 기다려져서 빨리 보고싶은데 강민호 님을 페메로 쪼아야겠습니다 **Sung-Hoon Kim** | 너무너무 기대됩니다. 저희 회사 필독서가 될것 같습니다.^^ **조홍래**

"생각과 글, 그리고 행동이 한결같은 분을 만나 글을 읽으며 인생을 배우고 있습니다. 한 분의 북극성 같은 신념을 글로 읽으며 따라간다는 것이 감사하기만 합니다. 힘든 한국 조직 사회 안에서 선한 영향력으로 조직을 바꿀 수 있다는 것을 직접 보여주시는 것을 보며 말씀하시는 리더십을 배울 수 있었던 경험을 다른 분들도 책을 통해 꼭 알게 되시길 바랍니다"
양소영

인스타 강민호 작가님 글 보고 성지순례 왔습니다. 책 출간 축하드려요! **오성아** | 늘 불안정하고, 불확실한 삶의 연속 가운데, 나는 어떻게 생각하고, 행동해야 하는가? 매일같이 많은 선택하고 행동하지만, 과연 이 길이 맞는 길

인가? 고민할 겨를도 없이, 좌충우돌하던 삶에 신수정 리더님의 페북 글이 저에게 참 많은 위로를 전해 주셨습니다. 무엇보다도 제 자신과 이웃, 그리고 조직을 바라보는 관점을 전환하는 계기가 되었고, 완벽하지 않지만, 조금은 유연하게 삶에 대해 실험하는 자세를 갖추고, 두려워하지 않은 마음도 품게 되었습니다. 이런 계기를 주신 글들이 책으로 발간되다니, 출판해 주셔서 정말 감사드립니다. 꼭 구매하여 읽고, 선물도 하도록 하겠습니다. **Kim Euichul** │ 작년 한 해 중 가장 보람차고 감동적인 이벤트 중 하나가 리더님을 뵌 것이었습니다. 늘 삶의 지혜와 폭넓은 경험에서 우러나는 글들을 보며 큰 영감을 받고 있습니다. 가슴 충만한 글 항상 감사드리며 출간을 진심으로 축하드립니다! **허재석** │ 페북에서 누군가를 팔로우할 한 사람을 추천하라면 주저없이 신부사장 님을 추천합니다. KT에 보석같은 분이시다. 우리 회사에 안계신 게 안타까울 정도라고 지인들께 소개합니다. 얼마 전에도 제가 몇 분 팔로우를 늘려드렸어요. 항상 현명한 판단이 무엇인지 큰 깨달음 주시고, 어려운 선택에서 중심잡는 법, 그리고 유용한 정보들까지 믿고 보는 글들이었습니다. 책을 내시는 방식이나 페친들의 댓글로 추천사를 대신하신다는 방식 모두 너무 신부사장님께서 그간 보여주신 말과 행동과 그대로 닮아있는 것 같아요. 책에 있는 글들이 제가 대부분 읽었던 글들이겠지만, 그럼에도 불구하고 그동안 써주신 좋은 글들을 한 번에 모아서 두고두고 볼 수 있다고 생각하니 꼭 소장하고 싶습니다. 책 출간 진심으로 축하드리고 감사합니다. **박연선**

"글에 실천하게 하는 힘이 있고, 글에 상대를 이해하는 배려가 있고, 글에 따뜻함이 있어 자꾸자꾸 보게되고, 읽게되는 인생의 멘토글 같아요"
Hajun Lee

대표님께서는 당신을 꼰대라고 지칭하시지만 대표님의 책은 가장 트렌디한 글이 아닐까 기대가 됩니다! 축하드려요. **이성연** │ 진짜 부럽고 멋지시네요! 그 부지런하심과 명쾌한 글과, 책을 내고싶은 한사람으로 깊은 존경의 마음 보냅니다! **윤미숙** │ 축하드립니다. **김하리** │ 축하드립니다. 힘들고 고민될 때 힘이 되어 주셨던 글들이 책으로 나온다니 읽고 싶네요. 전자책으로도 내실 계획이 있으신지요? 맘 같아서는 종이책을 읽고 싶지만 해외에 있다보니 전자책이 아니면 구하기 힘드네요. **이주현** │ 겸손하며 솔직하고 위트 있는, 탁월한 공감 통찰력이 담긴 책. **Choi Chris** │ 젊은 시절, 그 어려운 신약 성경 주석을 독파하고, 그후 많은 양서를 읽고 요약하고 사색을 하고 또 경험과 관찰이 녹아 있는 책이 나온다니 기대가 됩니다. **유승삼** │ 매번 느끼는거지만 부드러운 낱말들을 모아서 단단한 문장을 선물해 주시는 느낌입니다. 늘 잘 보고있고 앞으로도 잘 볼게요. 감사합니다. **조을지** │ 잘 보도록 하겠습니다. **김정환** │ 축하드립니다. 이른바 '소셜'메신저인 페이스북에서 진정한 셀럽, 만인의 멘토가 아니신가 생각합니다. **김재균** │ 통찰의 글을 공짜로 읽는것이 죄송해서 소시적에 만든 연주곡을 메신저로 보내드렸는데 책을 내신다니 가까이 지내는 지인들께 선물할까 합니다. 늘 건강하시고 화이팅입니다! **오병현** │ 아버지가 자식에게 들려주는 것 같은, 나만 알고싶은 삶의 비법. 신코치님, 첫 책 발간을 축하합니다. **Ho-Joon Shin** │ 작년, 관계로 인해 참 힘든 시기가 있었습니다. 그 때 읽은… 자리에 오른 사람들의 능력 편이 도통 이해불가이던 상사분을 이해하고 수용하는 힘을 주었습니다. 책으로 나오면 글들은 한 줄 한 줄 읽으며 힘든 날 또 신나는 날 함께하고 싶어요. 출간 축하드려요. **장원선** │ 이상과 현실, 따뜻함과 냉철함, 명분과 실리 등 조직 생활을 하면서 맞닥뜨리는 다양한 고민거리에 대한 해결책을 균형감 있게, 그리고 스스로 생각해 볼 수 있게 되어 좋았습니다. 어른의 지혜를 배우고 싶습니다. **Soo Ah Lee**

"'선한 영향력'이라는 말을, 처음으로 수정님의 페북 포스팅을 통해 알게 되었습니다. 비즈니스 세계의 깊이를 다 체험하시고도 세간의 구태의연함을 벗어나 SNS라는 투명한 매체를 통해 인간의 깊은 내면을 통찰하고 더 나아가 개인과 조직, 리더와 조직, 리더의 성장과 성숙에 대해 실질적인 경험과 통찰을 꾸준히 글로 적어주셔서 늘 감사했습니다. 시대는 급변하고 누구나 크고 작은 그룹에 속하여 여러가지 리더의 역할을 하고 있지만 예전의 상명하복식의 조직이 더 이상 성공을 보장하지 못하는 상황에, 개인 존중을 바탕으로한 '선한 영향력'이 어쩌면 이 시대가 바라던 것 이었을 겁니다. 그동안 저에게 큰 영향을 주었던 수정님의 글들을 모아 책으로 내신다니 무척 기대됩니다"
심유란

항상 공감되는 상황들을 쉬운 예시와 핵심이 무엇인지 이야기해 주셔서 참 좋았습니다. 그냥 넘어가 버릴 수 있는 이슈들을 곰곰이 생각하게 해주시는 정류장이자 쉼터같은 글을 올려주셔서 감사했습니다. **홍원준** ㅣ 많은 인사이트 얻고 있어서 항상 감사드립니다. **James Gisung Cho** ㅣ 항상 좋은 말씀이라고 생각하고 찾아보고 했는데 책으로 나온다니 너무 반갑습니다. **Mason Han** ㅣ 먼저 축하를 드립니다. SNS를 가장 뜻있고 보람되게 활용을 하고 계십니다. 미래학자들이 4차산업 '공유경제'가 온다고 말합니다. 생각을 공유하고, 실천하는 아름다운 작가입니다. 존경합니다. 책을 기대합니다. **김학귀** ㅣ 와 정말 영광입니다. **박동성** ㅣ 출간하시는 좋은 글들이 힘들어 하는 사람과 일에 지치신 많은 분들께 희망을 줄 수 있는 도서가 되길 소망합니다. **유정훈** ㅣ 리더십, 코칭, 성장 관련한 또 하나의 마스터피스 도서가 나올 것이라 의심치않습니다! 조용히(!) 응원하고 있겠습니다 출간 축하드립니다.^^ **최근영** ㅣ 성장, 성공, 성숙이라는 키워드에 있어 정말 좋은 사례들로 저를 돌아보는 시간이 되고 있습니다. 이전에는 외부로만 답을 구하려 했다면 수정'님'(!)의 글을 접한 이후로는 저의 내면과 팀의 내면부터 다져서 팀을 이끌게 변했습니다. 아직 한 번도 뵙지 못했지만 정말 큰 빚을 졌습니다! 감사합니다! **김정호** ㅣ 축하드립니다. 그런데 그동안의 책들은 어쩌시고 첫번째 책이라 하세요?^^ **Kei Choi** ㅣ 축하드립니다^^ 매주 금요일은 별식을 기다리는 아이의 마음으로 섭취를 한 지 꽤 많은 시간이 지났네요. 항상 편안한 문장으로 풀어주신 점 감사드립니다. 유연한 사고의 밑거름 이었습니다. 건강하시고, 많이 배우겠습니다. **송명수** ㅣ 촌철살인 같은 동시에 온화함을 품은 글에 늘 많은 인사이트를 얻습니다. 분야를 막론하고 경영에 있어 귀한 가르침이 될 것입니다. **Byung Hyun Joe** ㅣ 기다리던 출간 소식을 듣다니! 나왔어야 할 책이 드디어 나온다는 소식에 진심을 담아 축하드립니다. 주말이 되면 대표님의 글을 기다리게 됩니다. 삶의 울림을 주는 글 덕분에 생각들이 자라고 많이 배울 수 있었기 때문입니다. 많은 분들께 이 글들의 지혜가 다가가길 바랍니다! 감사합니다. **최윤희**

"정말 고맙습니다. 정말 감사합니다. 제 마음 깊은 곳에서부터 올라오는 격한 감정을 말로는 다 할 수 없는 감동을 간직할 수 있게되어 너무 좋습니다. 귀한 생각들을 기꺼이 나누어 주시는 따뜻함에 또한 감사드립니다"
이광수

코치님 축하드립니다^^ 많은 사람들에게 선한 영향력을 끼치며 생을 마감하고 싶다는 이야기가 아직도 귀에 맴도네요^^ 이미 SNS로 이미 많은 분들께 여러모로 영향력을 끼치고 계셨네요. 앞으로도 응원하겠습니다!!! **YuMi Lee** ㅣ 피드를 보면서 제가 고민하는 부분들에 대한 공감을, 도움을 때로 자극을 얻을 수 있어서 감사했습니다. 저보다 앞서 경험하시고 고민하신 분이 있다는 점이 큰 위로와 기쁨이 됩니다. 출간을 축하드립니다. 설레는 마음으로 기다리고 있겠습니다! **김그린** ㅣ 제 아내는 SNS를 하지 않습니다. 그래서 수정님의 글을 보면 아내에게 공유합니다. 책이 나오면 아내에게 선물해야겠습니다. 아내가 좋아하는 글을 책으로 선물하게 해주셔 미리 감사합니다. **징징열** ㅣ 추천 댓글 추가합니다. 출간을 축하드립니다! - 많은 리더쉽과 자기 계발서를 읽었고 연구하지만 제일 즐겨 찾아보는 신수정 님의 따뜻하면서도 번득이는 지혜의 선물. **Seung Won Yoon** ㅣ 출간 정말 환영합니다. 지식은 넘치지만 지혜를 늘 부족하고 상사를 많이 겪지만 리더와 스승을 만나기 힘듭니다. 21세기에 꼭 필요한 인사이트를 주실 뿐만 아니라 이렇게 많은 공감을 이끌어주시니 아직 믿고 따를 멘토가 계시다는 것 자체에 큰 위로와 격려를 받습니다. **배순민** ┃ 자주 쓰신 글을 캡쳐해 저장해놓고 읽었는데 책으로 나온다니 너무 기대됩니다! **남여영** ┃ 응원드립니다. **김종수** ┃ 와~ 추카드려요. 언젠가 누가 왜 우리한테는 나델라가 없나하기에 우리한테도 나델라가 있다며 신 부사장을 거론하며, 기업을 대하는 우리의 정치 거버넌스가 문제라고 얘기한 적이 있어요. 경영자 리더십에도 일종의 코리아 디스카운트. **방은주**

"직장생활 10년 동안 머릿속에 맴돌며 정리되지 않던 것들에 대한 명쾌한 해석과 대안에 매번 사막속 오아시스를 만난 것 같은 느낌이라 글을 저장하고 다시 보아왔습니다. 앞으로의 저의 직장 생활과 그 이상의 것에도.. 다른 동료들의 삶에도 도움이 되는 책일 것이라 확신합니다"
최원

우와! 정말 기대 됩니다. Tony Hosang Shin ┃ 진심으로 축하드립니다, 아니 종이책으로 가까이에 두고 언제든 다시 뒤적여 볼 수 있게 된다니 제가 축하 받아야 할 일 일지도 모르겠네요. 풍부한 경험과 사색에서 우러난 통찰과 조언 나누어 주셔서 늘 감사하게 읽고 있습니다. 회사 생활은 물론이고 삶을 대하는 마음에도 영감이 되고 좋은 자극이 됩니다. 책도 소중히 읽고 많은 동료와 후배에게도 권하겠습니다. **노지혜** ┃ 항상 깊이 있는 내용이 드러나고 인사이트가 있는 좋은 가르침 감사합니다. **구기항** ┃ 우연히 글을 본 이후 매주 찾아 읽고 있습니다. 진수만 묶어 책으로 나온다니 탁월한 선택입니다. 요즘 현대인들을 위한 좋은 지침서가 될 것입니다. **오태식** ┃ 코치님 축하드립니다. 멋진 생각과 글을 통해 좋은 영향력이라는 것을 보여주시어 감사드립니다. 코액티브 코칭을 공부하는 사람들에게 꿈과 영감을 주신 점도 감사드립니다. 바로 사서 보겠습니다^^ **한숙기** ┃ 너무 너무 기대됩니다. **김윤정** ┃ 축하드립니다! 정말 기대됩니다! **조정목** ┃ 축하드립니다. 이 시대 비즈니스에 몸 담고 있는 젊은이들에게 정말 귀한 지침이 되리라 생각합니다. 출간 소식이 반갑네요. Sungho Kim ┃ 축하드립니다! H.K. Kang ┃ 첫번째인가요? 보안으로 혁신하라 재미있게 읽은 기억이 있습니다^^ **강현호** ┃ 축하드립니다. 찐팬들이 많은 거 아시죠. 저도 아이에게 공유하는 글이 많아요. 응원합니다~ Mary Jin ┃ 댓글이 주옥같네요^^ 영향력은 말에 있지않고 삶에 있기 때문에 그러리라 생각합니다. 예전에 올리신 글 중에 마틴루터킹이 "I have a dream." 하지않고 "Have your dream!" 했으면 어땠을 것 같냐고 하셨던 글이 마음에 많이 남습니다. 첫 책 기대됩니다. 지금처럼 많은 이들을 살리시길, 선한 영향력이 더욱 확장되시길 응원합니다. **서수한** ┃ 많은 훌륭한 분들이 추천을 해주시니 저까지 낄 필요는 없을 것 같네요. 책 기대하며 기다리겠습니다. 이번 주말 줌 통해 뵙죠. **김상학** ┃ 부사장님 축하 축하드립니다^^ 일독 하겠습니다! **오금택** ┃ 부사장님 축하드립니다!! **김성표** ┃ 글이 너무 좋아서 매주 주말이 기다려집니다. **김대환** ┃ 출간 축하드립니다^^ '현장에서 얻은 지혜를 선한 영향력으로 널리 알려주시는 인생 구루의 멘토링'이 더 많이 알려지겠네요~^^: **이도원**

"15년 정도 출판사 대표 역임한 적이 있는 제가 가장 부끄럽지 않게 타인에게 추천할 수 있는 책이 될 것 같습니다"
 Justin Chang Yoon

좋은 리더 = 좋은 비즈니스맨 = 좋은 인간이 될 수 있다는 가능성을 가르쳐 주신 분이십니다. 출간을 미리 축하드리고 앞으로도 많은 가르침 부탁드립니다! **김도윤** ┃ 기대됩니다. **김이배** ┃ 축하드립니다.^^ **송문희** ┃ 눈을 넓혀

주는 통찰의 글을 꾸준히 나눠 주셔서 늘 고마운 마음으로 읽고 있습니다. 피로감이 높아지는 소셜미디어 공간을 상쾌하게 만들어주는 소중하고 반가운 글들이었습니다. 저장하고 싶었는데, 책으로 나온다니 무척 반갑네요. 감사합니다! **김경달** ㅣ 리더님 진심으로 축하드립니다^^ 그동안 글과 말씀에서 많은 가르침을 주셨는데 출간하면 다시 정독해서 읽도록 하겠습니다. 즐거운 기다림이네요. **서우찬** ㅣ 와우! 저도 몇 번 게시글 보다가 출판을 권했던 사람 중에 하나였는데 드디어 결심 하셨네요. 나오면 찜 합니다. **김태식** ㅣ 기다려집니다. **황원섭** ㅣ 첫번째 책은 아니신듯^^ **Hwayong Lee** ㅣ 축하드립니다. 탁월한 식견과 선한 영향력이 더욱 확산되기를 기원합니다 ^^ **성기윤**

"함께 일을 할 때에도 늘 신선한 자극과 인사이트를 주신 멘토셨는데 세월이 지난 지금은 더욱 더 많은 사람들에게 선한 영향력을 빛내고 계시니 기쁘고 뭉클합니다. 부사장님 글을 매주 기다리며 감사히 마음에 새기고 있어요. 한 번 읽으면 헤어나오기 어려운 마력의 글!"
Sue Coxhead

경영의 그루 피터 드러커의 책을 자꾸 꺼내 읽는 이유는 경영 그 너머를 말하고 있기 때문이다. 경영이란 사업을 잘 하는 법으로 흔히 생각하는데 드러커의 저작들은 기업을 경영하지 않는 사람이 읽어도 충분한 영감과 공감을 얻는다. 신수정님의 글이 특별한 것은 이 지점이다. 일필휘지로 써 내려갔을 듯한 평이해 보이는 문장들을 따라 읽다보면 어느 새 끝에서는 무릎을 치는 통찰과 울림으로 이어진다. 특히, 통찰의 방향이 '나'의 내부를 바라보도록 한다. 스스로를 인지하고 공감토록 하여 내 안의 자연스러운 과정에서 선택할 수 있는 힘을 깨워준다. 그래서 그의 글은 반복해서 읽게 된다. 그만큼 영적이기도 하다. 첫 저작을 축하드립니다. **김형렬** ㅣ 축하 드립니다. 저도 여러권 사서 주변인들에게 돌리도록 하겠습니다. **이대복** ㅣ 축하드립니다. 많이 이들에게 정말 도움되는 책이 나올것 같습니다. **최우진** ㅣ 부사장님 글을 책으로 읽을 생각하니 너무 설렙니다. 선물 용도로 많이 구매하게 될 것 같네요. 감사합니다. **Johnny Ilmo Koo** ㅣ 매주 부사장님의 아티클을 읽고 저 스스로에게 적용하면서 정말 많은 인사이트를 받았습니다. 오랜 시간동안의 현장의 경험과 인사이트가 담겨 그 어떤 리더십, 코칭, 조직개발/문화 관련 서적보다 울림이 있고 꼭 소장해야 할 책이라 생각됩니다. **Sohee Yu** ㅣ 얼마나 많은 분들께 귀한 지혜가 될지 너무 기쁩니다. 고맙습니다. **김수진** ㅣ "You make me want to be a better man" 영화 속 주인공의 인상 깊은 고백인데요. 신 부사장님의 글이 제게 그리고 '성장'하고 '성공'하고 '성숙'하고 싶은 마음을 가지고 읽는 모든 이에게 그런 선한 영향력을 주고 있다고 생각합니다. 출판 완전 축하드리고 기대만발입니다.^^ 열독자 중 1인 올림. **김성은** ㅣ 저도 선생님 글 보면서 직장생활을 현명하게 헤쳐 나갈 수 있었던 것 같습니다. 그렇게 선생님께 Inspiration을 받고 Upgrade한 분들의 감상을 넣어보는 것도 좋을 것 같아요! **Somi Jung**

"제가 페이스북을 하다가 쓸모없는 앱이라 생각해서 앱을 몇번 지웠다가 살렸다가 했는데 선생님 글을 보고 페이스북이 쓸모가 있다는 생각을 처음 하게 되었고 지금까지 많은 가르침을 얻고 있습니다. 책으로 나온다니 정말 기쁩니다. 제 아이들이 읽어야 할 책을 여러 분야로 200여권 이상 모아놨는데 이 책을 1번으로 두겠습니다"
민현조

도의깅 갯빈새 찾아와는 류롬 놓애 책을 낸다ㅓ 하는게 대단하십ㅣ다. 항상 글 잘 읽고 있습니다. 감사합니다. 책도 잘 읽겠습니다. **이동규** ㅣ 숨은 독자입니다. 작가님 글에선 1) 핵심을 보는 인사이트가 느껴지고 2) 직장에서 몸소 얻은 경험이 버무려져 현장감이 살아있습니다. 3) 무엇보다 선한 가치 아래, 보다 큰 그림 안에서 통찰의 눈으로 건져 올린 문장에 밑줄 긋고 싶어집니다. 작가님 책이 많은 분들에게 널리 읽히면 좋겠네요. 응원드립니다. **Eunkyung Shin** ｜ 신수정 님의 글은 조직 생활의 경험을 쉬운 글로 풀어주며 공감을 이끌어내어 위로와 용기를 가지게 합니다. 나오면 꼭 읽어 보겠습니다. **이윤규** ｜ 수정 님의 글에는 영감과 깨달음 그리고 따뜻함이 있습니다. 그 글들을 읽고 저 역시 다른 분들과 마찬가지로 큰 도움을 받았습니다. 이번 출판을 계기로 수정님의 글이 페북을 넘어 대중에게 다가가고 세상에 더 나은 선한 영향을 주리라 생각합니다. 항상 응원합니다! **Starsnmaps Kim** ｜ 5년차 벤처 창업자로서 쓰시는 페북 포스팅에서 배우는 점이 많습니다. 이 책을 통해서 페이스북 넘어의 독자에게도 많은 도움이 되리라 기대합니다. **이승주** ｜ 축하드립니다 필독서 리스트에 추가 예정입니다! **이지환** ｜ 축하드립니다. 항상 잘본 뒤 머리에 담아서 즐겁게 곱씹고 있습니다. **김옥근**

"좋은 말, 그럴듯한 말을 하는 것은 쉽습니다. 하지만 그대로 실천하기는 어렵습니다. 실제로 뵌 수정님은 항상 실천하는, 그리고 끊임없이 노력하는 분이셨습니다. 먼저 본보기가 되는 것이 가장 좋은 가르침이라고 생각합니다. 앞으로도 계속 보고 배울 수 있는 분이 되어주셨으면 좋겠습니다"
문정식

정말 기대됩니다. 매번 올려주시는 글에서 인사이트를 얻고 있습니다. 한 사람의 커리어는 어쩌면 등산과 같아서 올라가는 날도 있고 내려가는 날도 있을거라 생각합니다. 그 긴 여정에 있어 이정표와 같은 글들이 많은 독자들에게 선한 영향력을 줄 수 있을꺼라 생각합니다^^ **김경도** ｜ 축하드립니다. 늘 "생각하게 하는 힘"을 불어 넣어주신 글 덕분에 무모하게 단정지으려 했던 삶이 많이 의미 있어졌습니다. "선한 영향력..." 저는 이 문구가 참 좋습니다. 기다려집니다.. 부사장님 책! **전혜주** ｜ 예약 1인이요^^ **원두연** ｜ SNS가 인생의 낭비가 아니라, 다양한 배경의 사람들을 만나고 선한 영향력을 서로 공유하는 플랫폼으로서의 SNS의 순기능을 생각해 보게 하는 신수정 부사장님. 매 주말 아침이면 실제 경험을 통해 가슴에 크게 와닿는 영감어린 말씀과 통찰의 글을 전하며, 또 한편으로는 가득한 열정으로 훌륭한 커리어를 만들어 가는 멋진 분들과의 소중한 인연을 주선해 주시기도 했던 부사장님의 책이라니 반가운 마음이 앞섭니다. 열정과 긍정의 에너지, 다양성에 대한 이해와 배려, 사람에 대한 존중으로 함께 성장하며 소중한 인연을 만들고 계속 이어나가는 일상에 힘이 되고 격려가 되는 책이 되리라 기대합니다. **Seunghoon Song** ｜ 50대 후반. 나름 많이 공부하고 경험하고 살아왔다고 생각하는데 아직도 혼동이 자주 옵니다. 혼동의 시기에 신수정님의 글들이 지혜와 혜안을 주었습니다. 책이 출판되면 구입하여 자주 참조하고 자식들에게도 권동하겠습니다. 책이 빨리 나오길 기대합니다. **김병조** ｜ 축하와 감사를 드립니다. 사전예약 가능한지요? **Jungmin Kang** ｜ 레이 달리오의 원칙 만큼이나 인생의 멘토가 되었던 신수정 님의 글들이 책으로 엮여 나온다고 하니 정말 기쁩니다. 지난 몇년간 글을 구독하면서 저에게도 크고 작은 생각의 변화가 일어나 SNS에 일과 하루를 기록에 남기고 성장의 거울로 삼고 있습니다. 성장-성공-성숙으로 이어지는 발전 모형은 인생의 원칙으로 삼을만한 좋은 주제인 것 같습니다. 많은 사람들이 신수정님의 글을 통해 더욱 생동감있는 삶을 살아갈 수 있으면 좋겠습니다. **노준영**

"이런 글을 무료로 봐도 되나 싶었는데 역시 가치를 인정 받는 것 같아 눈팅 구독자도 기분이 좋습니다"
Jeong-min Park

축하드립니다. 플랫폼 공유시대에 공진화 실감납니다. **Joon Bo Shim** | 좋습니다. **김상환** | 축하드립니다. 출간되면 멋지게 소개하겠습니다. **유병률** | 정말정말 축하드립니다. 저도 얼마간 느꼈던 그 설렘과 쾌감을 이번 책 작업에 참여하시는 모두가 느끼고 계시리라 믿습니다. **박성열** | 신....수.....정....... 세글자면 될듯요…^^ **하현미** | 멋집니다! 상투적인 유명인들의 추천사가 아니라 더 의미 있는 책이 될 것 같습니다. 해외에 계신 분들을 위해서 eBook으로도 출판되었으면 하는 기대를 해봅니다. **류교원** | 정리해서 책으로 나오면 옆에 놔두고 수시로 읽기 편하겠다고 생각했습니다. **임동석** | 축하드립니다. 읽고 지나치기에는 아까운 인사이트가 많았는데, 책으로 나온다면, 곁에 두고 틈틈이 자주 읽겠습니다. **Chul-je Cho** | 멋지네요. 삶의 조화가 느껴집니다. **김남국** | 꼭 소장해야하는 책이 될 것 같습니다. 온라인에서 발행하신 글을 따로 아카이빙했으나 이제 그럴 필요가 없겠네요! 선한 영향력을 이제 오프라인 콘텐츠로 접할 수 있다는 생각에 설렙니다. **권준성** | 저는 선생님 글들을 따로 모아서 반복해서 읽어 보고 있습니다. 책으로 나온다니 정말 기대됩니다. 꼭 구입해서 책장에 두고 보고 싶네요. 고맙습니다. 건강하세요! **이명배** | 위계구조 조직에 익숙한 우리는 리더십의 주체와 코칭의 대상을 항상 징해놓고 행동하곤 했습니다. 신수정 님의 글은 이러한 고정관념을 깨뜨려 주셨습니다. 리더십과 코칭은 존중과 상호 교류에서 시작되고 완성되어집니다. 리더들은 항상 자신을 코칭해야 하고 직원들은 자기 자신의 리더로 우뚝서야 합니다. 코칭을 진행해야 하는 리더로서, 리더십을 갈망하는 직원으로서 신수정 님의 글은 너무나도 도움이 되었습니다.
Juhyoung Cha

"학교를 졸업하고 나서는 스승이란 존재가 없었습니다! 학교를 졸업하고 사회에 나온 순간부터 더 필요한 존재가 스승이었습니다 바로 신수정님! 일신우일신 할 수 있는 이유 바로 신수정님! 우리회사에는 왜 이런 분이 없을까 속상하지만 그래도 괜찮습니다"
Junsik Ha

글 자체야 오랫동안 봐 오면서 워낙 믿음이 있죠 그런데 책으로 나오기까지의 과정이 매우 흥미롭고 추천사 아이디어도 참신해서, 출판 그 자체가 신선합니다. **변지원** | 지금까지 고료 한 푼 드리지 않고 수백번 회사 게시판에 수정님의 글을 퍼 날랐습니다. 마누라한테 수정님과 전생에 부부 였을 것 같다고 이야기했다가 "수정님 데리고 살아라"라는 핀잔까지 들었습니다. 사상적 동지 수정님의 책이 나오면 우리회사 동료들 모두에게 돌리겠습니다. 그 대신 현직을 물러나시는 다음날 첫번째 특강을 서플러스 글로벌에서 해주셔야합니다.^^ **김정웅** | 수정 부사장님 글들은 회사생활이 힘들 때 많은 힘과 따스한 가르침을 주었습니다. 그 글들이 또 출간이 된다니 더 할 나위 없이 기쁩니다. 꼭 구매해 소장하겠습니다. **이재훈** | 아 드디어! 저도 책으로 보고 싶다고 말씀 드렸는데. 이 시대 현대인에게 필요한 구루 중 한 분의 인사이트. 감사드립니다. 미리 축하드립니다. **Sungsoo Hwang** | 기대됩니다! **임택호** | 직장생활에서 가장 많이 하는 고민이지만 해답을 찾기 어려운 고민들을 통찰을 통해 얻은 지식을 활용해서 쉽고 간결하고 임팩트 있게 풀어서 페북에 올리는 글들은 직장인들을 안내해주는 '등대' 입니다. **허광진** | 드디어 책이 출간되는군요. 직장인 서바이벌 가이드 이후에 오랫만에 나오는 책이겠군요. 기대됩니다. **이동범** | 글을 편안하게 읽을 수 있으면서도 한번쯤 고개를 끄떡이며 눈감고 고민할 수 있었습니다. 아직 관리자, 리더의 자리는 아니지만 내가 그 자리에 간다면을 생각해 보았습니다. 코칭이 뜬구름이 아니라 실제 조직에 성과와 승패에 영향을 미칠수 있음을 앞으로도 보여주십시오. 축하드립니다. **Hyang Mok Baek**

"축하드립니다. 사람과 '함께'한다는 것에 대해 생각하고 느낄 수 있어서 감사드립니다"
SeongEun Koh

감사합니다 . 좋은책을 기다렸는데 드디어 만나는군요. **Miran Kim** │ 출간을 축하드립니다. 주말마다 올라오는 페이스북 글을 밴드에 따로 저장해서 시간될 때 마다 하나씩 꺼내서 정독을 하고 있습니다. 이로 인해 나에게도 성장과 성공과 성숙의 단어를 알아가면서 조금씩 성장하는 제 모습을 발견하고 있습니다. 출간이 되면 신수정 리더님의 성장.성공.성숙의 키워드가 더 많은 분들의 성숙의 길잡이로 다가갈꺼라 믿습니다. 다시 한번 감사드립니다! **이용진** │ 출간 축하드립니다. 제 삶의 대양 한 가운데서 어디로 가야할지 몰라 막막할 때, 신수정님의 글 덕분에 가야할 방향을 찾아 용기내어 나아갈 수 있었습니다. **Chae-Gyun Kang** │ 이북 동시 출간 기대합니다. **윤주헌** │ 축하드립니다! **Kiwook Sohn** │ 베스트셀러 될 것 같은 예감이 벌써 듭니다. **Kwang-Seon Kim** │ 대단한 식견입니다. 소장가치가 있는 책이 될거라고 확신합니다. **안승관** │ 축하드립니다. 처음엔 수많은 '라떼' 종류의 한 잔이라 생각했는데, 한번 읽고 두번 읽어보면서 직장생활하면서 먼저 찾아보게 된 것 같습니다. 대학 후배들과 회사 신입들에게 꼭 선물로 줘야겠습니다. 일단 저부터 읽구요. **김신우** │ 축하드립니다. 대단하세요^^ **정종기** │ 누군가의 글을 구독하는 유익을 알게 해 주신 분이 수정님이십니다. 인생과 비즈니스는 복잡성이 많은 주제인데 본질을 살펴 쉽게 나눠주심이 제게 늘 큰 도움이 됩니다. 기회될 때마다 지인 분들에게 자주 공유해드렸는데 이제 진수들만 골라 책을 내신다고 하시니 저의 찐 선물 아이템이 될 듯 합니다. 출간을 진심으로 축하드립니다^~^ **주상용** │ 성장과 성공 그리고 성숙을 응원하는 2021년 대한민국 버전의 균형잡힌 통찰! 모두의 성장을 기원합니다. **천정욱**

"보고 또 보게 되는 귀한 글들이 책으로 나온다니 무척 기대됩니다. 지혜를 아낌없이 나눠주
셔서 늘 감사합니다. 출간 축하드립니다"
김희진

출판을 축하드립니다. 솔직 담백하고, 실용적이며, 가슴에 와 닿는 부사장님의 책 기대됩니다. **김응진** │ 너무 기대되고 기다려집니다 빨리 볼 수 있으면 좋겠습니다! **여휘** │ 항상 기다려온 그동안의 글을 드디어 신수정님의 책으로 볼 수 있게 되었네요. 인사이트과 통찰력있는 글을 한권의 책으로 읽을 수 있는 있다는게 믿기지 않습니다. 본인의 생각과 스펙트럼을 키우고 싶은 분들께 추천합니다. 정말 축하드립니다. 그리고 기대됩니다! **조주현** │ 축하드려요. 선생님 글의 장점은 매우 실전적이고 통찰을 많이 줘요. 한국적이고요. 현장에서 우리가 직접 겪고 고민한 이야기죠. 며칠전에도 친구에게 선생님의 글을 읽어보라고 주었는데, 맞는 이야기라고 하더라고요. **Lee Wonyoung** │ 출간 축하드립니다!! 꼭 구입하겠습니다. **이규황** │ 삶의 난제를 다른 관점에서 볼 수 있게끔 하는 글들입니다! 항상 그 내공을 잘 받고 있습니다. **이동훈** │ 기억력이 좋지 않으셔 기록하신다고 알고 있었는데… 이젠 그 기록이 '선물'이 되었네요~^^ 머지않아 직장생활을 할 아들의 책장에 꼭 넣어둘 책이 생겼습니다. 감사합니다. 늘 들어오던 잔소리에 마음이 흔들리는 순간.. 바로 철이 드는 순간이라고 생각했습니다. 아빠는 하지 못한 일이었는데.. 제 아들을 철들게 해주실 책 선물에 미리 감사드립니다. **안종수**

"직장생활 중 가장 힘든 시기, 제 멘탈을 지켜준 힘. 신수정 님의 글을 통해 위기때마다 위로
받았습니다. 저도 지키고, 저의 커리어도 더 성장시킬 수 있도록 일에 다시 집중할 수 있는
힘을 준 글의 힘! 감사하고 또 감사합니다"
이영미

개인적으로 만나뵙지 못했지만 페이스북을 통해 신수정 선생님의 글을 읽을 수 있어서 정말 감사했습니다. 신대표님 글은 지적인 깨달음을 주실 뿐 아니라 물 밑에 잠긴 영성을 깨우는 글입니다. 많은 이들이 읽고 저처럼 깨어나고 회복, 소생하기를 기원합니다. **백현선** │ 직장인들에게는 조직의 적응력을 왜 열심히 일해야 하는지를 알려

주고 사업가에는 성공하는 방법과 어떻게 조직을 효율적으로 운영해야 하는지를 더 나아가 모든 사람에게 올바른 삶의 방식과 가치를 알려주는 인생의 지침서가 되기를 기대합니다. **민용기** │ 축하드립니다. **주종문** │ 축하드립니다^^ 대표님의 페북 포스팅을 읽으면서 코칭과 리더십에 대한 영감을 많이 얻고는 했는데, 책이 나오면 더 많은 분들이 도움을 받을 듯 합니다~ **문귀동** │ 출간 축하드립니다. 구입해 읽어보겠습니다. **Jiho Choi** │ 명품 드라마는 매주 한, 두편씩 보는 즐거움도 있지만 신작가님의 드라마는 한 주에 몰아보기를 하고싶은 그런 드라마(글)였습니다. 이제 주옥같은 드라마 에피소드(글)들을 한번(권)에 볼 수 있어 저를 포함 많은 팬들에게 큰 행복일 것 같네요. 다시 한번 축하드립니다. **송윤상** │ 사회 생활이 막막할때 사장님의 글에서 많은 영감을 얻었습니다. 주옥같은 글들이라 같은 글을 읽더라도 사회 초년생때 받을 영감이 다르고 중간 관리자가 되어 받은 영감이 다르고 리더가 되어 받을 영감이 다를 것입니다. 저도 사장님처럼 훌륭한 리더가 될 수 있도록 읽고 또 읽어 배우고 익히겠습니다. 늘 감사합니다. **조정민**

"부사장님의 선한 영향력이 페이스북을 넘어 보다 많은 독자분들께 전달되어 모두가 멋진 리더가 되기를 기원합니다"
Jae Hong An

건강한 조직문화와 리더십에 대해 관심이 많아 검색하다가 우연히 부사장님의 페북을 알게 되었습니다. 덕분에 소중한 배움과 위로를 얻으며 책 출간을 고대했는데 정말 반가운 소식입니다. 출간되는대로 꼭 사서 읽겠습니다. 그동안 수줍어 댓글을 못 달았지만 모처럼 고마움을 표현할 기회라 몇 자 적었습니다. **정대진** │ 축하드립니다. **김용남** │ 생각의 파이가 다르면서 많은 경험과 지혜 그리고 인간적인 따뜻함이 베어있는 수정같은 글들이 드디어 책으로 나온다니 벌써부터 설레네요. 항상 선한 영향력을 주심에 감사드립니다. **박남희** │ 축하드립니다. 인간에 대한 따뜻한 시선이 살아가면서 도움이 될 것 같아요. **Kyeonghee Kim** │ 축하드립니다. 항상 좋은 글을 공유해 주셔서 감사드립니다. 정독하고 있고, 기대하고 있습니다. **박승운** │ 조직 생활 초년생에게는 지침이 되고, 한 20년 넘게 한 사람에게는 손바닥 맞장구를 치게하는 글들 입니다. 저는 손바닥을 많이 부디딪쳤네요. **정해영** │ 저는 선생님을 잘모릅니다. TV에서 몇번 지나쳐 보다 페북친구의 친구여서 흑하고 들여다보니 글만 맨날 빽빽하게 있고 이미지는 하나도 없던 분이었습니다. 게다가 친구도 잘 받아주지도 않는 분인거 같고 성함 또한 수정으로 자세히 들여다 보지않음 여성인줄 오해를 할 수 있는 분입니다. 형님 아니면 작은 삼촌별의 어른으로서, 선생님으로서 하시는 말씀들은 마땅히 후배들에게 해주어야 할 지혜의 글들로서 뇌즙과 골수가 녹아 만드는 응집력 최대의 혈소판같은 생존의 길같은 고귀한 보물입니다. 안중근의사가 윤봉길의사가 그랬듯 대한민국의 미래를 위한 마땅히 출판되어야 할 선생님의 책입니다. 인세 타시면 반드시 교정 본 친구나 엔터푸라이즈 진 직원 회식 콜하세요! 페친은 놔두시고. 책이나 사볼랍니다^^ **Byoungjin Ko**

"클럽장 님과의 만남은 제 인생에 있어 가장 의미있는 순간들중 하나입니다. 과하지 않게 잔잔한 대화가 종내에는 거대한 파도로 다가옵니다. 제 인생에 큰 영향을 주는 변화를 가능하게 했습니다. 누구나 영감과 자극을 줄 수 있지만, 따뜻해서 너무나 자연스레 행동을 일으키는 영감은 아주 보기 힘듭니다. 주말마다 올라온 이 글은, 선한 영향력으로 가치를 발견시키는 클럽장 님의 삶 그 자체입니다. 의미있는 따뜻한 울림을 주는 이 글과 메세지가 세상에 더욱 널리 퍼졌으면 좋겠습니다. 온 미음을 다해 한영합니다"
김영웅

주말을 기다리는 또 다른 이유. 수정님의 글을 모아볼 수 있다는 것은, 살면서 만날 몇 안되는 행운 중에 하나다. 한번'도' 안 본 사람은 있어도 한번'만' 본 사람은 없다는 통찰의 위대함. 행운을 잡을 준비가 되었는가? **강태진** │ 2000년대 초반, 한 반도체 회사에서 정보보안을 처음 시작하면서 부사장님의 블로그를 보며 저의 멘토로 삼았었고 그게 현재의 나를 있게 해주었습니다. 지금은 페북이라는 소셜미디어 공간에서 부사장님과 페친도 맺고 좋은 글 많이 읽고 있습니다. 그 많은 주옥같은 글을 책으로 내신다니 정말 기대됩니다. "보안으로 혁신하라"라는 책도 정보보안 필독서로 아주 잘 보았는데 이번에 출간하시는 책은 정보보안 뿐만아니라 인생을 살아가는데 필요한 멘토책이 될 것 같습니다. 적극 추천드립니다. **_김도형** │ 올려주시는 글들 항상 잘 읽고 있습니다 축하드립니다. **이나은** │ 축하드립니다! **Eunji Lee** │ 축하드립니다! **진민** │ 대표님의 페북 글을 매번 복사해서 메모장에 붙여넣기로 보관하고 다시 읽어보기 해왔는데 이번에 책으로 출간된다고 하니 참으로 반갑습니다. 문자나 톡으로 지인들에게 전해 줄때마다 이모티콘 세례를 제가 대신? 받았는데 이젠 책을 선물할 기회가 오는거네요^^ 신입부터 직장인의 최고봉까지 모두에게 인사이트를 주는 글들로 주말을 좀 더 가치있게 보내왔습니다. 베스트셀러를 넘어 스테디셀러가 될거라 봅니다. 미리 축하드리고 응원하겠습니다. **이재율** │ 매번 글을 감사히 읽고 있습니다. 책 나오면 꼭 읽어보고 싶습니다! **Jae-hyung Kim** │ 인사이트를 아낌없이 나눠주신 덕분에, 트위터에서 제 맘속 구루로 모셨다는거 뒤늦게 고백합니다. 이제는 수정님 페이스북 글을 종종 제 아이들에게 공유하며 배움을 나누고 있습니다. 감사하는 마음을 보태봅니다. **정혜승** │ 항상 감사히 읽고 있습니다. 남녀노소를 가리지 않고 인생에 도움이 되는 글들입니다. 화이팅입니다! **Seongchoon Park** │ 멋지네요! 축하드립니다. **류현재**

"책을 읽으며 지식과 인사이트를 얻는 경우는 종종 있습니다. 하지만 이 책처럼 저자와 같은 깊이를 가진 사람이 되어야겠다는 마음을 갖게하는 책은 정말 드뭅니다. 제가 CEO라면 우리회사 리더 필독서로 지정할 책입니다"

Seogjoo Hwang

화이팅! **Alice Jeong** │ 청년과 같은 열정으로 끊임없이 배우고 깊이 있는 통찰력으로 도움이 필요한 사람들에게 아낌없이 나누고 베푸는 것을 기쁨과 보람으로 여기시며 선한 영향력을 끼치고 계시는 신수정 부사장님의 좋은글들 이제는 책을 통해서 보다 많은 분들에게 읽혀질 수 있길 기대합니다. **최광희** │ 축하합니다! 성함처럼 ... '새로운' 통찰의 빛으로 '크리스탈' 잔 너머로 더 크게 투사되는 형상처럼 큰 지혜를 얻게 해 줄, 또 하나의 책 탄생, 기대하겠습니다. **송주영** │ 항상 호칭이 고민이어서 댓글을 남기기가 망설여졌었는데, 아마 부사장님의 젊은 감성과 온라인 감성을 생각하면, 아마 "수정님"을 가장 선호하실 것 같아서 수정님이라고 댓글을 남깁니다. 수정님 글이 수많은 지혜를 담고 있음은 이미 많은 분들이 말씀해주셔서 제가 또 하나 보태봤자 큰 의미가 없을 것 같습니다. 제가 보태고 싶은 부분은, 수정님께서 공유해주시는 그 지혜의 글에서 가슴 따뜻한 기운도 동시에 느껴진다는 점입니다. 보통 코칭의 글들은 날카롭고 단정적인 경우가 많은데, 수정님 글들은 생각이 다른 사람들도 거부감없이 읽을 수 있도록 많은 배려가 되었다는 느낌을 받곤 합니다. 지혜가 가득한 내용을 단정적이거나 거친 표현없이 가슴 따뜻한 언어로 전달해주시는 것이 수정님 글의 매력이 아닐까 생각해봅니다. 출간을 진심으로 축하드립니다! **Sunghyun Park** │ 제가 접하는 페북 현인들 중 최고! 매주 주시는 좋은 말씀을 접하며 생각을 넓혀갑니다. 경험이 기반이 되어 더 힘이 실리는 말씀인듯! 그 말씀들을 추려서 책이 나온다고 하니 감사하고 기대가 되네요^^ **Chul Im** │ 외국계 IT 기업들에서 팀장 역할을 한지 올해로 10년째 입니다. 리더로서 잘 하고 있나 하는 생각이 들 때마다 대표님의 글을 보며 힘을 얻습니다. 저와 같은 생각의 글, 미처 생각지 못했지만 공감이 가는 글을 읽으며 지혜를 얻곤 했는데, 책으로 엮어져 나오게 된다니 크게 기대됩니다. **GiYoung Hwang**

"살아가면서 생각해 보지 못했을 다른 관점으로 생각할 수 있게 해주셨고, 조금씩 더 깊이를 더하는 생각을 할 수 있도록 도와주셔서 감사합니다"
백종화

일 잘하고 생각깊고 글 잘쓰며, 뜻이 있는 자라면 일면식 없는 이들도 아끼는 후배라 여겨주는 어른이 있다는 것이 큰 힘이자 위로입니다. 드디어 책까지 내주신다니 정말 감사해요! **방영화** │ 나만 알고 싶기도 하고 모두와 함께 하고 싶기도 한 대장 리더님의 지혜와 가르침, 이제는 더 많은 리더들과 함께 하겠네요~ **강석환** │ 책 출간을 축하 드립니다! 이제 대표님의 글을 책으로 소장하고 두고 두고 읽어볼 수 있게 되어 기쁘네요! 벌써부터 기대가 됩니다! 주로 경영과 리더십, 직장생활에 대한 주제가 많지만 특정 분야에 국한된 글이라기보다는 인생 전반에 걸쳐 지침이 될만한 많은 통찰과 영감을 주는 글이기에 책으로 출간된다는 소식이 더없이 기쁘고 반갑기만 합니다! 더욱이 대표님의 지혜와 경험이 녹아져있는 글이라 출간하신 책을 소장한다면 옆에 든든한 멘토를 둔 기분일 듯 합니다! 다시 한 번 축하드립니다! ^^ **홍성현** │ 틈틈이 좋은 글 잘 읽었습니다. 책으로도 볼 수 있게 되어 감사합니다. **Intae Kim** │ 동시대의 경영자와 리더들에게 인사이트 가득한 영감을 불어준 페이스북 글을 읽으며 때론 무릎을 쳤고, 혹은 모르는 사이 앞선 글을 놓쳤을까봐 초조했던 신수정님의 말씀을 모아 찬찬히 복기할 기회를 얻는다는 건 생각만해도 든든하고 천만다행스런 일입니다. **박진성** │ 뛰어남과 겸손함을 갖춘 리더가 되기 위해 큰 도움이 될 책. **김선태** │ LG생활건강 차석용 부회장 님이 쓰신 글을 모은 파일이 널리 공유되는 것을 보면서, 수정 리더님의 페이스북 포스트의 글들도 어떤 식으로든 묶이고 엮여서 더 많은 사람들이 읽을 수 있게 되면 좋겠다고 생각해 왔습니다. 정식으로 출간하신다니 정말 기쁩니다. 독서를 통해, 경영 일선에서, 워크숍이나 코칭 현장에서 쌓아 오신 지식과 지혜를 더 대중적인 매개체로 더 많은 분들이 접하게 해주셔서 고맙습니다. 책이 나오면 주변 선후배·동료들에게 선물하고, 권하고, 함께 읽겠습니다. 언젠가 '인스파이어' 같은 자리에서 다시 가르침을 받을 수 있기를 고대합니다. **김참** │ 출간 축하드립니다. 리더의 자세와 인생의 경험에 대한 깊이있는 통찰에 관한 포스팅들을 매번 감사의 마음으로 꾸준히 읽어왔습니다. 많이 배우는 시간들이었습니다. 책으로 구매해 다시 한번 읽고, 개인 서재에 소장할 수 있는 기회 주셔서 감사합니다. **Keumju Cho**

"우연히 페북하다 읽기 시작했던 분의 글들이 혼자보기 참 아까워서 언젠간 책으로 소장했 으면 했는데.. 이렇게 책으로 나온다니! 저 혼자만의 바람은 아니었구나 싶어요. 꼭 소장해서 두고두고 읽고싶습니다!"
이유리

페북에 올려주신 글들이 저에게 많은 도움이 되었습니다. 고맙습니다! 선한 영향력이 더욱 더 넓어지게 되겠네요 ~~^^ 축하드립니다! **안용대** │ 글 올리실 때마다 빠짐없이 읽고 인생의 많은 경험과 깊은 통찰을 아낌없이 나누어 주심에 감사했습니다. 정수를 뽑아 책을 내신다니 정말 기대됩니다. 많은 사람들에게 영감을 주는 좋은 책으로 남게 될 것을 확신합니다. **이병철** │ 시공간을 초월해서 읽는 이에게 깊은 울림을 주는 책을 고전이라고 한다고 들었습니다. 정제되고 간결한 표현으로 쉽게 씌어진 재치 넘치는 글들을 책으로 한데 모아주신다니 2021년판 고전의 탄생이네요! 제목을 들어보았으나 읽어보지 않은 책을 고전이라고 하신 분도 있지만, 출간되면 반드시 읽어 보고 싶습니다! **장재혁** │ 축하드려요. 많은 통찰이 있는 글 써주심에 고개숙여 감사를 드립니다. **최인규** │ 회사 부사 장님 글이라 일부러 외면을 했었던 것 같은데 읽다보면 곱씹게 되고 직장에서 성공이 아닌 진정한 어른이 될 수 있는 글들을 읽으면서 나도 모르게 개안하는 느낌에 하나씩 스크랩했었습니다. 회사의 책 읽는 모임에서 늘 신신매서 토론해 볼 수 있겠네요. **박도영** │ 그동안 올려주신 글로 인해 "배우고 익히니 이또한 기쁘지 아니한가"를 체험했던 시간이었습니다. 진정 이 시대의 멘토이신 걸 감사드립니다. 책이 나오길 손꼽아 기다립니다. **이승은** │ 축하
드리고 정말 멋지십니다. **김경곤** │ 축하드립니다. 늘 쓰신 글을 잘 봤는데, 곧 활자로도 나온다니 엄청 기대되네
요. **민영기** │ 삶의 성장, 인생의 성공, 인간 본연의 성숙을 담은 깊고 넓은 책이 될 것으로 확신합니다. 초안부터
기다리고 있겠습니다. **손종수** │ 제게 수정님의 글들은 매주 주말마다 일주일을 돌이켜보는 글이었습니다. 실제로
업무를 할 때 윗사람들은 왜 저렇게 생각할까?'에 대해서 반대로 윗사람들은 어떤 사람들과 일하고 싶을까를 배우
고 고민할 수 있게 주말마다 해주셨던 내용들이 담겼던 것 같아요! 책도 응원하겠습니다. **송해원**

"최근 주말마다 대표님 글 기다리곤 했는데 이런 좋은 생각들을 모아 출간하신다니 너무 기
쁩니다. 그런데 한편으론 '내가 이렇게 쉽고 편하게 취해도 되나?'하는 마음에 저도 많이 노
력해야겠다는 생각도 듭니다. 책 출간 축하드리고 많은 사람들에게 비즈니스 영역에서의 '선
한 영향력'을 전해주셔서 다시 한번 감사드립니다"
Keesoo Cho

축하드립니다. 글이 도움이 됩니다. **김주민** │ 신수정 부사장님의 통찰력있는 글들 매번 너무 감사히 보고 있습니
다. 단순 명쾌하며 재치있는 혜안이 가득한 글에 저 또한 많이 배우고 또 위로를 얻기도 합니다. 늘 부사장님의 글
들 매번 따로 저장하거나, 공유했는데 이제 그럴 필요가 없겠네요. 책 너무 기대됩니다! 잘 읽고 널리 알릴게요! 개
인적 바람이라면 리더십 세션도 꼭 다시 열어주세요! 저도 꼭 함께하고 싶어요. 저 포함 수 많은 분들의 랜선 멘토
님이 되어 주셔서 감사합니다. **Haeji Elly Kim** │ 오랜 직장생활의 경험으로 누구나 한번쯤은 고민했거나 무릎을
탁 치게 만드는 생각들을 많이 읽었습니다 일목요연하게 정리가 된다면 좋은 지침서가 될듯합니다. **Ki-chol Nam**
│ 주말을 기다렸습니다. 설레었고, 궁금했습니다. 많이 배우고, 끄덕여지는 시간입니다. 그런 글들을 추려서 책
이 만들어진다면 아마도, 읽는 많은 리더들에게 귀중한 시간, 좋은 선물일 것 같습니다. **Minseo Park** │ 기대됩니
다. 실망시키지 않을 것이라 믿습니다. 퐈이팅~! **Wootaek We** │ 위로 올라갈수록 옛적 생각 못한다는 통념을 깨
는, 더 부지런하고 치열한 생각이어야 동시대 사람들과 꾸준히 공명할 수 있다는 것. 그 교훈을 신수정님께 배웠습
니다. 신간 기대됩니다. **Eugene Lim** │ 축하드립니다. **Seong Ju Kang** │ 꼭 사보겠습니다. 책 제목 올려주세요!
글을 읽다보면 옛날 마케팅 명저 '하버드 MBA에서도 가르쳐주지 않는 것들'이란 제목의 책이 생각났습니다. **김홍
태** │ 시리즈로 계속 내주셔야 합니다.^^ **전경철**

"성장, 성공, 성숙. 인생 선배가 인생 후배에게 건네는 일터에서 깨달은 지혜의 메세지. 사회
라는 망망대해로 출항을 시작한 24, 22살 두 아들에게 선물로 준비하고 싶어요"
Kay Kyounghee Sohn

매주 토요일 아침마다, 한 주간 직장에서 실패를 거듭하며 쌓인 마음을 위로해주고, 지혜롭고 현명하게 다시 도전
할 용기를 불어 넣어주시며, 업의 본질에 집중하게 해주시는 글을 올려주셔서 진심으로 감사드립니다. 덕분에 관
점을 바꿔 내 삶을 조금이나마 긍정적으로 바라볼 수 있게 됐고 극단에 치우치지 않고 감정에 휩쓸리지 않으며 현
상 너머의 본질에 더 집중할 수 있었습니다. 제 카톡과 메모장에 복붙한 대표님 글을 책으로 만날 수 있다니 더욱
큰 기대가 됩니다! **Tae Gwan Kim** │ 수정님의 글은 시선과 생각의 균형을 잡아주고, 그 균형감(객관성이라고도
할 수 있을 것 같아요.)은 일할 때 스스로에게 용기를 주고 관계를 둘러보게 하여 협업을 가능하게 하는 동력이 됩니
다. 책이 나온다니 진심으로 반가워요~ **박미란** │ 글을 읽으면서 느꼈지만 제갈량이 현생해서 페북에 등장한
다면 신선생님으로 나타날 듯. 어떻게 저런 내공을 갖추게 되었는지 정말 신기하고 놀라울 따름입니다. 아마도 엄

청난 독서력과 역지사지한 이타적 감정, 사람 내음이겠죠. **이상철** │ 드디어 또다른 책이 나오는군요. 축하드리며 부럽습니다. 신수정 컨설턴트님, 교수님, 대표이사님, 부사장님 등으로 호칭은 변경되었지만 나이들어감이나 직장생활에서의 성장과 성공을 향한 고민에서는 제게 답 또는 방향을 잘 알려주시는 분이었습니다. 어찌어찌 신수정님을 좇아다니는 꼴이 되었지만, 성공에 대한 생각이나 성장에 대한 생각들은 남달라 고리타분하지않고 독특한 면이 있었습니다. 기존의 이론과 당신의 생각과 경험을 담은 좋은 책이라고 판단합니다. 고민하는 젊은이들에겐 학교에서 가르쳐주지 않은 좋은 글일 것으로 믿습니다. 다시 한번 책 출간을 기대하고 축하드립니다. **임공식**

"십수 년간 회사 밥을 먹어온 40대 직장인으로서 가끔 이해하지 못했던 직장 상사와 경영진의 행동들이 부사장님의 페북 포스팅을 접하면서 부터 조금씩 이해되기 시작했고 스스로의 행동도 돌아보기 시작했습니다. 이제는 그동안 실리콘밸리의 많은 회사들과 협업을 하며 자연스레 한국 회사들과 조직문화를 비교하며 느꼈던 차이들이 어디서부터 비롯되었는지를 고민하고 있는데 여기에도 부사장님의 인사이트가 많은 도움이 되고 있습니다. 앞으로도 조직에서의 인간 관계와 리더에 대한 부사장님의 인사이트를 후배들에게 오랫동안 전해주시기 바랍니다. 감사합니다"
Ki Hoon Shin

정말 많은 부분에서 도움이 되는 좋은 공감하는 책이 될거라 믿습니다. **주상식** │ 제가 좋아요를 가장 많이 누른 대표님의 글들이 책으로 출판된다니 이제 책장에 소장할 수 있겠네요. 항상 응원하겠습니다.^^ **이성훈** │ 어쩌다 저는 신수정님을 너무 늦게 알게 되었네요. 열심히 과거 게시물을 읽고 있답니다. 출판 축하드립니다. 일등으로 구매 할께요. **Myungjin Andy Chae** │ 너무 기다려집니다. 두고두고 읽고싶어 캡쳐해둔 글도 있습니다. 나오는 즉시 당장 구매하고, 또 널리널리 퍼트리겠습니다. **황보율** │ 와! 축하드립니다. 좋은 글 소장해서 읽을 수 있게 해주셔서 고맙습니다. **조옥천** │ 주말이면 부사장님 글을 기다리는 것이 습관이 되었고 글이 올라오면 설렘을 가지고 읽게 되는데 늘 기대 이상의 혜안을 발견하게 됩니다. 그리고 무엇보다 글에 따뜻함과 우리가 같이 살아가는 멋진 지혜들이 담겨 있어 늘 마음이 가득 차는 느낌을 받습니다. 이중 진수를 뽑아 책으로 만드신다니 기대되고 저도 사고 많은 분들에게 알려주고 싶습니다. **Sung Kim** │ 첫번째 찾아왔던 출판사와 계약. 베스트셀러는 이미 예약되었고 스테디셀러로, CEO가 직원들에게 선배가 후배에게 이미 이 책의 운명은 제 눈에도 보이는 것 같습니다. 출간 날만 기다립니다. **이상철** │ 많은 사람에게는 결코 쉽지 않은 결정일텐데 역시 클럽장 님입니다. 여러 권 사서 주변에 돌리겠습니다. **윤현식** │ 우~와, 축하드립니다! **신임성자** │ 축하드립니다. 많은 사람들에게 선한 영향력을 전파하리라 믿어 의심치 않습니다. 그리고 좋은 선례가 될 것입니다. 책으로도 두고두고 좋은 글을 읽게 되어 기대가 됩니다. **이현옥** │ 우와! 멋져요! Sonja Lee

수정님은 내가 되고 싶었던 모습보다 더 좋은 사람이 될 수 있도록 가르침을 아끼지 않으시는 위대한 코치이십니다. 이미 많은 사람들이 수정님과 함께하며 더 나은 리더로 성장할 수 있었고 지금도 성장해나가고 있습니다. 이제 이 책을 통해 더 많은 사람들이 그 가르침을 접할 수 있다니 기쁩니다. 얼마나 멋진 리더들이 더 나올 수 있을지 벌써부터 기대가 됩니다!
김경옥

축하드립니다. 뒤늦게 알게 되어 아직도 페북 글을 다 읽지 못하고 있는데 이렇게 진수만 뽑아서 책으로 내신다니 너무 기대됩니다. *sns*상에 올라온 글은 물론 그 안에 남아 있음에도 왠지 휘발성의 느낌이 나는데 이렇게 지면상의 활자로 나온다면 그 글들이 비휘발성으로 더욱 기억에 남을 거 같습니다. **Sangmi Han** ┃ 미국에서도 애독하고 있습니다. 해외배송 꼭 되게 해주시고 혹시 모르니 전자책으로도 해 주시면 해외 있는 사람들도 더 많은 은혜를 누리겠습니다. 큰 기대하고 있겠습니다. **Doyoung Cho** ┃ 교과서적인 당위성에 머물지 않고, 매우 실용적이며 현실에서 공감되는 글을 잘 봤습니다. 제 책은 곧 나오는데, 신수정 부사장님의 책과 겹치지 않아 다행입니다. **김진영** ┃ 드디어 출간을 하시는군요. 감사합니다. 베스트셀러이자 스테디셀러가 됩니다. 실전 리더십 무공 비급입니다. **송창록** ┃ 출간을 축하드립니다. 대표님 글을 통해 회사에서 어떻게 공의를 실천할 수 있는지 배울 수 있었습니다. 자기중심성에서 벗어나 타인과 사회를 위한 마음가짐을 배울 수 있습니다. **동내화** ┃ 축하드립니다 훌륭한 내용들이 모든분들께 새로운 길의 새싹이 되기를 기대합니다. **이기호** ┃ 코칭 리더십 *HR* 서적에 각계각층 리더들의 이만한 반응 이상의 추천이 또 있을까 싶습니다. **술편** ┃ 대표님 감축드립니다. 한말씀 올리자면 키워드의 순서가 성공 - 성장 - 성숙이 대표님의 철학과 더 부합할듯 합니다. 우연인지 제 페북 대표글과 같네요^^ **Jung Ho Park** ┃ 책을 처음부터 목차를 짚어가며 읽어도, 또는 그 순간 마음이 가는 곳을 펼쳐도 마음에 들어올 책을 빨리 만나고 싶습니다!! **MinKyeong Kim** ┃ 역시 멋지십니다. **김승주** ┃ 바로 구매 후 인증 갑니다. **서민석** ┃ 반가운 소식입니다. 그동안 실질적이고 지침이 되는 글들이어서 포스팅이 늘 기대가 됐습니다. 성장 성공 성숙 좋네요 책도 기대가 됩니다. **Seungkyu Lee**

"항상 지혜에 감탄하며 읽었습니다. 책으로 나온다니 반갑네요. 믿고 따를 어른이 주변에 없다면 이 책을 곁에 두라고 말하고 싶어요"
Minyoung Won

축하드립니다. 좋은 결정을 하셨습니다. 많은 분들에게 큰 도움이 될 것입니다. 감사합니다. **김남민** ┃ 출간 축하드립니다. **Kay Kyounghee Sohn** ┃ 저는 신수정님이 KT의 부사장님이라기보단 리더십과 조직빌딩에 탁월한 코치님이신데 인사이트 넘치는 글들이 많다는 지인의 추천으로 페이스북 친구를 신청해서 1년여 올려주시는 포스팅을 읽어왔습니다. 그러다 성공-성장-성숙이라는 코치님의 흐름을 따라 성숙에 대한 글을 읽고 깊이 공감하고 깨우치는 바가 있어 장문의 댓글로 감동과 감사를 전했던 기억이 있지요. 그 글을 찾아오느라 포스팅을 거슬러 읽어보았는데 다시 읽으니 또 우러나오는 메시지와 레슨이 다르게 느껴집니다. 책으로 엮어 나오면 앞으로 펼쳐갈 비즈니스 조직과 기업가로서의 제 개인의 로드맵에 늘 곁에서 조언을 건네주는 멘토로 삼을 듯 합니다. 그 어느 날 남겼던 긴 댓글을 찾아왔습니다. "늘 더 많이, 더 높이, 더 나은 것으로의 성공을 추구하며.. 또 나보다는 가족들, 부모님, 자녀부터 챙기고 제 사업과 몸담은 단체 등 저에게 맡겨진 책임을 우선으로 목숨처럼 붙잡고 살다가 작년 초에 암선고를 받았습니다. 그리고 나서 삶의 우선순위와 가치가 완전히 새로고침이 되었죠. 지금, 여기서, 그냥 나로서 행복할 줄 아는 커다란 깨달음의 선물도 받았고 전이되거나 재발도 되지 않아서 시간과 건강도 덤으로 받았으니 남는 장사를 한 2020년이었습니다. 고난이란 포장지 속에 숨겨진 귀한 선물을 내팽겨치지 않고 잘 찾아서 제것으로 만든 저를~ 이전까진 칭찬보단 내면 비난을 더 퍼붓는 편이었는데, 모처럼 듬뿍 칭찬해주었습니다. 인생에 정상이 어디라고 누가 정해준걸까요.. 오히려 건강을 잃고 제 삶을 더 들여다보게 되었고 제가 원하는게 무엇인지 우선순위를 제 자신이 행복하도록 재설정한 것이 정상을 정복하는것보다 더 의미있고 즐겁습니다.^^ 다만 아직도 품고 있는 소망이라면 신수정 코치님의 나눔처럼 내가 살아내고 이뤄낸 이야기로 세상을 조금이나마 더 좋은 곳으로 만드는데 보탬이 되는 자취를 남기고는 싶습니다. 매번 잘 읽고 배우고 있어요. 감사드립니다. **최인영** ┃ 리더십, 경영관리에 대해 가장 이해하기 쉽게 설명해 주시는 글입니다. **김현식** ┃ 수정님의 포스팅은 아침 출근길에 살펴보고, 퇴근길에 다시 머릿속에 잔상이 남아 곰곰이 나의 사고와 행동을 돌이켜보게 합니다. 조직에서 리더로서 그리고 누군가의 팔로어로서 어떤 마음가짐과 태도로 문제에 직면할 것인가. 다시금 성찰하게 만들어 줍니다. 힘든 가시밭길을 먼저 걸어가셨던 선배님으로서 지혜 가득한 성찰들이 후배들에게 큰 씨앗으로 마음속에 심어집니다. 모쪼록 이 책을 통해 수정님만의 특별하고 훌륭한 경험과 지혜들이 더 많은 이들에게 어려움을 헤쳐나갈 수 있는 길잡이가 될 수 있기를 희망합니다. Mincheol Jeong

"갈수록 각박해지고 경쟁이 치열해지는 세상에서 혼자가 아닌 함께 더불어 성장하는 삶을 살아간다는 것이 쉽지는 않습니다. 대표님의 글 통해서 저 뿐만 아니라 많은 사람들이 함께 성장하고 성공을 맛보기도 하고 더욱 성숙한 삶을 위한 깨달음을 얻습니다"
Woosung Choi

대단. 멋짐. 기대. **채연근** │ 저만 알고 싶은 비밀이었습니다. 이제 만인에게 공유된다니 리더십의 가치가 새로이 정착되길 바랍니다. 나누어주시는 통찰에 감사드립니다. Dongearn Park │ 축하드립니다. 대표님! 주변의 많은 리더들에게 대표님의 페이스북 글을 공짜로 차용해서 활용하라고 전수해서 항상 미안했습니다. 이제는 단돈 1~2만원으로 가슴과 머리를 꽉꽉 채우라고 자신 있게 말할 수 있겠습니다. 전문성, 인사이트, 풍부한 경험(사례), 균형감각, 절제, 따뜻한 감성과 논리적 이성, 심리학의 매칭... 대표님의 글은 현실에서 바로 적용 가능한 종합 예술이자 심리 마술이기도 합니다. 다시 한번 축하드립니다. 출간되면 많이 많이 홍보하겠습니다. **박정일** │ 기대하겠습니다. **황용광** │ 그렇잖아도 선생님의 글을 읽으며 책으로 보고 싶다는 생각을 했었는데 출간된다니 기쁩니다. 깊이 읽고 열심히 알리겠습니다. **엄원당** │ 많은 분들에게 큰 도움이 될 것이라고 확신합니다. 통찰이 남다르셔서 많이 배우고 있습니다. Jae-kwang Kim │ 코칭과 리더십에 제갈량이 있다면 신수정 선생님이 아닐까. 매 포스팅마다 놓치지않고 영감을 주는 글을 올리시는 엄청난 내공은 도대체 어디로부터 나오는지 궁금하다. 또박 또박 쓰여진 문장 하나하나에서 배움을 넘어서는 아름다움이 읽혀진다. 놀라운 일이다. Jung Eun Song │ 기대됩니다. 꼭 사서 보고, 홍보도 하겠습니다. **서영규** │ 언제부터인가 나도 모르게 주말이 기대되었습니다. 수정님이 페이스북에 올리는 글을 보며 지난 주를 되돌아보고, 새로 맞이할 한 주를 계획했습니다. 진정한 나의 성장, 성숙, 성공을 공부하고 실천하고 싶은 사람들에게 수정님의 글을 추천합니다. 이 책을 읽고 더욱 성장, 성숙한 리더들이 세상에 공유할 선한 영향력이 기대됩니다. 축하드립니다. 작년에 인스파이어 모임과 수정님의 페이스북 글을 보며, 제가 하고 있는 일에서 많은 도움을 받았습니다. 축하드립니다. **유창석**

"수정 님께서 페이스북에 올려주시는 글을 읽으며 'SNS는 인생의 낭비'라는 퍼거슨의 말을 반증할 수 있다고 느낍니다. 페이스북은 플랫폼 특성상 옛날 글을 읽기가 불편한 구조라서 아쉬운 점이 많았는데 책으로 접할 기회가 생긴다니 감사하네요. 수정 님의 페이스북 글에서 영감을 얻고 삶에 적용해보며 성장한 한 사람으로서 책을 통해서도 그런 경험을 할 수 있길 기대합니다"
Sanghyuk Song

대표님 페이스북 포스팅 통해 데일리 MBA를 하게 됩니다. 주제별 시리즈로 지속하여 나온다면 경영판단을 할 때 마디 필요한 조언을 책장에 두고 얻을 수 있는 귀함이 되겠습니다. **신철호** │ 진심으로 축하드립니다. **푸른하늘** │ 벌써 기대가 되네요. Michael Park │ 심플, 심쿵, 성숙ㆍ멋진째 기대됩니다ㆍ그게 참 삶이겠지요. **유병선** │ 축하드립니다. Seong Hoon Jeong │ 우와~! 드뎌 출간 축하드립니다. 활자로의 나눔을 책으로 볼수 있어서 기쁘고 행복한 마음으로 기다리고 있을게요. 책 제목 완전 궁금^^ **원은희** │ 축하드립니다! 많은 분 들이 기뻐할 소식입니다. **조푸른솔** │ 뽑은 스토리가 무엇일까 궁금합니다. 축하 인사 미리 드리고 싶네요. 축하드립니다^^ **김경희** │ Wow~기대됩니다. 6월 **이승배** │ 전국민이 공유할 수 있도록 유퀴즈에 나가주세요. **오현화** │ 출간을 진심으로 축하드리며 항상 진솔하게 경험과 생각을 풀어내시는 글들이 언제나 호소력 짙다는 느낌을 받습니다. **조윤아** │ 구입해서 저도 읽고 아들 녀석에게도.. **Choi Chris** │ 멋지십니다. 교수님의 페북 글은 신기하게도 금방 읽게 됩니다. 흐르는 강물처럼 자연스럽고 조용하고 간결하게 말씀하시지만 우리가 원하는 바다에 이를 수 있는 희망을 줍니다. 항상 감사합니다. **윤창범** │ 축하드립니다. 직장생활 사업 등 실생활 뿐 아니라, 마음 치유의 기능과, 재미까지.. 저도 귀하게 읽겠습니다. **이민수** │ 축하드립니다 **최재경** │ 축하드립니다 **김우선** │ 읽으신분들 모두 성공이 기대됩니다. 축하드립니다 **송우람** │ 부지런하기도 하네! **이숙자** │ 수고 많이했네. 많이 나갔으면 좋겠네! **신영호** │ 아빠는 목사가 됐어도 잘했을 듯 ㅋㅋㅋ **신정민**

일의 격
성장하는 나, 성공하는 조직, 성숙한 삶

신수정 지음

추천사 288인의 추천, 그리고 응원의 말. (From. 페이스북)

1장. 成長(성장) | 일의 성과를 극대화 시키는 기술
〈성장〉의 기쁨과 커리어를 위한 핵심단서

2장. 成功(성공) | 조직을 성공으로 이끄는 리더십의 발견

〈성공〉하는 조직과 리더십 위한 조언

3장. 成熟(성숙) | 일과 삶의 의미를 발견하는 방법
〈성숙〉한 삶을 위한 통찰

들어가는 글

본격적으로 대중을 대상으로 글을 쓰게 된 것은 2010년 트위터를 하면서부터였다. 퇴근하면서 10~20분 정도를 경영을 하면서, 또 책을 읽으며 배우고 깨달은 것들을 몇 줄의 글로 올렸다. 물론, 그 이전에도 홈페이지도 만들고 블로그도 썼지만 생각날 때 가끔이었다. 그러나 트위터를 하면서부터는 정기적으로 글을 올리기 시작했다.

거의 4년간 꾸준히 올리면서 팔로워가 2만 명 가까이로 증가했고, 어느 시점부터는 글을 쓸 때마다 트위터에서 가장 공유가 많은 트윗 중 하나로 오르게 되었다. 그러나 트위터에 정치적인 글들이 많아지면서 2013년 하반기에 페이스북으로 옮기게 되었다. 페이스북을 하면서는 삶과 일, 경영과 리더십에 대한 나의 경험과 생각을 트위터 보다 훨씬 긴 글로 올리기 시작했다. 특별한 부담을 가지고 올린 것은 아니고 그저 즐거움으로 매 주말마다 꾸준히 올렸다.

이렇게 올리게 된 이유는 세 가지였다.

첫째, 매주 많은 책을 읽고 다양한 경험을 하는데 나 스스로 기억하고 싶어서였다. 사라질 지혜와 통찰을 남기고 싶었다.

둘째, 생각의 정리를 위해 기록했다. 쓰기 시작하면 새로운 아이디어가 떠오르고 과거 읽었던 책의 내용, 경험들이 연결된다. 기록하면 나의 사고가 정리되고 확장되는 경험을 할 수 있었다.

셋째, 다른 사람들에게 좋은 영향을 줄 수 있었다. 언젠가 나의 삶의 미션을 정한 적이 있었는데 그 미션은 바로 삶, 일, 경영과 리더십에 대한 통찰을 나누어 사람들에게 파워와 자유를 주고 한계를 뛰어넘는 비범한 성과를 만들도록 돕는 것이었다. 과거에는 언론으로부터 선별된 특정한 사람들만이 글로 세상에 영향을 줄 수 있었다. 그러나 지금은 누구든 글을 통해 세상에 영향을 미칠 수 있다. 페이스북의 글을 통해 그러한 미션의 일부를 실현할 수 있었다.

그저 즐겁게 꾸준히 쓰다 보니 친구와 팔로워가 점점 증가하기 시작했다. 2019년부터는 친구가 가득 차서 팔로잉 기능을 활성화할 수밖에 없었고 2021년 4월 현재

17,000명의 페친들이 팔로어하게 되었다. 그야말로 '축적 후 발산'을 경험하게 되었다.

사실 SNS 공간에서 친구의 수는 그리 중요하지 않다. 얼마나 많은 분들이 적극적으로 호응하는가인데, 감사하게도 올리는 포스트마다 1,000명 이상의 좋아요와 100명 이상의 공유가 이루어져 수십만의 팔로워를 가지는 유명인의 페이스북 페이지보다도 더 실질적인 인기를 얻게 되었다.

그러면서 저의 글을 통해 삶이 변화하고 일에 대한 관점이 바뀌고 선한 영향력을 미치는 리더십으로 변화되었다는 분들이 증가하기 시작했다. 코칭이나 상담을 요청하는 분들이 점점 늘었으며, 출간을 요청하는 출판사나 동영상을 만들자는 콘텐츠 업체, 강연을 요청하는 기업들 또한 점점 늘게 되었다.

그러나 필자는 이를 업으로 하는 사람이 아니고 회사에 소속된 직장인이기에 출간이나 콘텐츠 제작은 거절하거나 미루고 있었으며 강연도 응하지 않았다. 수년간 미루고 미루다가 드디어 그동안 기록한 글들을 정리하여 책을 내기로 결심하였다. 많은 유명 출판사들이 제안을 했지만, 가장 먼저 나의 글을 책으로 내고 싶다는 제안을 한 강민호 대표에게 출간을 맡겼다.

2021년 4월, 출간을 하겠다는 소식을 페이스북을 통해 알리고, 페친들께 추천의 댓글을 요청했다. 그 결과 2,500 이상의 좋아요와 300명이 넘는 분들이 추천과 응원의 글을 남겨주셨다. 이에 이 댓글을 추천사로 싣게 되었다. 아마 대한민국에서 나온 책 중 가장 추천사가 많이 나온 책이 되지 않을까 싶다. 또한 문단 앞에 번호를 붙여 글을 올렸던 원문의 느낌을 살리고자 파격적인 형식으로 책을 꾸몄다. 사실 이 책은 페이스북 페친들의 좋아요, 공유, 댓글로 만들어졌다고 해도 과언이 아니다.

그동안 나의 글의 영향력은 좁은 페이스북 공간이었다면 이 책을 통해 더 많은 분들이 파워와 자유를 얻고, 한계를 뛰어넘는 비범한 성과를 만들어 갈 수 있길 원한다. 이 책을 통해 세상에 조금이나마 더 선한 영향력을 미칠 수 있기를 원한다.

  이 책은 단지 출발일 뿐이다. 지금도 주말마다 글을 올리고 있으니 궁금하신 분들은 페이스북의 [shinsoojungceo] 또는 유튜브의 [신수정TV]를 통해 저를 만나실 수 있다. 이 책이 나오기까지 가장 큰 감사를 드릴 분들은 바로 페이스북 친구들이다. 그러나 앞으로는 이 책을 통해 더 큰 세계의 더 많은 분들이 저의 친구가 될 것을 기대한다.

  '나는 세상에 종을 울리고 싶다'라는 말을 나의 삶의 모토로 삼고 있다. 큰 종이 아니라도 세상에 선한 영향을 주는 작은 종이라도 울리기 원한다. 내가 온 이후의 세계가 내가 오기 전의 세계보다 좀 더 아름다워졌다는 이야기를 듣고 싶다.

  이 책이 나의 이러한 뜻의 작은 한 알의 밀알이 될 수 있길 원한다.

                                                              신 수 정

1장 · 成長 _{성장}

일의 성과를 극대화 시키는 기술
〈성장〉의 기쁨과 커리어를 위한 핵심단서

"평범한 일을 비범하게 만드는 것은
남을 위한 것이 아니라 자신의 가치를 높인다.
또한 그런 사람은 절대 그 일만 계속하지 않는다.
더 큰일을 하게 되며, 그렇게 일하는 것이 몸에 익어
더 큰일을 맡거나 자기 사업을 해도 역시 비범하게 한다"

보통 사람의 성공 비결은 과연 무엇일까?

1. 심리학자 사이먼 턴은 2,000명의 유명한 과학자와 발명가의 업적을 조사했는데 대부분 39살에 역사의 족적을 남길 만한 업적을 이뤘다.

2. 복잡계 과학자 앨버트 라슬로 바라바시는 이것이 무엇을 뜻하는 것인지 고민했다. 결국 중년에 접어들면 창의성이 사라진다는 뜻인가? 이는 유명한 과학자나 발명가에게만 적용되는 것인가? 이에 4천만 편의 논문을 분석했다. 그랬더니 대부분의 학자들 역시 경력 20년 차 이후부터는 다른 학자들에게 인용되는 논문 수(즉, 성공 논문 수)가 급감했다. '역시 나이가 들면 창의성이 사라진다는 것인가?'라고 결론 내려 했다가 좀 더 데이터를 분석해보았다.

3. 추가 연구에서 발견한 놀라운 사실은 각 학자가 내는 논문의 성공 가능성은 나이와 무관하게 거의 동일하다는 것이다. 마치 복권을 사는 것과 같이 당첨 확률은 유사했다. 그런데 왜 어느 시기의 성공이 커 보일까? 그것은 단순했다. 그 시기에 그들이 가장 많은 논문을 내었기 때문이다. 즉, 복권을 30장 사면 1장 사는 것보다 당첨 가능성이 높은 것이다.

4. 결국 나이와 무관하게 다작을 내는 시기에 가장 성공 가능성이 높은 결과물이 나온다는 것이다. 나이가 많아도 다작을 하면 성공 가능성이 높았고, 나이가 젊어도 적게 내면 성공 가능성이 낮았다. 많은 학자들이 30대 후반~40대 초반에 가장 많은 논문을 내었기에 그 시기에 가장 성공 논문이 많이 나온 것처럼 보인 것이다. 그러나 60대 이후에도 다작한 사람은 그때 더 성공했다.

5. 이에 바라바시는 그의 책 『성공의 공식 포뮬러』〈앨버트 라슬로 바라바시, 한국경제신문,2019〉에서 다음과 같은 성공 공식을 제시한다. S=rQ 성공(S)이란 r(아이디어의 가치, 능력) Q(많은 시도, 집요함). 즉, 우리 같이 r이 낮은 보통 사람들이라도 Q를 열심히 하다 보면 뭔가 얻어걸려 성공할 가능성이 높아진다는 것이다.

6.   유튜브나 블로그, 책 등으로 성공한 분들의 이야기를 들어보면 처음부터 주목을 받는 엄청나게 뛰어난 사람도 있지만, 대개는 많은 콘텐츠를 내다보니 뭐가 하나 얻어 걸려 아주 널리 퍼지고 그러다 보니 시청자들이나 독자들이 다른 것도 보게 되어 유명해졌다고 한다. 대개의 연예인들이나 예술가들도 마찬가지였다. 우리는 피카소가 천재라 여기지만 그는 3만여 점을 그렸고 그중 상당수의 작품은 그저 그랬다고 한다.

7.   워런 버핏의 순자산은 845억 달러에 달한다. 그런데 그 분 조차도 이중 842억 달러는 50세 이후 축적된 것이라 한다. 만일 그가 50세에 은퇴해서 골프나 치고 손주와 시간을 보냈다면? 아마 그저 그런 부자 정도에 그쳤을 것이다.

8.   그러므로 천재가 아닌 우리 같은 보통 사람들의 성공 비결은 단순하다. 나이가 먹어도 꾸준히 실행하는 것이다. 많이 쓰고 많이 시도하는 것이다. 양에서 질이 나온다. 나이가 중요하지 않다. 나이와 무관하게, 집요하게 꾸준히 하면 운이 올 가능성이 높아진다. 운은 끊임없는 시도와 꾸준함에서 나온다. 너무 고민만 말고 실험하시라. 완벽하게 하려 하지 말고 호기심과 긍정으로 뭐라도 그냥 하시라. 문도 자꾸 두드려야 열린다. 물론 그냥 막 하기보다는 해보고 피드백을 받아 발전시키며 해보시라. 그러다 보면 귀인이 발견하여 널리 알려주는 등 얻어걸린 운을 받을 수 있을 것이다.

성공의 가장 큰 적은 실패가 아닌 지루함

1. 한 책*을 읽다 보니 이런 이야기가 나온다. 작가는 유명 코치에 물었다. "뛰어난 선수와 보통 선수의 차이는 무엇인가요?" 능력, 운 이런 답을 기대했는데 코치는 이렇게 답했다. "지루함을 견디는 것입니다. 매일매일 훈련하다 보면 어느 시점 지루해집니다. 보통 선수는 이 지루함을 이기지 못하고 훈련을 소홀히 하기 시작합니다"

* 『아주 작은 습관의 힘』〈제임스 클리어, 비즈니스북스.2019〉

2. 아마추어는 기분 좋을 때만 훈련한다. 보통 선수는 매일 훈련하지만 지루할 때면 대충 한다. 그러나 뛰어난 선수는 상관없이 훈련한다.

3. 전설의 야구선수 이치로의 한 동료는 이런 말을 했다. "이치로는 시즌이 끝난 다음날하고 크리스마스만 쉬고 매일 훈련한다" 이에 이치로는 웃으며 이렇게 말했다고 한다. "마흔 살 넘으면서 달라졌다. 하루 더 쉬고 있다" 1년 365일 중 3일을 제외하고 362일을 훈련한다는 얘기다. 이치로는 그런 삶을 30년 넘게 유지해 왔다.

4. 발레리나 강수진은 이런 인터뷰를 한 적이 있다. "발레를 하면 거의 매일 아프기 때문에 통증이 친구가 됩니다. 몸이 힘들어 도저히 못하겠다는 생각이 들더라도 일단 토슈즈를 신고 연습실에 서면 행복합니다. 나는 '쉰다'라는 단어를 싫어합니다. 쉬는 것은 나중에 무덤에 가서도 언제든지 할 수 있기 때문이죠. 이만하면 됐다고 생각할 때 그 사람의 예술인생은 끝나는 것입니다"

5. 『신경 끄기의 기술』〈마크 맨슨, 갤리온.2017〉이라는 책에서도 이런 내용이 있다. "목표는 멋지지만 목표로 가는 길에는 똥 덩어리가 가득하다. 지루한 길이다. 성공을 결정하는 질문은 '나는 무엇을 하고 싶은가?'가 아니라, '그 과정에서 오는 고통을 견딜 수 있는가?'이다. 특히 직장 생활을 시작한 초급 사원에게 제일 필요한 것은 허드렛일을 견디는 것이다"

6.   나 자신을 돌이켜보고 내 주위를 봐도 이 지루함을 멈추는 그때부터 그 사람은 더 이상 성장하지 않는다. 그것이 멈추어질 때 프로들은 현역에서 은퇴한다. 강수진은 그 때 떠나는 게 후배들, 관객들을 위한 예의이자 존중의 표시라고 했다.

7.   그러면 이 지루함을 도대체 어떻게 이길까? 훌륭한 선수라고 열정이 무한대가 아니다. 그들도 열정이 식을 때가 있다. 그러나 그들은 그 지루함을 지속할 동기를 스스로 찾는다고 한다. 동일한 일을 그대로 반복하는 것이 아니라 조금씩 목표를 올려 도전함으로써 즐거움을 만든다. 그리고 이 과정을 습관화하여 자동으로 행동하게 만든다고 한다.

8.   당신이 그저 기분이 좋을 때 환경이 허락될 때만 어떤 것을 한다면 그저 취미로 간직하는 것이 낫다. 절대 그것으로 최고가 될 수 없다. 최고가 되는 사람은 그 지루함과 똥 덩어리에 굴하지 않고 매일매일 조금씩 무소의 뿔처럼 전진하는 사람들이다.

그냥 찾아가라

1. 인스파이어* 멤버 중 창업을 시작한 한 분은 내게 가끔 안부를 전한다. 지난번 생일 때 내게 메시지를 보내며 이런 말을 했다. "지금 초기 단계라 싹을 틔우고 성공한 후 감사의 자리 마련하겠습니다" 이에 나는 이런 답을 했다. "성공한 후 오겠다고 하지 말고 이번 달에 그냥 밥 먹으러 와요"

  * 인스파이어: 저자가 운영하는 리더십 모임

2. 계속 건강검진을 미루는 지인이 있었다. 이유를 물어보니 몸 좀 잘 관리해서 건강해진 후 검진받으려고 한다는 것이었다. 어디가 문제 있는지 알려고 검진받는 것인데 무슨 문제인지 모르지만 뭔가를 해결하고 검진받으려 한다.

3. 어떤 대표에게 체크리스트를 주고 기업문화 진단을 해보라고 하니 하지 않았다. 지금은 좀 체계가 갖추어지지 않은 듯하니 몇 개월 실행을 해본 후에 진단해보겠다는 것이다.

4. 한 기업 임원으로부터 이런 말을 들었다. "우리는 외부 컨설팅을 많이 받습니다. 그런데 일정에 딱 맞춰 잘 끝나는 컨설팅 팀과 항상 지연되는 곳의 차이가 있습니다. 전자는 중간중간 가져와서 피드백을 받고 의견을 받습니다. 이에 최종보고를 할 때 우리가 뭐라고 하기 어렵습니다. 이미 우리 의견이 대부분 반영되었으니까요. 그런데 후자는 자기들끼리 열심히는 하는데 거의 끝나갈 때 짠하고 가져옵니다. 그러면 우리는 그때부터 의견을 내니 제때 끝날 수 없죠. 후자는 '완벽하게 준비한 후 고객에게 가져오겠다'라는 생각을 하는 듯합니다"

5. 사실 나도 그러한 적이 많았다. 어떤 운동을 배울 때 나 혼자 연습을 열심히 해서 좀 괜찮아진 후 코치를 만나야겠다고 생각했다. 그리고 이것저것하고 시간을 끌었다. 한참 후에 코치를 만나니 그동안 혼자 이것저것 했던 게 대부분 시간 낭비였음을 발견했다.

6. 우리가 진단, 코칭, 피드백 또는 도움을 받는 이유는 무엇일까? 당연히 문제를 정확히 찾아 빠르게 해결하고 실력의 진보를 위한 것이다. 그런데 왜 미루는 것일까? 여러 이유가 있겠지만 그중 하나는 그것을 '평가'로 여기기 때문이기도 하다. 학창 시절 끝없는 비교와 평가로 살아왔던 우리는 모든 것을 평가로 인식하는 경향이 있다. 또한 실제 진단을 평가로 쓰는 곳도 많다. 그러다 보니 잘한 다음에 하려고, 또는 잘 보이고자 하는 마음에 자꾸 미룬다.

7. 가장 효과적이며 효율적인 길은 가장 빠른 시간 내에, 그냥 있는 그대로 모습을 드러내어 피드백을 받거나 진단, 도움을 받는 것이다. 미루지 말고 그냥 하라. 잘한 뒤에 상사나 멘토나 코치나 도움받을 사람을 찾아가는 것이 아니다. 잘하기 위해 찾아가는 것이다. 미리 잘 하려고 애쓰지 마라. 내가 좋은 평가를 받기 위해 고수를 찾아가는 것이 아니라 도움받기 위해 찾아가는 것이다.

연봉을 더 받으려면?

1. 지금까지 수많은 직장인들을 만나봤지만 자신의 연봉에 만족하는 사람은 거의 보지 못했다. 회사는 이익을 많이 내는데 자신의 연봉은 적다는 불평, 다른 기업에 다니는 자신의 친구는 연봉을 많이 받는다는 불평이 대부분이다.

2. 그럼 연봉이라는 것은 과연 어떻게 산출될까? 나는 경제, 경영학자가 아니지만 경험상으로 대략 공식을 만들어 보면 '개인의 연봉= f(자신이 만드는 가치, 희소성)'이라 할 수 있다. 여러 변수들이 있겠지만 나는 이 두 가지 변수가 가장 크다는 생각이다.

3. '자신이 만드는(또는 기여하는) 가치'란 자신이 일함으로써 회사가 얼마나 이익을 창출할 수 있는가이다. 이는 개인의 능력만으로 결정되는 것은 아니고 회사의 수익 시스템과 결합되어 결정된다. 예를 들어 한 회사가 한 사람을 뽑아 1억의 수익을 얻는다고 한다면 그 사람의 연봉은 1억 이상은 줄 수 없다. 그런데 실제로는 연봉 외에 그 사람을 위해 들어가는 간접비(사무실 임대료, 각종 비용 등)가 50%에서 100%까지 더 들어간다. 만일 간접비가 100%라면 그 사람에게 최대 줄 수 있는 연봉은 5천만 원 정도이다. 그러면 회사는 아무 이익을 남기지 않고 사업을 할 수 있나? 아니다. 그러므로 마진을 떼면 더 낮아진다.

4. 그런데, 잘나가는 대기업 등 수익모델이 좋은 기업은 한 사람을 뽑아 1억이 아니라 예를 들어 5억을 만들 수도 있다. 그럼 그 사람에게 줄 수 있는 연봉은 간접비가 100%라고 가정해도 이론상 2.5억까지 줄 수 있다.(위의 설명은 알기 쉽게 하려고 단순화한 것이다. 1) 여기서 창출하는 수익이나 가치는 현재가치일 수도 있지만 미래가치까지 포함할 수도 있다. 예를 들어, 지금 이익을 못내는 실리콘밸리 벤처들이 높은 연봉을 주는 이유는 미래 수익을 기반으로 한다. 2) 또한 지원 업무 등 가치창출 계산이 어려운 경우도 있고 개인의 가치창출 계산이 어려울 수 있다. 이 경우는 대략 평균값을 사용하면 된다. 즉, 회사 전체 가치, 또는 이익을 종업원 수로 나누어라. 3) 비영리기관은 원리는 동일하지만 측정이 어려울 것이다)

5. 그러므로 연봉을 많이 받으려면,
법칙1. 가능한 자신을 통해 만들 수 있는 가치가 큰 기업으로 가야 한다. 똑같은 능력의 사람으로 5천만 원 밖에 못 만드는 회사도 있고 10억을 만드는 회사도 있다. 당연히, 적은 가치를 만드는 회사가 높은 연봉을 줄 수 없다. 나랑 똑같은 학교, 학과를 졸업한 내 친구는 저 만큼 받는데 나는 이 모양이라고 불평한다면 답은 심플하다. '갈 수 있다면 그곳으로 가라' 단지, 기억할 것은 지금 큰 가치를 만드는 회사가 미래에도 계속 그러리라는 보장은 없다.

6. 그런데, 많은 젊은 직장인들이 여기서 간과하는 사실이 있다. 회사가 나로 인해 10억의 이익을 만드는 것에 대해 그 원인이 자신의 능력에 있다고 착각한다. 이에 2억을 받는 사람도 왜 회사는 10억을 벌면서 내게는 2억 밖에 주지 않는가?라고 불평한다. 이 지점에서 고려할 부분이 '희소성'이다.

7. 만일 이 10억이 '나'만이 벌어낼 수 있는지, 다른 사람들이 내 자리에 있어도 벌어낼 수 있는지, 그 다른 사람들이 희소한지가 초점이다. 회사의 돈 버는 시스템이 좋아서 내가 아니라 다른 사람들이 해도 회사는 동일하게 10억을 벌 수 있다면 회사는 수익의 상당 부분을 내게 지불할 이유가 전혀 없다. 그러므로 회사가 돈을 많이 버는데 내 연봉은 크게 뛰지 않는다고 불평하기 전에 자신의 '희소성'을 살펴보아야 한다.

8. 개인의 희소적 '인기'가 엄청난 영향을 미치는 연예계나 스포츠계가 개인에게 엄청난 연봉을 지불하는 것은 그 개인으로 인해 엄청난 가치가 생산될 뿐 아니라 그 개인을 대체할 사람을 찾을 수 없기 때문이다. 그러나 수많은 대안들이 줄을 서는 초급 연예인들에 대해서는 설령 회사가 그들을 통해 돈을 많이 벌어도 최저임금에 가까운 연봉 밖에 주지 않는다.

9. **법칙2. 대체하기 어려운 희소성을 확보하는 것이다.** 그런데, 이때 희소성은 '고정적'이 아니다. 내가 작은 회사에 다닐 때는 대체 가능한 사람이 주위에 없었지만, 큰 회사에 가니 대체 가능한 사람들이 주위에 많을 수 있다. 이 경우 오히려 작은 회사에 있는 것이 높은 연봉을 받을 수 있는 가능성이 더 높다. 그러므로, 무조건 큰 기업에 가는 것이 나은 선택이 아니다. 벤처에서 펄펄 날다가 대기업에 와서 그저 그렇게 지내고 연봉도 이후 거의 상승 안되는 직원들도 많이 봤다.

10. 결론적으로, 두 가지 조합의 관점에서 생각해 보면 4가지 경우로 나뉜다.

1) 생산가치도 높고, 나의 희소성도 높다: 지금 있는 회사가 좋다. 여기에서 승부를 건다. 굳이, 욕심을 낸다면 동일한 희소성을 유지하면서 더 높은 생산가치를 낼 수 있는 곳으로 옮길 수 있지만 기업문화 차이 등을 고려할 때 위험하다.

2) 생산가치는 높은데 나의 희소성이 낮다: 신의 직장이다. 최대한 지금 있는 회사에서 잘리지 않으려 노력한다. 공명심에 회사 그만두면 밖에서는 지옥을 경험할 것이다. 단, 희소성을 높이도록 자기계발을 해야 한다.

3) 생산가치가 낮은데 나의 희소성은 높다: 지금 있는 회사에서 낮은 연봉을 받는다면 높은 연봉을 요청한다. 안 올려주면 같은 희소성을 유지하면서 더 높은 생산가치를 낼 수 있는 곳을 찾아 옮길 것을 고려한다.

4) 생산가치도 낮고 나의 희소성도 낮다: 큰일이다. 연봉은 신경 쓰지 말고 일단 실력을 키운다. 미취업자라면 일단 받아주는 곳에 가서 잔말 말고 2-3년 정도는 열심히 일하며 실력을 키운다.

11. 지금까지 말한 것 외에 더 많은 연봉을 버는 또 다른 방법은 없을까? 물론 있다. 당신이 좋은 수익 시스템을 가진 회사를 차리면 된다.

하버드생보다 더 뛰어난 성과를 올리는 방법

1. 『하버드 상위 1퍼센트의 비밀』〈정주영, 한국경제신문.2018〉이라는 책을 읽으니 한 연구자는 하버드의 커리큘럼을 소위 삼류대학에 이식해보면 어떤 결과를 낼지 실험해보았다. 그는 교수, 학생들과 협의하여 남일리노이주 대학의 한 학과를 하버드처럼 사회, 법률 등 6개 분야 논문식 과제를 한 학기에 다루는 방식으로 운영해보았다. 불행히도 교수들의 노력에도 불구하고 결과는 실망스러웠다. 이를 다 소화하면서 높은 수준의 논문을 내는 하버드생들과 달리, 남일리노이주 학생들은 이 수업을 벅차했으며 따라가지 못했다. 리포트에 불과한 수준의 결과를 내었다.

2. 이에, 다른 시도를 해보았다. 즉, 1개 분야만 한 학기에 집중해보았다. 결과는 흥미로웠다. 그들은 하버드생보다 나은 결과를 보였다. 권위 있는 논문의 일부 허점도 찾을 수 있게 되었다.

3. 한 분야의 오랜 학습은 이것저것 잘하는 천재를 이긴다. 소위 공부 잘하는 사람들이 서울대, 하버드를 자랑하고 최고의 성적을 자랑하고 있을 때, 조금 덜 똑똑해도 한 분야를 끈질기게 오래 한 사람은 자신의 분야에 획을 그을 수 있다. 예전에 일본인 노벨상 수상자들에 관한 글을 읽은 적이 있다. 여기서 흥미로운 점이 있었는데, 그들 중 어떤 분들은 평생 외국 유학도 안해보고, 심지어 박사학위도 없이 일반 회사에 다니는 분들도 있다는 것이다. 천재도 아니고, 심지어 공부를 그리 잘하지 못했던 분들도 있었다.

4. 그런데 공통점은 '한 분야'에 미쳤다는 것이다. 일본의 지방 전자공학과 출신으로 지방 중소기업에서 세계 최초로 청색 LED를 구현해내어 노벨 물리학상을 수상한 나카무라 슈지의 『끝까지 해내는 힘』〈나카무라 슈지, 비즈니스북스.2015〉이라는 책을 보시라. "10년 이상 아침부터 밤까지 용접을 했고 한 달에 두세 번은 폭발사고가 있었다. 실험에 실험을 거듭했다. 모든 실험기구와 장비를 직접 만들었고 스스로 방법을 만들었다. 돌아가도 좋다. 서툴러도 좋다. 하나를 완성하는 일, 그것이 중요하다"

5. 필즈상 수상자 히로나카 헤이스케도 『학문의 즐거움』〈히로나카 헤이스케, 김영사.2008〉

이란 책에서 "나는 한 가지 문제를 택하면 처음부터 남보다 두세 배의 시간을 들일 각오로 시작한다. 그것이 보통 두뇌를 가진 인간이 할 수 있는 유일한 최선의 방법이라고 믿고 있다"라고 했다.

6. 『나사보다 우주에 가까운 동네공장』〈우에마쓰 쓰토무, 토네이도.2010〉에는 지방 중소기업의 쓰토무 사장의 이야기가 나온다. 어렸을 때부터 로켓을 만들고 싶었지만 다들 '너는 머리가 안된다. 넌 성적이 안 좋아서 불가능해. 그건 동경대 정도는 가야 되는 거야'라는 말을 들었다. 그런데 그는 독학으로 그 분야를 팠다. 드디어 2007년 그는 후지산 정상과 맞먹는 고도 3,500M까지 날아오르는 데 성공한 로켓 '카무이'를 개발해냈다. 나아가 단 한 푼의 지원 없이 독자적으로 무중력 실험탑 시설까지 완공해냈으며, 이는 전 세계에 단 세 곳밖에 없는 우주개발 실험장 중 하나라고 한다.

7. 스스로 머리가 부족하다고 여길수록 한 분야를 파라. 미친 듯이 오랜 기간 파라. 그러면 이것저것 관심 많고 인기 분야만 쫓아다니는 수재, 천재, 고학력자를 이길 수 있다. 세상은 알량한 머리와 학벌을 자랑하는 이들에 의해 바뀌는 게 아니다. 우직하고 호기심 있는 이들의 꾸준하고 피땀어린 노력에 의해 바뀐다.

상대를 만족시키려면

1. 한 후배를 만났는데 이런 불평을 한다. "저는 고객사 프로젝트를 위해 밤도 새고 엄청 열심히 많은 것을 해주는데 고객들이 그 가치를 잘 몰라준다" 또 어떤 벤처 CEO 는 이런 말을 한다. "직원들을 위해 선물도 하고 많은 것을 주는데 별로 만족하지 않는 다" 고객이 진짜 원하는 게 후배가 밤새는 것이었을까? 그 대표는 자기가 생각하기에 좋을 거라고 생각하는 선물을 한 것인가? 아니면 직원이 원하는 선물을 한 것일까?

2. 영업을 정말 잘 하는 분이 있었다. 그분에게 비결을 물어본 적이 있다. "저는 IT시스템을 팔지만 고객을 만날 때 IT시스템 이야기보다는 고객의 삶의 고민을 물어봅니다. 예를 들어, 어떤 고객은 건강이 고민이었고 어떤 고객은 가족에 대한 고민이 있었습니다. 각 고객에게 필요한 정보를 연결해서 제공했습니다. 이에 그분은 당연히 저를 먼저 찾아주셨습니다"

3. 첫 회사 다닐 때였다. 내 별명은 불행히도 '뺀돌이'* 였다. 교회생활을 열심히 하던 때라 6시만 되면 퇴근하고(무려 30년 전이다) 휴가는 교회 수련회 간다고 다 쓰고 술도 안 마시고 회식도 거의 가지 않았다. 주위에서는 술도 안 마시고 자기 일만 하고 6시 만 되면 고객사에서 일하다가도 짐 싸서 도망가니 고객 관계도 안 좋을 거라 여겼다. 그런데 고객평가는 항상 만점이라서 주위 사람들이 이상하게 여겼다. 어떻게 그런 결과를 냈을까?

*뺀돌이[뺀질이]: 몸을 요리조리 빼면서 일을 열심히 하지 않는 사람을 낮잡아 이르는 말.

4. 한 예로 엘리베이터사가 고객일 때였다. 내 임무는 시스템 엔지니어였다. 그가 쓰는 시스템 문제만 해결해 주면 된다. 그런데 하루는 담당 고객의 표정에 수심이 가득했다. 물어보니 자신이 엘리베이터 프로그램을 짜야 하는데 도무지 해결이 되지 않는다고 한다. 내가 프로그램 로직이 뭐냐고 물었더니 일본 책 한 권을 보여준다. 원리와 로직은 여기 다 나와있는데 안된다고 한다. 그래서 그 책을 복사해달라고 했다. 일본어는 모르지만 그림과 수식을 보니 이해가 되었다. 며칠 고생해서 프로그램 짜는 것을 도와주었다. 그랬더니 고객이 감동하여 나의 스폰서가 되어주었다. 물론 옛날이야기이다.

5. 이후 컨설턴트일 때도 유사했다. 예를 들어, 한 보험사를 컨설팅할 때였다. 카운터 파트 고객사 과장이 매우 깐깐했고 힘들게 했다. 그런데 어느 날 그가 수심에 가득 찬 얼굴로 있었다. 이유를 물어보니 그가 IT 운영 업무를 같이 맡고 있었는데 외국계 회사에서 새로 온 CIO*로부터 운영 계획을 세워보라고 해서 고민 중이었다. 그래서 구글 검색으로 해외 사례를 참고해서 만드는 것을 도와주었더니 그다음부터 프로젝트는 신경도 안 쓰고 전폭 맡겼다. 옆에 있던 IT전략팀 담당자도 내게 조언을 구하기에 IT전략을 만드는데 도움을 주었다. 그들이 둘 다 과장이었는데 이후 CIO가 된 후까지 나의 스폰서가 되어주었다.

* CIO(Chief Information Officer): 최고정보관리책임자

6. 열심히 주거나 많이 준다고 상대가 좋아하는 것은 아니다. 상대에게 열심히 줘도 만족하지 못한다면 '상대'가 정말 필요로 하는 것을 주지 못했을 가능성이 높다. '고객'에 관심을 가지고 경청하고 그의 고민과 필요를 찾아라. 꼭 업무와 무관해도 상관없다. 그리고 그것을 이루도록 도와라. 그러면 나머지는 수월하게 풀릴 것이다. 술 마시고 골프 쳐야 영업 잘하는 게 아니다. 상대의 필요를 알기 위해 질문하고 경청하는 게 더 중요하다.

7. 블랙스톤 창업자인 슈워츠먼도 이렇게 말한다. "어떤 사람이든 자기가 안고 있는 문제에 가장 큰 관심을 기울인다. 그러므로 다른 사람들이 어떤 문제와 씨름하는지 생각하고 그에게 도움이 될만한 아이디어를 떠올리려고 노력하라. 고객의 문제를 해결하면 나의 문제가 해결된다"

8. 이는 고객에게만 적용되는 것이 아니다. 인간관계 어디나 적용 가능하다. "이것저것 일방적으로 주려고 하기보다는 먼저 상대의 필요가 무엇인지에 관심을 기울이라", "물건을 팔려고 하기 보다 사람의 마음을 살리려고 노력하라"

리더가 에너지를 너무 많이 쓰는
대상이 안되는 게 좋다

1. 한 벤처 CEO가 이런 질문을 했다. "어떤 구성원이 저와 잘 맞고 오래 같이 갈수 있는 사람일까요?" 나는 이렇게 말했다. "당신이 개인 에너지를 많이 쓰지 않는 사람 이겠죠"

2. 사실 잘 맞는 인재는 리더가 에너지를 많이 쓰게 하지 않는다. 능동적으로 움직인 다. 어떤 지시를 하면 리더의 마감일보다 조금 빠르게 결과를 제공하고, 성격이 급한 리더와 함께 할 때는 적절하게 중간 진행을 커뮤니케이션한다. 자신의 일을 깔끔히 처 리하고 맡긴 조직을 잘 끌고 가서 리더가 신경 쓸 일이 많지 않게 한다. 가벼운 코칭으 로도 실행을 빠르게 해낸다.

3. 반면, 잘 맞지 않는 구성원은 리더의 에너지를 많이 쓰게 한다. 리더와의 마감 약 속을 자꾸 어긴다. 자신의 일을 깔끔하게 처리하지 못해서 자꾸 잔소리를 하게 한다. 커뮤니케이션을 적절히 하지 못해서 성질 급한 리더가 자꾸 물어보게 한다. 자꾸 마음 에 걸리고 신경 쓰인다.

4. 더더욱 에너지를 쓰게 하는 구성원은 리더가 그들의 감정까지도 신경 써야 할 때 이다. 감정이 불규칙하여 그의 감정까지 받아줘야 하면 더욱 어렵다. 능력은 있지만 리더가 저 사람 나갈지 모르니 신경 써야 한다고 생각하게 하는 것도 좋지 않다. 리더 와 가치나 기질이 사사건건 맞지 않아도 리더의 에너지를 많이 빼앗게 된다.

5. 당신이 리더라면? 자신의 에너지를 누구에게 과도하게 많이 쓰고 있는지 생각해 보시라. 의외로 소수의 사람이 대부분의 심리 공간을 점유하고 있는 경우가 많다. 그 에너지를 줄일 방법을 찾아라. 그러면 더 많은 일을 할 수 있다.

6. 당신이 구성원이라면? 리더가 에너지를 많이 쓰지 않게 하는 것이 좋다. 이 말은 리더가 당신에 대해 무관심하게 만들라는 것이 아니라 믿을만한 모습을 보여주라는 것이다. 특히 꼼꼼하고 성질 급한 상사에 대해서는 선제적인 것이 좋다. 수동적으로

있으면 일을 적게 받는다고 생각하는 분들이 있는데 큰 오해다. 또한 마감보다 항상 조금 앞서 제공하라. 너무 빨리하면 일이 많아질 위험이 있으니 약간 정도만 빠르게 하라. 리더를 위협하지 마라. 설령 이후 커리어를 고민하고 있을지라도, 있을 때는 영원히 있을 것처럼 일하라. 리더가 개인 에너지를 덜 빼앗긴다면 당신은 괜찮은 직원으로 여겨질 것이다.

7. 그것보다 더 좋은 것은? 리더의 에너지를 안 쓰게 만드는 정도를 넘어 반대로 리더에게 에너지를 주는 사람이 있다. 그를 보면 힘이 난다. 그러면 당신은 정말 사랑받을 것이다.

8. 역으로도 동일하다. 리더가 직원들의 에너지를 빼앗는 사람으로 위치하는 것은 좋지 않다. 리더도 직원들의 에너지를 덜 쓰게 하거나 오히려 에너지를 주는 사람이 된다면 구성원들의 존경을 받을 것이다.

평범해도 비범해지는 법

1. 얼마 전 한 20대 벤처 대표와 고깃집에서 만났다. 이야기하던 중 그는 고깃집에서 알바를 오랜 기간 했다는 말을 했다. 그때 팁을 꽤 많이 받았단다. 비결을 물어보니 손님이 오면 어떤 분이 어떤 반찬을 좋아하는지 유심히 관찰했다고 한다. 그분이 다시 오면 그 반찬을 많이 내어 드리고 빠르게 채워드렸다고 한다. 고객이 놀랄 수밖에 없다. 알바는 고기를 더 줄 순 없지만, 반찬은 더 줄 수 있는 권한이 있다. 역시 동일한 알바를 해도 다르게 하는 사람이 있다.

2. 『모든 것은 태도에서 결정된다』〈최윤희, 클라우드나인.2020〉는 책을 보니 톨게이트 수납원으로 일하는 노영애 님의 이야기가 나온다. 하루에 2천 명 정도의 운전자를 상대하는데, 이 지루하고 반복적인 일을 게임으로 바꾸어 한다고 한다. 100원짜리 동전을 한 손에 집는데 정확하게 금액을 맞추는 게임을 하는 식으로 단순한 일을 즐겁게 만들었다. 자신이 즐거우니 수많은 운전자들에게도 미소를 짓는다. 운전자들도 행복해진다.

3. 예전 한 CEO에게 들었다. 물론 약간의 자기 자랑이 섞이긴 했지만, "대학원 졸업 후 건설회사를 들어갔는데 신입이라고 복사만 시키고 허드렛일을 시키더라. 몇 개월 하다 보니 그만두고 싶었다. 그러다가 복사할 때 한부 더 복사해서 공부했다. 팀 회의에 참석했는데 팀장이 어떤 숫자에 대해 물었는데 다들 답을 못했다. 그런데 내가 본 기억이 나서 이야기했더니 팀장이 '똑똑한 녀석이 우리 회사에 들어왔네'라고 말했고 그 이후로 선배들이 제대로 일을 주기 시작했다" 물론 그는 이후 최연소 임원이 되었다.

4. 나도 컨설턴트 시절, 몇 개 회사의 특정 분야 컨설팅을 동일한 방법론으로 하다 보니 계속 비슷한 일을 하기에 재미없었다. 이에 나의 컨설팅 영역은 아니지만 들어간 회사의 비즈니스와 IT도 관심 있게 보기로 했다. 그랬더니 재미있었다. 과거 한 여행사에서는 들어보니 CRM*이 고민이었다. 내 컨설팅 영역이 아니지만, 엑셀로 고객 분석을 대충해서 2~3페이지 자료를 만들어 이런 영역의 고객에게 집중하면 사업이 잘 될 것 같다고 고객사 팀장에게 말했더니 이 자료가 그 회사 CEO에게까지 올라가서 융숭

한 대접을 받았다. 한 보험사에서는 어느 글로벌 컨설팅펌의 IT 전략 보고서가 있어 대충 읽어보니 큰 오류가 하나 있었다. CIO를 만날 때 얼핏 이야기했더니 역시 밥을 사시더라. 두 회사 모두 나의 장기 고객이 된 것은 물론이다.

* CRM(Customer Relationship Management): 고객관계관리

5.   어떤 사람은 비범한 일도 평범하게 만드는데, 어떤 사람은 평범한 일도 비범하게 만든다. 일 자체가 평범하거나 비범하다고 여겨서는 안 된다. 일하는 태도가 평범과 비범을 나눈다.

6.   "쥐꼬리만한 돈밖에 받지 않는데 평범한 일을 비범하게 하는 것은 결국 착취당하는 거 아닌가요? 돈 받은 만큼만 일하고 근무시간에는 최대한 놀아야지요. 그건 구세대들 때나 통하는 이야기예요" 이런 말을 하는 분들이 있다. 바보 같은 질문이다. 평범한 일을 비범하게 만드는 것은 남을 위한 것이 아니라 자신의 가치를 높인다. 또한 그런 사람은 절대 그 일만 계속하지 않는다. 더 큰일을 하게 되며, 그렇게 일하는 것이 몸에 익어 더 큰일을 맡거나 자기 사업을 해도 역시 비범하게 한다.

7.   당신이 리더라면? 평범한 일도 비범하게 하는 사람을 찾아라. 그가 바로 진짜 인재다. 그에게 더 큰일을 맡기면 당신은 더 가치 있는 성과를 낼 수 있다.

커리어의 80%는
예기치 않은 우연으로 결정된다

1. 예전에 몇몇 젊은 직원들이 내게 물었다. "앞으로 저의 커리어 계획을 어떻게 세워야 할까요?" 존 크럼볼츠 교수는 수많은 비즈니스맨들의 진로를 조사했다. 그 결과 성공한 사람들 중 계획에 따라 성공한 경우는 20% 정도에 불과하고 80%인 대부분의 사람들은 우연하게 발생한 일이나 예기치 않게 만난 사람을 통하여 성공을 이루었다고 했다.

2. 나의 과거 커리어를 살펴봐도 그러하다. 창업 계획이 전혀 없었는데 나를 인정해 주는 상사가 갑자기 같이 하자고 설득하여 편한 대기업을 버리고 같이 창업했다. 덕분에 죽을 고생을 했다. 회사를 옮길 고민을 하고 있었을 때, 생각지 못한 어떤 회사의 경영관리 본부장이 직접 찾아와서 의기투합되는 덕에 그 회사로 옮겼다. 한 회사에서 승승장구하여 평생 있겠다고 결심했지만 생각지도 못한 이유로 도전과 열정을 약간 잃었을 때 어떤 헤드헌터에서 연락이 와서 옮기기도 했다. 뭐 이런 식이었다. 대부분은 약간의 고민이 있었을 때, 우연히 발생한 일이나 예기치 않게 만난 사람 덕에 커리어가 바뀌었다.

3. 그러면 자신의 미래를 모두 우연에 맡기라는 것인가? 그렇지는 않다.

  1) 인생은 구체적인 계획대로 돌아가지 않지만 북극성과 목적지는 명확히 정할 필요가 있다. 내가 어떤 미션이 있는가? 내가 이루려는 목표는 무엇인가?를 정해야 한다. 단지, 그 미션과 목표를 이루어 가는 길은 우연이 개입하고 예측하기 어렵다는 것을 인정한다. 시행착오도 있을 수 있고 힘든 축적의 시기도 있다. 계획보다 느릴 수도 있다. 그러나 삶의 뜻이 분명하다면 그 과정을 인내하거나 나아가 즐길 수도 있다.

  2) 계획을 세워야 한다. 계획은 계획 자체가 중요한 것이 아니라, 계획을 세우는 과정이 중요하기 때문이다. 계획을 세우려 하면 생각을 하게 되고 그것을 정리하고 가시화하는 과정을 거친다. 그것이 계획만큼, 아니 계획보다 더 중요하다. 계획을 이루어나가려는 노력은 하라. 그러나 계획대로 안될 수도 있다는 사실을 인정한다.

3) 그러면 우연은 그냥 오는 것인가? 크럼볼츠 교수는 '계획된 우연(planned happenstance)'이라는 표현을 쓴다. 그는 성공에 있어 행운의 요소가 크지만, 행운은 그냥 오는 게 아니라 행운을 부르는 5가지 요소가 작동한다고 주장했다. 5가지 요인은 '호기심, 낙관성, 끈기, 융통성, 위험 감수'이다. 즉, 이러한 태도가 있을 때 행운을 잡아채고 불운을 극복할 확률이 높다는 것이다.(확률이 높다는 것이지 반드시 그렇다는 것은 아니다)

4. 삶을 오래 살지는 않았지만 '새옹지마'의 교훈이 작동한다. 계획대로 안되었다고 너무 실망할 필요가 없다. 처음 세웠던 계획이 망가졌지만, 그보다 더 나은 기회가 오기도 한다. 계획대로 잘 되었다고 너무 기뻐할 필요도 없다. 그게 그리 좋은 것은 아니었음을 이후 발견되기도 한다.

5. 뜻을 세우고 계획을 세우시라. 그러나 계획대로 되지 않더라도 실망하지 마시라. 호기심, 낙관성, 끈기, 융통성, 위험 감수의 태도를 갖고 열린 태도로 세상을 보고 꾸준히 공부하고 다양한 가능성을 실험해보라. 주변 사람들에게 베풀고 사람들을 만나다 보면 우연한 일이나 예기치 않은 귀인이 여러분들을 인도할 가능성이 높다. 그리고 그에 맞게 계획을 재조정해 가면 된다. 앞으로의 시대는 계획보다 실험이, 지도보다 나침반이 더 중요하다.

6. 물론 그런 태도를 가지고 살아도 성공하지 않을 수도 있다. 그러나 삶의 미션과 뜻이 분명하면 성공이 뭐 그리 큰 문제겠는가? 지금, 여기를 멋지게 살면 되는 것을.

바쁜 사람은 항상 바쁘다

1. 예전 회사에서 컨설팅 조직의 뛰어난 몇 명을 관찰해본 적이 있었다. 한 PM*이 있었는데 그 친구가 리딩하는 프로젝트는 항상 뛰어난 결과와 고객 만족을 얻어냈다. 그런데 흥미롭게도 모든 프로젝트마다 밤을 새우고 고생하면서 했다. 같이 참여한 직원들은 처음에는 많이 배운다고 좋아했지만 시간이 지나면서 그와 함께 일하는 것을 힘들어하고 꺼려 했다. 이에 처음에는 '저 친구는 참 운이 없게도 어려운 프로젝트만 골라가며 맡는구나'라고 생각했다. 그러나 모든 프로젝트마다 그런 모습을 보고는 그게 아님을 알았다.

*PM(Project Manager): 프로젝트 매니저

2. 또 한 PM은 흥미롭게도 몇몇 프로젝트를 제외하고는 맡은 대부분의 프로젝트를 여유롭게 했다. 퇴근도 제시간에 하고 주말에 여유도 가지면서 프로젝트를 진행했다. 고객 모두가 만족하지는 않았지만 대부분은 평가가 좋았다. 팀원들도 좋아했다. 처음에는 '저 친구는 참 운이 좋게도 쉬운 프로젝트만 맡는구나'라는 생각을 했다. 그러나 거의 모든 프로젝트마다 그런 모습을 보고는 그게 아님을 알았다.

3. 가끔 "저는 너무 바빠요. 좀 여유롭게 일할 수 없을까요?"라고 상담하는 분들을 만난다. 그런데 흥미롭게도 이런 분들의 상당수는 여유를 부릴 수 있는 환경에서조차 스스로를 바쁘게 굴린다는 것을 발견했다. 이에 대개(항상은 아니다) 바쁜 사람은 여유로운 일을 맡아도 바쁘고, 여유로운 사람은 정신없는 일을 맡아도 여유롭다.

4. 1번과 2번 유형의 차이는 무엇이었을까? 1번은 고객 수준이나 프로젝트의 유형과 무관하게 목표를 항상 100%에 잡았고 품질에 대한 스스로의 완벽성과 만족을 중시하며 일했다. 항상 계획을 빡빡하게 잡았다. 고객의 평가와 무관하게 자신이 만족해야 했기에 매사 힘들 수밖에 없었다. 2번 유형은 고객의 수준과 프로젝트의 유형에 따라 프로젝트를 진행했다. 고객의 수준이 80이면 85 정도를 목표로 했던 것이다. 가끔 수준이 높은 고객 프로젝트는 힘들게 진행했지만 대개의 프로젝트는 여유를 가질 수 있었던 것이다.

5. '어느 쪽이 나은가?'라고 일방적으로 답하기 어렵다. 일의 단계에 따라, 가치의 기준에 따라, 본인의 소신에 따라 답은 달라질 수 있다.

6. 나 자신도 몇 년간(30대 중반~40대 초반 정도)은 1번처럼 정신없이 일했고 그것은 나의 실력의 큰 기반이 되었다. 그러나 그 과정을 거치면서 발견한 것은 일정 기간 1번처럼 일하는 것이 필요하지만 평생 그렇게 일하는 것은 삶에 좋지 않다는 것이다. 삶은 균형과 여유 공간이 필요하다. 과도하게 일하다가 건강을 해치기도 한다. 나도 직원들에게 "밤새워 일해도 안 죽어"라고 이야기했던 적이 있는데, 이는 진실이 아니다. 강철 체력도 있지만 그렇게 일하다 진짜 골병드는 사람도 있다. 매사 바쁘고 매사 최선을 다하는 삶이 꼭 바람직하다고 말하기 어렵다. 매사 최선을 다하지 말라. 최선은 다할 가치가 있는 일에만 다하자!

7. 내가 깨달은 비교적 여유롭게 일하는 세 가지 비결은 다음과 같다.

  1) 모든 것은 다 동일하게 중요하지 않다는 사실이다. 중요한 것에 에너지를 쏟고 그렇지 않은 일은 초스피드로 하거나 대충 하거나 타인에게 맡기거나(떠맡기는 게 아니라 대가를 주거나 역할로 맡김) 아예 하지 않는다. 리더라면 설계는 자신이 하고 구체화는 맡기는 방식을 쓸 수 있다.

  2) 구성원들의 역량을 높인다. 내가 편할 수 있는 방법은 같이 일하는 사람들의 실력을 높이는 것이다. 계속 잔소리하고 가르치고 코칭하고 자극을 주고 교육받게 하고 배우게 하여 역량을 키우게 한다.

  3) 내가 할 일은 내가 빠르게 하고 남의 일을 대신 고민하지 않는다. 나는 내가 할 일과 산하 구성원이 할 일을 명확히 한다. 정치적인 구성원들은 자기가 할 일을 위나 옆이나 아래에 미루곤 한다. 이에 나는 산하 임원에게 "그건 당신이 고민하고 답할 문제인데 왜 제게 떠넘기죠?"라는 말로 책임을 명확히 준다. 단, 그가 그것을 이루지 못할 경우를 대비한 계획은 준비한다.

8. 바쁘다는 것 자체를 인생을 보람 있게 사는 것으로 여기는 분들도 있다. 대개 나의 세대나 그 윗세대 분들이 그렇다. 새벽에 출근해 밤중에 나오면서 삶의 보람을 느끼곤 하신다. 그러다가 퇴직하고는 멘붕에 빠진다. 사실 위로 올라갈수록 더 여유를 가질

수 있는데 대개 워커홀릭은 스스로 바쁘게 한다. 그게 개인의 삶의 철학이거나 미션이라면 그렇게 사는 것도 괜찮지만 우리 같은 보통 사람들은 조금 더 현명하게 사는 게 낫지 않을까?

유리를 내려칩니다

1. 미국의 한 유명 회사에서 깨지지 않는 안전유리를 개발한 후 영업사원들에게 판매하도록 했다. 유독 한 영업사원이 엄청난 판매 실적을 올렸다. 비결을 이야기해보라고 했더니 "저는 유리 샘플과 망치를 가지고 다닙니다. 고객 앞에서 망치를 들어 그 유리를 내리칩니다. 그러면 거의 판매가 됩니다"

2. 이 이야기를 들은 회사는 모든 영업사원에게 유리 샘플과 망치를 나눠주었고 그 결과 엄청난 매출 향상을 가져왔다.

3. 그 이후 영업사원들의 실적을 분석해보니 그 영업사원이 여전히 탁월한 실적을 보이는 것 아닌가! 그 사원에게 이유를 물었다. 그러자 그 사원은 "당연히 남들과 동일한 방법으로는 1등을 못 합니다. 저는 이제 다른 방법을 사용합니다" 과연 그는 어떤 방법을 사용했을까? 여러분이라면 어떻게 했을지 한번 생각해 보시라. 답은 아래에 있다.

4. 여러분들이 단기간에 성과를 내고 싶은 사람이라면? 당신과 비슷한 친구나 동료에게 가서 신세한탄하고 정보교류 해봤자 도토리 키재기일 뿐이다. 비슷한 일을 하는데 탁월하게 하는 사람이 있다. 동일한 상황인데 탁월하게 영업실적을 내는 사람이 있고, 동일한 상황인데 탁월하게 일처리 하는 사람이 있고, 동일한 상황인데 탁월한 리더십을 발휘하는 사람이 있고, 동일한 상황인데 탁월하게 돈을 버는 사람이 있다. 이 사람에게 가서 배워라. 책을 읽는 것도 효과는 떨어지지만 하나의 방법이다. 단, 주의할 것은 본인 스스로는 잘하는데 비결을 잘 모르거나 운으로 된 분이 있다. 그런 분들이 말하는 비결은 효과적이지 않다. 그러므로 적용해보고 효과가 있는지 실험해보라.

5. 당신이 리더라면? 기업에서 관찰해보면 동일한 일을 하는데 고성과를 거두는 사람들이 있다. 당신이 리더라면 저성과자에게 성과를 높이라고 압력을 가하는 것을 하지마라. 그래봤자 다들 고생만 한다. 그것보다는 유사한 상황에서 높은 성과를 낸 사람들의 비결을 찾아 그것을 조직에 전파하고, 저성과자가 이를 실행할 수 있도록 돕는 편이 훨씬 더 도움이 된다.

6.   당신이 고성과자라면? 자신의 차별성을 잃을까 하는 두려움에 자신의 비결을 나누는 것에 인색하다면 당신은 진정한 고성과자가 아니다. 진정한 고성과자는 자신의 비결을 동료들과 공유하면서도 또 다른 자신만의 차별성과 새로운 비결을 창조한다.

7.   그럼 다시 돌아와, 아까 그 영업사원은 어떻게 말했을까? "저는 이제 고객에게 유리와 망치를 드립니다. 그리고는 쳐보라고 하죠"

때로 뺀돌이가 되어라

1. 바쁘지 않으면서도 성과를 내는 비결에 대해 자주 질문을 받는다. 바쁘지 않으면서 성과를 내는 비결은 이미 다 나와있다. '파레토의 법칙'을 실행하면 된다.

2. 우리 일을 살펴보면 20의 핵심적인 일과 80의 비 핵심적인 일이 있다. 앞의 20의 특징은 잘하면 비선형적인 성과를 내는 일이다. 핵심 프로젝트를 성공 시키거나 고객을 발굴하거나 새로운 변화를 만드는 일, 새로운 고객 가치를 만드는 일, 아이디어를 내고 사업화하는 일, 재테크 등일 것이다. 반면 뒤의 80은 못하면 욕을 먹지만 잘해야 본전인 일이 많다. 대개 사람 손이 많이 가고 시간을 많이 잡아먹는 운영상 일들이다.

3. 물론 위의 20이나 80의 일, 둘 다 대충 하면 실패한다. 몸은 편할지 모르지만 고객의 불만은 높아지고 성과는 나지 않고 승진에서도 누락한다. 사업하는 사람은 망하게 된다. 그런데 성실하고 바쁜 사람들은 대개 위의 20이나 80을 구분하지 않고 무조건 최선을 다해 열심히 한다. 다 완벽하려 한다. 이러면 성과도 나고 인정도 받고 승진도 하지만 항상 정신이 없고 여유가 없다. 너무 바빠서 새로운 생각을 하거나 새로운 시도를 하거나 삶을 돌아볼 여유가 부족해진다.

4. 그러면 어떻게 일할 것인가?

  1) 위의 20은 열심히 한다. 에너지를 쏟는다. 시간을 더 투입한다.

  2) 위의 80은 무작정 열심히 하지 말고 '어떻게 편하게 할까?'에 초점을 둔다. 소위 뺀돌이가 되는것이다. 허술하게 하라는 뜻은 아니다. 거절하거나 시스템화하거나 자동화하거나 아웃소싱하거나 협업을 하거나, 여하튼 편할 방법을 찾아야 한다.

  3) 80중 아예 할 필요가 없는 것은 하지 않는다. 할 필요가 없는 일을 판단하는 기준은 "그 일을 안 했을 때 무슨 큰일이 일어나는가?"를 자문하면 된다. 큰일이 안 일어나는 일은 하지 않으면 된다. 할 필요가 없는 일을 효율적으로 하는 것도 바보짓이다.

어려움과 고민이 들 때 답을 찾는 질문

1. 일본의 호리에 노부히로 코치는 무엇을 해야 할지 모를 때 스스로 답을 찾을 수 있는 5가지 질문을 제시한다.*

* 『스스로 답을 찾는 힘』 〈호리에 노부히로, 예문 아카이브, 2018〉

1) 내가 얻고 싶은 결과는? (원하는 것)

2) 나는 왜 그것을 얻고 싶은가? (목적)

3) 어떻게 하면 그것을 실현시킬 수 있는가? (실현 전략)

4) 그것은 내 미래에 어떤 의미가 있을까? (의미)

5) 지금 내가 할 일은? (행동)

2. 굉장히 파워풀한 질문이다. 지금 자신이 고민하는 부분이 있다면 스스로 질문하고 답해보시라. 당신이 코칭이나 멘토링을 한다면 상대의 고민을 들은 후 상대에게 질문해 줄 수 있다.

1) 당신이 얻고 싶은 결과는?

2) 당신은 왜 그것을 얻고 싶은가?

3) 어떻게 하면 당신은 그것을 실현시킬 수 있는가?

4) 그것은 당신의 미래에 어떤 의미가 있을까?

5) 지금 당신이 할 일은?

피하는 쪽이 아니라 향하는 쪽으로 생각하라

1. 멘토링을 할 때 주로 듣는 것은 '문제'이다. "저는 역량이 부족한 거 같아요", "상사가 힘들게 하고 마음에 안 들어요", "직원들이 수동적이에요", "의욕이 안 생겨요", "사업이 정체 상태입니다"

2. 즉 한마디로 말하면, "이러한 원하지 않는 모습을 어떻게 해결할 수 있을까요?"라는 질문이다. 이럴 때 나는 종종 이런 질문을 한다. "피하고 싶은 미래가 아니라 정말 이루고자 하는 미래, 원하는 모습, 마음을 하나로 집중시킬 목표는 무엇인가요?" 그런데 생각 외로 원하는 모습은 잘 묘사하지 못한다. 피하고자 하는 상황, 문제는 잘 아는데 진짜 원하는 모습을 그리는데 익숙하지 않은 것이다. 돈의 결핍을 피하고자 하지만 돈을 번 후 그걸로 무엇을 할지는 생각이 없다. 역량의 부족은 피하고자 하나 역량을 쌓아 뭘 할지는 생각이 별로 없다는 것이다.

3. 물론 피하고 싶은 문제에 초점을 맞추고 이에 대한 원인을 찾고 과제를 실행하여 이를 해결할 수도 있다. 그러나 원하는 모습을 추구하다 보면 문제들은 자연스럽게 해결될 때가 많다. 유명한 심리학자이자 정신과 의사인 밀턴 에릭슨은 이렇게 말했다. "무엇인가를 하지 않겠다는 결심을 마음에 새기는 것은 불가능하다"

4. "나는 왜 돈이 부족할까?", "나는 왜 실력이 부족할까?", "나는 왜 나쁜 습관에 빠져있을까?" 등에 집중하다 보면 항상 돈이 부족한 채 실력이 부족한 채 그 습관에 빠져있는 채 살게 된다는 것이다. 코끼리를 생각에서 없애려 하면 코끼리가 더 많이 떠오르고, 나쁜 습관을 끊는 것을 생각할수록 그 습관이 더 생각난다.

5. 그 대신 강아지에 집중하고 강아지를 생각하다 보면 코끼리가 생각나지 않고, 진짜 원하는 다른 것에 집중하고 시간을 쓰다 보면 버리려던 나쁜 습관이 자연스럽게 없어질 수 있다. 그러므로 중요한 것은 원하지 않는 것을 없애려는 데 에너지를 쏟기보다는 원하는 것에 에너지를 쓰는 것이 더 낫다. 내가 직장에서 어떤 모습을 만들까? 어떤 회사를 만들까? 어떤 사람이 될까? 돈을 많이 벌어 뭐 할까?에 집중하고 이를 위해 무엇을 할까?를 실행하는 것이다.

6. 한 책을 보니 이런 구절이 있다. "피하려고 생각하기보다는 향해서 나아가려고 생각하라" 나아가려 하면 창의적인 생각들이 떠오른다. 자신의 부족함을 극복하기 위해 애쓰려는 노력을 원하는 형상이나 이미지를 만들고 이를 성취하는데 쓰라.

한 단계 넘으려면 다른 관점이 필요하다

1. 나는 뮤라벨*이라는 유튜브 채널을 가끔씩 보는데 그중에서도 피아노 레슨을 재미있게 본다. 예전 피아니스트 임동민의 레슨도 재미있었는데, 임동혁의 레슨도 재미있었다. 피아노를 잘 치는 서울대 학생들이 도대체 어떤 레슨을 받을까?

* 뮤라벨(Music Life Balance) YouTube

2. 피아니스트들이 레슨에서 말하는 공통적인 지적은 바로 이것이었다. '너무 성실해요', '너무 열심이에요', '너무 시끄러워요', '계속 소리가 커요' 그러면서 강조하는 것은 '포인트', '밸런스', '스토리', '대조', '샤프' 이런 단어였다. 예를 들어 임동민 편에서는 이런 장면이 있다. 한 대학생이 쇼팽을 친다. 나 같은 아마추어가 듣기에는 엄청나게 잘 치는 것 같았다. 손가락이 거의 보이지도 않는 채 신들린 모습으로 쳤다. 그런데 흥미롭게도 임동민 씨는 갸우뚱한 표정이었다. 연주가 끝나자 답한다. "음, 좋긴 한데 너무 열심히 하네요"

3. 그는 이어 말한다. "지금은 다 세게만 치고 있어요. 그러면 감동을 주지 못해요. 약할 때는 약하고 셀 때는 세야 하는 거예요. 작게 치는 게 더 중요해요. 그러다가 어느 순간 격정적으로 몰아쳤다가 다시 부드럽게 와야죠. 포인트가 중요해요. 포인트! 안 그러면 자신도 힘들고 청중들도 듣기 힘들어해요" 그리고 시범을 보이는데 정말 동일한 곡, 동일한 피아노인데 소리와 느낌이 완전히 다르게 느껴졌다. 아마추어인 나 조차 그 차이를 크게 느낄 수 있었다.

4. 여러 리더들을 만나면서 느끼는 것은 다들 열심인데 밸런스와 포인트가 약한 경우가 많다. 몇 개 음만 세게 두드리고 있고 그게 진실이라 여기며 분주하다. 어느 영역이든 고수는 강약을 조절한다. 밸런스가 있으며 포인트가 있다. 스토리가 있다. 굴곡이 있다. 여유가 있지만 몰아칠 때는 세차다. 물론 거기까지 가기 위해서는 피나는 반복적 훈련과 시행착오가 필요한 법이다. 기본 음도 못 치면서 밸런스니 스토리니 논할 수 없다. 그러나 거기서 한 단계 넘으려면 다른 관점이 필요하다.

초보 코치가 아니라 코치다

1. 얼마 전 한 코치와 1:1 미팅을 한 적이 있다. 흥미롭게도 그 코치는 이런 인식을 가지고 있었다. "저는 초급 코치라서 아직도 배울게 많습니다. 더 배워야 하고 본격적인 사업은 내공이 쌓아진 다음에 하려 합니다" 그러고는 수입은 별로 없는데 배우는데 계속 시간과 돈을 쓰고 있었다.

2. 내가 보니 이미 많은 자원을 투자해서 코칭 과정을 몇 년이나 배웠고 자격증도 있었으며 또 자신의 코칭이 실제 효과가 있었고 직장 생활 경험과 고난 등 스토리도 있었다. 나이도 30대 후반이다. 과도한 겸손이다. 스스로 '초보'라는 말 뒤에 숨어 가능성을 제한하고 있었다.

3. 이에 난 이런 말을 했다.(난 부드러운 코치도 아니고 자격증도 없다) "배우다가 인생 다 보낼 겁니까? 그냥 하세요. 몇 사람 안 오면 어때요? 유명하지도 않으니 창피할 이유도 없잖아요. 실험을 해보세요. 그리고 자신의 코칭 효과가 이미 입증되었는데 뭘 또 자꾸 배워요? 가르치는 게 제일 배우는 겁니다" 그랬더니 과정을 뚝딱 만들었다. 감으로 볼 때 콘셉트나 기간 등의 조정이 필요해 보였지만 이 또한 실험해볼 필요가 있다.

4. 사람들은 자꾸 비교를 한다. '저분은 수십 년 경험에 대단한 노하우에 국제 자격을 가졌는데 나는 이제 병아리인데 내가 무슨… 더 배워야지' 그리고는 유명하다는 사람들 쫓아다니느라 시간 다 보낸다.

5. 배우는 게 나쁘다는 말이 아니다. 나도 지금도 배우러 다닌다. 그러나 지나친 것은 부족함과 유사하다. 그런데 흥미로운 것은 대개 당신이 선망하는 그 유명한 분들은 당신보다 더 어린 나이에 당신보다 더 부족한 지식으로 남들을 돕고 가르치기 시작했다는 것을 잊지 마시라.

6. 코치면 코치지 무슨 초보 코치인가?
초보 코치가 아니라 코치이고,
신입사원이 아니라 사원이고,

초급 임원이 아니라 임원이다.
초보 원장이 아니라 원장이다.
초보 대표가 아니라 대표이다.

7. '신입'이나 '초보'라는 이름하에 숨을 이유가 없다. 그것은 겸손이 아니다. 프로의 세계에 들어가면 그때부터 프로인 것이고 프로답게 행동해야 한다. 연륜을 존경할 필요는 있지만 오히려 연륜이 부족할 때 더 신선한 시각과 넘치는 에너지로 더 잘할 수 있다는 것을 기억할 필요가 있다.

무언가 처음 배울 때
어떤 선생님을 찾아야 할까?

1. 자녀에게 무언가 가르치려 할 때 어떤 선생님을 찾아야 할까? 도흥찬 씨의 책*을 읽다 보니 이런 내용이 나온다. 심리학자 벤자민 볼룸은 120명의 세계적인 스포츠 선수, 피아니스트에게 그들을 가르친 첫 번째 선생님에 대해 물었다. 그들의 실력 수준을 평가하라고 했더니 평균 수준이라고 말한 사람들이 62%에 달했다고 한다. 14% 정도만 뛰어난 수준이라고 답했다.

* 『동기 심리학』 〈도흥찬, 학지사.2019〉

2. '평균 실력의 선생님으로부터 어떻게 뛰어난 제자가 나올 수 있을까?'라고 고민하던 그는 대상자들에게 평균이라고 답한 교사들의 특징을 적어보라고 했다. 그랬더니, '친절하고 다정했다', '좋은 분이었다', '인내심이 뛰어나셨다', '초콜릿을 주셨다', '레슨 받으러 가는 게 즐거웠다' 등의 답변이 나왔다.

3. 세계적인 제자들을 키운 초기 선생님들의 특징은, 학습 내용을 잘 가르치는 것보다 그들이 배우는 피아노, 테니스, 수영 자체를 좋아하도록 만들었다는 것이다. 좋아하게 되었을 때 제자들은 지속할 수 있다. 지속하게 된 이후에는 강하고 실력 있는 선생님을 만나도 감당할 수 있다. 자녀들에게 초기에 무엇을 가르치려 한다면 어떤 선생님을 찾아야 할까?, 우리가 무언가 초기에 배울 때 어떤 선생님을 찾아야 할까?에 대한 답이 여기 있다.

집중력과 의지력의 명과 암

1. 최근 이런 질문을 받았다. "어떻게 항상 에너지가 그렇게 넘치세요? 의지력도 강하신 것 같고요" 그러면 이런 답을 한다. "일부 영역에만 에너지가 넘치는 것일 뿐 다른 쪽에서는 의지박약자예요" 사실 나는 내향적이라 관계에 쓰는 에너지가 별로 없기에 페이스북도 열심히 할 수 있는 것이다. 그리고 관심이 약한 영역에 대해서는 실제 의지박약자이다.

2. 얼마 전 나훈아 씨는 TV로 방영된 콘서트에서 그 연세에 대단한 에너지를 분출하여 모두를 놀라게 했다. 그러나 분명한 것은 100m 달리기의 기록에 한계가 있는 것처럼 정신력 또한 한계가 있다. 물론 열정, 집중력, 의지력 등은 용량이 크고 작은 사람이 있다. 용량 또한 고정되지 않고 근육처럼 키울 수도 있다. 그러나 여전히 총량이 있다.

3. 이에 어떤 것에 에너지를 과하게 쓰는 사람은 항상 그 이면이 있다. 가난한 사람이 계속 가난한 상태를 유지하는 이유 중 하나는 현재 빈곤 해결에 에너지를 다 쏟아버리기 때문에, 조금 더 멀리 보는데 에너지를 쓸 여유가 없기 때문이라고 한다. 결국 돈도 돈이지만 사고가 그 상태를 벗어나기 어렵게 한다.

4. 밖에서는 유명하고 화려한 사람이 막상 집에서는 아무 대화도 없이 무기력하게 퍼져있고 스마트폰만 보고 잠만 자거나, 다른 사람들 심리 상담에 정신없는 유명인이 막상 자기 집에서는 아무 통제력을 발휘하지 못하기도 한다. 정신없이 일에 치인 사람들은 아이와 놀아주는 것등 소소한 일상을 즐거움으로 여기지 못한다. 한치의 빈틈이 없고 똑똑한 사람도 황당한 사이비 종교에 빠지거나 어처구니없는 비상식적인 행동을 하기도 한다. 물론, 다른 이유도 있지만 그 에너지를 한 쪽에 너무 써서 다른 쪽에 집중력이나 의지력을 발휘할 여지가 없기 때문이기도 하다.

5. 그러므로 너무 한쪽에 모든 에너지를 써버리거나 매사에 과도한 열정과 의지력을 써버리는 것도 위험하다. 조금 남겨두어야 개인의 삶이나 진짜 원하는 꿈을 위해서도 쓸 수 있다. 일주일에 하루 정도는 눈앞의 일에서 벗어나 소소함을 누리거나 조금 먼

시각, 장기적인 시각에서 자신의 일과 삶을 돌이켜 볼 필요도 있다.

6. 매사에 빈둥거리는 것도 문제이지만 매사에 효과, 효율만 강조하여 조급해하고 불안해하는 것이 오히려 건강한 성장에 도움이 안 된다. 의외로 쉬거나 주제 없이 대화하는 것을 불안해하고 죄책감을 느끼는 분들을 주변에서 종종 본다. 왜냐하면 내 주변에는 아드레날린이 뿜뿜한 알파맨, 알파우먼들이 많기 때문이다. 가끔씩은 그동안 집중했던 것에서 떠나 에너지를 축적하고 일상의 소소함, 자연이나 큰 관점에 에너지를 써보자.

과연 연주를 가장 잘 하는 연주자가
최고의 성공을 할까?

1. 오늘은 빈둥거리면서 유튜브를 보았다. 주미강, 손열음, 용재오닐, 신지아, 한수진, 임동혁 등 피아니스트와 바이올리니스트들을 들었다. 음악을 잘 모르지만 아마추어들이 흔히 좋아하는 라흐마니노프, 베토벤, 차이코프스키, 쇼팽 등의 피아노곡을 좋아한다. 유튜브 채널 '또모'도 가끔씩 본다. 예술가들을 보며 항상 느끼는 것은 '그냥 공부하길 잘했다'는 것. 도대체 그렇게 독하게 살 자신이 없다.

2. 유튜브 영상을 보면서 이런 생각을 했다. '과연 연주를 가장 잘하는 이들이 가장 성공할까?' 물론 기량의 차이가 현저하다면 기량이 더 뛰어난 이가 더 유명해지고 성공하겠지만, 기량이 비슷한 최고 수준이 되면 성공은 다른 요소가 결정한다고 한다. 물론 스포츠 경기처럼 평가가 명확한 영역은 그러하지 않지만 음악, 미술 등 예술 분야는 이런 요소가 매우 크다. 회사 일이나 경영 등은 아마 그 가운데쯤 위치할 것이다.

3. 포뮬러*라는 책을 읽으니 이런 내용이 나온다. 런던의 한 연구팀은 클래식 경연 대회에 결선에 오른 세 사람 중 누가 우승할지 한 집단에는 소리만 들려주고, 또 한 집단은 연주 모습과 소리를 같이 들려주고, 또 한 집단은 소리는 끈 채 연주 모습만 보여주었다. 이 평가 집단은 아마추어와 프로 심사원들로 구성했다.

   * 『성공의 공식 포뮬러』〈앨버트 라슬로 바라바시, 한국경제신문.2019〉

4. 당연히 연구팀은 소리만 들려준 그룹이 가장 정확할 것이라 예상했으나 결론은 그렇지 않았다. 흥미롭게도 아마추어 심사원이든 프로 심사원이든 소리를 끈 채 연주 모습만을 보여준 그룹이 우승자를 가장 높은 확률로 맞추었다. 소리만이 실제 경쟁력이 아니었다는 이야기이다.

5. 그러므로 연주 모습이 매우 매우 중요하다는 것이다. 포즈가 화려한 랑랑, 유자왕 같은 연주자도 있고 섬세한 모습의 조성진 같은 연주자도 있지만 어느 쪽이든 연주 실력만큼이나 보이는 모습이 중요하다는 것이다.

6. 실력이란 콘텐츠에만 있지 않다. 나도 예전에는 이를 인정하기 싫었지만 인간의 인식이란 그런 것이다. 그러므로 보이는 것도 매우 중요하다. 특히 실력이 비슷하면 보이는 것이 성공의 차이를 결정한다. 특히 이과생들! 힘들겠지만 이를 인정하셔야 한다.

테레사 수녀가 비행기 1등석을 탄 이유

1. 한 책*을 읽는데 흥미로운 이야기가 나온다. 가난한 사람들과 평생을 같이 한 테레사 수녀는 비행기를 탈 때 일등석을 주로 타고 다녔다. 이에 많은 사람들이 비난도 했다고 한다. 그녀는 왜 일등석을 탔을까? 안락함을 즐기려 했을까? 그녀가 가난한 이들과 허름한 집에서 값싼 음식을 먹으며 생활한 것은 위선이었을까?

  * 『나는 오늘도 행운을 준비한다』 〈제니스 캐플런, 위너스북. 2020〉

2. 그녀는 가난한 사람들을 돕는데 돈이 필요함을 알았다. 그래서 그녀는 도움이 필요할 때 손 내미는 것을 부끄러워하지 않았다. 그녀는 특히 일등석에 탄 최고 경영자들이 누구보다도 부유하기에 큰 기부가 가능함을 알았다. 이에 비행기를 타면 항상 같이 탄 사람들에게 말을 건넸고 이를 통해 큰 기부들을 얻어내었다고 한다. 사실 그녀는 이동 중에도 일을 한 것이고 그것도 매우 효과적으로 해냈다.

3. 선남선녀인데도 애인이 없는 30~40대 싱글들을 자주 본다. 이야기를 나눠보면 한결같이 취미가 넷플릭스 보기, 게임, 낚시, 맛집 탐방... 남자들은 혼자 또는 남자들끼리만 하는, 여자는 혼자 또는 여자들끼리만 하는 취미 외에는 집, 직장이 전부이다. 이런 상황에서 어느 날 멋진 누군가 갑자기 나타나서 자신에게 말을 걸 운이 생긴다는 것은 벼락 맞을 확률과 유사하다. 잘해야 같은 직장에 있는 사람을 만날 뿐이다. 세상엔 멋진 사람들이 많다. 선남선녀들이 있는 곳으로 간다고 반드시 운이 생기지는 않겠지만, 그래도 운이 생길 확률은 높아지지 않겠는가.

4. 최고의 하키 선수인 그레츠키가 말했듯 '퍽이 갈 곳'으로 먼저 가야 기회가 생긴다. 여유를 즐기기 위해 하는 것이야 상관없지만 매일 TV, 넷플릭스, 유튜브, 게임만 하고 혼자서 놀거나 집, 회사 외에는 가는 곳이 없다면 행운이 오기 어렵다. 운은 갑자기 오기도 하지만 자신이 만들 수도 있다. 그것을 만드는 가장 좋은 방법은 자신이 있는 공간을 바꾸는 것이라 한다.

5. 그러므로 자신이 원하고 필요한 사람들이 있는 공간에 자신을 던져라. 세미나를 신청하든, 독서 클럽, 댄스 모임, 취미 모임, 공부 모임, 리더 모임, 종교 모임을 한두 개 신청하든 아니면 페이스북 등을 통해 약한 연결이라도 만들라. 그리고 배울 만한 분들, 도움받을 수 있는 분들, 관심 있는 분들에게 말을 건네고 그들과 함께 하는 기회를 놓치지 마라. 용기 있게 하되 예의가 바르기만 하면 통하지 않는 경우는 별로 없다. 성공한 인격자일수록 기꺼이 타인을 돕는 것을 즐겨 하기 때문이다.

탁월한 사람과 경쟁하면 실력이 늘까?

1. 우리는 흔히 탁월한 사람과 경쟁을 하면 실력이 좋아진다고 생각한다. 정말 그럴까? 경제학자 제니퍼 브라운은 타이거 우즈가 주위 선수들에게 어떤 영향을 미쳤을까를 연구했다. 10년 치 PGA토너먼트 데이터를 분석했는데 놀라운 결과를 발견했다.

2. 그것은 타이거 우즈가 참가한 경우 상위권 선수들의 점수는 평균 0.7~1.3타가 높아졌다.(골프는 타수가 높을수록 성적이 안 좋음) 상위권 선수들 간의 이 타의 차이는 매우 큰 것이다. 그런데 실력이 엄청 낮은 선수들에게는 타이거 우즈의 참가 영향이 크지 않았다.

3. 이후 타이거 우즈가 불미스러운 사건으로 한동안 쉬었는데 놀랍게도 그 기간 동안 상위권 경쟁자들의 스코어가 무려 평균 4.6타가 낮아졌다(향상되었다)고 한다. 타이거 우즈가 없자 오히려 다들 마음껏 기량을 발휘한 것이다.

4. 나도 외국인들만 있을 때는 영어를 그냥 한다. 그런데 거기에 영어를 네이티브처럼 잘하는 한국인만 끼면 그다음부터는 영어가 버벅거린다. 옆에 너무 잘하는 사람이 있으면 기량 발휘에 오히려 방해가 된다.

5. 요약하면,

1) 건전한 경쟁, 약간의 차이가 있는 사람들과의 경쟁은 우리의 실력을 향상시킨다.

2) 그러나 슈퍼스타와의 경쟁은 오히려 자신의 실력을 망가뜨린다. 기량 발휘를 못하고 심리적으로 주눅 들고 쪼그라든다.

3) 그러므로 슈퍼스타가 없는 곳에서 마음 편하게 놀아라. 즉, 용의 꼬리보다 뱀의 머리가 돼라.

4) 더 훌륭한 전략은 슈퍼스타와 경쟁하려 하지 말고 협력하는 것이다. 이는 3)보다 더 효과가 크다. 그리고 실력이 쌓이면 슈퍼스타를 떠나서 자기만의 분야를 만들어라.

글로 쓰면 다룰 수 있다

1. 나는 많은 분들에게 자신의 생각과 감정을 글로 써볼 것을 코칭 한다. 글로 기록하면 정리될 뿐 아니라 변화가 가능하다. 세상에는 똑똑한 사람들이 많다. 좋은 학벌, 화려한 직업의 분들, 정말 몇 마디만 해도 '똑똑'이라는 느낌이 드는 분들이 너무 많았다. 그런데 흥미롭게도 그분들의 말을 글로 기록해보면 비합리적인 인식과 믿음이 적지 않았다. 내가 들으면서 기록한 글을 보면서 자신이 그런 비합리적 믿음에 빠져 있었다는 사실을 스스로도 놀라워했다.

2. 그런데 흥미로운 것은 글로 명료화하는 순간, 이제 그 생각을 다룰 수 있게 된다. 글로 명료화하지 않으면 다루기 어렵다. 생각이란 실체가 없어 여기를 잡으면 저기로 가고 저기를 잡으면 여기로 온다. 게다가 감정까지 복합되면 아무리 똑똑한 사람도 이를 다룬다는 것은 거의 불가능하다. 두더지 잡기와 같다. 그러므로 일할 때나 보고서, 논문 쓸 때만 글로 쓰지 말고 평소 자기 삶에서도 써보길 권고한다. 좋은 생각이면 좋은 생각대로, 부정적인 생각이면 부정적인 생각대로 써보면 된다.

3. 쓰지 않는 또 하나의 이유는 너무 잘 쓰려 해서이다. 특히, 블로그나 페북 등의 SNS를 꾸준히 하는 비결은 몇 줄이라도 가볍게 쓰는 것이다. 처음엔 그냥 내 감정이나 생각을 2~3줄로 '명명'하거나 '명료화'하는 정도로 충분하다.

4. 너무 '길게' 그것도 '자주' 그리고 '잘' 쓰려 하면 오래가지 못한다. 저처럼 주말에만 쓰는 것도 방법이다. 주위 사람들의 반응은 '동기'가 되기도 하고 '독'이 되기도 한다. 그냥 적절한 동기부여 정도로만 받아들여야지 너무 의식하면 피곤해진다. 자신을 위해서 쓰는 것이지 타인에게 영향주려고 쓰면 피곤해진다. 처음엔 2~3줄로 충분하다. 저도 몇 년간은 트위터를 하면서 2~3줄만 썼다. 그리고 무슨 언론 기고나 책 쓰는 것도 아니고 뭐 작문 시험 보는 것도 아닌데 썼다 지웠다 신경 쓸 이유도 없다. 아무렇게나 막 쓰면 된다. 그러다가 좀 쓰게 되면 글쓰기 책 한 권 정도 보면 된다.

5. 유명해지지 않는 한 당신의 글에 대해 주위 사람들은 아무 관심이 없다. 저는 그냥 고민 없이 한 번에 쉼 없이 쓴다. 그리고 혹 수정할 필요가 있으면 이후 몇 차례 수정

한다. 자꾸 읽다 보면 활자 중독이 되어 책을 쉽게 읽게 되는 것처럼 쓰는 것도 습관화
하다 보면 쉽게 된다.

타인의 성공비결이 내게 얼마나 도움이 될까?

1. 한 연구진들은 메사추세츠병원 외과의사 71명, 6,516건의 수술을 조사했다. 어떤 경험을 통해 수술의 성공률이 높아질까? 타인의 성공적 수술을 보면 성공이 높아질까? 자신의 실패 경험은 교훈이 되어 향후 성공 확률을 높일까?

2. 연구진은 이러한 연구를 통해 흥미로운 결과를 발견했다. 수술 성공률에 큰 영향을 미치는 요소는,

  1) 타인의 실패 경험이라는 것이다. 흥미롭게도 타인의 성공 경험은 자신의 성공에 큰 영향을 미치지 않았으나 타인의 실패 경험은 자신의 성공에 매우 큰 영향을 미쳤다. 왜일까? 대개 사람은 타인의 성공을 부러움으로 가져가지 자신의 레슨과 피드백으로 가져가지 않기 때문이다. 그러나 타인의 실패는 명확한 피드백이 되고 타산지석이 된다.

  2) 자신의 성공 경험이었다. 흥미롭게도 자신의 실패를 통한 배움은 별로 없었다. 인간은 오히려 유사한 실패를 반복한다. 그런데 자신의 성공 경험은 더 큰 성공을 가져왔다. 왜일까? 대개 사람은 자신의 실패에 대해서는 주위나 자신을 탓할 뿐 냉정한 피드백으로 가져가지 못하기 때문이다.

3. 결론적으로, 누군가의 성공을 도와주려면,

  1) 그가 작은 성공을 하게 도와라.

  2) 당신의 실패 경험을 알려줘라.

당신의 성공 비결 자랑을 열심히 해봤자 상대는 감동과 부러움을 느낄지언정, 상대에게 그리 큰 도움이 안 된다.(물론, 도움이 되긴 한다) 또한 유명인의 성공 비결을 읽고 들어도(읽지 말라는 의미는 아님) 그리 발전하지 않는다. 실패는 성공의 어머니이긴 하지만 그건 에디슨이니까 가능한 것이다.

4. 우리 같은 평범한 사람은 자꾸 실패하면 위축되거나 포기한다. 작은 성공 경험들을 만들고, 또 자신이 리더라면 구성원들에게 작더라도 성공 경험을 선사하라. 당신이

실패가 많다면? 당신은 성공하지 못했을지라도 타인을 도울 자료가 많아진 것이니 그리 실망하지 마시라.

주위에 나보다 잘하는 사람이 많다면

1. 남들이 부러워하는 최고의 대학교나 최고의 직장에 있는 분들을 만나면 종종 내게 이런 고민을 토로한다. "제가 똑똑한 줄 알았는데 주위에 똑똑한 사람들이 너무 많아서 좌절이 됩니다. 아무리 열심히 해도 겨우 따라가는 수준밖에 되지 않을 듯해요. 포기하고 제가 진짜 잘 하는 영역을 찾아야 하나 봐요" 그럴 때 나는 그가 현재 하고있는 영역 외에 관심 있거나 시간을 쏟는 영역을 물어본다. 대개 그러한 영역이 있다. 물론, 그들은 그 영역도 최고로 잘하지는 못한다. 단지 현재가 답답하니 새로운 영역으로 옮기면 뭔가 잘할 수 있을 것 같은 희망을 가진 경우가 대부분이다.

2. 그러므로 나는 상대에 따라 두 가지 중 하나를 권고한다. 대개 나이가 어린 사람에게는 꾸준함을 잃지 않고 일단 현재 영역에서 어느 정도 수준까지 도달할 것, 또 하나는 현재의 영역을 하고 싶거나 다른 잘 하는 영역과 융합해 볼 것을 이야기한다.

3. 직장 생활 풍자만화로 유명해지고 백만장자가 된 딜버트 시리즈의 만화가 스콧 애덤스는 이런 말을 했다. "나는 만화가로서 필요한 재능을 다 갖추지는 못했으나 성공했다. 그렇게 뛰어나지 않은 예술적 재능, 기본적인 글쓰기 능력과 평범한 유머감각, 그리고 기업문화에 대한 약간의 경험만 있었을 뿐인데 말이다" 그는 만화 실력으로서는 최고가 아니었다. 최상의 만화가도 최상의 작가도 최상의 개그맨도 최상의 직장인도 아니었다. 그러나 직장 생활을 충실히 한 만화가는 거의 없었다. 그러므로 그는 몇 가지를 결합함으로써 누구도 흉내 낼 수 없는 유니크한 사람이 되었다.

4. 얼마 전 만난 한 분이 제게 이런 이야기를 했다. "일과 리더십에 대해 올려주시는 글이 굉장히 균형 잡힌 것 같아요. 리더, 팔로워, 대기업, 벤처 각각에 치우치지 않으시던데요?" 답은 간단했다. 불행인지 다행인지 나는 대기업, 벤처, 글로벌 회사, 창업, 중견기업을 거쳐보았기 때문이고 개발자, 연구원, 엔지니어, 컨설턴트, 교수직을 수행했고, 말단 사원도 팀장도 임원도 CEO도 경험했기 때문이다. 그 덕에 어떤 한 영역에서 대단한 사람은 되지 못했지만 이에 융합할 수 있고 나만의 콘텐츠를 만들 수 있는 것이다.

5. 이미 방법론과 룰이 세팅이 되어 있는 영역에서는 경험과 실력이 더 많은 사람이 항상 또는 거의 이기게 되어있다. 그런 영역은 1등부터 꼴등까지가 명확하다. 자신이 앞서 있다면 몰라도 그렇지 않다면 기존의 게임의 룰을 따르기보다는 자신의 영역을 만드는 것이 나을 것이다. 자신의 영역은 어떻게 만들까? 완전히 새로운 것을 찾을 수도 있지만 자신이 적당히 하는 것들을 융합할 수도 있다. 그리고 보통 사람에겐 전자보다 후자가 더 현실적이다.

나만이 할 수 있는 일에 집중하라

1. 한 컨설턴트는 일을 다음과 같이 나눈다.

   1) 다들 할 수 있는데 나도 잘하는 일.

   2) 나만 할 수 있고 내가 잘하는 일.

   3) 다들 할 수 있는데 나는 못하는 일.

   4) 나만 할 수 있는데 내가 못하는 일.

2. 이러한 상황에서의 최상의 전략은 무엇일까? '나만 할 수 있는 일'에 초점을 맞추는 것이다. 2번과 4번에 초점을 맞추고 4번에 역량을 더 길러야 한다. 그러나 현실에서는 많은 직장인들이 1, 3번에 초점을 맞춘다. 남들도 잘하지만 자기가 잘하고 성과가 나기에 관성적으로 이를 초점으로 하거나, 남들이 잘하는 영역을 따라가기 바쁘다. 그러나 남들이 다 잘하는 일을 좇아가봤자 탁월하기 어렵다. 또한 남들도 잘하고 나도 잘하는 일은 오히려 위임을 하고 비상시에 가끔 하는 편이 낫다.

3. 예전 박사학위 취득 후 경력사원으로 S사에 입사한 적이 있다. 부서에 배치되었는데 그 부서는 A분야의 컨설팅을 했다. 나는 책임으로 입사했지만 불행하게도 그 부서의 전임, 선임보다도 그 일을 몰랐다. 그 부서의 전임, 선임만 해도 그 분야의 프로젝트를 이미 몇 개를 거쳤고 수년간 경험을 가지고 있는데 나는 아무 지식도 경험도 없었다. 이에 처음에는 배워서 따라가려 했지만 내가 아무리 학습능력이 좋아도 1~2년 내 따라가는 것은 역부족이었다. 고심 끝에 과감히 A분야는 포기하고 새로운 분야를 만들어 도전했는데 결국 사업부장의 인정을 받을 수 있었다.

4. 나는 특히 대기업 직원들에게 이런 질문을 많이 한다. "당신만이 할 수 있는 것이 무엇인가? 사람들이 어려움이 생기면 당신을 찾을 수밖에 없는 영역이 무엇인가? 대체하기 어려운 당신의 일이 무엇인가?" 왜냐하면 기업 규모가 커질수록 직원들이 자신만의 차별점, 또는 자신만이 잘 할 수 있는 경쟁력 있는 분야를 개발하지 않아도 생존에 지장이 없는 경우가 많기 때문이다.

5. 하지만 누구에게나 대체될 수 있는 일은 장기적으로 내부에서의 경쟁력을 발휘하기도 어렵고, 외부 이직도 어렵다. 나만이 할 수 있는 일을 찾고 이에 집중하라.

배움의 기술

1. 어느 영역이든 배움이 가장 효과를 거두려면 운동이나 악기를 배우는 방식과 유사하다.

　1) 개략적인 큰 그림을 동영상이든 세미나를 통해 가능한 그 분야 제일 잘 하는 분이나 잘 가르치는 분에게 배운다. 가능한 '독학으로' 공부하지 않는다. 수영을 처음 배우는 사람이 수영을 배우기 위해 수영장이 아닌 수영 책을 섭렵하는 것은 그리 바람직하지 않다.

　2) 초기에는 실행 과정을 등록하여 그저 시키는 대로, 삶이나 일의 현장에서 실행하면서 꾸준히 피드백과 코칭을 받는다. 프로를 목표로 하지 않는 경우라도 최소 1년~3년 정도는 꾸준히 해야 한다.

　3) 그러면서 어느 정도 스스로 분별할 수 있는 수준이 되면 책이나 다른 사람들의 경험, 세미나를 선택하여 스스로 공부하고, 자신에게 접목한다. 열심히 읽고 배우고 다양하게 실험해본다. 그리고 초기에 배웠던 특정 스승을 떠난다.

　4) 기존 방식과는 다른 자신만의 차별화 방법을 만든다. 멘토의 말은 선별하여 듣는다. 꾸준히 책을 읽으며 감각을 유지하고 발전시킨다. 소비는 그만하고 생산한다.

　5) 이제 남들을 가르치면서 더 발전한다. 글도 열심히 쓰고 영향력을 확대한다. 타 영역도 배우면서 타 영역의 인사이트를 융합시킨다. 꾸준히 자신의 차별화를 강화시킨다.

나도 지금 남들을 가르칠 수 있는 자기계발, 심리, 리더십, 경영 등 몇 가지 영역은 위의 과정을 거쳤다.

2. 좋지 않은 배움의 방식은,

　1) 혼자 무작정 실행한다. 혼자 무작정 책만 보고 배우거나 주위 비슷한 수준의 친구를 보고 배우거나 자기 느낌대로만 실행하면 초기에는 빠르게 성장하는 것 같지만, 어느 시점 이후로 성장이 정체된다. 거리 싸움꾼이 일반인들은 이기겠지만, 제대로 배운 프로선수는 이기지 못한다. 'Street smart'에 그친다.

3. 또 다른 좋지 않은 배움의 방식은,

2) 유명한 분들만 찾아다니고 수동적인 공부만 하면서 지식만 잔뜩 쌓는다. 방법만 찾고 막상 실험과 행동을 별로 안 한다. 소비만 하고 생산은 별로 안 한다. 남들의 방법만 쫓아다니고 지적 만족에 그치며, 막상 실험과 행동을 통해 자신만의 방법을 만들지 않는다. 예를 들어, 남들이 말하는 '돈 버는 법' 백날 배우고 쫓아다녀야 돈 못 번다. 배우고 실험해서 자신만의 '법'을 만들어야 한다. 이런 분들은 대개 머릿속에 온갖 이론이 뭉쳐져있어 행동을 더 못한다. 'Book smart'에 그친다.

두드려야 열린다

1. 한 외국계 지사장을 만났다. 자신의 전문성이 없었던 회사인데도 지사장을 하고 계셨다. 비결을 물었더니 인터뷰 전에 요청도 받지 않았는데 사업 환경, 법규, 시장, 고객 반응을 조사하고 분석해서 리포트를 만들어 인터뷰에게 프레젠테이션 했다고 한다. 그러자 글로벌 본사에서 보자고 연락을 받았다고 한다.

2. 나도 지난 시간 돌이켜보니 가만히 있는데 누가 알아서 챙겨준 적이나 운이 갑자기 온 적은 거의 없는 듯하다. 대개 나의 제안이 회사 또는 고객에 반드시 도움이 된다는 논리를 가지고 글이나 말로 제시해서 이루어졌다. 물론, 정말 운이 좋으면 훌륭한 상사나 고객을 만나 말을 안 해도 잘 풀린다. 그러나 그렇지 않은 경우도 많다. 아무리 훌륭한 상사라도 투시 능력이 있는 것은 아니므로 다 알 수 없다. 같이 사는 자식의 마음도 모르고 애인들끼리도 서로의 마음을 모르는데 어떻게 상사가 자신의 마음을 알겠는가.

3. 얼마 전 직장인들과 이야기하는데 자신의 성과를 상사들이 몰라준다는 고민도 있었다. 가끔 자신의 공을 다른 이가 채가고 정치적인 사람이 결국 공치사를 받는 경우도 있다고 했다. 물론 조직이 작으면 말 안 해도 대개 누가 잘하고 열심히 하는지 보인다. 그러나 조직이 커지거나 계층이 생기면 잘 안 보이기도 한다. 이 경우 필요한 것은 적극적 자기표현이다. 남의 것을 빼앗아 자기 공치래를 하는 이들을 원망하기보다 자신이 표현할 필요가 있다. 물론, 부드럽고 논리적으로 할 필요가 있다. 징징거리거나 불평하면 안된다. 혼자서 끙끙 앓고 있으면서 괜찮은 척, 초연한 척을 할 필요도 없다. 괜찮은 척하지 말고 상사에게 솔직히 말하고 구체적인 피드백을 구한다. 주위 사람들에게 도움을 구한다. 상사나 회사에 도움이 되는 제안을 하고, 자신의 일이 분명히 회사에 도움이 되고 자신이 공헌하고 있음을 표현한다.

4. 좋은 사람으로 보이는 것과 자신을 표현하는 것은 서로 부딪치는 게 아니다. 남을 존중하면서도 얼마든지 자신을 표현할 수 있다. 겸손이란 야심이 없다는 것을 의미하는 것이 아니다. 겸손하지만 야심도 가질 수 있다.

5. 작은 차이가 큰 차이를 만든다. 수동적으로 있지 말고 두드려 볼 필요가 있다. 두드리면 열린다. 설령 당장 안 열려도 열릴 가능성을 훨씬 높인다. 가만히 있는데 무언가 문이 갑자기 열리지 않는다. 설령 열린다 해도 시간이 너무 걸리고 언제 열릴지 알 수도 없다.

강렬한 호기심,
그리고 지속하는 힘이 천재를 이긴다

1. 전 인류 역사상 가장 세상에 큰 영향을 끼친 10명, 아니 5명을 꼽으라고 해도 '다윈'은 그 안에 들어갈 것이다. 그런데 흥미롭게도 다윈은 천재가 아니었다고 한다. 성공한 의사 아버지 아래 두 아들이 있었는데, 다윈의 형 골턴이 천재였다고 한다. 다윈은 천재 형에게 치이는 동생이었을 뿐이다.

2. 다윈은 스스로 이렇게 말했다. "나는 평범한 소년이었다. 이해력도 빠르지 않았다. 추상적인 사고를 따라가는 능력도 부족했다" 그는 그리스어, 라틴어, 수학도 못했다. 그가 유일하게 좋아한 것은 자연관찰과 생물 수집이었다고 한다.

3. 아버지는 그에게 "너는 스스로의 명예도 먹칠하고 우리 가족에도 망신거리다"라고 하며 아버지의 힘으로 겨우 의과대학에 보냈으나 다윈은 중퇴하고 말았다. 이에 아버지는 그를 그 당시 인기 직업인 목사가 되게 했지만 다윈은 그 또한 관심이 없었다. 또한 다윈의 아버지는 그가 비글호 탐사를 가는 데에도 반대했다고 한다.

4. 그러나 다윈은 겨우 허락을 득하여 5년간 비글호 탐사를 한다. 이후 연구에 전념한다. 그는 우직하게 야생 동식물을 관찰하며 힘들고 단조로운 작업을 해냈다. 따개비 조사연구만 무려 8년을 소요했다고 한다.

5. 세상의 획을 긋는 성취는 얄팍한 '머리'와 '효율'에서 나오는 게 아니라 우직한 '엉덩이'에서 나온다. 특정 분야에 대한 강렬한 관심, 강한 흥미, 인내와 끈기에서 나온다. 『틀리지 않는 법』〈조던 앨런버그, 열린책들.2016〉에서 저자인 수학교수 조던 앨런버그는 이렇게 말한다. "수학을 가르치는 선생의 입장에서 가장 안타까운 것은 학생들이 '천재성 신앙'으로 인해 망가지는 것이다. '천재성 신앙'은 학생들에게 최고가 아니면 수학을 할 가치가 없다는 것이다. 많은 유망한 젊은 수학자들이 자기 앞에 뛰어난 사람이 있다는 이유로 자신이 좋아하는 학문을 포기하는 모습을 매년 본다" 나도 예전에는 '노력'이란 보복이라 생각했다. 누군가에게 똑똑하냐고 말해줄 수 없을 때 내신 말해주는 표현이라 여겼다. 그러나 '노력하는 능력', 하나의 문제에 관심과 에너지를 집중

시키고 또 고민하고 고민하고, 겉으로 뚜렷한 발전의 신호가 보이지 않는데도 계속 하는 것은 아무나 할 수 있는 일이 아니다. 이것이 없이 수학을 할 수 없다. 나 또한 학창 시절 수학경시대회를 석권했지만, 지금 같이 일하는 대부분의 훌륭한 수학자는 어렸을 때 수학경시대회에서 날렸던 사람들이 아니다.

6. 직장인으로 노벨상을 수상한 나카무라 슈지도 이런 말을 했다. "한 가지에 깊이 몰두해야 혁신이 일어난다. 우리 모두는 아인슈타인은 될 수 없어도 에디슨은 될 수 있다"

7. 우리도 다윈의 아버지처럼 자식을 우리가 원하는 대로 세상의 인기 직업으로만 내몰고 있는 것은 아닌지 모르겠다. 그들이 정말 호기심을 가지고 강한 흥미를 가진 분야를 파악하고 그 영역에서 능력을 발휘하게 해준다면 제2의 다윈이 탄생할 수도 있을 텐데 말이다.

8. 우리 자신은 어떠한가? 강렬한 이끌림이 있는 분야에 우직하게 몰두하는가? '지속하는 힘'이 천재를 이긴다.

효과적으로 배우는 방법은
비효율적으로 배우는 것이다

1. 여러 책도 읽고 다양한 교육을 받아보면서 느끼는 것은 나의 몸과 나의 생각을 많이 쓰는 과정일수록 효과적이라는 것이다.

2. 수동적인 독서, 수동적으로 듣는 강의는 편하지만 한계가 분명하다. 기껏해야, 이해하거나 요약하는 정도의 머리밖에 쓰지 않는다. 떠먹여 주는 강연이나 설교는 이해나 요약조차 필요 없다. 머리를 텅 비우고 웃고 울고 하는 사이에 시간이 지나기 때문이다. 물론, 하나의 강연으로 삶이 확 변하는 분도 있다. 그러나 대개는 힘들 때 스트레스 해소용, 작은 자극이나 깨달음, 동기부여를 얻는 정도의 도움이 될 뿐 행동의 변화까지 연결되기 어렵다.

3. 그러나, 실제 삶의 변화가 이루어지려면 뇌에 새겨져야 한다. 뇌에 새겨지려면, 스스로 몸과 머리를 쓰고 기록하고 실습하고 연습하고 자기가 이를 말로 이야기해봐야 한다. 그것도 반복해서 해야 한다. 이러기 위해서는 두 가지 허들을 넘어야 한다.

첫째, '귀찮음'과 때로 '지루함'을 이겨야 한다. 사실 머리를 쓰게 하는 교육은 귀찮다. 머리를 텅 비우고 듣는 게 제일 쉽고, 독서를 하거나 강의를 듣는 것은 그다음으로 쉽다. 그러나 스스로 하는 것은 힘들고 귀찮다. 강사나 코치가 대신하는 게 아니라 내가 하는 것이기 때문이다. 또한 반복 연습은 때로 '지루함'을 가져온다. 이 허들을 넘어야 한다.

둘째, '돈과 시간의 낭비'가 필요하다. 즉, 비효율적인 듯 보이는 상황을 감내해야 한다. 예를 들면, '내 삶의 목적'을 정한다고 해보자. 책을 사서 혼자 하면 15,000원에 한두 시간 투자하면 된다. 굉장히 효율적으로 보인다. 그런데 이를 수행하기 위한 과정을 참석하면 최소한 10배 이상의 비용을 내야 하고, 길면 하루 종일의 시간을 들여야 한다. 결국, 변화하려면 비효율적으로 보이는 시간을 감내해야 한다. 그러나 이것이 없으면 축적이 없다.

4. 실험 없이 책으로 실험 결과를 이해하고 외우면 매우 효율적으로 보인다. 1시간만 쓰면 된다. 머리가 좋은 사람일수록 빠르게 할 수 있다. 그러나 직접 실험을 통해 그 결과를 이해하려면 며칠이 걸리기도 한다. 교과서대로 잘 안된다. 그러나 후자가 없으면 결단코 '축적'되지 못한다.

5. '축적'이 없으면 '발산'이 없고 진보도 미미해진다. 그러므로 때로 진짜 '효과적'으로 배우는 법은 '비효율적'으로 배우는 것이다.(효과와 효율을 구분해서 썼으니 주의 깊게 문장을 보시라) 특히, 초기 축적 단계의 경우 더더욱 그러하다.

6. 요즘 유행하는 '독서모임' 또한 이러한 측면에서 혼자 하는 '독서'보다 낫다. 여러 사람의 깨달음을 나눌 수 있다. 그러나 여전히 스스로 생각을 깊게 하는 것을 돕지는 못한다. 그러면 자칫 지적 만족에 그칠 수 있다. 이에 나는 내가 리딩하는 독서모임에서 '스스로 생각을 하고 기록하고 말로 표현하게 하는 방식'을 적용해보고 있다. 참석자들은 힘들겠지만 삶에 실제적인 도움이 될 수 있길 원하기 때문이다.

7. 결론적으로, 일이나 삶에 진짜 변화와 진보를 원한다면 비효율적으로 보이는 길을 택하시라. 그것이 지루한 과정을 거치더라도 축적된 후 엄청난 '발산'으로 보답해 줄 것이다.

'처음부터 제대로'가
'민첩함'의 발목을 잡는다

1. 많은 기업들은 무언가를 하는데 조심스러워하고, 한번 하면 '제대로', '실수 없이', '실패 안 되게', '예상 가능한 모든 기능을 반영해서', '반드시 성공해야 한다'라는 의식이 강함을 발견한다. 이에 치밀한 계획을 수립하느라 시간을 많이 소요한다. 가볍게 실행해보고 거기서 고객의 피드백을 반영하여 발전시켜가는 애자일(agile)* 방식에 익숙하지 않다.

 * 애자일(agile): 주로 SW개발 방법론을 이야기할 때, 변화에 대해 신속하고 유연하게 적용하는 것을 뜻함.

2. 물론, 국내의 경우 실수가 허용되지 않는 고품질의 제조업 중심으로 기업들이 형성되었기에 그럴 수밖에 없었다. 또한 '처음부터 제대로' 해야 할 업무들도 분명히 있다. 그러나 이러한 일의 방식은 디지털 트랜스포메이션이나 새로운 도전, 아이디어의 실현 등에는 큰 걸림돌이 되고 있다.

3. 개인도 유사하다. 어떤 분들은 '처음부터 제대로'할 것이 아니라면 아예 실행하지 않는다. '실수'하거나 '실패'하려 하지 않는다. 특히, 지금까지 좋은 경력과 브랜드를 쌓아 왔을수록, 성공과 인정의 욕구가 강할수록 더더욱 그러하다. 나 자신도 열려있는 편이라고 생각함에도 그러한 경향이 강하다. 이에 준비되기까지는 주저한다. 그러다 보면 하세월이다.

4. 그러나, 일단 작게 실험해보고 피드백을 받으며 발전시켜가는 것이 훨씬 효과적이고 효율적이다. 더더욱 변화가 빠르고 예측이 어려운 이 세상에서는 말이다. 유튜브를 하는 것도 그러하다. 나도 처음부터 제대로 하려고 하다 보니 준비할 것이 많고 복잡했다. 그러다 보니 타인이 찍어준 영상 하나 올린 이후에는 몇 개월간 아예 출발을 못했다. 사적인 일이라 회사 직원의 도움을 받는 것은 적절치 않기에 혼자 해보고 싶었다. 그러다가 그냥 가볍고 쉽게 해보면 되지 않을까 생각해서 단순하게 파워포인트를 만들고 읽는 방식으로 촬영해 업로드했다.

5. 이후 몇 가지 피드백이 왔다. '목소리가 정말 좋아요', '멋져요' 등의 피드백도 있

었지만, '조금 빠르게 해주세요', '조금 더 힘을 빼고 해주세요', '섬네일이 예쁘면 좋 겠네요', '마이크를 좀 떼시면 목소리가 부드러워집니다', '얼굴이 나왔으면 좋겠어요' 등의 피드백도 있었다. 일본에 있는 한 페친(페이스북 친구)은 아예 섬네일을 만들어 보 내주었다. 이에, 하루 사이 업그레이드가 되었다. 처음의 '창피함'에서만 자유롭다면 이게 훨씬 나은 방안이다.

6. '부담 없는 작은 출발' 그리고 '반복', 이 과정 중의 '피드백'의 '지속적인 반영'이 완벽한 준비 부담으로 아예 출발조차 못하거나 무겁게 출발했다가 부담이 되어 지속 하지 못하는 것보다 훨씬 낫다.

7. 무엇을 하든 일단 부담 없이 가볍게 출발하고 이를 반복, 향상시켜나가라. 아니면 접으면 되고, 괜찮으면 발전시켜가면 된다.

'짧게라도 여러 번' 전략

1. 말콤 글래드웰은 재기 발랄한 작가이다. 나도 그의 책을 좋아한다. 그러나 그는 균형 잡힌 글을 쓰는 작가는 아니다. 베스트셀러의 법칙을 잘 알고 있기에 대개 극단적인 주장의 책을 쓴다. 전문가가 되려면 '1만 시간'의 훈련이 필요하다는 주장 또한 그러하다. 이 또한 많은 논란이 되어왔다. 성공에는 '절대 시간' 외에 '재능'의 요소도 분명히 큰 영향을 미치며, 1만 시간 또한 어떻게 1만 시간을 쓰느냐에 따라 달라진다.

2. 습관에 관한 책*을 읽으니 균형 잡힌 통찰이 나온다. "중요한 것은 1만 시간의 절대치 자체가 아니라 '횟수'이다"

* 『아주 작은 습관의 힘』 〈제임스 클리어, 비즈니스북스.2019〉

3. 대개 무언가를 결심할 때마다 작심삼일 하는 이유는 처음부터 '시간'은 많이 썼지만 '횟수'를 늘리는데 실패하기 때문이다. 운동을 한다고 결심하고 첫날 무리하게 몇 시간 한다. 그러고는 며칠 지나 온 몸이 아파지고 슬슬 귀찮아진다. 이에 포기한다. 공부를 결심하면 첫날 몇 시간 공부한다. 열정이 생겨 폭발적으로 하다가 슬슬 그 열정이 꺼지게 되면 손을 놓게 된다. 글을 쓴다고 결심하면 첫날 엄청나게 쓴다. 그러다가 슬슬 힘들어지게 되고 그러다가 손을 놓게 된다.

4. 초기에는 무리한 열심으로 시간을 쏟았지만 횟수가 늘지 않는 것이다. 연구자들은 1시간x2번 보다 10분x7번이 훨씬 효과가 크다고 한다. 전자는 2시간이 소요되었고 후자는 70분이 소요되었으니 전자가 더 효과적인 것 아니냐고 말할 수 있는데, 실제 효과는 후자가 몇 배 크다고 한다. 그러므로 핵심은 '짧게라도 여러 번'이다.

5. 중학생 시절 체육 선생님이 한 달 뒤에 '턱걸이' 시험을 본다고 말씀하셨다. 사실 나는 턱걸이를 한 개밖에 못했다. 이에 절망하다가 같이 다니던 친구와 방과 후 잠깐씩 연습해보자고 했다. 어차피 1개밖에 못했기에 한꺼번에 많은 연습을 할 수는 없었다. 혹시나 하는 마음에 매일 방과 후 철봉에 갔다. 그런데 결국 30일이 지나자 정말 신기하게도 시험 때에는 15개를 할 수 있었다. 내가 무언가 꾸준히 해서 성공한 몇 안

되는 경험이다. 내가 들인 시간은 10분×25일 정도인 것 같다. 그래봤자 250분이다. 그런데 내가 시험 3일 전부터 하루에 2시간씩 썼다면 어땠을까? 6시간(360분)을 쓸지라도 2~3개밖에 못했을 것이다.

6. 그러므로 '잠깐이라도 여러 번' 전략으로 바꿀 필요가 있다. 그러면 여러 번 하려면 어떻게 해야 할까? '만만해야 한다' 일로 느껴지거나 지치면 백전백패이다. 예를 들어 운동 안 하던 사람이 갑자기 한 시간 하려면 지친다. 그보다는 그냥 매일 퇴근 시 가볍게 한 정거장 정도만 걷는 것부터 시작하라는 것이다. 여기에 위의 턱걸이 사례에서 보듯이, 누군가와 같이 하면서 매일 동일한 시간 또는 동일한 타이밍에 하는 것이 효과적이다.

7. 1년 전부터 책을 쓰려 했다. 그런데 귀찮아서 도무지 진도가 나가지 않았다. 그런데 한 매체에서 매주 기고 요청이 왔다. 잘 되었다 생각했다. 일주일에 기고 하나 하는 것은 만만한 일이었기 때문이다. 이렇게 써서 나중에 모으면 책이 되니 부담 없었다. 나같이 게으른 사람은 '짧게라도 여러 번' 작전을 쓰지 않으면 결심만 하다가 인생 다 보낸다. SNS의 글도 마찬가지이다. 처음부터 매일 쓰려 했으면 일이 되어 지속하기 어려웠을 것이다. 그러나 주말에만 쓰기로 하니 부담이 안되어 몇 년간 지속 가능했다.

8. 코로나로 오프라인 모임이 끊기면서 나뿐 아니라 많은 분들의 지속되었던 좋은 습관들이 정지되고 있다. 한번 끊기면 다시 재개하기 어렵다. 5분, 10분이라도 좋으니 다시금 일로 느껴지지 않는 만만한 것부터 시작해보시라.

9. '시간이 아니라 횟수', 이 전략은 '성장'뿐 아니라 '행복'의 법칙이기도 하다. 어쩌다 한 번 하는 긴 시간의 좋은 경험보다 짧은 여러 번의 경험이 삶을 더 풍요롭게 한다고 하니.

낮은 수준의 생각 전략

1. 학창 시절 내 동생은 시험이 가까우면 방을 치우고 책상을 치웠다. 주위가 깨끗해야 몰입이 잘 된다는 이유였다. 열심히 치운 후에는 "아 힘들어. 고생 많이 했으니 이제 좀 쉬어야겠다"라고 하고 잤다. 막상 공부에 시간 투입은 거의 못했다. 나도 예외는 아니다. 중요하지만 하기 싫은 일이 있으면 즉각적으로 몰입하지 못한다. 이것저것 주변 일을 하면서 뜸을 들인다. 때로는 주변 일을 하다가 시간을 다 보낸다.

2. 한 심리 서적* 에서는 이러한 현상을 '낮은 수준의 생각 전략'이라고 명명한다. 중요하지만 하기 싫은 일이 있을 때, 높은 수준의 생각을 써야 하는 것이 귀찮고 힘들 때, 단순한 일을 하고 낮은 수준의 생각을 함으로써 스트레스를 줄이고 자기 합리화를 한다는 것이다.

*『실행이 답이다』〈이민규, 더난출판사.2011〉

3. 즉, 중요한 일을 회피하는 자신을 합리화하고 안심을 주기 위해 쓸데없는 일을 열심히 하는 것이다. 공부하기 전에 방 정리, 책상 정리를 하고 했던 내 동생의 전략이 그 예이다. 막상 중요한 것은 공부인데 하기 싫으니 책상 정리라도 하는 것이다. 그러면서 스스로 공부에 도움이 될 것 같은 뭐라도 했기에 죄책감을 던다. 그러나 성과와는 무관하다.

4. 사업이 안되면 잘 되는 방안을 연구해서 실행하는 것은 높은 수준의 생각을 써야 하므로 힘들다. 그러나 핑계 대고 불평하고 의미 없는 회의를 하는 것은 쉽다. 그러므로 사람들은 후자를 하면서 스스로 만족한다. 뭔가 일을 한 것 같지만 실제로는 전략적으로 본질을 회피한 것이다.

5. 나는 한동안 '영어를 효과적으로 공부하는 법'을 찾아다녔다. 사실 영어공부 영역에는 수많은 베스트셀러가 있다. 영화를 통째로 외워라, 핵심 문장을 외워라, 죽도록 반복해서 들어라, CNN을 봐라, 프렌즈를 봐라... 수십 권은 읽은듯했다. 방법론을 이해하고 나면 그럴듯했고 나의 영어실력이 갑자기 좋아질 느낌이었다. 뿌듯했다. 그러

나 그런 책을 읽었다고 실력이 좋아질 리 없다.

6. 내 지인은 그런 책 한 권도 안 읽고, 그저 쇼가 재미있어서 매일 영어 쇼를 보고 토론이나 외국 친구 모임 같은데 가서 수시로 수다 떨더니 실력이 일취월장했다. 내가 그 책들을 찾고 읽고 분석하는 시간에 그저 흥미로운 영역의 영어를 매일 읽고 쓰고 말하는 것을 했으면 지금보다 훨씬 나았을 것이다. 즉, 내가 한 것은 '낮은 수준의 생각 전략'이었던 것이다. 영어를 쓰고 말하는 자체를 매일 하기 귀찮으니 영어 잘하는 방법의 책을 읽음으로써 회피했던 것이다. 그러면서 마치 내가 영어공부 한 것처럼 착각하고 합리화했던 것이다.

7. 특히, 나 같이 독서를 좋아하는 사람들은 이런 오류에 많이 빠진다. 예를 들어, '운동하는 법'만 백날 읽는다고 몸이 건강해질 리 없다. 그 시간에 걷는 게 낫다. 그러나 이런 책만 읽고 머릿속으로만 만족한다. 왜? 독서가들에게는 걷는 것보다 책 읽는 게 훨씬 쉽기 때문이다.(물론, 독서가 나쁘다는 것은 아니다. 독서가 실행과 연결되면 엄청난 시너지를 낸다. 역으로 독서를 싫어하는 사람에게는 독서가 높은 수준의 생각을 요하기 때문에, 그들은 이를 회피하기 위해 다른 쉬운 것을 할 것이다)

8. 그러므로 자신이 바쁘다면 스스로에게 물어볼 필요가 있다. 내가 진짜 중요한 일에 바쁜가? 아니면 그것을 회피하기 위한 쉬운 일을 하면서 이게 그 중요한 일에 도움될 거야라고 스스로를 합리화하고 있는 것은 아닌가?

재능을 발견하는 법

1. 유니클로의 야나이 다다시의 아버지는 양복점을 했다. 이후 그 양복점을 아들에게 물려준다. 다다시는 물려받은 양복점을 자신이 하고 싶은 방식으로 했다. 그러자 6~7 명의 직원 중 한 명만 남기고 다 그만두었다. 그런데 이후 매출이 상승했고 매우 잘 되었다. 그때 그는 자신이 경영에 재능이 있음을 발견했다고 한다. 이후 사업가로 나서게 된다.

2. 예전에 한 기사를 읽었다. 한국에 시집온 한 캄보디아 여성 이야기였다. 한국에 시집와서 농사짓다가, 우연히 한국인 남편을 따라 동네 당구장에 갔다. 그런데 거기서 재능을 발견했다. 이후 세계 랭킹 3위가 되었다. 그녀의 실력은 4구로 환산하면 1000 정도란다.

3. 예전에 탤런트 이시영이 국가대표를 뽑는 복싱 선수권대회에서 준우승을 했다. 영화에서 복싱하는 장면이 있기에 그 장면을 찍으려 가볍게 복싱을 배우게 되었는데, 복싱을 배운지 단 2년 만에 그녀는 이러한 놀라운 결과를 얻었다. 1년 만에 아마추어 챔피언이 되었다. 복싱을 배우기 전에는 자신도 이런 재능이 있을지 꿈에도 몰랐다고 했다.

4. 재능을 발견하는 2가지 방법이 있다. 하나는 자신의 재능이나 강점을 파악해 주는 좋은 멘토나 동료, 스승, 선배, 상사를 만나는 것이다. 자신이 보지 못하지만 자신 속에 감춰진 재능이나 강점을 파악해 주는 사람을 만날 때 그의 인생은 바뀔 수 있다. 예전에 야구왕 이대호가 야구를 시작하게 된 계기를 들은 적이 있다. 재미있게도 이미 야구선수로 활약했던 추신수가 우연히 그와 같은 반이었는데 그가 자신을 보고 야구를 잘할 것 같다고 하면서 야구를 권했다는 것이다. 추신수는 이대호 스스로도 알지 못한 그 재능을 발견해 주었고 그를 통해 우리는 이대호라는 또 하나의 스타를 만나게 된 것이다.

5. 또 하나는 나양한 시도를 헤보는 것이다. 조엘 오스틴는 "더 많이 보고, 디 많이 읽고, 더 많이 배워라. 자신에 대해 많이 알면 알수록 자신이 정말 잘할 수 있는 일을 찾

을 가능성이 높다"라는 말을 했다. 다양한 시도를 해보다 보면 자신이 재능이 있는 분야를 발견할 수 있게 될 가능성이 높다는 것이다.

6. 젊은 직원들이 가장 많이 하는 질문이 있다. "저희에게 주고 싶은 가장 큰 조언은 무엇인가요?" 그때마다 저는 이렇게 답한다. "다양한 것을 시도해보세요"

7. 지금 하는 일에서 아무리 노력해도 별 성과가 없다면 그 일에만 매달려 있지 말고 다른 다양한 시도를 해보라. 다양한 것을 배워보라. 혹 아는가? 자신도 모르는 엄청난 재능이 혹 미술에 있는지, 피아노에 있는지, 연극에 있는지, 상담에 있는지, 코칭에 있는지, 리더십에 있는지, 협상에 있는지, 마케팅에 있는지, 아니면 권투에 있는지 뒤늦게라도 깨닫게 될지…

8. 참고로 미국의 국민화가로 유명한 모지스는 76세에 그림을 그리기 시작하면서 자신의 재능을 발견했다고 한다. 그러므로 지금이 가장 빠른 때이다.

안타를 맞는다는 것은
스트라이크를 던질 수 있다는 의미이다

1. 얼마 전 드라마 스토브리그를 보았다. 한 어린 투수가 심적 불안으로 공을 가운데로 던지지 못한다. 이에 볼만 반복한다. 이때 감독이 지시한다. "스트라이크로 상대를 삼진 시키든지 아니면 홈런을 맞아라" 결국 이 투수는 홈런을 맞는다. 그런데 그가 홈런을 맞는 모습을 보자 다들 미소를 보낸다. 그가 홈런을 맞았다는 의미는 이제 그가 볼을 중앙에 던질 수 있음을 의미하기 때문이다.

2. 볼을 중앙에 못 던지면 홈런은 맞지 않는다. 홈런을 맞는다는 것은 내가 그래도 볼을 중앙에는 던진다는 의미이다. 투수가 홈런과 안타를 두려워하여 타자와 직면하지 않으면, 스트라이크도 삼진 아웃도 만들 수 없다.

3. 그러므로 실수한다는 것, 실패한다는 것, 깨지고 넘어진다는 것, 때로 관계가 깨진다는 것에 감사할 이유는 자신이 공을 똑바로 던지면서 정면 승부하고 있음을 의미한다. 실수도 실패도 없다는 것은 안전한 것이 아니라, 자신이 정면으로 삶이나 일을 직면하거나 승부하지 못하고 있음을 의미할지도 모른다.

4. 안타를 맞고 홈런을 맞는다면, 이제 남은 것은 실패와 실수로부터 교훈을 배우고 더 훈련하여 전략적으로 공을 던져서 승리를 쟁취하는 것이다.

5. 그러므로 때로 홈런을 맞는다는 것에 감사할 필요가 있다. 최소 자신이 관중석이 아니라 '경기장'에 서 있다는 것이고, 삶이나 일을 회피하지 않고 직면하며 당당하게 '승부'하고 있다는 뜻이니.

전략적 무능

1. 얼마 전 만난 한 후배가 이야기한다. "엄청나게 바쁘시죠. 그런데도 책도 읽으시고 SNS도 하시고 후배들도 많이 코칭 하시고 신기합니다"

2. 한 책에서 '전략적 무능'이라는 표현을 읽었다. 이 말은 우리가 모든 것에 유능하려고 애쓸 필요가 없다는 것이다. 모든 것을 제대로 하고, 모든 것을 잘 하려 하면 바쁘고 에너지가 한없이 든다. 그러므로 때로 어떤 것들에는 '무능'해질 필요가 있다는 것이다. 가장 가치 있고 중요한 일에 초점을 맞추고 나머지는 전략적으로 대충 해도 된다는 것이다.

3. 예전에 한 선배 CEO가 계셨다. 그분은 일주일 내내 항상 저녁 회식 약속이 있었고 심지어 저녁에 두 번의 식사까지도 하셨다. 물론 성공하신 분이지만, 나는 그분처럼 뛰어난 사교성도 없었고 그렇게 살고 싶지도 않았기에 이 영역에서는 '전략적 무능'을 선택했다. 이에 가능한 저녁 약속은 거절하거나 최소화한다. 물론 많은 분을 만나면 정보도 얻고 저녁에 술 한 잔 하면 관계도 가까워질 수 있다. 그러나, 그렇게 하지 않는다고 해서 사회생활에 문제가 있는 것도 아니고, 또 필요하면 점심시간에 만나면 된다. 때문에 나는 점심 식사를 같이 하는 것을 좋아한다.

4. 영화나 공연은 즐겨보지만 가능한 미드는 보지 않는다. 왜냐하면 미드는 시리즈가 지속되어 시간 소모에 끝이 없기 때문이다. 골프도 잘 치지 않는다. 골프 이야기만 나오면 나는 '무능'한 사람이 되지만, 전략적 무능을 선택했기에, 나는 '무능합니다'라고 떳떳하게 이야기한다.(골프가 분명 비즈니스에 큰 도움이 되고 즐거운 운동이다. 미드도 마찬가지이다. 좋고 나쁨이 아닌 단지 선택의 문제라는 뜻이다)

5. 일을 할 때도 내가 집중적으로 봐야 할 부분은 굉장히 깊고 꼼꼼하게 들어가지만 그렇지 않은 부분은 대충 본다.

6. 이런 식으로 몇 가지 영역에서 '무능'을 선택하면 의외로 시간이 많이 남는다. 그 시간에 자기가 원하고 필요한 것을 하면 된다. 세미나나 교육 과정을 참석하기도 하고

새로운 것을 배우기도 하며, 책도 읽고 글도 쓰고 페북도 하고 휴일에 침대에서 뒹굴거리기도 하는 것이다. 저녁 술자리를 별로 안 해서 얻지 못한 인맥을 SNS에서 대신 얻기도 한다.

7. 모든 것에 '유능'하기는 어렵다. 물론, 특정 시기(사업 초기라든지, 어떤 어려운 조직이나 일을 맡은 초기라든지, 전환기라든지, 자녀가 어리다든지)는 절대적으로 바쁠 수밖에 없다. 그러나 계속 그렇게 살 수는 없다.

8. 매우 바쁘게 살고 이를 좀 변화하고 싶은 분이라면 한 번쯤 거절하고 쳐낼 것, 좀 무능할 영역을 찾아보시라. 그거 안 한다고 죽지도 않고 큰일 나지도 않는다.

꼰대들의 말도 들을 필요가 있다

1. 얼마 전 스타트업 다니는 한 젊은 직원의 글을 읽었다. 대략 이런 요지였다. "스타트업에서 다양한 일을 하며 경험을 쌓았기에 성장하고 있고, 외부에서도 인정받을 수 있다는 착각을 가지고 있었다. 그런데, 이는 입증이 어려운 부분이었다. 증명할 수 없으면 무시당한다는 말을 깨달았다. 나 자신의 실력을 증명할 수 있어야 한다. 개인 브랜드를 키우지 않는 스타트업 생활이 나의 성장을 의미하는 것은 아니었다. 꼰대들이 하는 말들을 무시했지만 사실이었다"

2. 최근에는 대기업뿐 아니라 기술 스타트업에서 일하면서 겉멋에 빠지는 경우들도 가끔 본다. 강남에 사무실을 얻고, 넷플릭스의 '파워풀'이나 구글의 '구글의 아침은 자유가 시작된다'같은 책을 읽으면서 자유롭고 수평적 경영을 논의하고, 매일 실리콘밸리 소식이나 블룸버그를 보면서 세상이 돌아가는 것을 파악하며, 유창한 영어실력을 자랑하고 공짜 커피와 빵을 즐기며, 외부에서 받은 투자를 자랑한다.

3. 이렇게 지내면 개인이 뭔가 대단해진 것처럼 느껴지기도 한다. 자신의 경쟁력도 엄청 높아진 것처럼 생각하기도 한다. 그러나 구글과 넷플릭스의 책을 읽고 공부를 하는 게 자신의 경쟁력이 아니다. 영어를 뛰어나게 하는 게 경쟁력이 아니다. 실리콘밸리를 안다는 것도, 이것저것 해봤다는 것도 경쟁력이 아니다.

4. 시장에서 통하는 경쟁력이란 심플하다.

 1) 자신이 어떤 가치와 성과를 창출할 수 있는가?

 2) 그것을 어떻게 증명할 수 있는가?

 두 가지뿐이다. 가끔은 꼰대들의 말도 들을 필요가 있다.

그리 안 똑똑해도
엄청 똑똑하게 보이는 비결은?

1. 예전 한 대기업에서 컨설팅을 할 때였다. 그 회사 CEO가 주관하는 미팅에 몇 개월 간 매주 참석한 적이 있었다. 그분은 한 가지 매우 예민한 부분이 있었는데 그것은 질문에 대해 중언부언 답하는 것을 매우 싫어하셨다. 물으면 핵심을 답해야 했다. 그렇지 않으면 가끔 중간에 말을 자르기도 하셨다. 덕분에 참석자들은 항상 긴장 상태였지만 이런 환경에서 훈련되면 실력은 상당히 오르겠다는 생각은 들었다.

2. 아니나 다를까. 유명하신 그 CEO는 임직원들에게 사랑받는 것 같지는 않았지만 그 회사 출신들은 어딜 가도 일 잘한다는 이야기를 듣는다. 사실 그 CEO는 이를 직설적으로 표현했지만 거의 모든 CEO들은 속으로 참고 있는 것뿐이지 동일한 생각을 가지고 있다.

3. 그러므로 일터에서 '묻는 질문에 간략히 핵심만 대답하기'만 잘해도 정말 똑똑해 보인다. 쉽다고 생각하지만 이렇게 답하는 사람은 10%도 안된다. 나도 글로벌 회사, 유명 대기업들도 다녀보았지만 그렇다.

4. 예를 들어, "그 방안의 장점과 단점을 말해주세요"라고 물었다면 "그 방안의 장점은 ~이고, 단점은 ~입니다" 이렇게 답하면 되는데 이렇게 답하는 사람은 의외로 많지 않다. "그 방안은 어떻고요. 그 방안은 어떻게 만들어졌고요" 질문과 관계없는 주변 가지들을 자꾸 말한다. "그 방안의 차별점은 뭔가요?" 이렇게 물으면 "차별점은 3가지입니다. 첫째, 둘째, 셋째" 이렇게 답하면 좋으련만 이렇게 답하는 사람은 10%도 안된다.

5. 질문에 대해서는 '결론만 짧고 명확히 먼저 말한다' 그리고 시간이 남거나 상대가 이유를 요청하면, 근거가 되는 이유 3가지를 첫째, 둘째, 셋째 이렇게 말한다. 이렇게만 하면 엄청나게 똑똑한 사람으로 보인다.

6. 생각 외로 쉽지 않다. 이렇게 하려면 항상 생각을 요약하고 구조화해야 한다. 부단

히 훈련하지 않으면 매우 어렵다. 까다롭고 성질 급한 상사를 만나면 오히려 감사하시라. 이를 훈련할 수 있는 좋은 기회이다.

p.s

물론 이러한 방식이 만능은 아니다.

1) 공식 업무가 아닌 자리, 아이디어 회의에서는 이렇게 하기보다는 자유롭게 아무 말이나 할 수 있는 게 낫다.

2) 감성을 움직이려 하는 글을 쓸 때는 이렇게 쓰면 효과가 떨어진다.

3) 집에서 이렇게 하면 쫓겨난다.

하워드 슐츠는 이태리 카페를 방문한
첫 번째 사람이 아니었다

1. 스타벅스의 창업자 하워드 슐츠가 스타벅스를 창업한 스토리는 누구나 알고 있다. 이태리의 밀라노를 걷던 그는 에스프레소 바를 보게 된다. 거기서 커피를 만드는 바리스타가 손님과 대화하면서 다양한 커피를 만들어내는 모습을 보고 영감을 얻는다. 왜 미국에서는 맛없는 커피를 친밀한 관계도 없이 마실까?라는 생각에 스타벅스를 만들었다.

2. 그런데 이 스토리에서 우리가 잊고 있는 사실이 하나 있다. 그것은 슐츠가 이태리 카페를 방문한 '첫' 미국인이 아니라는 사실이다. 이태리를 방문한 미국인은 수십만, 수백만이었을 것이다. 이태리 커피에 감흥을 느낀 미국인도 적지 않았을 것이다. 독특하다고 느꼈을 것이다. 그게 끝이었다. 그러나 슐츠만이 그것을 기회라고 여기고 스타벅스를 만들었다.

3. 예전 공차 코리아를 만든 젊은 여성 대표의 스토리를 읽은 적이 있다. 싱가포르를 여행하다 공차를 만나게 된다. 이를 맛본 후 대만 본사에 달려가서 국내 판권을 따왔다. 이후 2년 만에 200개의 점포를 내고 300억에 지분을 매각했다.

4. 그녀가 싱가포르에 가서 공차를 맛본 첫 한국인은 아님이 틀림없다. 수많은 한국인이 싱가포르에 갔을 것이고, 그중 꽤 많은 사람은 공차를 맛보았을 것이다. 독특한 음료라고 생각했을지 모른다. 대부분의 사람들은 그게 끝이었다. 그러나 그녀만이 다르게 보았고 실행했다.

5. 우리는 다 동일한 것을 보는 듯하지만 그렇지 않다. 동일한 것을 보는데 대부분은 피상적인 것만 보는 반면, 소수의 사람들은 엄청난 기회를 본다. 그러고는 이를 실행해낸다.

6. 엄청난 기회를 보는 사람에게는 어떤 공통점이 있을까? 우연히 그런 기회가 오는 것이 아니다. 이들은 어떤 주제를 평소 곰곰이 고민하고 생각했다. 그럴 때 우연이 기

회가 되는 것이다. 특정 자동차를 구입할 생각을 하고 길을 걸어가 보시라. 그 자동차가 수도 없이 보인다는 놀라운 경험을 하게 될 것이다. 그런 생각이 없을 때는 눈앞에 하나도 보이지 않던 그 자동차가 말이다.

7. 수많은 사과가 떨어졌지만 뉴턴에게게만은 그 사과가 다르게 보였던 것은 뉴턴이 이미 그 고민을 하고 있었고, 그 관점으로 세상을 보고 있었기 때문이다.

8. 그러므로 '기회'를 발견하고자 하는 시각으로 세상을 보자. 사업을 하려고 한다면 사업의 시각으로 세상을 보자. 새로운 직업을 갖기 원한다면 그 시각으로 세상을 보자. 난제를 풀고자 하면 그 시각으로 세상을 보자. 그러면 세상이 달라 보일 것이다. 그리고 '우연'과 '평범' 속에서조차 숨어있는 멋진 기회들을 발견하게 될 것이다. 마치 보물 찾기처럼.

배움은 습관이다

1. 얼마 전 주말에 한 교육과정을 참여했다. 참석자 대부분은 기업의 HRD* 쪽에 있거나 그 분야를 업으로 하는 30대~40대 중반 정도의 직원들이었다. 내가 그런 업무와는 무관한 일반부서에서 근무한다고 하니 다들 독특하다는 표정이었다. 이런 일을 전문적으로 하는 '을'기업에 소속되었다면 모를까 일반 기업의 50대 임원쯤 되는 분이 자발적으로 찾아다니며 공부하는 것은 다들 처음 봤다는 것이다.(나는 자연스러운데…)

* HRD(Human Resource Development): 인적자원개발

2. 몇 년 전에는 R, 파이선 등의 프로그래밍 언어와 데이터 분석 강좌를 몇 개월간 매주 저녁에 가서 들었다. 물론 내가 업무에서 직접 코딩은 하지 않지만 새로운 언어가 어떻게 돌아가고 무슨 일을 할 수 있을지 알고 싶었다. 나는 C++강사까지 했지만 그 이후 언어는 배우지 못했다. 불행히도 내 나이쯤 되는 사람들은 주위에 없었다. 좀 젊게 보이려고 티를 입고 다녔다. 그런데, 그걸 마치고 나니 그다음부터는 직원들이 이것을 배우면 어떤 아웃풋을 만들 수 있을지? 무엇을 기대할 수 있을지? 실제 무슨 고생을 할지? 대략 이해가 된 상태에서 사내 적용 및 추진에 대한 의사결정을 내릴 수 있었다.

3. 회사에서 어느 정도 직급이 올라가면, 특히 '갑' 회사에서는 자발적으로 찾아서 공부하는 비율이 현저하게 줄어든다. 대신, 개념적인 1~2시간짜리 세미나만 난무한다. 물론, 지식의 양은 홍수처럼 몰려오고 시간은 부족하기에 많은 임원들은 개념적 1~2시간 교육이나 남에게 들은 정보로 내용을 파악하고 적용하고 의사결정한다.

4. 그런데 구체성을 이해하지 못한 개념적 이해에 근거한 행동이나 의사결정은 비현실적인 경우가 종종 있다. 최소한 수영장에서 물을 접하며 '음파음파'라도 실행해보고 '수영'이 얼마나 중요한지? 우리 아이에게 '수영'을 가르쳐야 하는지? '수영' 잘하려면 어떤 과정을 거치는지? 판단하는 게 더 효과적이다. 그런데 강사들의 1~2시간짜리 '수영 개론' 세미나를 편한 장소에서 듣고 이게 얼마나 중요한지? 마스터하는데 시간이 얼마나 걸리는지? 어디에 적용할지?를 판단하는 식이다. 이는 실감되지 않으므로 오판하기 쉽다.

5.   종종 해외 컨퍼런스에 참여하면 머리 희끗희끗한 사람들, 임원 급의 사람들이 젊은 직원들과 어울려서 가방 메고 며칠간 공부하는 모습을 자주 본다. 그런데 국내 컨퍼런스에는 거의 없다. 직급이나 나이가 조금 되면 다들 뒷짐만 지고 공부하지 않는다. 별도의 1~2시간 떠먹여주는 요약 세미나에 의존하여 근근이 버틴다. 이러니 실무진과 경영층 간의 지적인 괴리가 커진다.

6.   종종 부서 내에서 업무 외에 신기술을 공부하고 프로젝트를 하는 과정을 연다. 흥미롭게도 이런 과정에 자발적으로 참여하는 직원들을 보니 대개 사원-과장 정도이다. 즉 80년대와 90년대생이 대부분이다. 얼마 전 이런 과정 중 하나를 마치고 발표를 완료한 직원들과 식사를 했는데 차장이 한 명 있었다. 나이가 있는 차장이지만 누구보다 열심히 해서 프로젝트 2등을 차지했다. 내가 농담 삼아 이런 말을 했다. "주위 다른 차장, 부장들이 뭐라 하지 않아요? 괜히 당신 때문에 우리도 비교 당하게 생겼다. 뭘 그리 열심히 하냐?" 그러자 그는 어떻게 그렇게 잘 아느냐는 듯 눈을 동그랗게 떴다. 직장 생활 오래한 사람들은 80, 90년대생들은 회사 일을 열심히 안하고 워라밸만 생각하고, 뺀돌거린다고 하지만 내가 보기엔 80, 90년대생들에 대해 걱정할 필요가 별로 없다. 오히려 직장 생활 오래 한 사람들이 걱정이다.

7.   기본 역량과 학습능력이 있음에도 불구하고, 골치 아프게 더 공부하지 않아도, 지금까지 경험, 그동안 구축해놓은 인맥과 관계, 귀동냥, 적절한 소프트 스킬로 대충 꾸려나가는 직원과 임원들이 적지 않다. 나는 이것을 '사골곰탕 우려먹듯' 직장 생활 한다고 말한다. 옛날에 배우고 익혔던 것으로 계속 우려내서 생활하는 것이다. 지금까지는 이렇게 해도 생존에 문제가 없었지만 디지털 신기술이 속속들이 활용되는 앞으로도 이럴 수 있을지는 잘 모르겠다.

8.   그러므로 자기는 새롭게 배우고 시도하지 않으면서, 신기술과 개인주의, 배우려는 마음으로 무장된 부하 직원들 앞에서 "옛날에는 토요일도 없었고, 옛날에는 날밤 샜고, 옛날에는 내가 진짜 일 많이 했고, 옛날에는 상사들에게 조인트 까이고, 옛날에는 조직이…"는 식으로 이야기해봤자 꼰대만 될 뿐이다.

9.   얼마 전 참석했던 그 과정에서 내게 "어떻게 임원이 되어서도 자발적으로 공부를

하실 수 있죠?"라고 질문한 분에게 이렇게 대답했다. "지금 하시는 것처럼 앞으로도 계속하시면 돼요. 나도 30, 40대부터 한 것을 지금도 그렇게 하고 있을 뿐이에요"

10. 배움은 습관이다. 이는 학벌이나 경력과 무관하다. 일류대를 나오고도 한 달에 책한 권도 안 읽는 사람들을 많이 봤다. 대개 꾸준히 읽고 배우는 사람들은 나이가 들어도 그렇게 한다. 시간과도 무관하다. 나는 임원이 되었기에 바쁘다는 분들은 대개 핑계라 본다. 높이 오를수록 자신이 통제할 수 있는 시간이 증가한다. 그 재미로 승진하려 하는 것인데, 바쁘다면 그것은 자신이 스스로 바쁘게 만드는 것 뿐이다.

11. 흥미롭다. 100세까지 살 시대에, 50세만 되어도 공부하는 것을 신기하게 보는 세상이라니…

'그때 그걸 했어야 했는데'를 지금 하라

1. 다른 사람들의 글을 읽다 보니 '그때 이랬어야 했는데', '그때 그걸 했어야 했는데' 라는 글들이 가끔 보인다. 흥미롭게도 똑똑한 지식인들이 많이 쓴다. 우리 같은 현장 비즈니스맨은 잘 안 쓰는 말이다. 안타까움에서 그런 말을 하는 것은 이해가 되지만 과거는 지나갔다. 후회나 평론은 아무 변화를 가져오지 못한다. 과거에 못했다면 교훈을 얻어 지금이라도 하면 된다.

2. 아마존의 CEO 제프 베조스에 의하면 가장 똑똑한 사람은 더 나은 의견이나 정보가 나타났을 때 예전 생각과 행동을 바꾸는 사람이라고 했다. 인간은 오판을 쉽게 한다. 사실 미래를 예측하긴 쉽지 않다. 완벽한 사람은 없다. 오판을 했으면 스스로 돌이키고 다시 하면 된다. 리더라면 사과하고 다시 하면 된다. 어제 저랬다 오늘 이랬다 하는 게 잘못된 것이 아니다. 오히려 일관성이라는 이름하에 잘못 판단한 것을 사후 합리화하고 지속하는 것이 어리석은 것이다. 또한, '과거에 했어야 하는데'라는 평론만 하고 아무 행동도 하지 않는 것이 어리석은 것이다. 차라리 변덕쟁이가 낫다.

3. 인생은 '워터폴(waterfall)'이 아니라 '이터레이션(iteration)'이다. 실수도 하고 오판도 한다. 여기서 레슨을 받아 다시 하면 된다. 과거는 바꾸지 못하지만 현재와 미래는 바꿀 수 있다. '이랬어야 하는데'라는 말은 과거다. 과거는 과거다. 이랬어야 하는 걸 지금 행동하면 된다. '그때 그 일을 했어야 했는데', '초기에 그곳을 개혁했어야 했는데', '그때 공부를 했어야 했는데', '그때 그 사람을 믿지 말았어야 했는데', '그때 열심히 일했어야 했는데', '그때 그 정책을 쓰지 말았어야 했는데', '그런 방식으로 하지 말았어야 했는데…'

4. 불가능한 일이 아니라면 지금 하면 된다. 창피할지라도, 이랬다저랬다 한다고 욕을 먹더라도, 그냥 하면 된다. 돌이키고 자백하고 사과하고 하면 된다. 그것이 진짜 똑똑한 사람이 하는 방식이다. 그런데 왜 이렇게 하기 어려울까? '용기'가 부족하기 때문이다. 바꾸면 자존심도 상하고 욕도 먹게 되어있다. 과거의 결정이 잘못되었다고 스스로 인정하는 것이기 때문이다. 그걸 뛰어넘는 게 '용기'다. 욕먹을 용기, 과거 잘못된 판단을 시인할 용기, 자존심을 꺾을 용기, 미움받을 용기...

5. 그러므로 진짜 똑똑한 사람은 IQ가 좋고 좋은 학벌과 스펙을 쌓은 사람이 아니라 '용기 있는 사람'이다. 어중간하게 똑똑한 사람은 후회를 하고 평론을 하지만, 진짜 똑똑한 사람은 사과를 하고 변화를 만든다.

나이가 들어도 똑똑해지려면?

1. 여러 연구들에 의하면, 기억력은 20대가 최고치이고 그 이후는 감소한다고 한다. 반면, 이해력과 종합적 사고력은 55세 정도가 최고치라고 한다. 즉, 나이가 들수록 나무를 보는 능력보다는 숲을 보는 능력이 증가한다.

2. 물론, 이 능력도 50대 중반 이후는 감소한다고 한다. 그런데 이는 평균적인 현상일 뿐이다. 개개인의 노력으로 극복 가능하다. 과거에는 나이가 들수록 뇌의 연결이 끊어지고 새로운 연결은 더 이상 만들어지지 않는다고 생각했다. 따라서 나이가 들수록 점점 멍청해지는 것은 피할 수 없는 현상이라고 여겼다. 그러나, 최근에는 나이가 들어도 뇌에 새로운 연결이 만들어질 수 있다는 것이 밝혀졌다. 즉, 나이가 들어도 뇌의 기능이 발달하고 똑똑해질 수 있다는 것이다.

3. 그럼, 뇌에 새로운 연결을 만드는 방법은 무엇일까? 옥스퍼드 대학에서 사람들을 대상으로 6개월간 저글링 훈련을 시켰다. 그러자 나이와 무관하게 눈과 손의 움직임과 관련된 모든 뇌부위가 발달했다고 한다. 특히, 자신이 기존에 잘하는 것보다 새로운 것을 배우면 뇌에 새로운 연결이 만들어진다고 한다.

4. 그러므로, 자기가 잘 하는 것만 계속하시지 말고 새로운 것을 도전하시라. 외국어든, 피아노든, 춤이든, 스포츠든 새로운 것을 배울 필요가 있다. 새로운 책을 읽고 새로운 장소를 여행하는 것도 좋은 방법이다. 옛날에 배운 것을 곰국 우려먹듯 사는 사람은 나이가 들수록 멍청해지지만, 항상 새로운 것을 배우는 사람은 청년처럼 살수 있다.

5. 여기에 또 하나의 보너스 굿 뉴스가 있다. 옥스포드대가 저글링을 통한 뇌 발달 연구에서 발견한 것은 실력과 뇌 발달은 관계가 없다는 것이다. 즉, 못해도 뇌가 발달한다는 것이다. 그러므로 외국어든, 피아노든, 댄스든, 주짓수든, 요가든, 공부든 뭐든 새로운 것을 배울 때 못한다고 자책하거나 포기할 필요가 없다. 몸이 못 따라간다고 좌절할 필요도 없다. 그래도 뇌는 쑥쑥 자란다.

6. 오늘이나 내일 당장 문화센터를 가시든, 온라인 교육과정을 등록하든, 서점을 가든, 어디든 가서 새로운 걸 배우시라. 이 글을 보는 독자분들의 나이가 40세가 넘었다면 말이다. 60세가 넘으셨다면 더더욱 새로운 걸 배우시라. 그것이 오래 건강하며 현명하게 살수 있는 비결이다.

제대로 망치를 두드려라

1. 십수 년 전쯤인가 차에 소리가 나서 회사 옆에 카센터에 갔었다. 정비직원이 한 3~4시간 땀을 흘리며 정말 열심히 끙끙거렸다. 결과는 이런저런 부품을 모두 갈아야 한다고 하면서 60만 원의 견적을 내었다. 그 고생이 미안해서 당장 수리하려고 했다. 하지만 시간이 안되어 내일 하겠다고 말하고 돌아갔다.

2. 그런데, 마침 다음날 방문하는 지역 주변에 대형 정비 공장이 있어 다시 점검을 해 보았다. 결과는? 그곳의 직원이 잠깐 보더니 5분 만에 원인을 발견하였고, 8만 원의 가격으로 해결했다.

3. 우리가 많이 듣는 예화가 있다. 어떤 선박에 큰 문제가 생겨서 작동이 안 되었다. 아무리 해도 해결되지 않아 전문가를 불렀다. 그가 이곳저곳 보더니 어느 한군데 망치를 두드리자 문제가 해결되었다. 그러고는 10만 파운드를 청구했다. 그러자 선박주가 불평했다. 화장실 갈 때 다르고 나올 때 다른 격이다. 당신이 한 일이라고는 망치 하나 두들긴 것뿐인데, 10만 파운드냐는 것이다. 그러자 그는 비용 청구서에 이렇게 기록했다. '망치질 1파운드, 정확한 곳의 진단 99,999파운드'

4. 열심히 땀을 뻘뻘 흘리며 일하는 게 중요한 것이 아니다. 열심히 일하는데 아무 곳이나 망치를 두드리면 오히려 상황을 악화시킨다. 물론, 아마추어나 어린아이나 초심자에게는 '열심'과 '노력'만 있어도 박수 쳐주고 격려해야 한다. 이들은 아무데나 망치를 두드려도 격려 받을 수 있다. 시행착오에도 환호해 줄 수 있다.

5. 프로, 전문직이나 기업과 사회의 리더들은 '열심'이나 '노력'으로 박수를 받는 것이 아니다. '유능함'으로 박수를 받아야 한다. 끝없는 훈련과 개발, 경험으로 역량을 쌓아 문제의 본질을 찾아 해결해야 박수를 받는 것이다. 이것저것 아무거나 건드려서 시간을 빼앗고 비용과 에너지를 증가시키는 의사, 변호사, 컨설턴트, 경영자, 정책 수행자를 지지할 사람들은 거의 없다.

6. 제대로 망치를 두드려야 한다. 우리 또한 제대로 망치를 두드리는 사람이 되도록

훈련하고 실력을 쌓아야 한다. 만일, 우리 자신이 부족하다면 그런 전문가를 찾아야 한다. 누가 제대로 망치를 두드리는 사람인가를 아는 능력 또한 제대로 망치를 두드리는 능력만큼이나 중요하다. 아니 어쩌면 리더들에게는 전자의 능력이 더 중요할 수도 있다.

가장 훌륭한 멘토는 당신이 돈을 지불한 멘토이다

1. 나는 '탈잉'이라는 앱을 통해 취미로 무언가 배움이 필요할 때마다 이것저것 배운다. 다양한 프로그램이 있으며 가격도 저렴하고 시간도 유연하게 맞출 수 있다. 게다가 참가자들도 대부분 20~30대라 젊은 친구들의 관심사도 쉽게 캐치할 수 있다. 다행히도 내가 워낙 젊은 마인드라(?) 민폐가 되지는 않는듯하다. 어떤 프로그램을 들었는데 참 괜찮아서 꾸준히 하고 있다. 그런데 수업을 여는 튜터가 과도하게 착하다.

2. 수업료도 매우 저렴하게 책정했으며, 수강생이 지각을 해도 넘어가고 심지어 결석을 하면 돈을 돌려준다. 새로 온 수강생에게는 차근히 설명을 하고 관리 해줘야 남아 있게 되는데도 별도 관리를 안 한다. 보통 두 번째 참석이 지속성의 일차 허들이다. 그러다 보니 수강생들이 들쭉날쭉이고 한번 오고 안 오는 등 지속성이 없어 그룹 강좌임에도 불구하고, 심지어는 나와 1:1도 가끔 한다. 나야 좋지만 작은 돈을 내고 1:1을 하는 것은 미안해서 코칭을 좀 해주었다. "일단 한 달 치를 받고 정식 사유를 사전에 통보하지 않으면 돈을 돌려주지 않는다고 하세요. 또한 지각에 대해서는 관대하지 마세요. 새로 오는 사람은 집중적으로 관리해 주세요. 그리고 이후 시간당 5천 원 정도 더 올려보세요. 그래도 괜찮아요" 그는 수강료는 올리지 않았지만, 내 말을 일부 시행하여 수강생들의 유지율이 높아졌다. 물론 내가 집중적으로 배울 기회를 조금 잃게 되었지만 말이다.

3. 사람은 많은 돈을 쓸수록, 그리고 프로그램이 엄격할수록 진지하게 받아들인다. 사람들이 무조건 저렴하고 마음대로 할 수 있는 것을 좋아할 것이라고 생각하지만 대개 공짜거나 싸거나 시간 등의 기본 룰이 엄격하지 않으면 진지하게 받아들이지 않는다. '해도 좋고 안 해도 그만'으로 받아들이는 경향이 높다. 정말 바빠서 지각을 하기도 하지만 가도 제시간에 시작하지 않으니 지각을 하는 경우도 많다. 너무 싸면 결석해도 경제적 손실이 미미하기에 우선순위에 밀려 쉽게 결석하게 된다.

4. 사실 정말 변화를 얻으려면 돈을 많이 지불하고 엄격한 환경일수록 효과적이다. 돈을 투자하지 않거나 적게 투자하거나 하고 싶은 때 아무 때나 왔다 갔다 해서는 지속성과 실행성이 약화된다. 그런 의미에서 진짜 멘토를 찾으시는 분들은 돈을 쓰시라. "가장 훌륭한 멘토는 당신이 돈을 많이 지불한 멘토다"

축적 후 발산

1. 미란다 커, 카라얀, 프라시도 도밍고의 공통점이 무엇인 줄 아시는가? 그들은 모두 주역들의 갑작스러운 펑크로 대역을 맡았다가 성공한 사람들이다. 그런데 공통적으로 이들은 무대 한 켠의 보조, 조연, 무명시절에도 실력을 닦고 있었다.

2. 얼마 전, 한 젊은 지인은 일이 좌절된다며 내게 물었다. 마음만큼 성과가 빠르게 나지 않는다는 것이다. 내가 볼 때 학습도 열심히 하고 태도도 훌륭하고 잠재력도 뛰어난데 그렇다. 자존심 상하게 승진에도 한번 밀렸다. 그래서 조급했다. 회사를 떠나야 하나? 다른 일을 찾아야 하나? 나는 한 마디를 답해주었다. '축적 후 발산'

3. 영화감독 이안은 글로벌 배우가 되기 위해 대만을 떠나 미국으로 유학했다. 그러나 그는 영어실력이 뛰어나지 않았기에 배우보다 감독이 되기로 결심했다. 29세 늦은 나이, 대학 졸업 후에도 그의 삶은 쉽게 풀리지 않았다. 6년간 100여 편의 시나리오를 썼지만 모두 퇴짜를 맞았다. 그의 동기 '스파이크 리'는 감독으로 잘 나가고 있었지만 그는 좌절에 좌절을 거듭했다. 그러던 어느 날, 대만 문화부가 공모하는 시나리오 경연 대회에서 우승을 하고, 그 상금으로 첫 영화 '쿵후선생'을 24일 만에 만들었다. 그 영화 이후 그는 한을 풀듯 끊임없이 영화들을 만들어냈다. 그의 영화들은 38번이나 오스카상(아카데미상) 후보에 올랐고 그중 12번을 수상했다. 이안 본인은 동양인 최초로 '브로크백 마운틴'으로 오스카상을 받았고, 이후 '라이프 오브 파이'로 또 오스카상을 받았다. 나도 그의 영화의 대부분을 흥미롭게 보았다. 센스앤센서빌러티, 와호장룡, 브로크백마운틴, 라이프오브파이, 음식남녀, 색계, 아이엠히스레저…

4. 그가 대만 시나리오 경연 대회에 참여하고 수상한 것은 정말 '운'이었을지 모른다. 그러나, 그 이후 수많은 뛰어난 작품을 낼 수 있었던 비결은 무엇이었을까? 6년간 100여 편을 쓰고 도전함으로써 '축적'한 역량이 있었기 때문이었을 것이다.

5. 누구에게나 지독히 운이 없을 때가 있다. 그러나 평생 운이 없는 사람은 거의 없다. 일생에 한두 번의 '운'이 온다. 그러니 그 '운'과 '기회'를 살리는 사람이 있고, 그렇지 못하는 사람이 있다. 그 차이는 무엇일까? 그것은 '축적'이라는 생각이다. '축적'

이 없다면 그 '운'은 일회성에 그친다. 그러나, 그동안 쌓아놓은 '축적'이 있다면 그 '운'은 전환기가 되어 '발산'이 이루어진다.

6.   그러므로 꾸준히 '축적'을 할 뿐이다. 그러면, 불운이 풀리는 언젠가 그동안의 '축적'은 '발산'으로 보답할 것이다. 실망하고 좌절하고 아무것도 쌓지 않고 있다면, 설령 '운'과 '기회'가 와도 일회성에 그치고 다시 원상태로 돌아갈 것이다.

빵을 굽는 것이 부끄러운 일이 아니라…

1. 얼마 전 연수를 마친 회사 신입 사원들과 임원들이 식사를 하는 시간이 있어 초대되어 갔다. 주위에 앉은 몇 명에게 물어보니 다들 틀에 박힌 말만 한다. "저의 꿈은 이 회사에서 임원이 되고 사장이 되는 겁니다. 이 회사에서 세후 연봉 1억을 가장 빨리 달성하겠습니다. 이 회사에서 뼈를 묻겠습니다. 그동안 했던 커뮤니티, 블로그 활동 접고 회사일에만 전념하겠습니다" 필자가 아는 90년대생들과 전혀 다른 말을 하고 있었다. 모두들 노땅 임원들을 만족시킬만한 준비된 모범답안들을 이야기하는 듯 했다. 이에 다음과 같은 말을 했다.

2. 저는 여러분들이 우리 회사에 뼈를 묻기 원치 않는다. 세후 연봉 1억을 우리 회사에서 달성하려면 얼마나 걸릴지 모른다. 그런데 유튜버 대도서관은 이미 매월 1억을 초과 달성하지 않았는가? 언제든 여러분들이 뛰쳐나갈 수 있는 실력이 있었으면 좋겠다. 우리 회사를 여러분들의 디딤돌로 써라.

3. 뛰쳐나갈 수 있는데도, 다른 데서 서로 오라고 하는데도 우리 회사에 대한 애정과 소신이 있어 여기 있겠다면 환영이다. 그런데 어디 갈 실력이 없어서 여기서 뼈를 묻는 것은 원치 않는다.

4. 왜 그동안의 커뮤니티, 블로그를 접는가? 우리는 당신들이 기존 직원들과 똑같은 방식으로 일하기를 원치 않는다. 그럼 새 시대의 인물을 뽑은 이유가 없다. 그저 공부만 열심히 하고 주어진 일만 열심히 한다고 사업이 잘 되는 게 아니다. 시대가 바뀌고 있지 않느냐. 우린 당신들이 잘 하는 디지털 능력을 회사에서 극대화하고 싶다. 그 능력을 발휘했으면 좋겠다. 유튜브로 여러분들은 콘텐츠 차별화 능력과 사업 감각을 익힐 수 있다. 여러분들의 기술을 공유하고, 커뮤니티에서 인정받고 글로벌로 배우고 인맥을 넓혀라.

5. 당신들이 배치되고 업무를 맡으면 생각과 달리 하찮아 보이는 일을 맡을 것이다. 기업이 클수록 업무를 잘게 나누어 준다. 하찮아 보이는 일도 많다. 내 관찰에 의하면 초급 사원의 10%는 '나는 이런 일하러 온 게 아냐'라고 하며 때려치운다. 70~80%는

그저 순응하고 회사 생활은 이런 거구나 생각하며 시키는 일만 적응하며 그저 시간을 보낸다. 보람은 퇴근 후에서나 찾는다. 10%~20%만 그 하찮아 보이는 일도 다르게 한다.

6. 빵집으로 성공한 한 사장님이 있었다. 그의 강의를 들은 적이 있었는데 그가 이런 말을 하는데 깊이 다가왔다. '빵을 굽는 것이 부끄러운 일이 아니라 남과 다르게 빵을 굽지 못하는 것이 부끄러운 일이다' 저도 직장 생활 중 때때로 박사까지 받은 내가 과연 이런 하찮은 일들을 해야 하나라는 불평이 있었다. 그런데 그 말을 들은 이후 하찮은 일을 대할 때마다 그 말을 명심하고 그런 일이라도 남들과 다르게 하려고 해보았다. 반복적인 일은 자동화하거나 효율적으로 할 방법, 재활용할 방안을 찾아봤다. 그러니 성장이 이루어졌다. 또 벤처를 같이 창업해서 일할 때는 온갖 잡일을 다 직접 해봤는데 그게 엄청난 자산이 되었다. 남들에게 맡겨도 잘 맡기고 공감할 수 있고, 누군가 빵꾸를 내도 커버할 수도 있게 되었다.

7. "빵을 굽는 게 부끄러운 게 아니라 빵을 다르게 굽지 못하는 게 부끄러운 것이다" 라는 말을 꼭 기억하시라.

8. 건투를 빈다.

이미 지고 들어가는 말들

1. 가끔 예의 바른 직원이 자신의 의견을 제시하면서 이런 표현을 쓴다. "외람될지도 모르는 말씀이오나…" 그러나, 이러한 표현을 쓰는 순간 그다음 그가 하는 말이 별거 아닐 수도 있었는데, 이미 듣는 이에게 긴장과 불쾌감을 주게 된다.

2. 어느 강연자의 한 실험이 있다. 동일한 비디오를 청중들에게 보여주었다. 한 번은 비디오에 나온 사람이 허리 벨트를 하지 않았음을 알려주고, 두 번째는 알려주지 않았다. 그러자 영상을 본 첫 번째 그룹은 비디오 출연자가 벨트를 하지 않았음을 100% 인지하고, 60% 이상은 거슬렸다고 응답했다. 후자는 13%만 인지했으며 그중 3%만 거슬렸다고 한다.

3. 결국, 불필요한 말은 안 하는 게 낫다. "제가 오늘 준비가 안되었지만요", "제가 오늘 화장이 잘 안 먹어서요", "제가 떨려서요", "제가 오늘 좋은 옷을 못 입어서요", "제가 긴장해서요", "제가 여기 계신 분들보다 지식도 없고 사회적 지위도 낮지만요" 다 불필요한 말이다. 물론 이런 말을 하는 심리적 이유가 있다. 진짜 겸손의 표현일 수도 있지만, 실패할 경우를 대비하여 변명거리를 미리 만드는 것일 수도 있다. 이렇게 해야 심리적 안정이 될 수 있다. 신경 쓰지 않으면 본능적으로 이런 말을 하게 된다. 때론 나조차도 그렇다.

4. 그러나 불행히도 그런 말을 하는 순간 사람들은 그 프레임 속에서 당신을 보기 시작한다. 화장을 관찰하고 떨림을 관찰한다. 내가 왜 나보다 못난 녀석에게 이야기를 들어야지?라고 여기게 된다.

5. 이런 말도 동일하다. "불쾌하게 들리실지도 모르겠지만" 이런 이야기를 듣는 순간 벌써 불쾌해졌다. "실례가 될지도 모르겠지만" 듣는 순간 실례가 되었다. "외람된 말씀이오나" 이미 외람되었다. "어려운 부탁 일지도 모르겠습니다만" 말하기도 전에 이미 부담스러워졌다.

6. 그냥 하시라. 대부분은 당신의 화장이 잘 먹었는지, 옷이 구겨졌는지, 떨리는지 관

심이 없다. 발표를 하고 강의를 하고 건의를 하고 부탁을 하고 실례를 하려면 그냥 자신있게 하라.

속독이냐? 정독이냐?

1. 속독과 정독에 대한 질문을 하는 글을 읽었다. 속독이냐? 정독이냐? 나는 30대 중반까지 고등학생들 과외를 했다. 직장 생활을 하다가 그만두고 뒤늦게 박사과정에 들어갔던지라 가족 부양을 위해 일을 했어야 했다. 주중에는 조교, 대학 강사도 했지만 주말에는 고교생 과외도 했다. 수학은 '수학의 정석', 영어는 '성문영어'를 주로 했다.

2. 내 과외 대상 학생들은 대개 머리가 좋고 집중력이 있는 아이들은 아니었다. 나름 하고자 하는 의욕은 있었지만 과외를 몇 차례 받고도 별 효과를 보지 못한 녀석들이었다. 당연히, 책의 앞쪽만 새까맣게 되어있었다. 몇 개월 열심히 하다가 포기하고 다시 다른 선생님과 처음부터 몇 개월 하다 포기하니 책 앞쪽만 새까맣게 되어있을 수밖에. 사실, 지독하게 의지가 강한 사람이 아니고는 이 책을 스스로 마스터한다는 것은 거의 불가능하고, 과외를 받아도 이 책을 떼려면 최소 6개월은 걸린다. 물어보면 학생들도 이 책을 끝까지 마스터한다는 것은 말도 안 되는 것으로 여겼다.

3. 난 그래서 다르게 했다. 2개월 안에 이 책을 떼게 해주겠다고 약속했다. 그리고 정독이 아니라 각 단원의 주요 부분만 대략 하고 끝까지 가서 2개월 만에 끝을 내었다. 흥미롭게도 책을 끝내면 아이들이 변한다. 성취감과 뿌듯함을 느낀다. "와, 내가 성문종합영어를 뗐다!" 소위 '공부의 신'들이나 "공부가 제일 쉬웠어요", "책이 싫다는 사람들 이해가 안가요"라고 말하는 분들은 이해 못하겠지만, 박약한 의지력의 평범한 학생이 이런 책을 뗀 것은 대단한 일이다. 기적이다. 그 다음부터 아이는 자신감이 충만해진다. 자신감이 오르면 성적은 따라 오르게 되어있다.

4. 그리고 다시 처음부터 한다. 이번에는 두 번째 떼게 한다. 나의 교습법은 효과가 있었고 학생들에게 인기가 있었다. 정독으로 한번 보는 데 6개월 걸리는 것을, 나는 동일한 기간 동안 3번을 떼게 하기 때문이다. 학생들과 학부모의 요청에 심지어 학위를 마치고 회사에서 일하면서도 과외를 할 지경이었다. 사실 가르치는 게 수입은 좋지만 귀찮고 피곤해서 그만두었다. 그때 마음만 먹었으면 그쪽으로 빠져서 일타강사로 부자가 되었을지도 모른다.

5. 나는 의지력이 강하지 않은 보통 사람들은 기본적으로 '속독'하고, 마음에 들면 이후 '정독'하는 게 효과적이라고 확신한다. 의지력이 강하거나 책에 쉽게 몰입하는 분들은 처음부터 정독해도 좋으나 일반인들은 그렇게 접근했다가는 단 한 권도 끝까지 못 읽는다. 특히, 흥미진진한 소설이나 무협지가 아닌 경제, 경영, 인문, 자연과학 등의 책을 정독으로 접근했다가는 한 달에 한 권 읽기도 쉽지 않다. 게다가 나이가 들면 이미 앞에 읽었던 내용을 까먹기 때문에 더더욱 시간차를 두는 정독은 비효율적이다.

6. 그러므로 일단, 대충 쓱쓱 읽으면서 주요 부분만 밑줄 친다. 날을 정해서 가능한 몇 시간 내 단숨에 끝까지 읽는다. 그리고 별로면 거기서 끝내고, 정말 좋으면 다시 읽어라.

7. '총균쇠', '정의란 무엇인가?', '사피엔스', 이런 책을 정독으로 접근해서 끝을 보기란 지독한 독종이 아니고는 어렵다. 난 몇 시간 만에 대충 끝까지 읽었다. 그리고 다시 읽었다. 나는 지금도 리디북스, 예스24 등의 무제한 서비스를 이용해서 매우 많은 책을 이북으로 속독한다. 그리고, 그중에서 정말 좋다고 생각하는 책은 별도로 종이책을 주문하여 다시 읽고 소장한다. 왜냐하면 많은 책을 읽어야 다양한 영역의 지식을 넓히고 좋은 책을 발굴할 수 있기 때문이다. 또한, 주요 내용을 기억하기 위해 핵심을 요약해서 블로그에 기록하고, 어떤 내용은 SNS에 올려서 공유한다.

8. 결론은, 당신이 집중력이 강하고 끈기가 있는 비범한 사람이라면 처음부터 정독하라. 그러나 나 같은 의지박약에 약한 기억력의 소유자라면 대충 속독하여 일단 끝까지 읽어라. 그리고 정말 좋은 책이라 생각하면 다시 읽어라. 정독할 능력이 안된다면 굳이 처음부터 정독하려 애쓸 필요 없다. 또한 다양하고 많은 책을 읽으려면 일단 속독하라.

의지력에 대한 미신타파,
비효율을 추구하라

1. 얼마 전 몇몇 직원들과 식사하는데 '의지력'에 대한 이야기가 나왔다. 내게 질문한다. "그 정도 위치에 오르시려면 의지력이 정말 강해야겠네요?"

2. 개뿔! 의지력은 무슨. 물론, 삶을 살다 보면 가끔 정말 의지력이 강한 분들을 보기는 하지만 99%의 인간은 의지력이 박약하다. 나도 마찬가지다. 그래서 나는 '의지력' 운운하는 1% 독종들의 자기계발 조언은 믿지 않는다. 그분들에겐 맞을지 몰라도 나에겐 안 맞는다는 걸 알기 때문이다.

3. 곰곰이 생각해 보니 내가 특별한 의지력을 발휘하지 않고도 지속하는 일은 침대에서 뒹굴고 TV, 스마트폰 보는 거 외에는, '독서'와 '쓰기' 정도이다. 그나마 이게 가능한 이유는 습관화되었기 때문일 뿐이다. 습관화되다 보니 '활자중독'에 이르러 안 하면 금단현상이 나타나 어쩔 수 없이 하게 되는 것이고, 그 외 운동, 어학, 일찍 일어나기, 음식 적게 먹기, 일 열심히 하기, 뭐 배우기, 여행 가기 등 거의 모든 활동 중 자발적으로 지속하는 건 하나도 없다. 난 출퇴근 시간이 없었으면 회사 생활도 지속하지 못했을 것이다. 나를 잘 모르는 사람들은 나를 부지런하고 강한 의지력의 소유자로 알지만, 나를 정말 아는 사람들은 내가 게으름뱅이에 의지박약자임을 안다.

4. 그러므로 나는 "의지력을 기르기 위해 애쓰기보다는 환경을 바꿔야 한다", "지속 가능을 위해서는 '잔머리'와 '효율'을 희생해야 한다"라는 생각을 가지고 있다. 운동도 어학도 자기계발도, 유튜브와 책으로 혼자서 습득하면 시간도 아끼고 돈도 아끼련만, 이게 독종이 아닌 이상 지속가능이 쉽지 않다. '효율적'으로 하기 위해 잔머리를 굴릴수록 시작만 수십 번 반복하게 된다. 아이러니하게 돈도 내고, 먼 거리 교통시간 날리는 등 고생하고 더 비효율적일수록 지속 가능하다. '환경'을 바꾸어 자신을 그 속에 넣고, 습관화될 때까지는 '잔머리'를 굴리지 말고 '비효율'을 추구해야 한다. 난 이런 관점에서 온라인 강의가 증가해도 오프라인 서비스는 여전히 지속될 거라 믿는다.

5. 내가 우리 아들을 위해 가장 잘한 일 중의 하나는 게임에 빠져 대학입시를 실패한

후 "이제부터는 스스로 게임 조절하며 집에서 차근히 공부하며 재수하겠다"라는 아들 말을 무시한 것이다. 우리나라에서 제일 엄격한 '기숙학원'에 보냈다. 그나마 다행인 것은 말 안 듣던 녀석이 그 제안은 동의했다는 것이다. 마룻바닥에서 10명씩 자고 게임은커녕 스마트폰, PC도 압수하는 환경에 1년 지내고 나니 겨우 게임 조절을 하게 되었다.(그 덕분에 이후 군 생활 적응도 매우 잘했다) 나는 그 아이도 나를 닮아 의지박약임을 잘 알고 있었기 때문이다.

6. 신년이 오면 다들 새로운 의지를 불태운다. 하지만 불태워봤자 소용없다. 작심삼일이다. 습관이 들기 전까지는 안 가면 혼나거나, 불이익을 당하거나, 창피할 환경을 만들던지, 친구들의 등쌀 때문에 어쩔 수 없는 곳을 가든지, 선생님이 너무 좋아서 안 가곤 어쩔 수 없는 곳을 가든지, 돈을 너무 많이 내서 안 가면 너무 속 쓰린 곳을 가든지, 자격증이나 학위 때문에 어쩔 수 없이 해야 하는 곳으로 가든지, 속세를 떠나든지, 스스로 구속된 환경에 자신을 넣어라. 돈을 쓰고 효율을 희생하라. 습관이 들어 안 하면 불안하게 될 그때 하산하여 '의지력이 성공의 비결이다'느니 '환경보다는 자신의 마음을 바꾸라'느니의 멋진 말 떠들면 된다.

피드백을 회피하지 말자

1. 예전에 박진영, 양현석 등이 심사위원으로 나오는 K팝스타라는 프로그램을 즐겨 보았다. 이들이 후보생들에게 쏟아붓는 심사평들은 가끔은 듣기 거북할 때도 있었다. 그러나, 대부분 '정말 노래 잘한다', '춤을 잘 춘다'라는 칭찬만 듣고 지내왔을 후보생들에게 '독특함이 없다', '기본이 안되어 있다' 등의 솔직한 피드백은 한 편으로 그들에게 엄청난 좌절을 주었겠지만, 또 다른 한 편으로는 더 큰 성장의 가능성을 선사했다.

2. 백종원의 식당 관련 프로그램을 가끔 보았을 때도 유사했다. 제멋대로, 자기 방식대로 장사해왔던 많은 식당 운영자에게 그의 평가와 피드백은 쓰고 자존심이 상하게 들렸을 것이다. 자기 나름대로 음식도 맛있고 경영도 잘한다고 생각했던 많은 식당 주인들의 자아도취가 여지없이 꺾였다. 그러나 그것이 없이는, 망해도 그 이유를 모를뿐더러 절대 그 수준에서 Jump-up 하기도 불가능했다.

3. 일반적으로 스포츠 세계나 예능, 미디어 세계는 '피드백'이 명확하다. 개개인의 플레이는 명확하게 모니터링 되고 피드백되기에 자신의 수준을 대부분 명확히 알고 무엇을 개선해야 하는지 안다. 학자들의 세계에서도 '논문'이라는 시스템을 통해 피드백 받기에 대부분의 학자들은 자신의 수준을 안다.

4. 그런데, 생각 외로 '피드백' 받기 어려운 영역들이 많다. 장사나 사업의 영역, 직장의 영역들이 그렇다. 이에 대부분 자신들이 잘하고 있다고 생각한다. 불행히도 직장에서 대부분의 직원들은 인사평가 결과를 좋은 피드백으로 인정하지 않는다. 장사나 사업도 피드백을 수집하지 않고 마음대로 하면서 그 성패를 무조건 '운'에 돌리는 경우도 흔히 있다.

5. 나도 직장 생활을 하면서 임직원들을 만날 때, 어떻게 10년~20년 동안 저런 비효과적인 방식으로 일하고, 저런 방식으로 분석하고 보고서를 만들어 왔는지 놀라는 경우기 한두 번이 아니다. 관찰해보니 그 누구도 전문적이고 구체적이며 솔직한 피드백을 준 적이 없었고 그들도 굳이 받으려 하지 않았기 때문이었다. 이에 대부분은 스스

로 잘하는 줄 알고 관성적으로 일해왔고, 뛰어난 몇몇 사람들만(원래 뛰어나든, 스스로 별도 학습을 하든, 운 좋게 뛰어난 상사를 만나든, 운 좋은 상황이 주어지든) 방법을 깨우쳐 뚫고 올라온다.

6. 피드백이 제대로 효과를 발휘하려면 아래 4가지가 충족되어야 한다.

1) 자신이 피드백을 받으려는 마음이 있어야 한다: 그러나 불행히도 피드백을 받길 좋아하는 사람은 사실상 없다. 인간 본성상 누구에게 쓴 말을 듣고 싶은 사람은 없다.

2) 피드백을 주는 사람에 대한 신뢰가 있어야 한다: 이 또한 쉽지 않다. 대부분은 리더에 대해 신뢰가 부족하다. 신뢰하지 않는 리더나 코치가 주는 피드백은 꼰대의 잔소리나 간섭, 질책으로 밖에 안 들린다.

3) 피드백을 주는 사람이 제대로 된 구체적인 피드백을 줄 정도로 실력이 있어야 한다: 이 또한 더더욱 어렵다. 신뢰를 형성한 코치나 리더라도 코칭 할만한 실력이 없는 경우도 종종 있다. 실력 없는 이의 잘못된 피드백은 기본을 망치게도 한다. 그러나 이 말은 꼭 엄청난 실력이 있는 사람이거나 자신이 상대보다 잘 해야만 피드백을 할 자격이 있다는 것은 아니다. 타이거 우즈 코치는 우즈보다 골프를 잘 치지 못한다.

4) 피드백을 주는 사람이 그 피드백을 잘 전달해야 한다: 너무 강해서 상대에게 상처를 주고 좌절하게 만들거나 너무 약해서 상대에게 대수롭지 않게 여겨지지 않도록 해야 하는데 이 또한 쉽지 않다.

7. 그러므로, 이 4가지가 충족되는 경우가 흔치 않다. 이에 많은 일터에서는 극단적으로 흐르는 경우가 많다. '재수 없고 갈구는 상사'의 모호하고 이유를 잘 모르겠는 막무가내식 상처주는 피드백이나 아예 '서로 주지도 받지도 않거나 좋은 게 좋다는 신사협정(?)' 방식이다. 후자는 특히 실력 없는 상사나 좋은 피드백을 하고도 저항을 받은 아픈 경험이 있는 상사 입장에서도 좋은 상사의 이미지를 유지할 수 있는 방법이기에 흔히 사용된다. 전문적이고 구체적이며 솔직한 피드백보다는 방관이나 두루뭉술한 칭찬이 '좋은 상사'평가를 받기에 훨씬 유리하다.

8. 그러나 '피드백'이 없으면 절대 발전이 없다. 천재가 아닌 이상 혼자의 방식대로 수영하고 바둑을 둬서는 제대로 배우고 피드백 받은 사람들을 이길 수 없다. 마찬가지로 일을 하거나 사업을 할 때, 훌륭한 코치를 찾아 제대로 된 피드백을 받아 성장하는 것이 효과적이고 효율적인 길임이 분명하다. 그러하니 누구든지(설령 자신이 이미 뛰어난 사람일지라도) 좋은 코치를 찾아야 하고, '피드백'을 받는 것을 회피하거나 두려워하지 말자.

'즐긴다'는 말의 허상

1. 유튜브를 보다 보니 서장훈이 예전에 방송에서 한 이야기가 나온다. "나는 '즐겨라. 즐기는 자를 못 따라간다'라는 조언을 하는 사람들을 제일 싫어한다. 즐겨서는 최고의 결과를 얻을 수 없다. 목뼈가 나가고 코 뼈가 부러졌다. 이를 악물고 하지 않았으면 이런 결과를 낼 수 없었다. 물론, 취미로 했으면 즐길 수 있었겠지만 최고가 되려고 하면 그 과정을 즐길 수 없다"

2. 예전 황영조의 인터뷰가 기억난다. "마라톤을 할 때 옆에 차가 지나가면 그 차에 뛰어들어 죽는 게 덜 고통스럽겠다는 생각을 했다" 언젠가 박세리 인터뷰에서도 박세리는 이렇게 말했다. "하루에 1천 번의 스윙과 훈련, 식이요법, 엄청난 압박감 속에서 25년간 골프를 즐기지 못했다. 골프는 못 즐겼지만 인생은 즐기고 싶다"

3. 중국 과학자이자 칼럼니스트인 완웨이강은 이렇게 말한다. "의도적인 훈련이란 즐기기 쉽지 않다. 훈련자의 육체적, 정신적 자원을 모조리 투입해야 하기 때문이다. 훈련과정을 즐긴다면 그것은 의도적인 훈련이라 할 수 없다. 즐기면서 운동을 하거나 음악을 하는 사람은 수십 년을 해도 고수가 될 수 없다. 1만 시간의 법칙은 오도된다. 중요한 것은 연습을 얼마나 했는가가 아니라 의도적인 연습을 얼마나 했는가이고 세계 최고 수준이 되려면 반복되고 지루한 의도적 훈련을 필수적으로 거쳐야 한다. 즐거울 수 없다"

4. 슬슬 즐기면서 최고가 될 수 있는 사람은 아무도 없다. 결과는 즐길 수 있겠지만 그 과정은 즐길 수 있는 성질의 것이 아니다.(물론, 순간순간 성취감에 즐거움을 느낄 수 있겠지만) 고통을 극복하고 최고의 위치에 오른 후 되돌아보니 과거의 고통이 미화되고 성취감과 승리감의 기억에 즐겼다고 오해하는 것일 가능성이 높다.

5. 그러므로 '즐기면서 해라'는 말은 취미생활 정도를 목표로 하는 이들에게나 할 수 있는 조언이지 최고를 지향하는 이들에게 할 수 있는 조언은 아니다.

'정보 습득'이 아닌 '기법과 훈련'에
돈과 시간을 투자하라

1. 최근 기억력 향상에 대한 필요를 크게 느껴 조금 전 '기억법' 책을 다 읽었다. 기억법 원리를 드디어 다 이해할 수 있었다.

2. 그러나 내 기억력에는 아무 변화가 없었다. 나의 기억력 변화는 기억법 원리를 이해하는 데 있는 것이 아니라 그 원리를 훈련하는 데서 이루어지기 때문이다. 만일 내가 훈련하지 않는다면 책을 읽는데 소요된 오늘 하루의 시간은 완전 시간 낭비요 무용지물일 것이다.(영어 공부법 책을 백날 읽는다고 해서 영어실력이 늘지 않는 것과 같다)

3. 그러나 난 스스로 매일 이 원리를 훈련할 만큼 자기 절제력과 의지가 강한 사람이 아니고 끈기가 있는 사람도 아니다. 이에 난 돈과 시간을 투자해서 학원을 등록하기로 결심했다.

4. 오랜 시간 책도 읽어보고 스스로 공부도 해보고 교육기관을 통해 배워도 보면서 내린 결론은 훈련이 필요한 스포츠, 예술, 언어, 인간관계 개선 등 대부분의 영역은 책을 보거나 자습을 통해 스스로 터득하려 하는 것은 매우 비효과적이다.

5. 물론 정보와 지식을 습득하는 영역은 혼자 학습을 통해 터득 가능하다.(물론 이런 영역도 기본기를 익힌 다음에 스스로 학습해야 더 효과가 있다) 그러나 숙달을 위해 훈련이 요구되는 영역에 스스로 학습이 비효과적인 이유는,

- 자기만의 방식이 최상의 방식이 아닐 가능성이 높다.
- 자기 방식으로 수영하거나 바둑 두거나 해도 일정 수준의 진보는 볼 수 있지만 어느 선에 오르면 실력은 정지한다.
- 자신이 잘하고 있는지 못하는지 알 방법이 별로 없다.
- 누군가 봐주고 피드백 주지 않으면 교정이 어려워진다.
- 보통 사람이 끈기를 가지고 지속해 낸다는 것은 거의 불가능하다.
- 설령 자습으로 가능해도 혼자서 지속한다는 것은 정말 독한 소수의 슈퍼맨만 가능하다.

6. 결국 이런 영역의 진보는,

- 베스트 프랙티스 방법론을 가진 최고의 훈련자를 보유한 교육기관에 등록한다.

- 돈과 시간을 투자한다.

- 처음에는 이해가 안돼도 저항하거나 자기 방식대로 하지 말고 그곳에서 하라는 대로 한다.

- 돈이 더 있다면 개인 코칭까지 받는다.

- 기본기가 확실히 탄탄해진 후엔 자신의 머리를 쓰고 훈련을 지속한다.

7. 정말 오랜 시간 혼자 해결하려 해도 잘 안 풀리는 영역들이 시간을 들이고 제대로 배우고 훈련받으면 엄청난 돌파구를 가져오는 경우들이 종종 있다. 나도 그런 경험들을 자주 했다.

8. 예를 들어, 예전에 강의를 할 때 자주 목이 쉬어 고생했다. 이에 돈과 시간을 투자해서 발성 학원을 다니고 난 후, 목이 쉬지 않으면서 강의를 할 수 있게 되었다. 예전에 짜증과 화를 잘 내었는데 이를 해결하는 세미나에 참여하면서 거의 통제할 수 있게 되었다. 커뮤니케이션에 장애가 많았는데 시간과 돈을 투자해서 배우면서 상대방의 관심을 이끌어내고 도와주는 것이 가능해졌다. 문제 해결법, 생각 정리 법, 글 쓰는 법 이러한 것들도 며칠 배우고 훈련하면 큰 효과를 보는 영역이다.

9. 흥미롭게도 사람들은 '정보'를 습득하는 배움에는 돈과 시간을 쓰는데, '방법'과 '훈련'의 배움에는 돈과 시간을 쓰는 것은 미루거나 아까워한다.(이러한 영역은 중요함에도 불구하고 시급해 보이지 않기 때문) 배울 때도 원리를 배울 때는 집중하다가 연습하는 시간은 대충 한다. 사실 정말 돈과 시간을 쓰는 효과는 후자가 훨씬 더 크다는 것을 기억해야 할 것이다.

신뢰를 얻을 수 있는 소소한 비결들

1. 얼마 전 어떤 분을 만났는데 서로가 아는 지인 이야기가 나왔다. 공통적으로 "그 사람은 참 약속을 잘 지켜"였다. 그는 대개 약속시간 30분 전 도착을 예상으로 출발한다고 한다. 그러니 항상 먼저 도착해 있다. 사람들의 인식에 그는 "시간 약속을 잘 지키는 것을 보니 다른 약속도 잘 지키고 신뢰할 만한 사람일 거야"라는 인식이 박혀있다. 사실 나는 이 부분은 잘 하지 못한다.

2. 몇 분에게 어려운 상황에서 돈을 빌려줘본 적이 있다. 괜찮은 분들이었는데 이상하게 하나같이 제때 갚지도 않고, 갚지 못하는 이유를 알려주지도 않았다. 집 사고 차샀다는 이야기를 들었음에도 겨우 사정해서 그것도 원금만 겨우 받아내었다. 한 분은 어려운 상황 때 빌려주었건만 심지어 지금도 갚지 않고 있다. 어떤 분야의 권위자로 가끔 언론에도 나오신다. 사실 잊고 있다가 이 글을 쓰며 생각이 났다.(다시 연락해야겠다. 뭐 안 받아도 그만이겠지만) 그 덕에 나는 그분들은 다시 만나지 않는다. 사정이 어찌하든 "저 사람은 신뢰할 수 없는 사람이군"이라는 인식이 박히게 된다. 반면 간혹 어떤 분은 계속 어려운 상황인데도 정말 약속을 지키려 하신다. 이런 분들에게는 오히려 "안 받아도 괜찮습니다"라고 말하게 된다. 돈을 빌리면 가능한 한 빨리 갚아라. 어쩔 수 없다면 사정을 고하고 다음 약속 일을 알리는 것이 상식이고 신뢰를 잃지 않는 길이다. 겉으로 멀쩡한 데 그렇지 않은 분들이 적지 않다.

3. 메일이나 문자, 카톡을 보내면 응답이 하세월인 분들이 있다. 나는 누군가가 메일, 문자, 카톡 등을 보내면 어차피 답할 사항이라면 가능한 보는 즉시 한다. 그 이유는 답변을 미루면 나중에 기억해야 하는데 이를 위해서는 에너지가 소모된다. 그러다가 자칫 답변을 놓치면 오해를 받는다. 그러므로 즉시 대응한다. 상사가 메일이나 문자로 질문하면 가능한 그 자리에서 답변하고 잊어버린다. 그 자리에서 답변하기 어려우면 일단 언제까지 보고하겠다고 답변하고 일정에 표시를 해놓는다. 그렇지 않으면 계속 신경이 쓰이거나 자칫 잊어버리기 때문이다. 상대도 이렇게 신속하게 행동하면, 나는 그가 신뢰할만하고 일처리를 제대로 하는 사람이라는 인식이 든다.

4. 나는 마감기한이 있는 일은 가능한 하루나 이틀 전에 한다. 매주 화요일 저녁까지

기고를 하는 것이 있는데 대개 월요일 완성해서 보낸다. 보고든 프로젝트든 과제든 마감기한을 항상 넘기는 분들이 있다. 다시 이야기하면 그제서야 '아차 깜빡했어요'하는 분들이 있다. 이런 분들은 일 관리를 정말 못한다는 인상을 줄 수 있다. 마감에 딱 맞춰 가져오는 사람은 힘들거나 얍삽하게 일한다는 인상을 준다. 늦으면 설령 품질이 좋아도 일처리가 깔끔하지 못하고 힘겹게 일하고 있다는 인상을 준다. '약간만 일찍 하라' 그러면 이 사람은 '일 관리도 잘 하고 마음에 약간의 여유도 있구나'라는 인상과 신뢰를 준다. 그러나 너무 일찍 제출하는 것은 좋지 않다. 왜 그런지는 생각해 보시라.

5. 어떤 CEO의 책을 보니 '받을 돈은 가장 빨리 받고 줄 돈은 최대한 늦게 줘라'라는 문구가 있다. 이 문구의 기본 원칙은 동의하지만 줄 돈을 너무 늦게 주는 것은 신뢰를 잃는다는 것을 모르고 하는 말씀이다. 가능하다면 줘야 할 기한보다 하루 이틀 또는 몇 시간이라도 일찍 줘라. 그러면 상대가 기분도 좋고 신뢰도 생긴다. 너무 일찍 주는 것은 좋지 않다. '지급기한보다 약간 빨리'하라. 그리고 지급이 어려운 상황이라면 항상 상대에게 사유를 말하고 다음 기한을 약속하라. 그냥 뭉개거나 준비되면 줘야지라는 태도는 신뢰를 잃는 지름길이다. 돈이 많이 있으면서도 하루라도 이자 더 받으려 최대한 지연하는 분은 돈은 벌지라도 '수전노'로 보임을 기억하시라.

6. 어려운 상황에서 인간의 본 모습이 드러난다. 평소에는 멀쩡해 보이는데 위기 시 조금이라도 손해 보지 않으려고 회피하고 심지어 누명을 씌우는 분이 있다. 절대 신뢰 불가한 사람이고 가까이하면 안 된다. 나도 두어 번 이런 경우를 당해봤다.

7. 이런 작은 습관들이 여러분의 신뢰를 결정한다. '신뢰가 자산'인 시대로 변화하고 있음을 기억하셔야 한다.

젊은이들에 대한 가장 큰 조언은?

1. 책을 읽다 보니 나보다 수억 배 성공한 블랙스톤 회장 스티븐 슈워츠만은 이런 이야기를 한다. "젊을 때는 1) 많은 것을 배울 수 있고 2) 고강도의 훈련을 받을 수 있는 일을 선택하라. 3) 특히 첫 일자리는 경력에 주춧돌이 되기에 매우 중요하다. 단순히 남들에게 그럴듯하게 보인다는 이유만으로 일자리를 선택하지 말라"

2. 즉, 젊었을 때는(계속 이렇게 살면 심신이 피곤하니) 1) 많은 것을 배우는 환경 2) 고강도 훈련을 받을 수 있는 환경에 있다면 축복이라 여겨야 한다는 것이다.(저의 말이 아니다) 회사가 배울 것도 없고 시간 때우기 좋고 느슨하며 게다가 훈련시키는 선배나 리더가 없다면, 스스로 일을 비범하게 만들던지 아니면 이직을 고려할 필요가 있다. 그렇지 않으면 귀중한 시간을 날리게 된다.

3. 또한 3) 첫 번째 일자리가 중요하다는 것이 백배 공감인데 대개 '첫 회사가 어디이고 무엇을 했는가'가 이후 그의 전체 삶의 커리어를 좌우할 가능성이 높다. 첫 직장을 B2B회사로 들어간 사람은 대개 평생 B2B를, B2C에 들어간 사람은 평생 B2C를, 건설 회사에 들어간 사람은 평생 건설을, 금융사에 들어간 사람은 평생 금융을, IT에 들어간 사람은 평생 IT를 하게 될 가능성이 높다. 나도 B2B IT회사에 첫 발을 담근 관계로 평생 그 한계에서 벗어나지 못했다.

4. 흥미롭게도 동일한 대학을 졸업하고 동일한 그룹에 들어가도 어느 회사에 배치되는가에 따라 보너스도 대우도 자신의 이후 커리어도 달라진다. 그 덕에 동일한 머리와 동일한 노력으로도, 어떤 사람은 평생 힘든 비즈니스 모델 또는 사양길 속에서 어렵게 돈을 벌기도 하고 어떤 사람은 좋은 비즈니스 모델을 경험하고 상승 기업에 몸담아 비교적 수월하게 벌기도 한다.

5. 이러한 선택은 절대 실력이 아니니 교만할 이유가 없다. 운 좋게 상승 에스컬레이터를 타면 가만히 있어도 올라가고 하강 에스컬레이터를 타면 죽도록 뛰어도 제자리이다. 대게 그지 운이다. 고등학생이나 대학생이 무슨 대단한 고민이나 통찰이 있겠는가! 좀 잘나가는 사람은 그 당시 남들 보기에 그럴듯한 곳으로, 그렇지 않은 사람은 자

신을 받아주는 곳으로 갔을 뿐이다. 이후 어떤 선택은 운이 되기도 하고 어떤 선택은 불운이 되기도 한다.

6. 초기 잘못된 선택으로 인해 이후 평생 그저 그렇게 지내거나 쇠퇴할 비즈니스 속에서 지낼 불운의 위험을 빠져나올 방법은 무엇일까? 다른 영역에 관심 가지고 다른 영역에 있는 사람들과 교류를 하며 배우는 수밖에 없다.

7. 크롬볼츠 교수의 행운을 부르는 5가지 요소 '호기심, 낙관성, 끈기, 융통성, 위험 감수'를 작동시키는 사람만이 운이 있는 곳으로 움직일 수 있다. 그러므로 젊었을 때는 많이 열심히 배우며 다양하게 배우는 것이 최상이다.

8. 요즘 젊은이들은 이런 것을 좋아하지 않는다고? 당연히 회사의 상사들이 이런 말을 하면 꼰대 소리를 듣고 진정성을 의심받을 가능성이 높다. 여러분들이 이 글을 직장 구성원이나 자녀에게 공유하면 욕먹을 수도 있다. 그러기에 그들이 존경하고 신뢰하는 분들이 이런 말을 해줄 필요가 있다. 그러나 요즘 젊은이들뿐 아니라 어느 세대나 이렇게 하는 이들은 소수이다. 이들의 경쟁력은 높아지며 더 큰 영향력을 가지는 것은 자명한 일이다. 젊은이들이 자신의 철학이 분명하여 소박한 삶을 택한다면 이 또한 좋다고 생각한다. 그렇지 않다면 들을 필요가 있지 않을까 싶다.

포기해도 좋다

1. 얼마 전 베조스의 워싱턴 이코노미 클럽 인터뷰를 들었다. 흥미로운 내용이 많았지만 내게 특히 흥미롭게 다가온 부분은 그가 물리학자가 되려고 했다가 포기했다는 부분이었다. 어렸을 때부터 총명하고 공부도 잘했던 베조스가 물리학자의 꿈을 꾸고 프린스턴 대학에 들어갔다. 그런데 자신은 며칠간 끙끙대던 문제를 한 학우가 과거 풀어본 적이 없음에도 불구하고 바로 답을 내는 것을 보고 충격을 받는다. 이에 자신은 최고의 물리학자가 될 수 없음을 깨닫고 컴퓨터 공학을 공부한다.

2. '포기하지 마라'는 우리가 많이 듣는 교훈 중 하나다. 수많은 난관에도 포기하지 않고 우뚝 선 사람들을 보면서 우리는 다시금 굳은 결심을 하며 지겹고 힘든 길을 계속 가기도 한다. 조금 더 파면 금맥이 있는데 중간에 돌아가는 그림을 보면서 의지를 다시 다진다. 물론, 덕분에 성공을 하기도 한다. 많은 성공자들의 간증의 단골 메뉴가 바로 '포기하지 말라'인 것은 사실이다. 그러나 포기하지 않는다고 다들 성공하는 것은 아니다. 포기 안했는데도 그저 그런 성과만 내면서 사는 분들도 많다.

3. 베조스는 포기해서 큰 성공을 거두었다. 물론, 그가 포기하지 않고 물리학을 계속했어도 큰 성공을 거두었을 수 있다. 그러나 동일한 노력이라면 재능이 부족한 영역을 포기하고 더 재능이 있는 곳에 쏟아붓는 것이 더 나은 전략이다.

4. 또한 코닥은 아날로그 필름을 포기하지 않아서 망했고, 노키아도 잘나가는 휴대폰을 포기하지 않아서 망했다. 구타하고 도박하는 배우자나 서로 신뢰하지 않는 배우자를 포기하지 않고 평생 같이 사는 것이 훌륭한 선택이라 말하기는 어렵다.

5. 그러므로 때로 '포기하는 것'도 필요해 보인다. 성공자들의 '포기하지 마라'라는 멋진 조언에 인생을 걸 필요까지는 없지 않겠는가! 때로 내가 더 재능을 발휘할 수 있고 더 흥미로운 영역이 있다면 지지부진한 현재 영역을 포기할 수도 있다. 새로운 변화의 물결이 있다면 설령 익숙하고 잘해왔던 영역이라도 포기할 수 있다. 더 나은 기회가 있나며 배몸비픔에 집식하시 밀고 포기하는 게 닛디.

약점이 강점이 된다

1. 얼마 전 한 CEO를 만났는데 난독증이 있어 책 한 권을 읽으려면 한 달 이상의 시간이 걸린다고 한다. 그러다 보니 이 CEO는 독서보다는 직접 코칭 받고 배우는 것을 좋아했고 가르쳐주면 잘 기억하고 실행했다. 톰 크루즈는 난독증이라 대본을 누군가 옆에서 읽어준다고 한다. 덕분에 뛰어난 기억력의 소유자가 되었다. 아인슈타인과 리처드 브랜슨도 난독증이다. 글자를 읽기 어렵기 때문에 기억력이 발달되고 상상력이 훈련되는 경우가 많다고 한다.

2. 나는 암기력이 부족하다. 무언가 외우는 것을 못하고 사람 이름도 잘 못 외운다. 학창시절 국어 선생님이 수업 시간에 시를 한편 외우도록 하셨다. 다 외운 사람은 선생님께 체크를 받고 합격하면 그다음부터는 교실 밖에 나가서 쉴 수 있었다. 나는 70~80명의 학생 중 마지막까지 남은 두 사람 중 하나였다.

3. 암기력이 부족하니 더 암기를 싫어하고, 암기를 싫어하니 더 암기력이 부족한 악순환이 되었다. 그래서 암기가 필요한 상황을 가능한 피하며 지냈다. 사실 공부에 재미를 붙인 것도 석사과정 때부터인데 이때는 시험도 모두 오픈북으로 보고 굳이 외울 필요가 없었기 때문이다. 내가 제일 부러운 사람은 카메라 같은 기억력을 가진 사람이었다. 실제 그런 분들이 가끔 주변에 있었다.

4. 그런데 흥미롭게도 사람은 다 살길을 찾게 된다. 나는 단순 암기는 못하지만 논리적으로 깔끔하게 정리를 하면 머릿속에 기억한다는 것을 발견했다. 이에 생존을 위해 어떤 것이든 내 머릿속에 넣기 위해서 논리적으로 정리를 하는 습관이 몸에 배게 되었다. 명확하게 정리를 하지 않으면 머릿속에 안들어 가기 때문에 그렇게 할 수밖에 없었다. 이에 아무리 복잡한 내용도 논리적으로 요약하거나 한 페이지의 그림으로 정리하는 능력이 몸에 배었다. 그러다 보니 타인에게 전달 또한 명쾌하게 할 수 있었다

5. 나는 의외로 잠이 많다. 남들은 나이가 들면 잠이 없어진다고 하고 성공한 분들은 다들 새벽에 일어나서 뭘 하신다고 하는데 나는 어렸을 때부터 지금까지 10시~11시면 자고 늦게 일어나며 겨우 출근한다. 그러다 보니 남들에 비해 사용 가능한 절대시

간이 부족하다. 이에 살기 위해 선택한 전략은 '신경 쓸 거만 신경 쓰고 효율적으로 일하자'라는 것이다. 그 덕에 효율적으로 일하는 법이 몸에 배었다.

6. 이에 자신의 치명적 약점을 생각해 보면 의외로 그 약점 덕분에 다른 부분이 발달되었거나 성장할 수 있음을 발견하게 된다. 물론 그중에는 외모, 돈, 지성, 성품 거의 모든 것이 완벽한 분들도 있기는 하지만 그렇게 태어나지 못했다고 한탄하고 있을 이유는 없다. 운명은 공평하지는 않지만 그렇다고 죽을 이유는 없다.

7. 여러분들도 치명적인 약점이 오히려 강점이 된 것이 있을 것이다. 그것은 무엇일까? 생각해 보시라. 그 능력을 더 발휘해보시라.

Yes는 Yes고 No는 No다

1.   삶에서 어려운 것 중 하나는 Yes와 No를 분명히 하지 못하는 것이다. Yes도 No
도 아닌 채 어중간하게 유지하는 경우들이 종종 있다. 이 이유는 정말 마음속에서 분
명한 선택을 못해서인 경우도 있지만, 마음속에 선택을 했음에도 불구하고 상대를 실
망시키거나 상대에게 싫은 말을 하지 않기 위해서 질질 끄는 경우가 많다.

2.   그런데, 이렇게 미루는 것은 결과적으로 서로에게 더 큰 피해를 주는 경우가 많은
듯하다. 상대에게 희망고문이 되는 경우가 많다. 빠르게 'No'라고 하면, 깨끗하게 포
기하고 다른 대안을 찾아 나서면 되는데 이도 저도 아니면 끝없이 기다리고 자원을 쏟
아야 한다. 과거 '을'생활을 할 때도 이런 고객이 제일 싫었다. 끝없이 자료를 요구하
고 도움을 요구하며 무언가 거래가 성사될 듯 보이는데 결국 흐지부지하는 경우이다.

3.   그러므로 중간은 없다. Yes는 Yes라 하고, No를 No라 하는 것이 결과적으로 서
로에게 낫다. 한 지인은 이것을 매우 잘 한다. 이에 내가 이런 말을 했다. "나는 마음이
여리고 약해서 쉽지 않다. Yes를 Yes라, No를 No라 쉽게 못하고 끌고 끌다가 하는
경향이 있다"

4.   그 지인 왈 "그게 마음이 여리고 약한 게 아니다. 오히려 그런 어중간한 상태를 별
다른 문제없이 지탱할 수 있기 때문에 그런 것이다. 나는 그런 상황이 너무 힘들어 심
적으로 감당할 수 없기에 명확히 하는 것이다. 누가 더 마음이 여린 것인가?"

5.   듣고 보니 그러하다. Yes를 Yes라, No를 No라 명확히 못하는 사람은 '마음이 여
린' 사람이 아니다. '자기중심적인' 사람일 뿐이다.

편도체 바로 옆을 까치발로 살금살금 지나가라

1. "편도체 바로 옆을 까치발로 살금살금 지나가라", 로버트 마우어*가 사용한 재미있는 표현이다.

  * 『아주 작은 반복의 힘』 〈로버트 마우어, 스몰빅라이프.2016〉

2. 인간의 뇌는 '변화'를 싫어한다. 원시시대를 오랜 기간 지내온 인간에게는 작은 변화들 조차도 삶의 큰 위협이었다. 숲속의 부스럭거림, 알지 못하는 사람들과의 만남... 이러한 사소한 변화들조차 생과 사를 가를 수 있는 위협이었다. 이 오랜 기간 동안 적응된 우리의 뇌는, 현대 시대 안전한 환경에 있음에도 불구하고 여전히 '변화'를 '위협'으로 인식한다. 이에 뇌의 부위인 편도체를 깨운다. 이 편도체는 경보를 일으켜 우리를 불안하게 만들고 변화를 저항케 한다.

3. 인간이 변화하기 힘들고 변화에 저항하는 것은 자연스러운 일이다. 나쁜 습관에서도 벗어나기 어렵다. 예를 들어 갑자기 다이어트를 하면 '너 그렇게 하면 굶어 죽는다'라고 편도체는 경보를 울린다. 매일 늦게 일어나던 사람이 일찍 일어나겠다고 결심하고 갑자기 일찍 일어나면 편도체는 경보를 올린다. '너 잠이 부족하면 죽을기야' 회사에서 CEO가 큰 변화를 하겠다고 해도 경고를 울린다. '너 위험해져. 널 착취하려고 변화하는 거야' 무언가 배우겠다고 큰 결심을 하고 실행하면 편도체는 뇌의 과소모를 염려하여 신호를 보낸다. '그거 네 능력으로 가능할 것 같아? 고생만 할거야', '합리의 뇌'는 변화를 하고 싶으나 '원시의 뇌'는 이를 허락하지 않는다.

4. 그럼 성공적으로 변화하는 방법은 무엇인가? 편도체가 눈치채지 못하게 해버리는 것이다. 즉, 한꺼번에 확 하려고 하지 말고 조금씩 하라는 것이다. 운동을 한다고 결심한 후, 갑자기 첫날 2시간을 땀을 빼면 편도체가 당장 작동하여 위기 신호를 발생시켜 작심삼일하게 만들지만, 매일 5분씩 일주일을 한다면 눈치채지 못하니 저항이 없다. 그러면서 점차 늘려간다. 다이어트를 한다고 해도, 하루에 네 끼 먹던 사람이 갑자기 한 끼를 먹는다면 편도체가 '너 그러다가 죽는다'라고 반항하지만, 처음엔 세 끼부터 시작하고, 밥을 80%만 먹는 식으로 출발하라는 것이다. 따뜻한 리더기 되기로 결

심했다면, 갑자기 변하여 모든 것을 고치면서 새사람 되려 하지 말고, 예를 들어 초기 한 달간은 '하루에 하나 칭찬하기' 등의 한 가지 실행부터 출발하라는 것이다.

5. 결심은 좋으나 처음부터 무리하지 마라. 그리고 가능한 혼자 하지 마라. 같이 하는 사람과 함께하되 작게 출발하라. 처음부터 절대 무리하고 힘 다 빼지 마라.

6. 편도체가 눈치채지 못하게, "Aim high, but start small"* 이것이 뇌의 저항을 이기고 변화할 수 있는 비결이다.

 * [목표를 높게 잡되, 시작은 작게하라]

백종원의 코칭도 실패하는 이유

1. '백종원의 골목식당'이라는 프로그램을 본 적이 있는데 여기서 한 떡볶이집이 나온다. 백종원 씨가 자문을 마치고, 1년 후 정도에 다시 와보니 원상태로 돌아가고 손님은 없었다. 이유는 단순했다.

  1) 원칙을 안 지킨다.
   • 손님이 오면 튀기라고 했는데 미리 잔뜩 튀겨놓은 튀김, 미리 잔뜩 만들어 놓아 불어 터진 떡볶이를 방치하고 기름을 재사용하지 말라고 했는데 일주일간 재사용한다.

  2) 다시 자기 방식대로 한다.
   • 가르쳐준 레시피로 하지 않고 원래 엉망인 자신의 방식대로 한다.

2. 나는 궁금했다. 이들은 왜 원래 방식대로 돌아갔을까? 분명히 가르쳐준 대로 했을 때 소문도 나고 고객도 많이 왔을 텐데. 이들이 바보가 아닌 이상 원상태로 그냥 돌아가지는 않았을 것이다. 방송에는 나와있지 않지만 한번 추측을 해보자면,

  1) 초기에 방송도 나왔기에 손님이 폭발적으로 몰려서 너무너무 잘 되었을 것이다.

  2) 시간이 지나면서 초기 반응이 감소했을 것이다. 물론 백종원 씨 코칭 전보다는 손님이 많았겠지만 방송 초창기 폭발적인 인기에는 한참 못 미쳤을 것이다.

  3) 이에 조금씩 의심이 싹텄을 것 같다. 이렇게 한다고 계속 잘 될까? 기름을 매일 갈면 원가도 높아질 텐데...

  4) 이러면서 슬금슬금 예전의 방식을 꺼내 쓰기 시작했을 것이다.

  5) 이에 맛 차이를 알아차린 손님은 점점 감소했을 것이다. 감소하니 아마도 이들은 그 이유가 백종원 씨의 레시피에 있다고 책임을 돌렸을 것이고.

  6) 결국 원래대로 돌아왔을 것이다.

변화란 이렇게 어려운 것이다. 초기에 박수받지 못하는 변화는 대개 세를 얻지 못해 이를 지속하는데 힘이 든다.

3. 그러면 초기부터 박수받는 변화는 성공할까? 그렇지 않다. 이것도 사람들의 반응이 조금 식어가거나 성과가 가시화되지 않을 그때가 가장 어렵다. 위의 예처럼 슬슬 과거에 익숙한 방식을 끄집어 내고 악순환으로 들어간다.

4. 변화에는 고통이 있다. 축적 후 발산이 있다. 그 기간에 참지 못하고 뛰쳐나오고 원칙과 베스트 프랙티스를 버리면 영원히 그 나물, 그 밥에 사는 것이다. 사람들이 성공하지 못하는 이유는 성공의 법칙을 몰라서이기도 하지만, 배우고 알아도 그것을 완전한 변화의 임계점까지 새로운 법칙을 고수하지 못하기 때문이기도 하다. 특히 새로운 변화에 익숙해지기 전까지가 중요한데, 대개 이 기간 동안 견디지 못해 실패하고 원상태로 돌아간다.

성찰하는 사람이 계속 성찰하고, 공부하는 사람이 계속 공부한다

1. 어떤 분이 질문한다. SNS에서는 좋은 뜻의 리더들도 많고, 배우려 하고 자기 성찰을 하는 분들도 많은데 왜 밖에 나가면 그런 분들을 찾기 어려운가?

2. 이에 대한 답은 둘 중 하나일듯하다. 하나는 SNS에서 이분들이 거짓말을 하고 있거나 또 하나는 SNS에서 열심히 글을 읽거나 글을 남기는 분들은 그나마 배우고 성찰하는 분들인데, 그 절대 숫자가 적다는 것이다. SNS는 작은 공간이다. 물론 전자의 경우도 있겠지만 나는 후자의 가능성이 높다고 본다.(물론, 외부에도 뜻이 있고 훌륭하신 분들이 많다)

3. 흥미롭게도 자기성찰이나 공부가 그리 필요 없는 분들은 자기성찰이 과도하고, 더 배우려 한다. 스스로 부족하다고 생각하거나 스스로 구성원에게 상처 주는 리더가 아닐까라고 고민하는 분들 중에 문제 있는 분들은 보지 못했다. 그런데 정작 자기성찰이나 리더십 교육이 필요한 분들은 교육이나 코칭, 피드백도 안 받고 글도 책도 안 읽고 관심도 없다. 자기가 잘하고 있다고 믿는다.

4. 갑질과 폭력으로 세상을 떠들썩하게 했던 많은 높은 분들 중 과연 자기성찰을 하거나 리더십 교육이나 코칭을 스스로 찾아 받은 분들이 얼마나 될까? 그나마 일반 임직원들은 회사에서 억지로 시키기라도 하고 주기적으로 피드백이라도 받지만, 아주 작은 조직이든 큰 조직이든 위에 있는 분들은 아무도 권고하지 않고 그 누구도 감히 피드백을 주지 않는다. 이에 스스로 원하지 않으면 불가능하다.

5. 공부가 별 필요 없는 분들은 자신의 공부가 부족하다고 생각하여 더 공부하는데, 막상 필요한 분들은 자신이 뭔가 안다고 생각하면서 더 공부를 안 한다. 책을 더 안 읽어도 될 분들은 더 열심히 읽는데 막상 읽을 필요가 있는 사람은 안 읽는다. 운동이 별 필요가 없는 분들은 더 열심히 운동하는데 진짜 필요한 사람은 안 한다. 소위 '마태의 법칙'이 작동하나. 코칭을 받지 않아도 될 분들은 더 열심히 받는데 막상 받아야 할 사람들은 무시한다. 법 앞에 떨 필요가 없는 사람은 작은 위반에도 공권력 앞에서 벌벌

떠는데, 권력을 가진 범법자들은 법앞에서도 당당하고 자신은 법의 대상이 아닌 듯 행동한다. 양심에 예민하지 않아도 될 사람은 작은 것에도 예민하여 힘들어하고 노심초사 하는데, 막상 예민해야 할 사람들은 양심에 화인 맞은 듯 당당하고 뻔뻔하다. 공감과 동정심을 그만 가져도 될 사람은 약한 사람들에게 더 도움을 주려 노력하는데, 막상 공감과 동정심이 필요한 사람은 울고불고 사정해도 눈 하나 꿈쩍 안한다.

6.   한 병원에 소란을 피우는 무서운 환자들이 가끔 있어서 이를 방지하고자 벽의 곳곳에 "병원에서는 정숙을 지켜주세요"라는 메시지를 걸었다. 그런데 이상한 현상이 벌어졌다. 이후 환자들이 매우 위축된 모습으로 의사를 대했다. 기존에 정숙했던 대부분의 환자들이 그 메시지를 보고 자신들이 잘못했다고 생각해서 더 정숙하려 애썼던 것이다. 반면, 소란을 피운 환자들은 그 문구에 괘념치 않고 동일하게 행동했다.

7.   아이러니하지만 이것이 벌어지는 현실이다. 여기서 실망할 것인가? 그럴 이유는 없다. 다른 사람 원망할 필요 없이 나부터 잘하면 된다. 단 하나의 빛만으로도 어둠을 밝힌다. 그 수가 적더라도 빛이 반짝거린다면 세상은 아름다워질 수 있다.

8.   다른 사람들의 변화를 기대하기보다, 우리 스스로를 더 단련하여 자신의 희미한 빛을 더 강하게 하자. 그것이 세상을 변화시키는 길이다.

전문가일수록 자신의 영역에서의
일상이 피곤하고 까칠하다

1. 전문가(애호가 포함)는 미묘한 차이를 구분하는 사람이다. 나 같은 사람은 음식의 맛 차이를 크게 구별 못한다. 물론 맛없는 것은 안다. 그러나 좋은 것과 더 좋은 것 차이를 크게 구별 못한다. 와인도 그러하다. 어느 수준 이상을 가면 그다음엔 잘 모른다.

2. 일반인과 전문가의 차이는 전문가는 좋은 것과 더 좋은 것의 차이를 구별할 줄 안다는 것이다. 그런데, 이 능력은 때로 삶을 피곤하게 하고 돈도 많이 들게 한다.

3. 맛의 전문가들은 일반인이 맛있어하는 것에 만족하지 않는다. 내 여동생은 절대미각을 보유하여 거의 맛 구별이 '대장금'급이라 입이 매우 짧다. 아무거나 먹지 않는다. 우리들이 그저 그런 음식을 맛있다고 우적우적 먹는 것을 보면 한심하게 쳐다본다.

4. 프로 음악가들 또한 생활이 피곤하다고 한다. 우리는 아무렇지도 않게 듣는 소리를 예민하게 듣는다. 이들에게 세상의 모든 소리는 '도레미파솔라시도'로 들리며, 불쾌한 음이나 연주의 작은 실수도 귀에 거슬려 한다. 일반인들에게는 다 비슷하게 들린다.

5. 편집 전문가는 틀린 문법이나 단어를 귀신같이 찾는 능력 덕분에 오히려 글 읽기를 힘들어한다고 한다. 아마도 법을 하시는 분은 매사의 사리분별과 옳고 그름이 일반인보다 더 예민하실 것이다.

6. 자동차 애호가, 전문가들은 아무 차나 안 타고, 음질 전문가는 아무 스피커, 아무 이어폰을 안 쓴다. 명품을 볼 줄 아는 사람들은 아무거나 입고 아무거나 들고 다니지 않는다.

7. 나도 잘 생각해 보니 삶의 다른 분야는 대개 둔감한데, 일의 영역에 있어서는 매우 예민하다. 논리가 조금이라도 안 맞거나 정리가 안 된 보고서는 보자마자 차이를 구별해낸다. 다른 사람들은 잘 쓴 보고서라는데 내 눈에는 그렇지 않다. 문제해결이나 일

처리가 깔끔하지 않은 부분도 예민하여 금방 구별해내고 짜증을 낸다. 책도 훌륭한 책인지 그냥 좋은 정도의 책인지, 사람의 심리가 어떠한지도 잘 구별하는 편이다.

8.   그러므로 그 미묘한 차이를 알아내는 전문가들이 있음으로, 어떤 영역이든 품질이 한 단계 발전한다. 좋은 것을 넘어 훌륭하게 될 수 있는 것은 전문가들의 덕분이다. 그러나 전문가의 단점은 그 미세한 차이를 알기에 일반인은 아무렇지도 않게 여기는 영역에서 돈도 많이 쓰게 되고 삶이 까다로워지고 까칠하거나 피곤해지기도 한다.

9.   남들이 못 보는 것을 본다는 것은 장점과 단점 모두를 가지고 있다. 전문가들은 예민함과 까칠함을 가지는 게 당연함을 스스로도 또한 주위 사람도 이해할 필요가 있다. 전문가들은 스스로의 까칠함과 짜증이 나쁜 것이라 여기고 스스로를 자학할 이유는 없다. 이는 전문가가 됨에 따라 나타나는 당연한 현상이다. 단지, 이를 분별하여 예민함을 조절하고, 때로 상황에 따라 일부러 둔감해지는 연습도 할 필요가 있을 뿐이다.

자신이 전문가라면 더 말해야 한다

1. 아침에 일어나서 리아킴의 댄스 영상을 보았다. 에너지가 넘쳐서 나도 저렇게 모든 것을 쏟아붓고 싶다는 생각이 든다.

2. 얼마 전 어떤 분이 전문성이 별로 없는 사람들이 알량한 지식과 실력으로 쉽게 책을 쓰고 강연자가 되며 유튜브 스타가 되어 대중들에게 영향력을 미치는 것에 대해 안타까워하는 글을 쓰신 것을 읽었다.

3. 나도 예전에는 그렇게 생각했던 적이 있다. 내가 굉장히 잘 아는 분야에서 사실 별로 알려지지 않은 분들이 책을 쓰고 강의를 하면서 초심자들에게 영향력을 미치는 것을 보고 폄하한 적이 있다. 그러나 잘 생각해 보니 그건 내 잘못이었음을 깨달았다. 내가 그 정도 전문가라면 책도 쓰고 인터넷에도 진출하면서 영향력을 발휘했어야 했다. 내가 게을렀던 것이다.

4. 예전에 스타킹이라는 TV 프로그램에서 배달을 하며 성악을 하게 된 한 청년이 있었다. 그때 그를 지도했던 성악 교수가 이런 말을 한 적이 있다. "지방 어느 음악회에 초대받아 갔습니다. 그때 그 청년도 초대받았어요. 지방공항에 내렸는데 리무진이 오더니 그 청년만 태우고 가더군요. 저는 택시 불러서 혼자 갔고요. 그 청년이 저보다 훨씬 유명해졌다는 것이죠" 그 교수가 실력은 훨씬 뛰어났지만 인기와 영향력은 그 청년이 더 강했던 것이다.

5. 요즘 유튜브에 보면 아이디어가 뛰어난 음대 학생들이 쟁쟁한 음대 교수들보다 훨씬 인기 있다. 대중들은 그들의 연주에 환호한다. 반면 그들을 가르치는 실력 뛰어난 교수들의 연주는 소수를 제외하고는 대중들이 잘 알지 못한다. 물론 검증받은 전문가로 인정받아야 교수나 정식 단원이 될 수 있겠지만, 그것이 반드시 일반 대중들에 대한 영향력으로 연결되는 것은 아니다.

6. 햇볕도 안 들고 산물민 니오는 지하에서 수강생들을 트레이닝을 히며 생계를 꾸려가던 리아킴은 춤추는 모습을 찍은 영상을 유튜브에 올리면서 변화가 일어나기 시작

했다. 그녀는 이런 이야기를 했다. "아무리 큰 댄스 대회에 나가도 300명 정도의 사람밖에 제 춤을 보지 못하죠. 그런데 유튜브에 제 춤을 올리자 순식간에 전 세계에서 20만~30만 명이 보더라고요" 지금은 구독자 수가 무려 2,000만 명이다. 물론 그녀는 최고 수준의 춤꾼이었으나 영상이 인기를 얻기까지는 대중들에게 '듣보잡'에 불과했다. 이제는 나 같은 아저씨도 안다.

7. 실력이 뛰어나다고 유명해지는 것이 아니다. 물론, 너무너무 뛰어나거나 언론의 스포트라이트를 받는 소수의 사람들은 자연스럽게 알려진다. 그러나 그 정도가 아니면 쉽지 않다. 인기를 얻기 위해서는 대중에게 알리는 요소들이 필요하고 그것 또한 노력과 재능이 요구된다. 우리가 폄하하는 그들도 그 명성을 공짜로 얻은 것이 아니다.

8. 그러므로 비전문가들이 알량한 지식이나 잘못된 정보로 대중을 호도하고 영향력을 발휘하는 것이 정말 안타깝다면, 그들을 비판하기보다는 전문가들 자신이 나서서 사실에 기반하여 논리적으로 제대로 된 정보를 전달해야 한다.

9. 전문가들이 더 치열하게 나서서 더 쓰고 더 발표하고 소통하면서 대중들에게 영향을 줄 방안을 찾아야 한다. 고고하게 뒷짐지고 앉아서 탓하고 평론하고 전문가들끼리의 커뮤니티에서만 영향력을 발휘하는 것이 전문가의 역할이 아니다.

10. 경제학자든, 과학자든, 예술가든, 공학자든, 작가든, 경영 전문가든 더 많은 대중에게 진실을 제공하기 위해 용기 있게 노력하는 것 또한 전문가의 역할이라 생각한다. 그것이 유사 전문가들의 활동을 통제할 수 있는 방법 중 하나이다.

11. 물론, 여기에는 용기가 필요하다. 전문가 집단에서 인정받던 전문가가 대중 앞에서 새로운 시도를 할 때 호응을 받지 못한다면 면이 서지 않기 때문이다. 사실 나 같은 사람도 페북이니 유튜브니 새로운 시도하는 것은 매우 위험하고 용기가 필요하다. 이미 이룬 것이 많은 사람은 사실 새로운 도전과 실패를 즐기기 쉽지 않다.

12. 어젯밤 '팬텀싱어'를 봤는데 해외 성악 1등 수상자요 영국의 오페라 단원 출신이

나올 정도였다. 아마도 대중들에게 자신을 더 알리고 싶은 마음에서 였을 것이다. 사실, 이런 시도에는 대단한 용기가 필요하다. 한 면 의아하기도 했지만 젊은이들이 이런 용기를 갖는다는 것은 박수칠만 하다.

13. 전문가들이여, 시간을 내고 용기를 내자. 책을 쓰든, 유튜브를 하든, 강연을 더 많이하든, 기고를 늘리시든, 페북이나 블로그를 쓰시든, 더 자신의 전문성을 나누시라.

'을'이 되어야 실력이 는다

1. 변대규 회장께서 '대기업가지 말고 벤처가라'라고 연설한 말씀을 보았다. 대기업에서는 미래에 필요한 것을 배우지 못한다고 하시는데 좀 극단적인 주장이시라 동의는 안되지만, '갑'보다는 '을' 위치에 있을 때 더 생존 의식이 강해지고 실력이 더 늘 가능성이 높은 것은 사실이다.

2. 치과의사를 하는 동생이 자기 병원에 외국인들이 종종 온다는 말을 했다. 두 부류로 나눌 수 있는데 한 부류는 학원 영어 강사들이고 또 한 부류는 한국에서 일하는 동남아 등의 외국인들이라고 한다. 동생은 그 외국인들에게 한국 온 지 얼마나 되었는지, 한국말을 얼마나 하는지? 체크해 보았는데 흥미로운 사실을 발견했단다.

3. 학원 영어강사는 3년 이상 한국에서 살아도 대부분 한국말을 거의 못하고, 후자는 2년 정도 되면 한국말을 잘 한단다. 즉, 전자는 '갑'에 가깝게 지냈고, 후자는 '을'로 지냈기에 그러하다.

4. 사실 영어강사야 한국말을 전혀 못해도 주위 사람들이 알아서 맞추어주니 배울 필요를 못 느꼈을 것이다. 그러나 한국에서 일하는 외국인들은 먹고살기 위한 문제로 한국말을 배우기 위해 분투할 수밖에 없을 것이다.

5. 물론 영어강사는 편하게 지냈을 수 있지만 대신 놓친 것이 있다. 그것은 '배움'과 '성장'이다. 이는 직장 세계에서도 유사한듯하다.

6. 사실 많은 직장인들은 '갑'으로 사는 인생을 희망한다. 그러나 나도 직장 생활의 80%를 '을'로 지냈지만, '을'로 사는 것도 나쁘지 않다. 먹고 살고 수주하기 위해 끝없이 고객을 만나고 배우며 전문성을 향상시켜야 하는 직장 생활이 힘들기는 하지만, 대신 계속 배우는 즐거움이 있고 그 역량이 나이가 들수록 더 빛을 발할 수 있지 않을까 싶다. (일반적으로 '을'의 초기 대우는 '갑'보다 못하지만 시간이 지날수록 '갑'의 소득 상승곡선은 매우 느려지는 반면, '을'의 상승곡선은 실력에 따라 가파르게 오르는 경우가 많다)

7. '벤처'나 '을'회사의 전문가 임원들이나 대표들이 공공기관이나 대기업 대리, 과장

에게도 굽신거리는 듯 보이지만, 알고 보면 대기업 임원보다 돈도 많이 벌고 더 큰 자유에 더 높은 경쟁력을 가진 경우들도 적지 않게 봤기 때문이다.

가장 나쁜 핑계:
나보다 잘하는 사람이 얼마나 많은데요

1. 얼마 전 직원들과 식사하는데 한 젊은 여직원이 주짓수를 배운다고 했다. 건강, 호신에 큰 도움이 된다고 한다. 벌써 3년이나 되었다고 한다. 나는 그럼 유튜브에 올려보라고 했다. 그랬더니 "저도 하고는 싶지만 저보다 잘 하는 사람들이 얼마나 많은데요"

2. 나는 이렇게 말했다. "당신보다 주짓수 잘 하는 사람이야 수도 없이 많을 테지만, 한국에 20대 후반의 대기업 직장 여성이 주짓수를 3년 이상 하는 경우는 별로 없을 거다. 당신은 유니크할 수 있다. 오히려 주짓수 관장이 유튜브 올리는 것보다 당신이 더 인기를 얻을 수 있을지 모른다. 타이틀도 정하고 영상도 만들어 톡톡 튀게 하면 재미있을 것 같다. 'X대리와 함께하는 주짓수로 불량인간 처치하기', 'X대리 주짓수하여 5kg 빼다' 뭐 이런거. 올리는게 재미있고 인기 얻으면 꼭 내게 밥을 사라"

3. 산하 한 임원은 주말마다 목공을 몇 년째 배운다고 한다. 나는 똑같이 유튜브에 올려보라 했다. 그랬더니 같은 말을 한다. "하고는 싶지만 올리는 방법도 모르고 저보다 잘 하는 사람들이 얼마나 많은데요"

4. 나는 이렇게 말했다. "당신보다 목공 잘 하는 사람이야 수도 없이 많을 테지만, 한국에 50대 초반의 대기업 임원이 목공을 하는 경우는 별로 없을 거다. 게다가 당신은 '도마' 전문 아니냐.(도마에 심취해 만들어서 주변 사람에게 선물한다) 당신은 유니크 할 수 있다. 오히려 목공 선생이 유튜브 올리는 것보다 당신이 더 인기를 얻을 수 있을지 모른다. 'X상무와 함께하는 수제 도마 만들기' 이런 식도 어떨까? 그래서 올리는 게 재미있고 인기 얻으면 내게 밥을 사라"

5. '나보다 잘하는 사람이 얼마나 많은데요' 이 생각은 자신을 평가절하하고 새로운 시도를 스스로 제한하는 가장 나쁜 핑계 중 하나이다. 가장 노래 잘하는 가수가 가장 유명하고 부를 얻는 게 아니다. 가장 노래 잘하는 사람은 보이스 코칭을 하거나 미사리에서 어렵게 어렵게 돈을 벌고 있다. 노래는 별로인데 특별한 매력을 가진 이들이 돈도 벌고 인기도 얻는다. 자신만의 독특함을 찾는 게 더 중요하다.

당신의 재능이 최고의 재산이다

1. 한 책*을 읽는데 이 문장이 영감이 된다. "당신의 월급이나 직업, 자산이 최고의 재산이 아니라, 당신의 재능이 최고의 재산이다. 당신의 직업은 당신의 목적이 아니다. 자신의 재능을 발견하고 이를 세상에 베풀고 세상을 살기 좋은 곳으로 만들어라. 세상에 보탬이 되는 당신의 재능을 찾아라. 당신의 마음에는 당신을 격려해 주는 놀라운 힘이 있다. 다음 질문을 하라.

* 『결국 재능을 발견해낸 사람들의 법칙』〈가미오카 신지, 글담출판.2018〉

　1) 당신의 재능은 무엇인가? 어떻게 하면 그 재능으로 남을 도울 수 있는가?

　2) 무슨 일을 할 때 제일 살아있다는 느낌이 드는가? 그 열정을 누구와 나누고 싶은가?

　3) 당신의 가이드와 멘토는 누구인가? 누가 자신이 올바른 길을 가는 데 도움을 주고 지지해 주는가?

　4) 당신은 주위 사람이 재능을 발견하고 원하는 것을 성취하도록 어떤 도움을 줄 수 있는가?"

2. 누구에게나 재능이 있고 열망이 있다. 가지지 못한 다른 사람의 재능을 부러워하지 말라. 자신의 재능을 발견하고 개발하고 그것을 베푸는 것이 삶을 더 풍요롭게 하는 길이리라. 자신이 재능이 없다고? 그렇지 않다. 자신을 탐구하고 필요하면 주위 사람들에게 물어라. 누군가는 돈을 버는 재능이 있고 누군가는 배우는 재능이 있다. 누군가는 무언가 만드는 재능이 있고 누군가는 주위를 즐겁게 하는 재능이 있다. 누군가는 맛보고 듣고 보는데 예민한 재능이 있고 누군가는 쓰고 그리는 재능이 있다. 누군가는 상대를 공감하는 재능이 있고 누군가는 논리적인 분석의 재능이 있다. 누군가는 타인에게 뜨거움을 주는 재능이 있고 누군가는 타인에게 편안함을 주는 재능이 있다. 누군가는 인생의 깊이를 보는 재능이 있고 누군가는 감각적으로 성공하는 기술이 있다. 누군가는 용감하고 누군가는 사려 깊다. 누군가는 창의적이고 누군가는 뒷정리를 잘하는 재능이 있다. 누군가는 변화를 만들고 누군가는 변화를 시스템화 하는 재능이 있다.

3. 나에게는 어떤 재능이 있을까? 생각해 보니 나는 자기통제나 운동, 예술, 사교성에는 재능이 없으나, 배우고 탐구하는 재능, 다른 이의 재능을 일깨우고 한계를 깨고 확장하도록 영감을 주는데 재능이 있는 듯하다. 당신은 어떤 재능이 있는가? 그 재능을 어떻게 쓰고 있는가? 그 재능을 세상에 베풀고 있는가?

45세 때부터였다

1. 얼마 전 직원들이 이런 질문을 한다. "논리적이고 체계적으로 생각하는 가장 좋은 방법이 무엇일까요?" 여러 가지 답이 있겠지만 좋은 방법 중 하나는 자신의 생각을 글로 '쓰는 것' 또는 그림으로 '그리는 것'이다. 자신의 머릿속의 생각을 글로 쓰거나 그림으로 표현해 보면 생각을 더욱 정교화 할 수 있다. 나는 아마존의 실행이 매우 좋다고 생각한다. 아마존 직원들은 힘들겠지만 수년간 훈련되면 개인에게 굉장한 자산이 될 것이다. 물론 안 쓰고도 똑똑하고 성공하는 분이 있다. 그냥 보는 것마다 다 외워지고 안 써도 머릿속이 다 정리된다는 분도 있다. 그러나 그런 분 따라 했다간 인생 망친다. 우리 대부분은 보통 사람이라는 것을 명심하라!

2. '힘든 일이 있을 때 감정이 복잡할 때 해결할 수 있는 방법은 무엇일까?'라는 질문도 많이 받는다. 이 또한 '쓰는 것'이 좋은 방법이다. 헝클어진 생각들은 사실 다루기 어렵다. 이를 글로 정리하면 이제 머릿속의 생각이 지면으로 옮겨진다. 머릿속은 내가 다루기 어렵지만 언어화된 글은 내가 다룰 수 있다. 글을 써보면 모순과 논리적 오류도 찾을 수 있고 생각의 변화를 가져갈 수 있다.

3. 얼마 전 한 분을 만났다. "글을 쓰고 싶은데 잘 안돼요", 안되는 이유는 무엇일까? 완벽주의적인 그의 성격 때문이었다. '잘 쓰려' 하고, '길게 쓰려' 하고, '남들을 의식해서'이다. 비결은 '그냥 쓴다' 그리고 '정기적으로 쓴다'이다. 사실 블로그에 쓰던 페북에 쓰던 유명해지지 않는 한 남들은 당신의 글에 별 관심이 없다.

4. 내가 글 쓰는데 제일 도움받은 것은 트위터를 하면서이다. 4년간 퇴근하면서 매일 하루에 10~20분 정도 하루 중 배우고 깨달은 것을 서너 줄의 글로 올렸다. 물론 그 이전에도 홈페이지도 만들고 블로그도 썼지만 생각날 때 가끔이었고 주로 IT 분야의 전문적인 내용이었다. 그러나 트위터를 하면서부터 삶에 대한 생각을 정기적으로 올리게 되었다. 다행히 그당시 트위터는 제일 글을 올리기 쉬운 툴이었고 140자 이내로 짧게 써야 해서 부담감도 없었고 팔로어들도 있었기에 올리는데 동기부여도 되었다. 이에 4년이나 지속할 수 있었는데 그 언습이 가장 큰 도움이 되었다. 덕분에 이후 페이스북으로 와서 7년간은 긴 글을 쓰고 있다. 지금 몇 년 전 글을 보면 참 어설프다.

5. 가끔 20~30대 젊은 직원들이 내게 부러워하며 묻는다. "어떻게 그런 생각을 하시고 그렇게 꾸준히 쓰세요?" 나는 답한다. "내가 트위터라는 것을 하며 꾸준히 쓰기 시작한 나이가 45세였거든요" 지금 SNS를 보면 젊은 나이인데도 비범한 생각을 하고, 비범한 글을 쓰는 분들이 적지 않다. 나는 그 나이에 그런 생각도 못 했고 그런 글도 못 썼다. 나보다 훨씬 뛰어나다. 중요한 것은 'Steady wins the race'이다. 꾸준히 써나간다면 축적이 되어 어느 기간이 흐르면 자신도 발산하고 주위에 큰 영향력도 끼칠 수 있을 것이다.

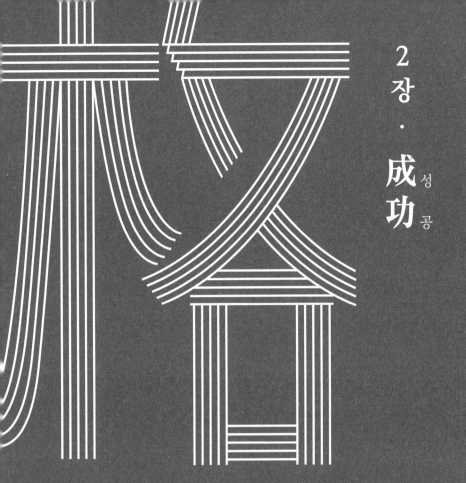

2 장 · 成功 ^성_공

조직을 성공으로 이끄는 리더십의 발견

〈성공〉하는 조직과 리더십 위한 조언

"리더가 되기 전까지는 자신을 성장시키지만,
리더가 된 후에는 타인을 성장시킨다"

당신은 누구를 발견했는가?

1. 얼마 전 '주간동아'에서 흙수저 천재 수학자 라마누잔에 대한 글을 읽었다. 1887년 인도 오지에서 태어난 라마누잔은 어린 시절부터 수학에 놀라운 재능을 보였다. 가난해 제대로 교육을 받지 못했지만 그는 독학으로 수학을 공부했다. 생계를 위해 우체국 회계원으로 취직한 그는 논문을 한 편 썼지만 아무도 거들떠보지 않는다.

2. 그는 영국의 수학 교수들에게 논문을 보냈다. 그 논문의 가치를 알아본 유일한 사람이 있었으니 당시 케임브리지대 수학 교수 하디였다. 그는 라마누잔이 자신보다 더 뛰어난 천재임을 알아보고 영국으로 초대해서 공동연구를 한다. 이후 라마누잔은 폐결핵으로 본국으로 돌아가고 죽어가면서도 수학공식을 만들었다고 한다. 그가 죽은 나이는 33세. 이후 그가 살던 곳에서는 수백 개가 넘는 수학적 정리가 기록된 낱장의 종이들이 발견되었는데 한 줄 한 줄이 보석상자와 같았고 이를 근거로 수많은 후속 논문이 나왔다고 한다.

3. 누군가 하디에게 물었다. "당신이 남긴 업적 중에서 가장 위대한 것은 무엇입니까?" 그는 대답했다. "라마누잔을 발견한 일이다"라고. 라마누잔 또한 자신을 발견해준 하디에게 죽을 때까지 충성심을 보이고 교류했다.

4. 예전 회사 경영관리 본부장이 내게 한 말이 있었다. 자신이 직장생활 중 가장 잘한 일은 나를 뽑은 것이라고 했다. 사실 그가 나를 스카웃 하러 와서 밤늦게까지 술 한잔하며 회사의 비전과 뜻을 말했을 때 나는 의기 투합되어 50명 밖에 안되는 그 회사로 옮겼고 결국 같이 부흥을 일구어 이후 1,000명의 회사를 만들었다.

5. 생각해 보았다. 나 또한 내가 직장 생활을 하며 가장 잘 한 일이 무엇일까? 맨 처음은 내가 잘난 것만 생각났다. 내가 잘나서 성과를 내었구나. 그런데 살 생각해 보니 긴 이유는 결국 누군가를 발견한 덕분이었다. 덕분에 나는 멋진 말 하고 폼만 잡고 포탄만 쏘면 되었다. 다들 학벌도 경력도 별로였지만 숨은 보석들이었다. 그들이 없었다면 신화는 없었다.

6.   지금 회사에 와서도 계속 누군가를 발견했다. 야생마 같고 주위와 부딪침도 많아 승진 포기자가 된 한 팀장과 능력을 인정받지 못하고 밀린 한 상무보를 발견한 덕에 많은 난관들이 처리되었다. 이후도 야생마 같은 임원을 발견하고 보호한 덕분에 고통스러운 변혁을 이루어낼 수 있었고, 숨어있는 보석 같은 사람들을 발견하여 역시 나는 폼만 잡고 멋진 말만 하면 되었다. 지금도 놀라운 임원들의 발견 덕에 나는 역시 멋진 말만 하고 있다.

7.   결국 리더의 성공의 비결은 감춰진 보석 같은 누군가를 발견하는 것이다. 당신이 발견한 사람들은 과연 누구인가?

운전자는 멀미하지 않는다

1. 얼마 전 구성원들과 대화 시간에 이런 질문을 받았다. "임원들이나 CEO분들은 일이 많을듯한 데 지치지 않으시는듯해요. 비결이 무엇일까요?"

2. 역으로 리더들을 만나보면 구성원들에 대해 이런 이야기를 한다. "나는 이렇게 많은 일을 하면서도 에너지가 넘치는데 왜 구성원들은 그리 많은 일을 안 하면서도 힘들어할까요?"

3. 흥미롭게도 권력이 높아질수록 바빠지지만 의외로 에너지가 더 넘치게 된다. 그 이유 중 하나는 '자기 통제감'이 강해지기 때문이다. 인간은 스스로 통제할 수 있는 환경에서는 에너지가 넘치지만 자율권과 통제권이 사라지고 목표를 볼 수 없으면 쉽게 지치게 된다. 회사에서 좀비같이 있던 이도 자신이 권력과 주도권을 갖는 모임이나 활동에 가면 다른 사람처럼 에너지 넘치는 모습을 종종 관찰한다.

4. 차만 타면 멀미를 하는 사람도 자신이 차를 몰면 멀미를 안 한다. 왜일까? 첫째는 운전 자체에 집중하기 때문이고 둘째는 앞을 보면서 예측 상황을 미리 알 수 있기 때문이라고 한다.

5. 자신이 통제할 수 없고 어떻게 돌아가는지 예측하기 어려운 뒷자리에 앉은 사람은 멀미하기 쉽다. 조직의 구성원들은 대부분 뒷자리에 앉아있기에 조그마한 흔들림에도 멀미를 한다.

6. 그러므로 당신이 구성원이라면 쉽게 지치지 않는 비결 중 하나는 무엇일까? 더 높은 권한과 더 높은 통제권을 갖는 것이다. 미래를 더욱 선명하게 보는 것이다. 통제권이 부여되지 않는 환경이라면 수동적으로 움직이기보다는 선제적으로 움직여 자신의 통제권을 만들어라. 자신의 통제권을 더욱 넓혀라. 즉, 뒷자리에 앉지 말고 운전석에 앉아라.

7. 당신이 리더라면? 구성원들이 대부분 뒷자리에 앉아있음을 기억하라. 그들은 대부

분 조금만 흔들거려도 멀미한다. 당신은 신나게 운전할수록 그들은 죽을 맛이다. 토하는 구성원도 나온다. 방법은 무엇일까? 첫째 운전석에 앉게 하라. 즉, 그들에게 운전하게 하라. 일본의 기업인 이나모리 가즈오도 이걸 잘했고 여러 플랫폼 기업들도 작은 애자일 조직을 만들어 구성원들을 최대한 운전자로 만든다. 물론, 모든 구성원을 운전석에 앉게 하기는 어려울 것이다. 나도 잘 못한다. 그러면 또 다른 방법이 있다. 그것은 그들을 앞자리에 앉게 하는 것이다.

8. 앞자리에 앉으면 뒷자리보다 멀미를 안 한다. 앞자리에 앉게 한다는 의미는 무엇일까? 그들에게 회사의 목표와 가는 길을 가시화하여 계속 공유해 준다는 것이다. 같이 회사의 미래를 보고 가는 것이다. 그러면 멀미가 덜해진다.

9. 모두가 운전자로 또는 앞자리에 앉아 다 같이 신나게 드라이브를 즐기길 소망한다.

리더는 체스 플레이어가 아니라 정원사다

1. 수년 전 비교적 성공한 CEO 한 분을 만났는데 이런 말씀을 하셨다. "임원들은 다 장기판의 말들이에요. 누구를 어떻게 쓰느냐에 따라서 경영의 승패가 결정되는 것이죠. 말로 쓸 사람, 차로 쓸 사람, 졸로 쓸 사람 등을 잘 봐야 해요. 그리고 그들을 잘 움직여야 해요. 리더는 장기를 두는 것처럼 경영을 해야 해요" 그 이야기를 들을 때는 그런가보다 했다. 일견 이해되는 부분도 있었다. 분명히 리더는 구성원들의 장점을 잘 파악해서 그에 적합한 임무를 부여하고 배치할 필요가 있다. 이는 회사의 성장과 승리에 핵심적인 부분이기도 하다.

2. 그런데 얼마 전 한 책*을 읽었는데 그곳에 이런 문장이 있었다. "리더십이란 체스가 아닌 정원 가꾸기와 같다. 리더는 정원사처럼 물도 주고 잡초도 뽑아주며 나무들을 외부로부터 보호할 필요가 있다. 그러나 정원사는 환경을 만들어줄 뿐 자라는 것은 나무 스스로다" 이 글을 읽자 '아하!'라는 탄성이 나왔다. 불행히도 장기나 체스의 말은 스스로 움직이지 않는다. 장기를 두는 사람, 체스를 두는 사람에 의해 움직인다. 리더가 리더십을 체스나 장기로 여긴다면 이는 리더 자신이 구성원들의 행동 하나하나를 모두 통제하고 지시하겠다는 의미다. 구성원들은 리더에 의해 움직이는 수동적 존재일 뿐이다. 또한, 구성원들은 체스나 장기의 말처럼 필요가 없어지거나 상대에게 패배하면 언제든 퇴출당하게 된다.

* 『문샷』〈사피 바칼, 흐름출판. 2020〉

3. 물론 '정원 가꾸기'도 리더십을 설명하는 데 한계는 있지만, 분명 '체스판'보다 훨씬 나은 은유이다. 리더는 정원사처럼 환경을 만들어준다. 구성원들이 잘 자랄 수 있도록 땅도 갈아주고, 물도 준다. 구성원들의 성장을 방해하는 잡초들을 뽑아준다. 그러나 자라는 것은 구성원들 스스로이다. 리더는 그들을 직접 움직이는 것이 아니라 그들이 움직일 수 있는 환경과 시스템을 조성함으로써 그들 스스로 움직일 수 있도록 돕는 것이다. 구성원들은 자기가 잘나서 잘 자란 것 같이 보이지만 실제 그 뒤에는 정원사의 땀과 노력이 있는 것이다.

4. 나도 직장 생활을 돌이켜보니 존경할 만한 리더들은 다 정원사 같은 리더였다. 그분들은 공통적으로 정원사가 하듯, 내가 일을 잘 할 수 있도록 편안한 환경을 만들어 주었다. 내게 사사건건 이래라 저래라 지시하는 것이 아니라 나 스스로 적극적으로 제안하고 때로 판단할 수 있도록 권한을 주었다. 그러면서도 내가 어려움에 처했을 때, 마치 폭우가 내릴 때 정원사가 나무들을 보호해 주듯이 방어해주고 대신 책임을 져주었다. 생각해 보니 내가 잘나서 이렇게 성장한 것이 아니었다. 그들이 있었기에 자란 것이었다.

5. 반면에 다시 만나고 싶지 않은 리더를 기억해보니 나를 체스판의 '말'로 여겼던 리더였다. 사사건건 간섭하려 하고 내가 하는 모든 것을 파악하고 통제하려 했다. 내가 성과를 내어 자신을 돋보이게 해줄 때는 친절하게 대했지만, 외부의 어떤 어려운 상황이 올 때는 얼굴을 180도 바꾸어 내게 책임을 미루었다. 나를 자신의 이익을 위한 장기판의 하나의 말로 취급했음이 분명했다.

6. 나 자신도 이를 생생하게 경험했음에도 불구하고 나 또한 때로 구성원들을 장기나 체스판의 말처럼 생각하거나 대했던 적도 있었다. 나도 정원사의 역할을 더 하기 위해서 지금도 노력할 뿐이다. 기업과 사회의 더 많은 리더들이 구성원들을 정원사의 마음으로 대한다면 어떤 변화가 있을까? 분명 우리의 기업과 사회가 훨씬 더 건강해지고 튼튼해질 것이다.

비판적인 의견을 들을 수 있는 것은 존경심이 있어야 한다

1. 어느 글을 읽다 보니 이 문구가 나온다. '아하' 하는 느낌이 들었다. 한 벤처 CEO가 고민을 토로한 적이 있다. "솔직하고 서로 비판이 자유로운 문화를 만들고 싶었습니다. 이에 서로 솔직하게 비판하고 피드백하라고 했습니다. 그런데 결국 서로 공격하고 마음 상하고 오히려 조직이 깨져버렸습니다. 뭐가 잘못된 것일까요?"

2. 한번 생각해 보시라. 어떤 사람이 여러분들에게 솔직한 피드백을 줄 때 여러분의 태도와 반응을 분석해보시라. 잘 생각해 보면 피드백의 내용은 그리 중요한 게 아님을 깨달으실 것이다. '누가 주는가'에 따라 반응이 달라진다.

3. 동일한 내용이라도 내가 존경하는 사람이 주면 감사하다. 오히려 한 마디라도 더 들어 나를 개선하고 싶다. 그러나 그렇지 않은 사람이 주면 말은 맞더라도 불쾌하고 반항심이 든다. 더 듣고 싶지도 않다. 짜증이 나고 상처로 남는다. 복수하고 싶을 뿐이다.

4. 결국 서로 존경하고 신뢰하는 문화가 형성되지 않은 곳에서의 솔직함은 오히려 서로를 찌르는 흉기가 될 뿐이라는 것이다.

5. 그러므로 솔직함에 앞서 서로 신뢰를 가질 수 있는 환경을 만드는 데 더 시간을 보내야 한다. 개개인에 관심을 가지고 조금 더 소통한다. 서로에 대해서 존중이 생기고 상사에 대해서도 존경의 마음이 생기면 서로의 말을 기꺼이 받을 수 있게 되는 것이다.

Yes맨은 안 좋은 것일까?

1. 직원이 몇십 명 정도 되는 중소기업 CEO가 내게 이런 질문을 한다. "Yes맨으로만 둘러싸여 있으면 위험하다는 이야기를 많이 듣습니다. 경영 서적들을 읽어도 그러하고요. 저에게 항상 No 할 수 있는 직원들이 많은 게 좋겠죠?"

2. 내가 반문했다. "대표님께 툭하면 No 하는 사람과 일해본 적 있나요? 괜찮던가요?" 그랬더니 답한다. "아니요. 제 의견에 사사건건 반대하는 임원이 있었는데 힘들어 죽는 줄 알았습니다. 그가 나가니까 마음이 다 편하더라고요"

3. 대기업은 워낙 커서 경영자가 모든 정보를 세세히 알지 못하기에 현장과 격리된 의사결정을 할 위험이 크다. 또한 주위 거의 모든 사람들이 Yes맨이기에 고객과 현장의 실제 목소리를 전하며 No라고 할 수 있는 사람이 필요하다. 그러나 거의 모든 정보를 가장 많이 알고 있고 고민도 제일 많이 하며 고객과 현장도 가장 잘 아는 작은 기업 CEO 주위에 No맨들이 포진 되어 있으면 어떠할까? 사장이 직원들을 설득하고 설명하고 이해를 구하느라 에너지가 고갈된다. 오히려 사장이 말하는 것을 긍정적으로 Yes 하고 실행하는 사람이 더 필요하다.

4. 나도 나 자신이 조직 상황을 가장 잘 알고 내 비전이 명확할 때는 무조건 한마음으로 Yes 하는 임직원들과 일할 때 훨씬 퍼포먼스가 좋았다. 물론 사안에 따라 No 하는 의견을 내놓는 경우는 괜찮다. 그런데 가치나 뜻이 달라, 또는 대표보다 생각의 깊이가 낮아 사사건건 No 하는 직원들은 같이하기 어렵다. 대표가 너무 에너지를 써야 하기 때문이다.

5. 그러므로 일본의 한 중소기업 사장이 직원 채용에서 가장 중요시 여기는 포인트로,

- 대답을 잘할 것
- 성격이 밝을 것
- 사장과 맞을 것

이라고 했는데 이는 현실적으로 기억할 중요 항목들이다.

6. 나는 대기업 대상 또는 실리콘밸리의 경영 책을 보고 그대로 따라 하려는 벤처 대표들을 종종 본다. 물론 보편타당한 실행도 있지만 특정 환경에서만 맞는 실행도 적지 않다. Context를 보지 않고 멋있어 보이는 Text만 보면 고생을 많이 한다는 사실을 기억하시라.

상승 에스컬레이터를 타라

1. 산하 한 부서에서 서비스 현황을 보고했다. 왜 어떤 서비스는 많은 고객들이 안 들어올까? 어떻게 개선해야 할까?라는 보고서를 만들어 왔다. 'UX도 개선해야 하고 기능을 추가해야 하고…' 나는 역으로 물었다. UX도 기능도 좋지 않은데 사용하는 분들은 도대체 누구일까? 도대체 어떤 고객들이 무슨 이유로 쓸까? 또 여러 서비스 중 어떤 서비스는 유독 성장하는데 그 이유는 무엇일까?

2. 히스 형제 이야기를 해주었다. 히스 형제의 책*에서 이런 내용을 본 적이 있다. '세이브드 칠드런'이라는 국제기구에서 베트남 정부의 요청을 받는다. 아동들의 빈곤 퇴치를 도와달라는 것이었다. 이에 한 사람이 파견되었으나 어디서부터 어떻게 시작할지 막막했다. 그런데 그가 베트남을 돌아다니며 관찰해보니 똑같이 가난한 동네에 사는데 영양상태가 좋은 몇 아이들이 보였다. 그는 그 아이들에 주목했다. "왜 저 아이들은 괜찮을까?" 건강한 아이들을 보니 공통적으로 어머니들이 다른 방식을 취하고 있었다. 아이에게 논에서 작은 게를 잡아다가 밥에 섞어먹이고 고구마 잎을 삶아 먹였다. 이를 통해 영양의 균형을 맞추었던 것이다. 이후 그는 그 요리법의 확산을 통해 많은 베트남 아이들의 건강을 찾아주었다. 아마 그가 컨설턴트처럼 영양실조 아이들을 분석하고 대책을 찾기 시작했으면 MECE** 기법을 사용하여 시간은 엄청나게 쓰면서도 결국 '정부가 지원해야 한다'라는 등의 뻔한 답만 도출했을 것이다.

* 『스위치』〈댄 히스&칩 히스, 웅진지식하우스.2010〉
** MECE(Mutually Exclusive Collectively Exhaustive): 특정 사안에 대해 상호간 중복없이 빠짐없이 분류하고 정의할 수 있도록 하는 논리체계.

3. 이후 보고자는 다른 서비스는 감소하는데 특정 서비스는 성장하는 이유를 찾았다. 이에 그 이유를 확대하고 강화함으로써 더 많은 성장을 가져올 수 있는 방법을 찾았다.

4. 그러므로 못하는 것만 보지 말고 '잘하는 것'을 보라. 여러 가지를 실험해보고 잘되는 것에 조금 더 집중할 필요가 있다. 흥미롭게도 큰 기업일수록 이렇게 히지 못한다. 잘하는 것을 탁월하게 치고 나가기보다 못하는 걸 끌어올려 오만가지 모두 나쁘지

는 않은데 최고는 아닌 정도로 한다. 그런데 '왜 잘 될까?'를 파악한 후 그 비결을 확산하는 것이, 안 되는 것의 원인을 찾아 잘 되게 노력하는 쪽보다 빠르다. 물론, 후자의 시도로 성공을 거둔 사례도 있다. 그러므로 후자를 하지 말라는 것이 아니라 우선순위를 전자에 더 둘 필요가 있다는 것이다. 올라가는 에스컬레이터에서는 가볍게 걷기만 해도 꼭대기에 쉽게 오르지만 내려가는 에스컬레이터에서 올라가려면 힘껏 뛰어도 쉽지 않은 법이다.

중요한 자리의 사람을 쓰는 방법

1. 중요한 자리에는 신뢰할 수 있고(가치와 미션이 유사한) 능력 있는 사람을 써야 한다. 이게 최상이고 누구나 알고 있다.

2. 그런데 신뢰하긴 하는데 능력이 없다는 게 증명되면 어떻게 할까? 대개 리더들은 이 경우 그 사람을 보호하려는 경향이 있다. 오래 같이 지내서 신뢰가 깊어진 경우에 그렇고 착한 리더는 더더욱 그렇다. 이때는 솔직히 잘못 배치한 실수를 인정하고 그 자리에서 빨리 내려오게 해야 한다. 정으로 질질 끌면 안된다. 대신, 신뢰가 있으므로 그에게 적절한 다른 역할을 맡기면 된다. 이걸 못하면 조직은 어려워지고 리더는 신뢰를 잃는다.

3. 능력은 있는데 신뢰를 저버리는 사람임이 밝혀지면 어떻게 할까? 애초부터 쓰지 말아야겠지만 실수한 것이 밝혀졌다면 가장 빠른 시기에 헤어져야 한다. 질질 끌면 그런 사람은 자기만의 성을 점점 쌓게 되어 전체가 망가진다. 이런 사람과 헤어지려면 쉽게 물러나지 않으므로 헤어짐에도 전략과 치밀함이 필요하다.

4. 요즘은 어디나 사람의 이슈로 고생하는듯하다. 비둘기 같은 순결함만으로 부족하다. 성경의 말씀처럼 비둘기처럼 순결하되 뱀처럼 지혜로워야 한다. 공자의 덕이 있으되 한비자의 단호함도 필요하다. 이 원칙은 크던 작던 어떠한 조직에든 적용된다.

어떻게 조직의 실력을 급속히 향상시킬까?

1. 얼마 전 한 기사를 읽었는데 전 신라호텔 이사분의 이건희 회장과 일화가 나온다. "내가 신라호텔 이사로 일할 때 회장님께 호되게 혼난 적이 있다. 어느 날인가 전화가 와서 받았는데 회장님이었다. '신라호텔 빵 맛이 그게 뭐냐? 그게 빵이냐?'라고 마구 야단을 치셨다. 그러더니 '어떻게 할 거냐?'고 물으시더라. 나는 '퀄리티를 높이기 위해 캐나다 밀가루를 쓰고, 발효 등 공정 과정, 수증기의 양, 굽기 온도, 에이징(aging) 등을 깊이 관찰하겠습니다. 직원들을 프랑스나 일본으로 연수를 보내서 품질을 높이겠습니다'라고 말했다. 그랬더니 회장님께서 '엉뚱한 답을 이야기하고 있다'며 '지금 내가 기다릴 테니 답을 찾아보라'고 하시더라. 정말로 1분 이상 전화를 안 끊고, 아무 말 없이 계시더라. 나는 계속 멍 때리고 있었는데 갑자기 번쩍하고 생각이 났다. '유능한 기술자를 스카우트하겠습니다'라고 대답하니까 그제야 회장님께서 '왜 알면서도 못하느냐'고 하시더라"

2. 어떤 조직이 약한 분야의 품질이나 기술을 한 단계 업그레이드 하는 가장 빠른 방법은 내부 직원의 학습이나 공정개선, 벤치마킹이 아니고 그 분야 최고 전문가를 모셔 오는 것이다. 그러면 그 전문가와 일하면서 인력들의 수준이 자연스럽게 높아지고 일하는 방식이 고도화된다. 물론 내부 학습, 개선 등은 꾸준히 해나갈 필요가 있다. 특히, 삼성전자는 이 부분들을 잘 해왔던 것 같다.

3. 이런 전문가를 확보하여 성공하려면 몇 가지가 필요하다.

1) 누가 진짜 유능한 전문가인지 찾아야 한다. 불행히도 진짜 유능한 사람과 유능하다고 알려진 사람 간의 차이가 있는 경우가 많다. 다행히 요즘은 이런 사람들을 찾아주는 회사들이 점점 증가하는 듯 하지만 핵심은 레퍼런스 체크이다.

2) 유능한 사람을 특정 영역 사문이나 직은 규모 리더로 쓰는 것이 아니라 대규모 리더로 쓴다면 또 다른 고민이 필요하다. 훌륭한 전문가와 리더 역할은 다르기 때문이다. 훌륭한 전문가는 How를 잘 알고 있다. 하지만 그것으로 조직을 변화시키는 역할은 리더의 역할인데, 두 역할은 다르다. 훌륭한 전문가를 리더로 모셨는데 변화에 실패하는 경우가 의외로 많은 이유가 이 때문이다. 특히 많은 대기업들이 이런 부분에서 실패한다.

3) 일반적인 채용 프로세스로는 얻기 힘들다. 유능한 사람은 특별한 상황이 아닌 이상, 자기 이력서를 헤드헌터들에게 먼저 제공하지 않는다. 나도 헤드헌터에게 이력서를 먼저 제공한 적이 단 한 번도 없다. 삼고초려 해야 한다. 임원 이상이 직접 찾아가고 비전을 설명 해주어 그가 의지를 가질 수 있도록 해야 한다. 벤처 CEO라면 네트워크를 통해 어디에 누가 있는지도 보고, 누가 잘하더라는 소식에 귀 기울이고 기사, 논문, 책들도 읽으며 항상 눈을 부릅뜨고 그 분야 최고가 누군지 찾아 미리 관계를 맺어놓고 적절한 타이밍에 삼고초려할 자세가 되어있어야 한다.

4) 그가 입사한 후 회사의 문화에 적응하면서도 마음껏 자신의 실력 발휘를 할 수 있도록 자율과 권한을 주어야 한다. 훌륭한 외부 기획자, 개발자, 전문가, 컨설턴트, 임원들을 리더로 모셨지만 그가 새로운 조직구조와 문화, 정치 가운데서 자원과 권한 그리고 자율이 제한되어 실력 발휘가 안되는 경우가 많다.

4. 최고 전문가 채용이 어렵다면? 전문가 회사와 함께 일하는 방식이 대안이다. 그런데 컨설팅은 큰 효과를 보지 못하는 경우가 많다. 그 이유는 대개 일방적이기 때문이다. 나도 여러 실험을 해보니 내부 팀을 만든 후 외부와는 일방적 외주가 아닌 역할을 나누어 함께 프로젝트를 진행하거나, 코치나 coe(center of excellency) 등을 활용하여 단타성이 아닌 최소 년 단위의 지속적인 관계로 상호 협력을 하니 역량 향상에 큰 효과가 있었다. 후자의 모델은 잘 모르시는 분들은 컨설팅과 유사한 것으로 생각하는데, 다르다. 그리고 성공을 위해서는 운용의 묘가 중요하기에 핏을 맞춰야 한다. 자신의 회사를 잘 모르는 유명한 외국사 등을 그냥 선택하는 방식은 실패 가능성이 높다. 물론, 최고 전문가를 채용해도 그가 혼자는 할 수 없기에 이러한 방식을 같이 융합할 수 있을 것이다.

평가에 관하여

1. 연말 인사평가 시즌이다. 나는 사업 숫자를 책임지는 사업 부서에도 있어보고 IT 같은 지원 부서에도 있어보고 정보 보안같이 리스크를 책임지는 부서에도 있어보고 CEO도 해보면서 평가에 있어서 주의할 부분을 하나 발견했다. 그것은 실패 시 리스크가 큰 조직과 사람을 더 고려해야 한다는 사실이다. 실패 시 리스크는 거의 없는데 조금 잘하면 많은 것을 가져가는 사람들, 책임은 별로 없는데 권리가 많은 사람들이 많으면 조직의 동기가 저하된다. 예전에 산하 리더들이 내게 이런 고민을 토로 했다. "성과가 비슷한 직원이 몇 명 있는데 이들을 상대평가하는 게 너무 힘듭니다"

2. 이에 제가 이런 이야기를 했다. "무슨 동화에서 봤는지는 잘 모르겠지만 예전에 본 동화 이야기를 해드리겠다. 한 왕국에 공주가 병을 앓았다. 왕은 그 공주의 병을 고치는 이를 부마로 삼겠다고 하고 방을 붙였다. 한 마을에 세 형제가 살았는데 한 사람은 마법의 망원경을 가지고 있었다. 그가 우연히 망원경으로 그 방을 보았다. 또 한 사람은 병을 고칠 수 있는 사과를 가지고 있었고 또 한 사람은 마법의 양탄자를 가지고 있었다. 이에 셋은 마법의 양탄자를 타고 사과를 가진 형제가 그 사과를 먹여 공주의 병이 나았다. 세 명이 다 큰 공을 세웠고 그중 한 명이라도 없었으면 그 병을 고치지 못했을 것이다. 그래도 부마는 한 사람이어야 한다. 그럼 당신이 왕이라면 누구를 부마로 선택하겠는가?"

3. 그러자 리더들은 제 각각 대답을 했다. '맨 처음 탐색한 사람이 더 공이 크다', '움직이도록 한 사람이 더 공이 크다', '마지막 고친 사람이 더 공이 크다' 등등.

4. 내가 말했다. "그 동화의 결론은 사과를 준 사람이 부마가 되었다. 그 이유는 첫째, 만일 공주가 살지 못했다면 누가 가장 큰 위험에 빠졌겠는가? 당연히 사과를 준 사람일 것이다. 둘째, 다른 사람은 그 능력을 쓴 이후에도 여전히 자신의 것(망원경, 양탄자)이 남아있지만 사과를 준 사람은 남아있지 않다. 그러므로 성과가 비슷하다면, 가장 많은 것을 헌신한 직원, 만일 어려운 상황이었다면 가장 피해를 보았을법한 직원, 가장 리스크가 큰 업무를 맡은 직원을 우대하는 것이 적절치 않겠나?" 다들 고개를 끄덕였다.

왜 훌륭한 목표와 전략이 실행에서 실패할까?

1. 예전에 한 벤처 대표가 찾아왔다. 직원이 이미 40명이나 되고 매출도 몇십억이며 KPI*, OKR** 등은 알고 있지만 어떻게 목표관리를 할지 모르겠다고 했다. 팀장들이 자신에게 다음 스텝으로 뭘 할지 매번 물어보는데 답하기도 궁색하다고 했다. 대학 재학 중 창업을 하고 경영을 전공하지 않은 대표였다. 내가 목표에 대해 질문을 해보니 매출, 회원 수 목표 외에는 특별한 목표가 없었다. 직원들이 회사의 목표에 대해 얼마나 알고 있는지 물었더니 아마 매출 목표 정도만 알고 있을 거라고 했다. 그래도 사업 모델이 괜찮고 마케팅을 잘해서 매출은 매년 급상승하고 있었다.

* KPI(Key Performance Indicator): 매출, 비용 등 주로 숫자로 표현 가능한 핵심성과지표
** OKR(Objective and Key Results): 목표나 성과 관리를 위한 기법 중 하나

2. 내가 보니 그곳은 중요한 목표가 재구매율, 회원 유지율, 고객만족도, 배송 등이었는데 이건 고려하지 않고 있었다. 이에 목표에 대해 몇 가지 팁을 주었다

  1) 회사의 가장 중요한 목표를 직원들과 토의해서 10개 이내(사실 5개 이내가 더 좋음)로 정하라.

  2) 이를 화이트보드에 정리하고 누가 할 것인지 책임을 명확히 하라.

  3) 목표 대비 진행 상황을 매주 또는 매달 지표나 그래프로 표시하라.

  4) 주간 미팅 및 한 달에 한 번씩 목표 평가 미팅을 하라.

3. 직원이 40명 이내면 거창한 디지털 도구도 필요 없다. 한 공간에 다 있으면 대형 화이트보드 하나로도 충분하다. 그것을 누구나 보는 곳에 세워놓고 관리하라고 했다. 그러면 누구나 회사의 가장 중요한 목표가 무엇이고 그것의 진척을 한눈에 알고 누가 책임인지 다 알게 된다. 이후 얼굴이 밝아져서 다시 왔다. 온 직원들이 다 무엇을 할지 명확해져서 회사가 활기차졌고 팀장들이 자기에게 묻지 않고도 자신들이 스스로 방법을 찾는다고 고마워했다.

4.   한 연구소는 50만 명 이상의 리더와 팀을 대상으로 조사하여 목표와 전략이 실행 단계에서 실패하는 4가지 근본 원인이 있음을 발견했다.

  1) 85%의 응답자는 조직의 목표를 몰랐다.

  2) 85%의 응답자는 조직의 목표를 이루기 위해 자신이나 자신의 조직이 할 일을 명확히 몰랐다.

  3) 87%의 응답자는 회사가 가장 중요해 하는 목표와 관련해서 성공하는지 실패하는지 몰랐다.

  4) 79%는 목표 진행에 있어 자신의 명확한 책임을 몰랐다.

이는 많은 CEO들에게 충격을 준 결과였다. 당신이 경영자라면 무엇을 할지 알 수 있을 것이다.

철학, 핵심가치에 대하여

1. 회사나 창업자가 '철학이 있다. 없다'를 결정하는 요소는 무엇일까? 그것은 창업자와 회사가 우직하게 밀고 가는 미션과 핵심가치가 있고, 이를 끊임없이 내재화하는가? 의 여부라고 할 수 있다.

2. 미션은 기업이 자신만 잘 먹고 잘 살자는 게 아니라 세상에 뭔가 공헌하자는 것이다. 소위 '대의명분'이며 이 대의명분이 있어야 큰 뜻을 가진 사람들이 모이고 보람도 느끼고 세상도 그 기업을 지지한다. 용병은 돈만 보고 모이지만 인재는 돈만으로 안된다. 대의명분을 보고 모인다.

3. 핵심가치는 매우 중요한데 미션보다 더 내재화하기 어렵다. 핵심가치를 어떻게 세울지에 대해 묻는 벤처 대표들이 종종 있다. 대부분은 글로벌 회사들의 핵심가치를 참고하여 평소 생각했던 좋은 단어들을 선택한다. 그러나 핵심가치는 그냥 아무거나 마음에 드는 단어들을 고르는 게 아니다.

4. '핵심가치'는 그걸 무시하고 돈 벌 다른 기회가 있을 때도 이것 대신 선택할 배짱이 있어야 하는 가치이다. 의사결정의 우선순위이다. 그러므로 매우 신중할 필요가 있고 무시무시한 것이다. 이게 정말 대표의 철학이다. 대표가 말은 하는데 실제 결정에서 몇 차례 무시하기 시작하면 휴지조각이 된다. 나도 CEO를 할 때 제일 힘든 부분 중 하나가 '우리 가치를 무시하면 단기적 이익이 생기는 경우 어떻게 결정할까?'였다. 모든 임직원들은 이를 관찰한다. 그리고 CEO가 어떤 가치를 포기하면 이후 더 이상 그 가치를 기준으로 삼지 않는다.

5. 만일 '신뢰'가 핵심가치라면, 고객의 신뢰를 좀 저버리고 돈 벌 기회가 있더라도 이 기회를 포기할 정도가 되어야 한다. 대부분의 회사들이 가져가는 핵심가치 중 하나는 '고객중심'이다. 이 용어를 핵심가치로 쓰려면 '고객중심'을 버리면 돈 벌 수 있는 기회가 있음에도, 이를 포기할 수 있을 정도의 각오가 되어야 한다. 예를 들어, 아마존 같은 회사는 이를 초기부터 해냈다. '고객중심'을 넘어 '고객집착'일 정도로 이 가치를 내재화했다. '심플'이 핵심가치라면 좀 복잡하게 만들어서 돈 벌 기회가 있더라도 포

기하는 것이다. 애플은 복잡한 제품을 만들어 돈 벌 기회가 무궁무진할 것이지만 이를 고수한다. '품질 제일'이라면 조잡한 제품으로 돈 벌 기회가 있더라도 양보하지 않는 것이다. 삼성이 이를 중심으로 삼았다. 구글도 조금만 사악해지면 더 큰 돈을 벌 수 있었을 것이다.

6. 돈만 벌면 되지 굳이 왜 이런 게 필요하냐고 묻는 대표들도 꽤 있다. 요즘 같은 시대에 카멜레온처럼 변신해야지 무슨 가치냐고 이야기 한다. 아마존의 베조스도 더 나은 방안이 있으면 언제든 카멜레온처럼 바꾸라고 했다. 그러나 이는 '방법', '전략', '비즈니스 모델'을 말하는 것이다. 핵심가치를 카멜레온처럼 바꾸라는 것은 아니다. 그러면 그 기업의 정체성이라는 것이 없어진다. 또 이게 돈을 버는 것과 무관한 게 아니다. 돈을 더 크게 벌게 하고 더 중요한 것은 기업을 '지속 가능'하게 하는 힘이다. 물론, 회사 몇 년 하고 팔아넘기거나 그만둘 거라면 필요 없을지도 모른다.

7. 핵심가치는 그 회사의 인재상과도 연결된다. '고객 집착'이 가치인 기업은 고객 집착에 관심이 없는 사람은 아무리 똑똑해도 뽑지도 승진시키지도 않는다. '신뢰'가 가치인 기업은 신뢰를 개떡같이 여기는 직원들은 아무리 똑똑해도 뽑지도 않고 승진시키지도 않는다. 이것이 쌓여 그 기업만의 문화를 만든다. 핵심가치가 불분명한 기업은 핵심가치는 벽에 붙여놓았으나 사람 뽑을 때 기준, 승진 기준은 또 제각각으로 마음대로 정한다. '신뢰'가 가치라면서 신뢰를 저버리고 성과만 챙긴 이들을 승진시킨다면 '신뢰'의 기업문화가 만들어질 리 없다. 그러면서 '우리 회사에 신뢰의 기업문화를 만들려면 어떻게 해야죠?'라고 묻는 대표님들이 있다.

8. 이는 그 회사의 브랜드와도 연결된다. '신뢰'의 가치를 지키는 기업은 그 회사와 구성원 전체가 '신뢰'로 뭉쳐있고 그 회사의 서비스와 제품도 믿을만하다. 이에 그 회사를 생각하면 고객은 '신뢰'를 떠올리게 된다.

9. 그러므로 이 철학은 가치-인재상-브랜드-기업문화와 다 연결되어 있다. 이게 제각각 따로 노는 기업은 철학이 없거나 불분명하다고 해도 과언이 아니다. 핵심가치와 철학으로 무장된 회사는 돈만 벌고 덩치만 큰 그저 그런 회사가 아니라, 규모와 무관하게 차별화된 가치로 각인되는 회사로 포지셔닝 되는 것이다.

10. 경영학이나 경영학 교수님들의 문제는 너무 분절해서 가르친다는 것이다. 또한 기업이 커질수록 기획, 인사, 재무, 마케팅, 사업, 영업, 연구, 생산 부서로 분절되어 각기 존재하는데, 전략적 일관성을 잃고 각 기능만 잘하는 회사는 힘이 없다.

11. 아마존이나 애플이나 구글이 대단한 이유는 기술에도 있지만 자신들의 가치를 악착같이 지켜왔기 때문이다. 불행히도 한국의 많은 회사들이 국민의 존경을 받지 못했던 것은 이런 철학 없이 그저 시류를 타고 적당하게 줄타기 해왔기 때문이다. 그러다 보니 잘 나가다 한순간에 사라지기도 하고, 사라져도 고객들은 아무도 안타까워하지 않는다.

12. 그럼 이러한 철학은 누가 정립할까? 사실 이를 정립할 수 있는 사람은 '창업자'이다. 임기가 한정되어 있는 전문 경영인들이 이를 세우고 지속하게 하는 것은 쉽지 않다.

13. 언제 정립하면 좋을까? 작을 때일수록 좋다. 10명, 100명 이하라면 지금이 가장 좋은 때이다. 이미 별다른 철학도 가치도 없이 어영부영 왔는데 구성원이 100명이 넘는다면 어려워진다. 이미 100명이 다들 다른 방향을 보고, 제 각각의 우선순위로 일을 할테니 말이다. 사실 없는게 아니라 몇 가지가 이미 암묵적으로 고착되어 있다. 그런데 바람직한 것이 아닌 것들이 대부분이다. 크면 클수록 어렵다. 기업들이 뭔가 규모가 된 후 핵심가치를 제대로 정립하고자 하지만 오래가지 못하는 이유가 이때문이다.

14. 그러면 핵심가치는 영원해야 하는가? 그럴 리 없다. 변하지 않는 것은 없다. 고수할 것과 새롭게 세울 것을 주기적으로 고민해야 한다. 그러나 매년 바뀐다면 핵심가치라 하기는 어렵다. 이 핵심가치를 유지하는 것은 쉬운가? 당연히 어렵다. 그러니 세상에 사람들이 기억하는 독특한 기업은 별로 없는 것이다.

또라이를 떠나보내야 하는 이유

1. 조직에서 또라이나 소시오패스는 어떻게 해야 할까? 특히 이들이 성과를 내고 있다면? 스탠퍼드의 로버트 서튼 교수에 의하면 또라이는 횡포와 무례, 비열한 짓을 일삼고 남들을 교묘하게 괴롭히는 사람을 의미한다. 공감과 가책과 두려움이 없고 자신의 이익만을 추구한다. 약속을 안 지키면서도 아무 가책도 안 받고 협박도 쉽게 한다. 타협도 안 한다. 자기 이익에서 한 발자국도 물러서지 않고 법적 방법도 쉽게 쓴다.

2. 대개 5% 이내가 또라이라 한다.(단, 기업문화에 따라 어떤 조직은 거의 없고 어떤 조직은 많다. 반드시 자신의 조직에 5% 정도가 있다는 뜻은 아님) 사실 이들 중 일부는 승승장구하기도 하고 기업 또는 사회의 지도자가 되기도 한다.

3. 나도 '신뢰'를 믿지만 이러한 또라이는 반드시 내보내야 한다고 생각한다. 과거 사회생활 중 2~3명 정도를 만났다. 나도 마음이 여린 편이라 인내하고 이해해 주다 보니 마음고생이 많았다. 당장 그들의 역할과 성과도 무시하기 어려웠다.

4. 그러나 결론적으로 빨리 헤어질수록 자신이나 조직에 도움이 된다는 것을 알았다. 왜냐하면 이런 사람은 교화되지 않고 선한 뜻도 통하지 않는다.(단, 또라이가 아닌 95% 이상의 사람들은 진정성과 벽 허물기가 통한다) 오히려 그 선한 모습을 약하게 보고 이를 파고들어 공격하고 더 이용하고 주위의 선한 의도를 가진 이들을 망가뜨리기 때문이다. 헤어지고 나니 마음이 편하고 조직도 활기를 찾게 되었다.

5. 왜 그래야 할까? 협력적이고 신뢰가 높은 조직에 또라이가 들어와서 그 신뢰를 깨게 되면 모두가 불신에 빠지게 된다. 더 협력적이고 더 신뢰가 높은 조직일수록 더 피해가 커진다. CEO 또한 이러한 또라이 한 사람에게 크게 배신을 당하는 경험을 하게 되면 '신뢰'의 근본 철학 자체를 바꾼다. 이 사람으로 인해 95~99%가 불신 받게 되는 것이다. 그러나 신뢰가 없는 조직이 힘이 있을 리가 없다.

6. 그러므로 또라이 또는 썩은 사과는 방치하지 말고 빨리 헤어져야 한다. 그들을 교화시키려는 생각은 버려야 한다. 물론 이들이 안 나가려 하면 헤어지기도 쉽지 않다.

때로 변한척하기도 한다. 그러나 강하게 대응해야 한다. 물론, 그럼에도 불구하고 그들을 인간으로 보는 데는 변함이 없다. 그들도 과거의 어떤 트라우마로 그렇게 된 것 뿐이니 연민과 안타까움으로 볼 뿐이다.

7. 인생을 살며 이런 소시오나 또라이를 안 만나는 게 좋겠지만 어쩌겠는가. 살다보면 두세 번은 만나게 된다. 불행히도 이런 사람이 상사라면? 예전 [하버드 비즈니스 리뷰]에서는 이들을 대하는 법을 이야기했다.

  1) 가능한 부서를 옮겨라.

  2) 옮길 수 없다면 그들이 항상 당신을 이용하려 한다는 것을 이해하라.

  3) 그들과 경쟁하거나 이기거나 교화시킬 생각은 하지 마라. 그저 윈윈 상황을 만들어라. 사이코들은 항상 이기려 한다. 그가 이기게 해주면서 당신도 이기는 상황을 만들어라.

최고의 실행이 안먹히는 이유

1.　몇몇 벤처 CEO은 이런 말을 한다. "실리콘밸리 책을 읽고 믿고 맡기며 자율의 문화를 만들려 했는데 엉망이 되어 이제 하나하나 지시하고 세심하게 관리하니 그래도 조직이 돌아갑니다" 물론, 이런 방식은 구성원들이 파워를 내는 데 한계가 있기에 도대체 어떻게 해야 할지 고민한다. 어떤 임원을 만났더니 회사에 애자일 실행을 도입했는데 엉망이 되었다고 한다. 한 벤처 CEO는 어떤 경영 책을 읽고 공사를 명확히 구분하기로 결심하여 직원들에게 사적인 관심을 전혀 보이지 않았는데 이상하게 직원들이 회사를 나간다고 한다.

2.　우리가 책에서 본 최고의 실행을 도입할 때 주의할 것 중 하나는 Context를 놓치면 안 된다는 것이다. 그런데 책이나 강연에는 이 Context가 없다. 저자들이나 강연자들 또한 다른 회사들의 사정을 알 리가 없다. 무작정 듣고 읽고 배운다고 다른 회사의 성과가 복제되는 것은 아니다. 많은 리더들이 이 Context를 읽지 못한다. 이에 실패하고 이것을 잘못된 이론과 실행으로 단정한 후 또 다른 극단으로 가게 된다.

3.　예를 들어, 대부분의 실리콘밸리 기업이 자율을 추구할 수 있는 이유는 구성원들의 역량이 있기 때문이다. 구글이나 넷플릭스는 구성원들의 역량은 걱정 없지만 많은 기업은 그 자체가 흔들린다. 완전한 자율과 위임은 구성원들의 역량이 있고 목표가 명확할 때 가능하다. 이 가정이 바닥에 숨겨져 있는 것이다. 이 가정을 보지 않고 겉에 드러난 '자율'만을 이식하려 할 때 어려움이 생기는 것이다.

4.　그러므로 중요한 것은 자신과 자신의 조직에 대한 이해가 선행되어야 한다. 그렇지 않은 상태에서는 아무리 멋진 실행도 맞지 않는 옷이 되는 것이다. 그렇다고 포기하고 예전의 방식을 고수하라는 것은 아니다. 당연히 훌륭한 철학과 실행을 도입하고 변화를 만들어내야 하지만 자신의 회사가 가지고 있는 역량과 문화에 맞게 조율해야 한다는 것이다.

5.　경영은 동일한 함수를 쓰는 수학 문제 풀기가 아니다. 인풋을 넣으면 똑같은 아웃풋이 나오는 것이 아니다. 우리 회사의 함수는 타 회사의 함수와 다르기에 동일한 인

풋을 넣어도 다른 아웃풋이 나온다. 그것을 인식하지 못하면 시행착오를 거듭할 수 밖에 없고 그래서 어려운 것이다.

6. 좋은 실행을 배우는 것은 좋으나 맹신하면 위험한 이유이다. 영어로 된 멋진 경영 용어들이 우리 회사의 성과를 만드는 것은 아니다.

우리를 성공하게 한 비결이
우리를 실패하게 할 수 있다

1. NASA는 '정량적인 기준이 없다면 받아들이지 않는다', '당신이 신이 아니라면 데이터를 제시하라'는 문화가 있었다고 한다. 최고의 과학자들이 모인 집단에서 '데이터'와 '증거'에 근거하지 않고는 자신의 주장을 펼칠 수 없었던 것이다.

2. 챌린저호의 발사 때였다. 한 기술자는 오링에서 가스가 아주 소량 누출된 것을 보고 문제가 있어 발사를 하면 안 된다는 생각을 했다. 그러나 그가 동료나 상사에게 그 말을 했을 때 이런 답변을 들었다고 한다. "네 걱정을 정량적 근거로 제시하라", 그러나 불행히도 그는 정량화할 데이터가 없었고 그것을 증명할 수 없었다. 결국 발사는 이루어졌고 챌린저호는 폭발했다.

3. NASA를 성공시켜왔던 도구가 바로 '데이터와 증거에 기반한 문화'였다. 끝없이 논리를 추구함으로써 많은 기술적 진보를 이루었다. NASA의 모든 과학자와 기술자들은 그 문화를 신봉했다. 그런데 바로 그 성공요소가 실패를 가져온 것이다. 정량화하지 못한 의견은 틀린 의견이라고 무시했던 것이 재앙을 가져왔다.

4. 예전 직장에 임원 한 분이 있었다. 그 임원은 논리적이지 않았다. 그래서 어떤 의견을 제시하면 매우 논리적인 상대는 잘 설득시키지 못했다. 그래서 논리적인 CEO들은 대개 그의 의견을 무시했다. 그런데 내가 오랜 시간 같이 있으며 발견한 것은 그의 의견이 대부분 옳다는 것이었다. 현장에 가장 가깝게 있고 항상 고객을 만났기에 굉장히 감이 뛰어났는데 단지 그것을 논리적이고 체계적으로 설명하지는 못하고, 파워포인트로 멋지게 만들지 못했을 뿐이다. 나는 그의 말을 들어서 도움을 참 많이 받았던 기억이 난다.

5. 자신을 성공으로 이끈 개인 성향 또는 조직의 원칙, 문화가 실패로 이끌 수도 있다. 논리나 데이터를 중시하는 분은 그것이 반드시 최상의 결과를 가져오지 않을 수 있다는 것을 받아들일 필요가 있다.

6. 복잡한 상황, 문제를 대하는 가장 좋은 전략은? 바로 '유연성'이다.

행복한 퇴사자 vs 불행한 퇴사자

1.   일리노이대학의 가젠드란 교수는 다국적 IT기업의 직원들을 조사하면서 흥미로운 현상을 발견했다. 그것은 상사가 좋은 리더인지 나쁜 리더인지와 무관하게 퇴직자들이 유사한 숫자로 나타났던 것이다. 나쁜 리더 산하의 직원들이 퇴직을 훨씬 더 많이 할 것으로 예상했는데 예상과는 다른 결과였다.

2.   그런데 잘 살펴보니 퇴직자들의 퇴직 이유가 달랐다. 좋은 리더와 같이 일했던 구성원들은 '행복한 퇴사자'였다. 즉, 좋은 리더와 함께하며 실력을 키우고 성장하게 되어 이직이 쉬워졌다는 것이다. 이 경우 퇴사자는 퇴사 후에도 이전 리더와 좋은 네트워크를 계속 유지한다고 한다.

3.   그러나 나쁜 리더와 같이 일했던 구성원들은 '불행한 퇴사자'였다. 그 회사와 리더가 싫고 더 이상 성장이 없어서 퇴직한 것이다. 이 경우 퇴사자는 이전 리더와 관계를 끊어버린다.

4.   그러므로 좋은 리더나 나쁜 리더나 산하 구성원들의 퇴사는 일어날 수 있다는 것이다. 단지, 퇴사의 이유가 완전히 다르고 퇴사 이후의 관계도 다르다. 물론, 이 연구는 이직이 빈번한 미국의 다국적 기업, 그것도 IT기업을 대상으로 했기에 일반화하는데 한계는 있을 수 있다. 그럼에도 불구하고 시사점이 있다.

5.   당신이 괜찮은 리더라면 퇴사자가 있다고 해서 너무 실망하지 말라. 당연히 발생하는 현상이다. 당신이 나쁜 리더라서 떠나는 게 아니다. 오히려 훌륭해서 떠날 수도 있다. 당신이 리더라면? 퇴사자를 잡을 수 있다면 잡되, 잡지 못한다면 퇴사 후에 회사와 리더 자신과 좋은 네트워크를 만들게 하라.

6.   당신이 퇴사자라면? 좋은 이유에서 퇴사하든 나쁜 이유에서 퇴사하든 이전 회사욕하고 다니거나 원수가 되지 마라. 특히 한국 땅은 너무 좁아 언제 어디서 다시 만날지 모르고 어떻게 협력할지 모른다

상사에게 직언을 어떻게 해야 하나?

1. 얼마 전 다른 기업의 한 임원을 만났다. 그 임원이 이런 고민을 털어놓는다. "제가 대표님께 직언을 많이 합니다. 사실 대표님도 언제든 직언을 하라고 말씀하십니다. 그런데 점점 대표님께서 저의 직언을 피하는듯 하십니다. 제가 건의한 사항이 회사를 위해서 분명히 도움되는 일임에도 불구하고 실행하지 않으십니다. 저는 점점 좌절에 빠집니다. 관계도 멀어지고요. 어떻게 해야 할지 모르겠습니다"

2. 많은 리더들에게 '직언'이란 매우 어렵다. 직언을 잘못하면 미움을 살 수 있다. 이를 잘 아는 많은 중간리더들은 점점 입을 닫는 경우가 많다. 그러나 제대로 된 리더들은 아부만 하는 사람들을 결코 좋아하지 않는다. 잘못하면 미움받고, 안하면 무능하게 보이는 직언, 하지 않으면 회사가 발전하지 못할 것이 뻔히 보이는 이 직언을 도대체 어떻게 해야 하는가?

3. 나도 야율초재의 일화에서 이에 대한 통찰을 얻었다. 몽고가 금나라를 칠 때 태종은 한 성을 점령했다. 이때 태종은 성의 모든 사람을 죽이려 했다. 그것이 그 당시 관습이었다. 그 당시 명재상이던 야율초재는 무고한 사람들을 이렇게 희생하는 것은 몽고의 잔인성만 부각하고 금의 원한만 일으키기에 적절하지 않음을 알았다. 그는 이에 대해 어떻게 '직언'을 할지 고민했다.

4. 그가 만일 "폐하, 이는 잔인한 행동이오니 죽이면 안 됩니다"라고 직언한다면 어떨까? 이 말은 지금까지 왕이 한 행동이 잔인했다는 의미가 되고, 그의 말을 듣지 않는다면 왕이 더 잔인한 사람이 된다는 뜻이 된다. 그는 당연히 이 말을 듣는 순간 왕이 불쾌할 것임을 알았다. 이렇게 이야기했다가는 사람들의 죽임을 피하지도 못하고 동시에 야율초재도 미움 당할 것임을 알았다.

5. 이에 그는 이렇게 말한다. "금나라에는 진기한 물건을 만드는 기술자들이 많습니다. 이들을 다 죽인다면 폐하는 귀중한 물건을 가지실 기회를 잃게 됩니다. 이들을 살리셔서 귀중한 물건들을 더 많이 만들게 한다면 폐하의 부강함에 큰 도움이 될 것입니다" 왕은 자신의 이익에 도움이 될 것을 계산하고는 기특하게 여겨 그 말을 들었다고 한다.

6. 그러므로, 상사에게 직언을 할 때는 직설적으로 하는 것은 좋지 않다. 상사의 이익을 섞어야 한다. 이를 통해 상사도 이기고 제안자도 이기고 조직도 이기는 구조를 만들어야 한다. 기억하시라. '직언은 상대의 이익을 섞어서 해야 한다'

구성원들 신뢰에 대한 오해

1.   얼마 전 한 벤처 대표와 만났는데 하소연을 한다. "저는 직원을 신뢰해서는 일이 안 돌아간다고 생각합니다. 제가 신뢰하고 맡기고 전혀 간섭하지 않은 채 프로젝트를 해봤습니다. 6개월에 완성된다고 약속한 프로젝트인데 저는 맡겼습니다. 4개월이 지나고 제가 체크했는데 엄청난 지연이 일어났습니다. 결국 10개월이 걸렸습니다. 이후 저는 더 이상 직원들을 신뢰하지 않습니다. 그래서 모든 것을 시작부터 끝날 때까지 하나하나 체크합니다"

2.   그래서 나는 물었다. "그럼 문제없는데 왜 제게 상담을 요청하나요?" 그랬더니 대답한다. "직원들이 회사를 자꾸 퇴사합니다" 나는 물었다. "어린 자녀가 있죠? 자녀를 신뢰하나요?", "당연하죠"라고 답한다. "그럼 자녀에게 전혀 간섭도 안 하고 화도 안 내고 모든 것을 맡기나요?", "당연히 아니죠. 그게 신뢰 안 하는 건 아니죠"라고 답한다. "그렇다고 그가 잘하는 것까지 일일이 참견하면 어떨까요?"라고 물었다. "재미없겠죠"라는 답이 왔다.

3.   많은 리더들이 착각하는 것은,

  1) 신뢰란 잔소리, 피드백, 마이크로 매니징 하지 않는 것이다.

  2) 신뢰란 일이 잘못 돌아가도 믿고 맡기는 것이다.

  3) 신뢰란 일이 잘못돼도 잘했다고 칭찬해 주는 것이다. 항상 듣기 좋은 말을 해주는 것이다.

  4) 신뢰를 안 해야 일이 잘 돌아간다.

위의 1), 2), 3), 4)는 진실일까? 위의 1), 2), 3)은 사실 신뢰가 '없어도' 할 수 있는 행동이다. 4)도 진실이 아니다. 신뢰가 없는 팀은 Power가 있을 수 없다.

4.   신뢰란 상대를 인간으로 보고 존중하는 것이고 그가 잘할 수 있지만 또한 약하다는 것(악하다는 것이 아니다)을 인정하는 것이다. 인간으로 신뢰하지만, 그가 하는 일이 완벽하게 돌아간다는 것을 신뢰하는 것은 아니다. 모든 인간은 신뢰 여부와 무관하게

실수할 수 있고 게으를 수 있다. 자신의 능력을 과대평가할 수 있다. 그것을 예방하고 대응하는 시스템을 만들어 그가 일에 제대로 성과를 내고 보람을 찾고 성장하도록 돕는 것이 진짜 신뢰하는 리더가 할 일이다.

5. 그에게 말했다. "처음에 믿고 맡긴다고 아무 체크도 안 하다가 뒤에 의심이 가니 점점 체크의 강도를 높이는 것은 의욕을 빼앗을 뿐이에요. 역으로 하세요. 처음에 기한 약속을 정하고 수시로 체크하다가 잘 돌아가면 점점 강도와 주기를 낮추세요. 그러면 다 Win-Win 합니다"

6. 나도 어려운 새 조직을 맡으면 마이크로 매니징을 한다. 그러다가 직원들의 역량과 의욕에 따라 점점 이를 완화한다. 어떤 경우는 신경도 안 쓴다. 역량은 부족한데 의욕만 가득한 직원, 역량과 의욕 두 가지 다 있는 직원, 역량은 있는데 의욕이 부족한 직원, 둘 다 없는 직원을 구분하여 다르게 모니터링하고 체크하며 코칭하기 때문이다. 이러면 개인도 성장하고 성과도 오른다.

7. 그 과정 중 모든 직원을 신뢰한다. 그러나 그들이 하는 '일'은 신뢰하지 않는다. 신뢰하기에 돕고, 피드백하고 때로 짜증도 낸다. 나도 아주 잘하는 것은 아니다. 나도 당연히 의심받는다. 때로는 무관심하다고 때로는 마이크로 매니징 한다는 양 극단의 이야기도 듣기도 한다.

8. 신뢰에 대한 인식을 바꾸지 않으면 '다 맡길지', '하나도 안 맡길지', '다 신뢰할지', '다 불신할지'의 흑백 논리 속에서 분투하는 자신을 발견할 것이다.

힘들게 하는 상사를 어떻게 대해야 하는가?

1. "힘들게 하는 상사를 어떻게 대해야 하나요?" 직장인들로부터 가장 자주 받는 질문 중 하나이다. 커리어와 더불어 직장인 상담의 80%를 차지할 정도이다. 그런데 이 질문에 답하기는 쉽지 않다. 왜냐하면 이 대답을 하려면 그의 상사에 대해 조금 더 알아야 한다. 상사의 성격이나 스타일에 따라 대하는 법이 조금 다르기 때문이다.

2. 나도 잘 하지 못한다. 직장 생활을 통해 정치라는 것을 해본 적이 없고 하기도 싫었고 어디에 줄을 서본 적도 없다. 주위 많은 분들이 신기해할 정도였다. 나는 그냥 전문가로서 또 경영자로서 실력과 성과만 보이면 충분하다고 생각했다. 다행히 운 좋게 훌륭한 상사들만 만나서 성공적이었다.

3. 그러나 단 한 번 이런 인식이 통하지 않음을 경험했다. 나를 과도하게 통제하고 정치적이며 책임 전가를 하는 상사를 한번 만났고, 결국 그분이 싫어 자발적으로 회사를 떠나본 이후 깨달았다. 아무리 성과를 내도 나와 신뢰가 형성되지 않은 상사와는 일하기 쉽지 않았다. 복기해보니 조금 다른 인식으로 다르게 접근할 필요가 있었다. 상사와 잘 지내기 위해서는 근본 원리와 기술이 필요하다.

4. 근본원리는 '신뢰'이다. 신뢰가 형성되지 않으면 상사와 함께 일하기 어렵다. 신뢰를 얻기 위해서는 1) 일에서 크고 작은 성공들을 쌓고, 2) 성실과 충성을 통해 믿을만한 모습을 보이고, 3) 인간적 친밀감을 쌓아 나가는 것 외에 길이 없다. 일반적으로 나같은 사람들은 2), 3)을 싫어하는데, 1)은 약하지만 2), 3)으로 높은 위치에 오른 사람들도 있다. 선택의 문제이지만 무조건 배제할 필요는 없다. 1)만 초점으로 삼으면 위험한 이유는 아무리 1)을 잘해도 항상 그럴 수는 없다는 것이다. 이 경우 한 번만 삐끗해도 보호받지 못한다. 2), 3)이 마음으로부터 우러나온다면 꼭 처세나 정치라고 하기는 어렵다.

5. 『그는 어떻게 그 모든 일을 해내는가』〈로버트 포즌, 김영사.2015〉라는 책에 보면 '상사를 관리하기 위한' 좋은 기술들이 있는데 내 경험과 대략 일치한다. 기본적으로 상사의 유형에 따라 접근법이 달라야 한다.

- 대다수의 상사는 극단이다. 지나치게 두리뭉실하고 방관하거나 지나치게 참견한다.

- 상사의 스타일을 파악하고 맞춘다.

- 간섭하는 상사에게는 작은 프로젝트를 통해 신뢰를 얻어라. 상사가 묻기 전에 먼저 보고하라. 이런 유형은 안심이 될수록 간섭은 줄어든다.

- 두리뭉실하거나 방치하는 상사에겐 캐물어라. 이런 상사는 평소에 별말이 없거나 돌려 말하다가 평가시 폭탄을 던져서 직원들을 당황케 하기도 한다. 그러므로 업무 지시의 목표와 기대가 무엇인지를 물어라. 더 의사소통을 하라. 적극적으로 피드백을 요청하라.

- 상사의 의사소통 방식, 업무 스타일에 맞춘다. 메일을 좋아하면 메일로, 대면보고를 좋아하면 대면으로 하라.

- 상사가 어떤 유형이든 당신이 매번 과제를 성공한다면 환영받는다.

- 프로젝트를 성공한다는 것과 그걸 알린다는 것은 다르다. 요청하지 않아도 시의적절하게 성과를 알려야 한다. 인사고과 시즌은 당신이 겸손할 때가 아니다. 가만히 있는데 알아서 점수를 잘 주는 상사는 거의 없다.

- 프로젝트가 실패할 것 같으면 빨리 알려라. 지연되다가 갑자기 안좋은 소식을 듣고 반길 상사는 아무도 없다.

- 문제 보고 시는 창의적 해결책도 같이 보고하라.

- 상사와의 신뢰 구축은 오래 걸리지만 무너지는 것은 한순간이다. 절대 동료들과 상사 뒷담화를 하지 마라. 다 귀에 들어간다.

- 상사에게 반대 의견을 제시해도 최종 결론은 상사의 것이며 따를 것임을 분명히 한다. 근거자료와 대안을 준비하라. 절대 감정적으로 맞서거나 상사의 능력을 비하하지 마라.

6. "사이코 패스 같은 상사는 어떻게 대하나요?" 통계상 고위 임원들의 3~5% 정도는 소시오패스라고 하는데, 공감이 부족하고 가책이 없고 두려움이 없다. 지기와 지기 성과 외에는 관심이 없다. 옷차림도 멋지고 예의도 아주 바르지만 마음에 우러난 배려

나 공감이 없고, 상대의 마음을 아프게 해놓고도 마음의 가책이 없다. 이런 분들을 만날 가능성은 높지 않지만(상사들이 다들 소시오패스처럼 보이지만 실제는 그저 센 척하는 여린 보통 사람들이 대부분이다. 어쩌다가 진짜 소시오패스가 있다) [하버드 비즈니스 리뷰]는 이들을 대하는 법을 다룬 적이 있다.

1) 그들이 항상 당신을 이용하려 한다는 것을 이해하라.

2) 그들과 경쟁하거나 이기거나 교화시킬 생각은 하지 마라. 그저 윈윈 상황을 만들어라. 사이코들은 항상 이기려 한다. 그가 이기게 해주면서 당신도 이기는 상황을 만들어라.

7. 피터 드러커가 이런 말씀을 하셨다고 한다. "상사를 좋아하거나 존경하거나 미워할 필요가 없다. 다만 그를 적절하게 관리해서 상사가 당신의 성과, 목표, 성공에 도움이 되게 할 필요가 있다"

8. 많은 직원들이 상사를 과도하게 신뢰하고 존경하거나 또는 과도하게 실망하고 비난한다. 그들로 인해 스트레스를 받고 병에 걸리기도 한다. 상사는 가족이 아니다. 따라서 그들을 나와 동일하게 존중받을, 그리고 나약한 인간으로 본다. 그리고 상사를 너무 멀리도 너무 가까이도 하지 않는다. '고객'을 대하듯 하는 것이 좋다.

10명의 파워풀한 팀을 만들 수 있다면
1천 명이 되어도 문제가 없다

1. 얼마 전 직원 수 10명 정도인데 규모가 확장되고 있는 한 벤처 CEO가 왔다. 그러면서 이런 말을 한다. "현재 10명 정도의 직원이지만 몇 년 내 몇백 명으로 규모가 커질 수 있을듯합니다. 이에 먼저 100명 정도를 어떻게 리딩 할지 배우고 싶습니다. 리더님은 10명도, 또 천 명 이상도 리딩 하셨으니 비결이 있을듯합니다"

2. 그래서 나는 물었다. "지금 10명과는 파워풀한 한 팀이 이루어지나요?" 그는 대답한다. "솔직히 말씀드리면 지금 10명도 힘듭니다. 다 학벌도 좋고 자존심도 세고 전문가가 많아 힘듭니다. 강하게 지시하면 수동적이 되고 가만히 놓아두면 프로젝트 일정이 자꾸 어긋납니다. 때로 저만 고생하고 있는듯 합니다" 나는 웃으며 답했다. "10명의 직원을 파워풀한 팀을 만들 수 있으면 100명도 1,000명도 큰 문제 없습니다. 그러나 지금 10명으로 그런 팀을 못 만들면 100명이 되어도 어렵죠"

3. 그랬더니 그가 의아해한다. 이에 추가하여 답해주었다. "100명이 되든 1,000명이 되든 CEO가 함께하는 사람은 10명 정도입니다. 10,000명이 된다고 CEO가 1만 명을 하나하나 리딩 하는 게 아니죠. 직속 임원 10명과 일할 뿐입니다. 그 임원이 또 10명 이내의 팀장들과 일하겠죠. 그러므로 10여 명 정도의 마음을 하나로 모아 최고의 팀을 만들 수 있다면 확장이 돼도 최소한 리더십 관점에서는 큰 문제 없습니다.(시스템이 점차 필요하긴 하겠지만) 지금 10명의 직원을 최고의 팀으로 만들 수 있다면 이후 100명, 1,000명은 걱정할 필요가 없습니다. 그러므로 중요한 것은 지금 10명입니다"

4. 이에 100명이 될 경우 무엇을 할지가 아니라 지금 10명을 어떻게 최고의 팀을 만들지에 대해 도움을 주었다. 초기 10명이 매우 중요한 또 하나의 이유는 이들이 이후 그 기업의 문화를 만들기 때문이다. 기업 문화의 대략 60%는 창업자, 나머지 40%는 초기 멤버로 결정된다고 해도 과언이 아니다.

변화에 대하여

1. 얼마 전 한 마케팅전략 컨설턴트가 묻는다. "컨설팅을 하면서 보니 결국 아무리 전략이 좋아도 사람이 바뀌지 않으면 안 되더군요. 사람을 바꾸는 비결이 무엇일까요?" 나는 질문이 잘못되었다고 했다. 사람을 바꾼다는 관념 자체가 적절한 생각이 아니라고 했다. "사람을 바꾸는 비결이 무엇일까요?"가 아니라 "그 스스로 변화를 선택하게 도우려면 어떻게 할까요?"라고 질문해야 한다고 했다.

2. 두 질문은 동일해 보이지만 완전히 다르다. 전자는 바꾸는 주체가 '나'이지만 후자는 '상대'이다. 나도 이 차이를 나이가 들어서야 깨달았다. 내가 주체가 되어 상대를 바꾸는 것은 심리 조종가들이나 하는 것이다. 상벌, 협박, 설득, 세뇌 등 다양한 방법을 써서 상대의 변화에 성공할 수 있겠지만 그것은 진정 상대를 위한 것이 아니다. 마치 물건을 팔기 위해서나 사이비 종교에 가입시키기 위해 심리적 장치들을 집어넣는 것과 유사하다.

3. 상대의 변화에 역할을 하기 원한다면 세 가지를 기억해야 한다. 먼저, 상대의 변화를 돕기 위해 힘을 쏟을 필요가 있을지 생각해 보아야 한다. 변화란 에너지가 많이 소모되고 시간도 걸리는 작업이다. 좌절도 생긴다. 숙달된 사람에게도 힘들다. 그러므로 굳이 그래야 할 필요가 없다면 오지랖일 뿐이다. 강력한 필요나 상대의 요청이 없다면 하지 않는 게 낫다. 어설프게 하는 것은 안 하느니 못하다.

4. 둘째, 변화하도록 돕는 것이 가치 있는 일이라도 상대의 현재 방식을 잘못된 것으로 여기는 이상 상대는 변화되기 어렵다. 틀리다, 잘못되었다는 관점이 아니라 상대가 그럴 수 있고 그것은 그의 익숙한 선택이라는 관점으로 보지 않는 이상 변화는 어렵다.

5. 전문 심리 상담가나 전문 코치, 정신과 의사, 유명한 리더, 변화 전문 교수들조차도 자신과 가까운 사람의 변화를 돕기 어려운 이유는 자기가 보기에 상대에게 옳다고 하는 주관적 판단이 이미 가득 차서 상대의 관점으로 보기 어렵기 때문이다. 이런 글을 쓰는 나도 가까운 사람은 돕기 어렵다. 현재 상태를 공감하되 그가 익숙하지 않지

만 새로운 영역이 그에게 얼마나 큰 발전이 될지 그가 보고 스스로 그 길을 택하게(결단하게) 할 필요가 있다.

6. 스스로 동기부여되는 사람은 많아야 20%이다. 대부분은 누군가 자극을 주고 도움을 받아야 생각하기 시작한다. 그러나 분명한 것은 대부분의 사람 안에는 뜨거운 열정이 있다. 단지 감추어져 있을 뿐이다.

7. 셋째, 결국 변화란 상대의 선택임을 명확히 해주어야 한다. 상대의 삶은 내 것이 아니다. 내가 생각하기에 좋은 삶이 상대의 좋은 삶이 아니다. 단지, 그 앞에 어떤 선택이 있고, 그 선택들의 결과가 어떠할 것이라는 것을 깨닫게 해주는 것이 우리가 할 수 있는 최선이다. 통찰이 있는 사람은 선택에 있어서 그가 모르는 것, 보지 못하는 요소들을 보여줄 수 있다. 그런데 이를 위해서는 훈련도 인내도 필요하다.

8. 선택은 상대의 몫이다. 그가 스스로 선택하고 그 선택에 대해 책임으로 서야 한다. 그래야 지속 가능하고 진짜 상대를 위한 것이다. 심리 조종이나 설득 기법으로 상대를 유도할 수 있지만 그것은 상대가 주체적 삶을 살도록 돕는 게 아니다.

새로운 일을 꺼리고 저항하는 이유는
싫어서가 아니라 몰라서이다

1. 가끔 후배 리더들이 조직에 '변화'를 만들고 싶지만 구성원들의 저항이 심하다는 고민을 토로한다. 이에 대한 나의 답은 간단하다. "사람들이 새로운 일을 꺼리고 저항하는 이유는 싫어서가 아니라 몰라서다"

2. 물론, 무작정 반대와 저항을 하는 사람들도 10~20%는 있다. 그러나 대부분은 리더가 싫어서 또는 변화가 싫어서가 아니라, '몰라서' 저항하는 것뿐이다. 워드프로세서가 나오던 시절 타자기를 잘 치는 많은 사람들은 PC의 워드프로세서를 쓰는 것에 대해 불평하고 저항했다. 그러나 그들도 워드프로세서를 배우고 쓰게 되자 스스로 타자기를 버렸다. 종이책이 좋다고 했던 나도 이북을 익히게 되자 지금은 이북을 더 읽는다.

3. 사람들이 저항하는 이유는 '익숙함을 벗어나는 것에 대한 두려움'이다. 새로운 것을 잘 못하면 뒤처질 것 같은 두려움 때문에 저항하는 것이다. 혁신적인 10~20%는 누가 말 안해도 스스로 배우지만, 중간에 있는 다수는 염려하고 저항한다. 그들에게 새로운 것이 그리 어렵지 않고 그들도 잘 할 수 있다는 것을 증명 해주고 배울 수 있도록 도와주면 변화는 자연스럽게 일어나게 된다.

4. 그러므로 내가 잘 사용하는 방법은 두 가지이다. 하나는 끊임없이 이야기한다. 만날 때도 하고, 메일로도 하고, 전체로 모여도 하고 그룹으로 모여도 한다. 일 년 내내 이야기한다. 이러면, 대부분의 구성원들이 새로운 변화의 용어를 스스로 자연스럽게 말하게 된다.

5. 두 번째는 배울 수 있도록 도와준다. 말만 백날하고 토론만 백날 해서는 단 하나도 변하지 않는다. 그런데 스스로 찾아서 배우는 사람들도 있지만 대개 70~80%는 스스로 찾아서 배우지 않는다. 그러면 배우도록 도와주어야 한다. 이때 주의할 것은 구성원들만 배우라고 하고 리더는 빠지면 안 된다. 이러면 구성원들은 자신들이 '주체'가 아닌 '대상'이 되었다고 여기기에 심리적으로 저항이 생긴다. 이에 같이 참여해서 배

우면 된다. 배우고 익혀보면 새로운 변화가 훨씬 효과적이고 효율적임을 느끼게 된다. 이 글의 독자들도 스스로도 무언가 저항되는 것이 있으신지 살펴보시라. 그런 부분이 있다면 고민하지 말고 그냥 배우시라.

6. 기억할 필요가 있다. "새로운 일을 꺼리고 저항하는 이유는, 회사가 싫어서 리더가 싫어서 그 일이 싫어서가 아니라 몰라서일 뿐이다"

이게 우리가 살 길

1. 얼마 전 드라마 '이태원 클라쓰'를 보다 보니 흥미로운 장면이 나온다. 주인공 박 새로이의 가게는 다 괜찮다. 음식의 맛도, 인테리어도, 친절도, 그런데도 썩 잘 안된 다. 이유가 뭘까? 이를 그 동네 사채업 할머니가 지나가며 이야기한다. '동네 자체가 죽었는데 잘 될 리가 없지' 그 말을 들은 박새로이는 그 동네의 다른 가게들을 돕는다. 다른 가게들이 장사가 잘 되도록 컨설팅도 해주고, 간판도 고쳐준다. 자신의 가게의 직원들은 '우리 가게나 신경 쓰지 오지랖 넓게 다른데 신경 쓰냐'고 불평하지만 그는 '이게 우리가 살 길이다'라고 대답한다.

2. 흔히 우리는 '사업'을 '전쟁'에 비유한다. 경영전략도 군사전략에서 따와서 '승패' 를 매우 강조한다. 경쟁자와 싸워 이기는 것이 사업 전략의 핵심이라 믿는 사람들이 많다. 상대가 죽으면 내가 산다는 생각을 가진다. 그러나, 물론 그런 사업 영역도 일 부 있지만 실제 거의 모든 '사업'은 '전쟁'이나 '스포츠 경기'같지 않다. 경쟁상대를 죽 이기 위해 사업하는 게 아니고, 한쪽이 이기면 다른 쪽이 지는 경기가 아니다. 오히려 '공연'과 유사하다. 각각 고객에게 자기의 기량을 뽐내어 고객을 확보하는 것이다.

3. 고객들은 1등 공연에만 오는 것은 아니다. 다양한 공연을 즐긴다. 훌륭한 기업은 경쟁자가 아닌 고객에 초점을 맞추고 협력의 생태계를 만들려 한다. 또한 한 팀만 혼 자 하기보다는 이왕이면 서로 돕고 모여서 하는 게 좋다. 페스티벌 같은 형식을 통해 다양한 팀이 참여하는 것이 혼자 무언가 하는 것보다 낫다. 라스베이거스처럼 훌륭한 상권을 만들어 공생하는 것이 다른 경쟁자들을 다 죽이는 것보다 낫다. 라스베이거스 에 한 회사의 카지노와 한 회사의 공연만 존재한다면 지금보다 더 흥미로운 곳이 될 까? 인사동이나 북촌이나 이태원에 한 대형 회사의 프랜차이즈만 있다면 고객들이 더 모일까?

4. 인간에게 '이타심'이란 손실이 아니다. 장기적으로 자신의 생존과 유익에도 큰 도 움이 된다. 신을 믿으시는 분들은 신이 인간에게 이타심을 주셨다고 하지만, 진화학자 들 또한 '이타심'이 인류 생존에 유익했기에 인간의 DNA에 새겨졌디고 한다. '공유 지의 비극'에서도 볼 수 있듯, 자신의 것만 챙기면 대기오염, 지구온난화 등을 피할 수

없고 결국 전체의 생존을 위협하게 된다.

5. 코로나의 확산 대응도 동일해 보인다. 자기 자신만 마스크를 확보한다고 피할 수 있는 문제가 아니다. 각각의 단체가 자신들의 교리나 원칙만을 고수하여 사회와 반하는 행동을 고집하는 것은 위험하다. 바이러스는 주위 사람들이 걸리지 않아야 나와 내 가족도 안전하게 된다. 그러므로 코로나 사태에 정치적 색을 입히지 말고, 그저 서로 협력하고 서로를 위하는 것이 궁극적으로 모두 사는 길이다.

6. 자신의 사업이 잘 되는 길, 우리가 번성하는 길은 '이기심'과 '이타심'의 조화가 이루어 져야 할 것이다. 그리고 '이타심' 또한 궁극적으로는 자신과 자신의 후손을 돕는 일이다. '이게 우리가 살 길'이라는 주인공의 음성을 기억하게 되는 하루이다.

리더가 되기 전까지는 자신을 성장시키지만, 리더가 된 후에는 타인을 성장시킨다

(사내 임직원에게 보내는 메시지 중 발췌)

1. 얼마 전 부문 내 신임 팀장들과 만났습니다. 대부분 팀장들이나 임원들은 새로 부임하면 의욕이 가득합니다. 이에 간혹 앞으로 2배 열심히 일하겠다는 소감을 말하는 경우도 있습니다. 그러면 제가 웃으며 이야기를 합니다. 팀원 때 보다 2배 열심히 일하면 직원들이 다 도망갈 겁니다. 사실 팀장의 역할은 2명의 팀원 역할을 하는 것이 아닙니다.

2. 그럼 팀장의 역할은 무엇일까요? 해당 팀이 하나가 되게 하여 팀원 숫자 이상의 시너지를 내도록 하는 것입니다. 훌륭한 팀장은 5명의 팀원으로 10명의 시너지를 냅니다. 그러나 약한 팀장은 5명으로 5명 또는 그 이하의 성과를 내죠. 그러면 어떻게 팀이 구성원의 수보다도 더 큰 시너지를 낼 수 있을까요?

3. 팀원들이 핵심 목표와 핵심 업무에 집중할 수 있도록 해야 합니다. 핵심 업무란 무엇일까요? 회사의 전체의 목표와 전략에 기여하는 업무입니다. 그러기 위해서는 회사가 어떤 방향으로 가는지, 무엇을 초점으로 하는지 잘 알아야 합니다. 열심히 하는 것만으로는 미흡합니다. 엉뚱한 방향으로 열심히 하면 고생만 하다가 끝납니다. 그런데 이 말을 오해하는 분이 있습니다. 그러면 쇼잉하는 일을 하라는 것이 아닌가? 그렇지 않습니다. 이 말은 기본을 대충하고 쇼잉하라는 이야기가 아닙니다. 회사는 항상 전략이 있습니다.

4. 전략이란 선택입니다. 자원이 한정이 있기에 더 집중하는 영역을 선정합니다. 여기에 자원을 너 투입하자는 것입니다. 기본저인 수비를 단단히 하되, 공격을 할 때는 아무데나 공을 차는 것이 아니라 골문이 어딘지를 확인하고 골문 안으로 슛을 날리라는 것입니다. 이를 위해 항상 전사의 목표와 전략을 관찰해서 팀의 목표와 방향을 세우고, 이를 기반으로 구성원들을 하나로 묶어야 합니다.

5. 불필요한 업무나 안 해도 되는 업무를 대폭 줄이거나 의사결정이 빠르게 되도록

도와야 합니다. 기존의 일을 그대로 두고, 회사의 새로운 목표와 전략을 달성해야 한다면서 새로운 일만 계속 부과하는 리더들을 좋아하는 구성원들은 없습니다. 그러므로 새로운 일을 하려면 기존의 일이 조정되도록 도와야 합니다.

6. 불필요하게 시간이 많이 걸리는 일, 핵심이 아닌데도 많은 시간을 잡아먹는 일, 관성적으로 해온 일들을 줄일 필요가 있습니다. 때로 팀을 통합하거나 유사한 업무들을 묶어서 역할과 책임을 새로 조정을 할 수도 있습니다. 또는 실무진들간의 커뮤니케이션으로 인해 핑퐁하거나 많은 시간이 걸리는 일을 위에서 의사결정으로 풀어줄 수도 있습니다. 대개 여러 부서가 걸쳐져 있고 복잡한 프로세스가 있어 엄청난 시간이 걸리는 경우들이 있습니다. 이런 일은 실무진들끼리 해결하기 어렵습니다. 그런 일들을 위에서 풀어주면 직원들의 시간이 훨씬 가용해지는 경우들도 있습니다.

7. 일부 팀장이나 임원들은 이런 것을 위로 올리는 것에 주저합니다. 마치 올리면 자신이 능력이 없는 것처럼 비치고, 상사에게 짐을 될까 두려운 것이죠. 또는 상사가 거절하게 될 경우에 대한 위험도 고려합니다. 그래서 자신의 선에서 최대한 해보려고 합니다. 자신의 선에서 최대한 하는 것은 좋습니다만, 해결되지 않으면 위로 올려야 합니다. 물론, 위로 올린다고 다 해결되지 않지만 결론은 내줄 것입니다.

8. 또한 리더들은 의사결정을 질질 끌면 안 됩니다. 이러면 준비만 하다가 시간 다 보냅니다. Yes든 No든 가능한 빠르게 의사결정해 주어야 합니다. 하는 것도 아니고 안 하는 것도 아닌 채 질질 끌면 일이 줄어들지 않습니다. 이것도 리더의 책임입니다.

9. 팀원들이 더 자율성을 가지고 일할 수 있도록 격려할 필요가 있습니다. 사실 팀원들이 실제 고객이나 사업 부서를 직접 대면하는 경우가 더 많습니다. 그러므로 현장의 상황을 누구보다 잘 알고 있고, 개선 필요사항도 누구보다 잘 알고 있는 경우가 많습니다. 솔직히 저만 해도 현장의 구체적인 상황들을 잘 모릅니다. 그러므로 현장에 일하는 우리 직원들의 아이디어가 소중합니다. 이러한 아이디어가 더 자유롭게 제시되고, 더 제안되고, 더 주도적으로 일하게 되면 그 조직의 성과는 더욱 커질 것입니다. 대표님께서도 말씀하시 '두려움 없는 조직'이 되도록 힘께 노덕애아 하셨쇼

10.   해당 조직과 직원들을 성장시키고 알려서 더 자부심을 갖고 더 인정받도록 할 필요가 있습니다. 이런 말이 있습니다. "리더가 되기 전까지는 자신을 성장시키지만, 리더가 된 후에는 타인을 성장시킨다" 팀장들은 구성원들을 성장할 수 있도록 도울 필요가 있고, 주위에는 팀원들과 팀의 대변인이나 전도사 역할을 해주어야 합니다. 고생하는 직원들, 새로운 변화를 만든 직원들을 주위나 위에 더 어필해 주고, 조직 또한 더 많이 인정받도록 도와야 합니다.

11.   특히, 엔지니어들은 홍보의 중요성에 대해서 잘 인정하지 않습니다. 쇼잉이나 낭비라고 여기는 분들이 많습니다. 저도 한 40대 초반 까지는 그런 생각을 한 것 같습니다. 나만 똑똑하고 열심히 하면 세상이 저절로 알아줄 거라고 생각했습니다. 그리고 말만 하는 사람들을 제일 싫어했습니다. 그런데 이후, 말만 하면 문제이지만 말도 해야함을 깨달았습니다.

12.   자신이 가만히 있는데 도대체 누가 그를 알아줄 수 있나요? 연인 사이조차 '말하지 않아도 사랑하는 것을 알겠지'라고 생각하며 서로 표현하지 않는 커플은 깨질 확률이 높다고 합니다. 그러므로 알려야 합니다. 그것도 가능한 쉽게 알려야 하고, 내 중심이 아니라 상대나 회사에 어떤 가치를 기여하는지 상대방의 관점에서 알려야 합니다. 이를 통해 직원들을 무대에 등장시켜 주어야 합니다. 연예 기획사가 자신들이 키우는 가수를 알리기 위해 노력하는 것처럼 직원들을 알리기 위해 노력해 줄 필요가 있습니다.

13.   지금까지 리더들에 대한 이야기를 썼습니다. 그러나 이것이 팀장이나 임원들만의 노력으로 이룰 수 있을까요? 이에, 팀원들께도 부탁을 드립니다. 사실 팀장들도 어려움이 많습니다. 위로 올라갈수록 화려해 보이지만 외로움이 많습니다. 나쁜 리더가 되고 싶은 리더가 한 명이라도 있나요? 다 좋은 리더가 되고 싶어하고 팀원들을 돕고 싶어 합니다. 나름대로 팀을 잘 만들어보려 노력하지만 미흡하기니 역부족인 경우도 있습니다.

14.   다면 평가 때 나온 피드백을 보며 절망하고 힘들어하는 리더들도 많습니다. 또 나름대로는 열심히 했지만 잘 안되어 힘들이하고 자책하는 리더들도 있습니다. 지금까

지 수십 년간 쌓아온 성격과 스타일이 굳어져서 구성원들과 잘 안 맞는 경우도 있습니다. 도전적이고 열정적인 스타일의 리더를 조용하고 보수적인 스타일을 가진 구성원의 눈으로 보면 무엇이라 이야기할까요? '너무 힘들게 한다'고 이야기할 수도 있겠죠. 역으로 조용하고 보수적인 스타일의 리더를 열정적이고 도전적인 팀원의 눈으로 보면 무엇이라 할까요? 아마도 '우리 팀장이나 상무는 적극적으로 움직이지 않고 우리를 대변하지 않는다'라는 말을 할지도 모릅니다. 리더에게 바라는 개개인 요구도 조금씩 다릅니다. 어떤 직원은 전문적인 지원을 원하고, 어떤 직원은 더 많은 대화를 바랍니다. 어떤 직원은 그냥 알아서 맡겨주기를 바라고, 어떤 직원은 세부적인 코치를 원합니다. 그러므로 모두를 만족시키는 리더가 되기 어렵습니다.

15. 따라서 구성원들도 리더들을 도울 필요가 있습니다. 잘 도와서 리더가 잘할 수 있게 하고 또 빛을 볼 수 있게 해주면, 부서 성과도 올라가고 승진도 되고 서로 좋습니다. 여러분의 팀장이 피곤한 리더라면 오히려 빨리 승진 되어 다른 곳으로 가게 하는 게 제일 나은 전략이 아닐까요? 리더들은 구성원들이 빛을 보게 하고, 구성원들은 리더들이 빛을 보게 하는 조직이 최고의 조직이 되겠죠.

16. 『아웃워드 마인드셋』〈아빈저연구소, 트로이목마.2018〉이라는 책에서 이런 부분을 강조했습니다. 상대의 관섬에서 보자는 것입니다. 우리는 디자인 싱킹을 통해 고객의 눈으로 보는 훈련들을 하고 있습니다. 이를 팀원은 팀장의 눈으로, 팀장은 팀원의 눈으로 보는데 서로 적용한다면 훨씬 멋지고 아름다운 조직이 될 겁니다. 우리 같이 이런 조직을 만들어 나갑시다.

어떻게 동기를 부여할 것인가?

1. 얼마 전 한 페친으로부터 메시지가 왔다. 요약하자면 부서 내 한 차장이 있는데 승진에 누락된 후 의욕상실이 되었다. '어떻게 동기를 부여해야 하나요?'라는 질문이다.

2. 인텔의 CEO였던 앤디 그로브는 그의 책 『하이 아웃풋 매니지먼트』〈앤디 그로브, 청림출판.2018〉에서 이에 대해 매우 쿨하게 답한다. "누군가 동기부여를 위해 회사나 상사의 도움이 필요하다면 그 사람은 프로가 아니다. 프로는 스스로 동기부여를 한다. 리더는 진심으로 설명하되 그래도 구성원이 스스로 동기를 못 찾으면 어쩔 수 없다. 동기부여는 상사와 회사의 문제가 아니라 개인의 문제이다"

3. 인텔이야 대체 가능한 인력이 줄을 서있기에 이런 쿨한 답변을 할 수 있겠지만 그래도 중요한 하나의 인사이트가 있다. 그것은 동기는 '자신의 책임'이지 누가 주는 것이 아니라는 것이다. 누군가 주는 동기에 의해 하루하루 살아간다면 오래가지 못한다. 좋은 유튜브 영상이나 글을 보거나 누군가의 좋은 설교나 말에 의지해서 동기가 생겼다가 며칠 후 없어진다면, 그것은 지속 가능성이 낮다. 그것들은 원래 가진 동기를 강화시키는 보조제가 될 수 있을 뿐, 근원이 될 수는 없다.

4. 결국 프로라면 스스로 동기부여해야 한다. 그러면 지속 가능한 스스로의 동기부여 비결은 무엇인가? 그것은 자신의 '목적'과 '가치'를 찾는 데 있다. 내가 왜 일을 하는가? 내가 존중하는 삶의 가치는 무엇인가? 등이 동기부여의 원동력이다. 단지, 이러한 원동력을 때로 잊거나 힘이 빠질 때 글이나 영상이나 멘토링이 이를 지원할 뿐이다.

5. 그러면 리더는 가만히 있으라는 것인가? 리더의 역할은 동기를 불어넣는 것이 아니다. 구성원의 이야기를 경청하고 있는 대로 사실을 진실되게 이야기하고, 그가 스스로 자신의 내면에 있는 다른 깊은 동기들은 발견할 수 있도록 도울 뿐이다. 그래도 발견하지 못한다면 기다리거나 그의 동기에 맞는 곳으로 보낼 수밖에 없다.

6. 물론 승진 누락은 동기와 의욕을 상실시키는 요소이긴 하지만, 그것이 열심히 일하게 하는 유일한 동기는 아닐 것이다. 그 차장이 이를 찾기를 바란다.

다른 사람들에게 영감을 주려면?

1. 마틴 루터 킹이 이런 연설을 한 것은 다들 알고 있다. 'I have a dream' 만일 그가 이렇게 하지 않고 'Have a dream!'이라고 했으면 어떠했을까? '나는 꿈이 있습니다' 가 아니라 '여러분들 꿈을 가지세요'라고 했다면 역사가 바뀌지 않았을 것이다.

2. '나에게는 꿈이 있다'라는 말에는 '세상이 어떠하든 여기 모인 분들이 어떠하든 나 는 이 꿈을 가지고 있고 흔들리지 않을 겁니다'라는 의지와 갈망이 있다. 설령 다른 모 든 이들이 꿈을 잃고 희망을 잃고 있을지라도, 그것은 불가능하다고 말할지라도, 예상 되는 손실로 인해 그저 저항 없이 숨죽이고 있을지라도, 겁박에 굴복할지라도, 자신은 흑인도 인간답게, 동등하게 살아야 한다는 꿈을 양보하지 않겠다는 의미가 있다.

3. 세상은 꿈을 권고하는 사람을 따르는 게 아니라 자신의 꿈이 선명한 사람을 따른 다. 자신의 꿈을 선택하고 그것을 선포하면 된다. 그것이 자신을 행복하게도 하고, 다 른 사람들에게도 영감을 준다.

4. I have a dream.

Learn it all은 Know it all을 이긴다

1. "Learn it all은 Know it all을 이긴다" 이 말은 마이크로소프트 사의 회장 사티아 나델라가 한 말이다. 아는체 하지 말고 겸손하게 모른다는 것을 인정하고, 매일이 새로운 날이 되도록 배우고 탐구하고 실험하라는 것이다.

2. 고등학교 중퇴생에서 최고의 세일즈맨이 되고 이후 세계적인 자기계발 강사가 된 브라이언 트레이시 또한 이런 말을 한다. '배움에 굶주려라. 새로운 기술을 배우고 자신을 더욱 가치있게 만들어라. 현재 일에서 더 이상 가치를 올릴 수 없다면 업종을 바꾸어라' 그는 청소 일을 하던 한 사람이 자신의 가치를 어떻게 올릴까 고민하다가 다양한 종류의 청소기와 세제 사용 방법을 배워나갔고 이를 통해 300명의 직원을 둔 상업용 건물 청소업체 CEO가 되었다는 이야기, IBM 회사에서 짐을 나르던 한 직원이 소프트웨어 개발을 배워 엔지니어로 취업했다는 이야기를 한 적이 있다.

3. 그런데, 불행히도 직장인들의 80%는 10년간 새로운 것들을 거의 배우지 않는다고 한다. 즉, 물리적인 십 년의 경력이 실제 십 년의 경력이 아니라는 의미이다. 그런데 흥미롭게도 그 기간 동안 익숙함, 시키는 능력, 언변, 관계, 정치력 등 외적 요소가 향상되면서 자신의 실력이 늘고 다 아는 것으로 착각한다. 그러다가 막상 정글로 나가면 자신이 얼마나 정체되었는지 깨닫게 된다.

4. 나는 가끔 회사의 경력사원 모집에 '경력 3년 이상', '경력 10년 이상'이라는 문구를 보면 많은 생각이 든다. 그게 무슨 의미가 있을까? 졸업 후 한 IT 회사를 다닐 때였다. 나보다 6개월 늦게 들어온 직원이 있었다. 그는 컴퓨터와 전혀 관련 없는 학과를 나왔지만 대부분이 적당히 일할 때 혼자 컴퓨터실에 들어가서 실습하고 프로그래밍하고 실험했다. 그러자 실력이 점점 향상하여 1년 후 이미 3년 차의 실력을 뛰어넘었었다.

5. 그러므로 회사 다닌 기간이 중요한 것이 아니다. 3년 경력만으로도 10년 경력보다 잘 하는 사람들을 종종 보았다. 중요한 것은 얼마나 배우고 성장했는가이다.

6. 한 단계 뛰어넘는 길은 자신을 더욱 가치 있게 만드는 것이다. 현재 업종이 한계가 있다면 업종도 바꿀 필요도 있다. 자신을 더욱 가치있게 만들기 위해서는 작은 우물 안에서 안다고 교만한 것이 아니라 겸허한 마음으로 호기심을 가지고 새로운 것을 배우고 익히는 것이다.

7. 배우고 익히는 것은 자신의 가치를 높일 뿐 아니라 스스로 성장하고 발전하는 기쁨과 보람을 안겨준다.

8. 모르는 것을 인정하고 끊임없이 배움을 추구하는 사람은, 자신은 이미 모든 것을 알고 있다고 착각하는 사람을 이긴다.

일을 싫어하는 게 아니라
일을 시키는 방식을 싫어하는 것이다

1. 얼마 전 90년대생인 아들에게 물어보았다. "너희들은 술 마시는 것도 회식하는 것도 싫어한다며?" 그랬더니 대답한다. "회식 좋아하는데요. 술도 좋아해요. 단지, 상사비위 맞추는 회식이 싫을 뿐이에요"

2. 가끔 리더들과 이야기해보면 80~90대생들에 대한 오해가 있다. '이들은 일 하는 것도 싫어하고, 회식도 싫어한다'라고 여긴다. 언론이나 책에서의 이들에 대한 과도한 흥미성 단정도 이유 중 하나인듯하다.

3. 얼마 전 한 리더는 부서의 젊은 직원들 조직 만족도 평가가 좀 낮게 나오자 내게 "젊은 직원들이 일을 싫어하는데 어려운 일을 줘서 그런 것 같다. 쉬운 일을 줘야겠다"라고 했다. 그런데 흥미롭게도 옆의 부서에서는 더 힘든 일을 주는데 평가는 더 좋게 나왔다.

4. 생각과 달리, 실제로는 젊은 직원들도 회식을 좋아한다. 단지, 피곤하게 비위 맞추고 아부하면서 회식하길 싫어할 뿐이다. 그들도 배우고 싶은 리더들에게는 스스로 밥을 사고, 돈을 내면서 귀를 기울인다. 그들도 일을 좋아한다. 단지 일을 시키는 방식을 싫어할 뿐이다. 아무 이유나 설명 없이 일을 던지는 것, 목적과 의미를 찾지 못하는 일을 하라고 하는 것, 과장과 쇼잉을 위한 지시, 보고를 위한 보고, 일방적인 명령... 이렇게 일을 시키는 방식을 싫어하는 것이지, 일 자체를 싫어하는 게 아니다. 잘 생각해보면 예전 세대에서도 이런 방식을 좋아한 사람은 거의 없었다. 단지, 그때는 표현하지 못하고 그냥 받아들였을 뿐이다.

5. 부서들을 관찰해보면 어떤 부서에서는 1년 밖에 안된 신입들이 임청나게 공부하고 일한다. 반면 어떤 부서에 있는 이들은 그러하지 않은 것은 이런 이유 때문이다. 의미가 분명하고, 큰 그림이 보이고, 자신의 공헌이 보이며, 성장할 수 있음이 확인되면 그들도 열심히 한다.

6.   문제를 잘못 보면 엉뚱한 답을 낸다. 너희들은 회식을 싫어하니 회식을 폐지하겠다. 너희들은 일을 싫어하니 쉬운 일만 주겠다. 너희들은 노는 걸 좋아하니 회사에 게임기나 배치하겠다. 이것은 문제를 잘못 보고 문제를 푼 것이다.

조직을 하나로 만드는 첫 번째 열쇠

얼마 전 나를 찾아온, 다른 회사에 다니는 40대 여성 팀장과 다음의 이야기를 했다.

팀장 : 저도 페이스북 애독자입니다. 특히, 요즘 선생님의 리더십에 대한 글을 많이 읽고 도움을 받고 있어요.

나 : 그러시군요. 리더십에 대한 글을 읽으시는 이유가 있나요?

팀장 : 젊은 직원들이 많이 있는데 이들을 하나로 모으는게 참 힘들어요. 저는 정말 일에 대해 굉장히 엄격하게 훈련받았거든요. 제 일에 대해 책임이 명확하고요. 그래서 끝내지 않으면 퇴근도 안했어요.

나 : 그런데 요즘은 그렇지 않다는 거네요.

팀장 : 맞아요. 요즘은 일이 마무리되지 않아도 퇴근시간에는 그냥 퇴근해요. 그리고 피드백도 싫어하고요. 회식도 제가 참여하면 재미없어 하는 것 같아 카드만 줘야 하는 게 아닌가라는 고민도 들어요. 특별한 기법이 있을까요?

나 : 저도 기법은 잘 몰라요. 저도 잘 못해요. 그래도 세대와 무관하게 조직을 하나로 묶는 몇 가지 원리가 있기는 해요. 명확한 목적과 대담한 목표, 자율성, 성장이죠. 이게 분명하면 사람들을 묶을 수 있어요.

팀장 : 아, 그럼 그걸 배우면 되나요?

나 : 네. 그런데 그전에 이런 걸 안 배워도 사람들과 통할 수 있는 방법이 있어요.

팀장: 뭐죠? 알고 싶네요.

나 : '사람을 사람으로' 대하는 거예요. 혹자는 진정성이라고도 하죠.

팀장 : 아니 사람을 사람으로 대하지 돌멩로 대하나요?

나 : 사실 우리는 사람을 사람으로 잘 안 대해요. 특히 직장에서 부하직원들을 어떻게 보고 있나요? 그들을 우리 회사의 목적을 이루는 수단으로, 또는 나의 목적, 생존, 평가, 승진을 이루는 도구로 대하고 있지 않나요? 많은 리더들이 이런 관점으로 직원들을 대하면서 또 한쪽에서는 리더십 기법을 배우려 해요. 경청하

는 법, 부드럽게 말하는 법, 칭찬하는 법, 분위기를 좋게 하는 법 등을요. 그런데, 상대를 진정한 존재로 대하지 않으면서 부드럽고 칭찬을 한다고 통할까요? 잠시 통할 수도 있지만 길게는 어렵죠. 자녀가 있으시죠?

팀장 : 네.

나 : 자녀를 혼내기도 하시죠?

팀장 : 당연하죠.

나 : 혼내고 나면 자녀가 엄마한테 안 오나요?

팀장 : 울면서도 와요.

나 : 네. 자녀는 엄마의 진정성을 감지하고 있죠. 엄마가 칭찬을 하든 혼 내든 엄마죠. 울면서도 오죠. 직원들도 마찬가지입니다. 칭찬하면 리더를 좋아하고 혼내거나 솔직한 피드백을 하면 리더를 싫어하는 게 아니에요. 사람은 고래가 아니죠. 중요한 것은 진정한 마음이에요. 진정성이 없이 상벌, 칭찬이나 인정으로 사람을 끄는 것은 '조종(manipulation)'이라고 하죠. 고래 조련하듯 사람을 조련하는 것을 바람직한 리더십이라 할 수 없죠. 예전 사장님은 어떠셨나요?

팀장 : 네. 정말 힘들게 하시고 솔직한 피드백을 주셨지만 회사를 사랑하고 나를 위한다는 게 느껴져서 조금 힘들지만 함께 잘 해나갈 수 있었어요.

나 : 그런데 언제 실망되던가요? 힘들게 하고 꾸중할 때 던가요?

팀장 : 아니오. 어느 때부터 왠지 그분이 자신의 개인적 야심을 채운다는 느낌이 들었을 때였어요. 그때는 일이 편해지고 부드러워지셨지만 이상하게 신뢰가 잘 안 갔어요. 그 이후 결국 그만두셨지만요.

나 : 바로 그거예요. 팀장님도 상사의 방식보다는 진정성을 더 느끼잖아요.

팀장 : 근데 제가 진정으로 다가갔는데 이를 상대가 알아주지 않으면 어떡하죠?

나 : 그건 팀장님 책임은 아니죠. 그건 상대 책임이고요. 그리고 상대가 알아주면 사람으로 대하고, 안 알아주면 나도 널 도구로 대하겠다는 것은 진정한 게 아니지 않을까요?

팀장 : 아, 아낌없이 그냥 주라는 거네요.

나 : 자녀에게 어떻게 하시나요?

팀장 : 당연히 자녀에겐 알아주든 아니든 마음으로 하죠.

나 : 그러시면 되죠. 그리고 금방 효과가 안 난다고 그만두지 말고 그렇게 보려하세요.

팀장 : 네. 근데 너무 진정하게 대하면, 능력도 없고 우리 회사에 안 맞는 직원조차도 감싸 안고 퇴사를 시키지도 못하는 거 아닌가요?

나 : 꼭 그럴까요? 퇴사가 꼭 상대에게 나쁜 걸까요? 사람들이 둘 중 하나 절대적으로 나빠서 헤어지기도 하지만, 대개 서로 가치관이나 성격이 안 맞아서 헤어지죠. 그런데 헤어지고 자신들에게 맞는 사람과 만나면 둘 다 잘 사는 경우도 많더군요. 그를 위한다고 그를 무조건 감싸게 되는 것은 아니겠죠. 정말 상대를 위한다면 그에게 맞는 곳으로 보내주는 게 더 나은 경우도 있겠죠. 단지, 헤어지려 해도 인간으로 대해야겠죠. 그리고 나와 가치가 안맞고 능력이 부족하다고 인간이 아닌 게 아니겠죠.

팀장 : 진정성을 악용하는 사람도 있지 않을까요?

나 : 당연히 있을 수도 있겠죠. 저도 가끔 경험해요. 10명 중 한두 명은 그런 사람도 있을 수 있지만 그 사람 때문에 나머지 8명과의 관계도 포기할 건가요?

팀장 : 당연히 아니죠. 근데 이렇게 하면 저만 손해보는 게 아닌가요? 선생님 말씀을 다 같이 듣고 같이 그렇게 하면 좋을 텐데요.

나 : 다음에 제가 그런 코스를 만들어서 다 같이 참여할 수 있게 해볼게요. 그렇지만 지금이라도 출발은 팀장님부터 하시면 돼요. 작은 촛불이 하나씩 확산되면 좋지 않을까요? 그리고 사람을 사람으로 대한다는게 뭘 손해겠어요? 팀장님도 행복해지실 건데.

팀장 : 네, 정리가 되었습니다. 선생님이 리너로 세신 굿은 좋겠이요.

나 : ㅎㅎ 예수님도 고향에서는 환영을 못 받으셨죠. 원래 가족끼리는 운전연습도 못 도와줘요.

팀장 : 꼭 코스를 만들어 주셔서 더 많은 분들을 도와주세요. 저도 힘이 생겼어요. 한번 관점을 바꿔보겠습니다.

나쁜 팀은 없다. 나쁜 리더가 있을 뿐이다

1. 『네이비씰 승리의 기술』〈조코 윌링크, 메이브.2019〉을 읽다가 흥미로운 부분을 발견했다. 네이비씰은 7명이 100kg이 넘는 보트를 머리 위에 이고 훈련을 받는다. 교관이 훈련생들을 여러 조로 나누어 물에서 수영하기, 달리기 등 경쟁을 시키는데, 2조는 항상 1등을 하는데 6조는 항상 꼴등을 하는 것이었다. 꼴등을 하게 되면 엄청난 체벌을 받는데도 말이다. 6조에는 운이 나쁘게 체력이나 정신력이 낮은 훈련생들이, 2조에는 뛰어난 훈련생들이 들어왔을 수도 있다. 이에, 교관은 2조와 6조의 리더를 서로 바꿔본다.

2. 그 결과가 놀라웠다. 꼴등이었던 6조가 1등을 하고, 1등이었던 2조도 2등을 하는 것이었다. 6조에서 바뀐 것은 '리더' 한 명인데 꼴등인 팀이 1등을 했다. 그 리더는 구성원들을 비난하지 않았고, 운이 나빴다고 판단하지도 않았다. 높은 기준을 제시하고 구성원들을 하나로 모았다. 그리고 승리를 믿게 했다. 구성원들이 낮은 수준에 머물고 타협하는 것을 허용하지 않았다.

3. 그러면 2조는 형편없는 리더를 받고도 어떻게 2등을 할 수 있었는가? 이미 구성원들이 이전의 훌륭한 리더를 통해서 팀워크와 승리의 정신이 훈련되었던 것이다. 별로인 리더가 와도 이미 자신들끼리 습득된 방식으로 수준을 유지했던 것이다. 그러나, 만일 그 별로인 리더가 자기 방식을 고집했다면 꼴등으로 쳐졌을 것이다.

4. 나도 그동안 조직을 이끌면서 동일한 경험을 했다. 동일한 조직도 누가 이끄는가에 따라 사기와 성과는 완전히 달라진다. 세 가지 큰 교훈을 얻는다.

 1) 리더가 이렇게 중요하다. 뛰어난 리더는 어느 조직을 맡아도 팀을 부흥시키고 승리하게 한다. 설령 그가 떠나도 그 영향은 구성원들에게 심어진다.

 2) 만일 당신이 뛰어난 리더가 이끌었던 조직의 후임을 맡은, 보통 수준의 리더라면 자기 방식을 고집하기보다는, 훈련된 구성원들에게 맡기고 오히려 배우는 게 도와주는 것이다.

 3) 조직이 부흥하지 못하고 성과를 내지 못한다면 그것은 바로 리더의 책임이다.

p.s

6조의 그 형편없었던 꼴찌 리더도 그 리더 교환 사건으로 큰 교훈을 깨닫고 거듭나 이후 훌륭한 장교가 되었다고 한다.

조직의 건강한 성장의 가장 큰 위험

1. 얼마 전 살인사건이 일어났다. 흥미롭게도 그 살인자가 A 경찰서에 자수하러 갔다. 그런데 A 경찰서에서 우리 업무가 아니라고 B 경찰서로 가라고 했단다. 어떻게 이런 일이 가능할까? 실제 경중의 차이가 있지만 많은 조직에서 빈번하게 일어나는 일이다. '이것은 내 일이 아니다', '이것은 내 소관이 아니다', '이것은 내 역할과 책임이 아니다'라고 하며 그 회사가 추구하는 목표와 목적, 고객에 대한 서비스에는 관심이 없는 경우가 생각보다 매우 많다.

2. 한때 혁신적 제품을 만들었던 소니가 쇠퇴한 이유도 바로 이 때문이다. 소니는 한때 사업부별 자율 경영을 강조하고 사업부들을 상호 경쟁시켰다. 사업부의 실적에 따라 보너스도 크게 차등을 두었다. 그러다 보니 소니의 각 부서들은 서로 협력 없이 자신들의 전자기기를 만들었다. 이에 전자기기 35개의 서로 다른 충전잭이 있었을 정도였다. 음악 사업부는 CD 판매가 줄어들을까봐 가전사업부, 컴퓨터 사업부와 협력을 거부했다고 한다. 이러한 현상을 '사일로 이펙트'*라고 한다.

 * 사일로 이펙트(Silo Effect): 기업에서 조직의 각 부서들이 사일로(큰 탑 모양의 곡식 저장고)처럼 서로 다른 부서와 담을 쌓고, 자기 부서의 이익만 추구하는 현상

3. MS도 한때 사업 부서들이 서로 경쟁하고 상대에게 총을 쏴대고 모든 정보를 감추었다. 사티아 나델라가 CEO가 된 후 가장 역점을 둔 한 부분이 이 '사일로'를 없애고 전 임직원들이 같은 목표로 일하게 한 것이다.

4. 아마존은 킨들(전자책 단말기) 사업부와 종이책 사업부를 경쟁시키지 않았다. 그들은 킨들에서는 손실을 보더라도 킨들을 통해 더 많은 책을 팔고자 했다. 킨들 사업부는 돈을 벌지 않아도 된다고 했다. 사일로가 강한 회사였다면, 두 부서에 유사한 목표를 주었을 것이다. 그러면 서로가 이익을 내고, 서로 경쟁하려 하나가 시너지를 잃었을 것이다.

5. 사일로가 무서운 이유는 사일로에 갇힌 이들은 무엇이 문제인지 파악하지 못한다는 것이다. 자신들은 조직을 위해 자신이 맡은 일에 최선을 다했다고 생각한다. 그러

나, 그 조직은 스스로 만들어놓은 관료제, 분류 체계 안에 생각과 행동이 갇혀버린다. 이러다 보면 실제 고객이나 국민들의 사용자 경험에 대해서는 그 누구도 생각하지 않게 된다는 사실이다. 조직이 커지면 커질수록 이 위험은 급격히 증가한다.

6. 당신이 리더요 경영자라면, 이 사일로만 어느 정도 철폐해도 회사의 효율과 생산성이 급격히 오르는 모습을, 직원들이 하나 되는 모습을 경험하게 될 것이다.

다름을 이해하고, 문제를 해결한다

1. 학위를 막 받거나 학교에서 교수를 하거나, 벤처기업이나 글로벌 회사, 전문가 집단 등에서 일하다가 국내 대기업에 최소한 팀장 이상급 리더로 가는 분들이, 큰 조직의 생리를 잘 몰라 좌절하는 경우들을 종종 본다. 다행히도 가자마자 힘을 실어주고 원하는 대로 자원을 제공해 주는 경우도 있지만 이 경우는 임원으로 갈 때 정도이다. 일반적으로 부장, 팀장 정도로 이동하면 큰 변화는 쉽지 않다.

2. 또한, 임원으로 가더라도 초기 허니문 시기가 지난 후의 지지와 자원 확보는 또 다른 문제이다. 그래서 결국 서로 원망하게 되는 경우를 종종 본다. 개인은 혁신하고 신사업을 하려 했는데 회사가 관료적이고 수구적이어서 못했다고 하고, 회사는 외부에서 전문가를 데려왔는데 조직에 도움이 안 되었다고 말한다.

3. 당연히 영입하는 회사도 방안을 찾아야 하지만 영입되는 개인도 방안을 찾을 필요가 있다. 직장 생활하는 분들이 흔히 저지르는 실수는, 모든 문제를 '옳고 그름의 관점'으로 보는 것이다. 글로벌이나 벤처 조직은 좋고, 공무원 조직은 잘못되었고, 대기업은 경직되었고, 문제가 있다는 시각으로 보면 절대 그곳으로 옮긴 후 적응하고 변화를 일으키지 못한다. 문제는 어디나 있다.

4. 절대 '선'인 조직이 과연 있을까? 그러므로 '다름'의 관점으로 접근할 필요가 있다. 글로벌 회사, 대기업, 공공, 스타트업, 벤처, 또 각 회사의 비즈니스 모델, 사업 형태, 역사, 오너의 철학, 특성에 따라 다른 문화와 관습이 있다. 돈과 인력을 지원받는 방법과 절차도 다르다. 의사결정이 빠른 곳도 있고 느린 곳도 있다. 상사의 지지로 다 해결되는 곳도 있고 여러 지원 부서와 교통정리해야 되는 곳도 있다. 그걸 이해하고 거기서 내가 지지를 얻고, 자원을 얻을 방안을 찾아야 한다. 물론, 주니어들이 이 방안을 금방 찾는 것은 거의 불가능하다. 시행착오의 시간을 거져야 한다. 그러나 '리더'라면 방안을 찾아야 한다. 시행착오의 기회를 주지 않기 때문이다.

5. 예전에 한 기업의 임원으로 있다가 공공기관의 본부장으로 가는 후배가 내게 찾아와서 "제가 가보니 직원들이 나이는 다들 많은데 전문성도 없고, 혁신 의지도 없더라

고요. 제가 가서 확 혁신하겠습니다"라고 하길래 나는 그랬다가는 욕만 먹고 당신이 하고자 하는 개혁과제의 단 하나도 제대로 안될 거라고 이야기했다. "그분들이 그런 건 이유가 있기 때문이다. 당신보다 멍청해서가 아니다. 그들을 인정하고 함께하며 마음을 얻어라. 그들을 혁신의 대상이 아니라 혁신의 동반자로 만들어야 한다. 그들만이 타 부서들과 엮인 문제를 풀 수 있다. 전문성만 가지고 뭐가 되는 게 아니다"라고 이야기해주었다. 이후 내게 감사해 했다.

6. 중요한 것은 조직의 특성을 이해하고 '문제를 해결하는 것'이다. 의사결정 프로세스를 파악하고, 결정권이 있는 사람으로부터 지원을 얻어야 한다. 여기에는 사실 누구도 가르쳐주지 않는 몇 가지 방법이 있다. 자신이 익숙하지 않은 형태의 기업으로 옮겨서 책임자 역할을 하려면 이런 부분의 스킬과 리더십을 습득해야 한다. 이게 익숙하지 않다면 자신이 잘 아는 문화의 회사들만 찾는 게 좋다.

우리가 진실이라고 받아들이는 가정이
때로 우리를 한계 짓는다

1. 얼마 전 몇 직원들과 식사하는데, 입사한지 3년 차쯤 되는 한 운영 분야 직원이 조심스럽게 이런 말을 한다. "저희 팀은 대부분 15년 이상 그 일만 한 전문가들로 구성되어 있고 저만 어립니다. 트랜스포메이션을 말씀하셔서 저도 어리지만 무엇을 변화시켜야 할 지 찾아보고 있습니다. 그런데 선배 직원분들은 현 상태가 완벽해서 변화할게 별로 없다고 합니다. 물론 그 일만 이미 십 년, 이십 년을 경험한 전문가 분들이라 제가 배우고는 있지만요. 그런데 잘 모르는 제 눈에도 변화가 필요한 게 보이는데 변화할 게 없다고 하시니 의아합니다"

2. 어떤 업무 부서와 미팅을 했다. 그 업무로는 대한민국에서 제일 잘하고 벤치마킹도 오는 부서이다. 전문가들이고 자부심도 높았다. 난 이런 이야기를 했다. "한번 백지에서 3년 또는 5년 뒤의 미래 모습을 그려보시고 저와 다시 한번 이야기하시죠" 그리고 잠시 잊고 있었는데 팀장이 수심에 찬 얼굴로 내게 말한다. 십수 년간 그 일만 한 전문가들 몇 명이 토의 했는 데 현재 일의 약간의 개선 외에는 새로운 모습이 잘 안 떠오른다는 것이다. 비전문가인 내가 몇 가지 아이디어를 이야기했더니 깜짝 놀라며 다시 논의해보겠다고 한다.

3. 한 영역에서 오래 일한 분들은 그 업무를 매우 잘 이해하고 전문성이 있음에 틀림없다. 그런데 흥미롭게도 이들 대부분은 더 큰 애벌레가 되는 '변화'는 훌륭하게 해내지만, 애벌레가 나비가 되는 '변신'을 생각하는 데 있어서는 매우 힘들어한다.

4. 왜 그럴까?

첫째, 기존의 '가정'을 고수하고 있다. 어느 업무나 '이래야 한다'는 가정이 있다. '서커스는 동물이 있어야 하고, 프라이드 감자는 기름에 튀겨야 하고, 음악은 CD로 들어야 하고, 자동차는 내연기관으로 움직이고, 택시업을 하려면 택시를 사야한다'라는 식의 널리 받아들여진 가정이다. 일도 마찬가지일 것이다. '신입사원 연수는 몇 주간 합숙 훈련을 해야하고, IT부서는 고객이 아닌 사업 부서로부터 요구 사항을 들어야 한다' 등도 다 가정이다. 그 가정하에 오래 일하다 보면 어느새 그 가정은 절대 깨어질 수 없는 '법칙'이 된다. 이에 그 가정을 넘어서는 생각을 하지 못한다.

둘째, '비효율의 숙달화'이다. 불편하고 비효율적인 일도 자꾸 하다 보면 숙달되어 편해진다. 편해지면 그게 바꾸어야 할 것이라는 것을 못 느낀다. 외부인이나 고객이 보기에는 엄청 비효율적인데, 그 시스템 안에서 오래 있던 사람들은 하나도 불편을 못 느낀다. 컴퓨터 워드프로세서가 발명되었음에도 타자기를 고집하는 사람과 같다.

5. 해결 방법은 무엇일까?

1) 경험자들은 자신의 눈에 '맹점'이 있을 수 있다는 것을 인정해야 하고, 자신이 고수하고 있는 가정이 무엇일지 생각해 본다.

2) 고객, 외부에서 온 직원, 신입 직원, 외부인들의 관점을 무시하지 말고 들을 필요가 있다.(물론 이들 이야기의 상당 부분은 비현실적이고 엉뚱한 이야기 일 수도 있다)

3) 자신과 다른 업종의 혁신을 참고하고, 새로운 관점을 얻기 위해 책을 읽고 공부하라.

6. 해리포터 이야기가 기억난다. 롤링의 해리포터 시리즈는 출간 전 12곳의 출판사의 편집자들로부터 거절을 당했다. 대부분의 거절 이유는 '요즘 시대에 아이들이 이렇게 황당하고 긴 소설을 읽겠느냐?'였다고 한다. 한 출판사가 결국 출판하기로 했는데 그 이유가 흥미롭다. 여기도 출판사 사장이나 직원은 관심이 없었다고 한다. 그런데 우연히 출판사 사장의 8살짜리 딸이 그 원고를 읽어보고 너무 재미있다고 해서 출판하게 되었다는 것이다.

사람들은 '이득'이 되는 방향으로 움직일 뿐이다

1. 얼마 전, S그룹에서 기술전략 일을 하다가 외국에 가서 기술혁신 경영으로 학위를 받고 그곳에서 교수 생활을 시작한 분이 한국을 방문하여 잠시 만났다. 대화 중 흥미로운 논의가 있었다. 그 내용은,

> 1) 한국 대기업들이 '트렌드'를 주도하지 못하는 것은 그 트렌드를 읽는 능력이 없어서가 아니라 실행력이 문제이다. 한국 대기업들은 대부분 상당히 이른 시기에 트렌드를 캐치한다. 그러나 그걸 실험하고 실행해서 역량을 축적하기보다는, 계획 세우고 보고하면서 시간 보내다가 경영진이 바뀌면 또 그걸 반복하고, 그러다가 어느새 시간이 흘러버린다.

> 2) 해당 기업의 히스토리를 보면 동일한 실수를 반복한다. 그런데 흥미롭게도 경영자들이 바뀌면서 그 히스토리들을 잘 모른다. 그러므로 동일 실수를 반복한다.

그러면서 내게 묻는다. 왜 한국은 CEO와 조직이 자주 바뀌고 구 시대의 경영방식을 고집하며, 공무원들은 혁신적이지 않을까요? 나는 "그건 그분들 개개인의 능력이나 윤리성의 문제가 아니다. 현재 시스템이 그들을 그렇게 행동하게 하기 때문이다. 다시 말하면 현 시스템에서 그들이 그렇게 하는 게 그들에게 더 '이득'이 있기 때문이다"라고 답했다.

2. 왜 많은 CEO들은 조직과 임원을 자주 바꿀까? 왜 행복과 창의 경영을 도입하지 않을까? 왜 중장기적 고객중심의 경영을 하지 않을까? 이들이 바보라서 그러할까? 그렇지 않다. 가장 똑똑한 사람들이다. 예를 들어, 행복경영이 당장의 매출에 기여한다는 게 확실하다면 이를 실행하지 않을 대한민국 CEO는 사이코가 아닌 한 없다고 난 확신한다. 그런데 만일, 당신이 오너로부터 매년 매출과 이익 두 가지로만 평가받고 이에 따라 그 해 옷을 벗을 수도, 보너스를 받을 수도 있는 CEO나 임원 또는 팀장이라면 어떻게 행동할까?

3. 왜 똑똑한 사람들로 가득한 정부, 많은 공공기관과 큰 조직들이 실패를 두려워하고 유연하고 창의적으로 행동하지 않을까? 정말 비효율적인 절차대로만 할까?라는 질문에 되물었다. 실수나 실패만 생기면 용서하기보다는 평가에 불이익을 당하거나 처

벌하고, 실패를 하거나 문제가 조금이라도 생기면 감사가 들어와서 절차적 정당성을 따지고, 그것에 조금이라도 위반되면 언론의 비난을 받거나 징계를 받거나 법정에 갈지도 모르는 환경이라면 당신은 어떻게 행동할까? 왜 대학 졸업생이 공무원에 몰릴까? 요즘 90년생은 안정되고 노는 것만 좋아해서라고? 그럴 리 없다. 대한민국에만 90년생이 있는 게 아니다. 왜 미국과 중국의 90년생의 희망 직업 1위는 '엔지니어'일까? 왜 서울 부동산 가격이 폭등할까? 한국의 돈 있는 사람들은 다들 악질 부동산 투기꾼들이라서? 그럴 리가 없다. 한국의 부자들이 다른 나라의 부자들에 비해 특별히 악한 투기꾼들이라는 통계를 본 적이 없다. 수요와 공급이 안 맞는 상황에서 사람들은 어떤 방향으로 갈까?

4. 결국 시스템을 바꾸지 않은 채, 그 시스템 내에 있는 사람들의 능력이나 자발성, 윤리성이니 한국의 국민성에 대해 백날 이야기해봤자 변하지 않는다. 한국의 국민이 이상한 게 아니다. 사람의 본성은 다 동일하다. 이득을 따른다. 사람들은 대개 현명해서 현재의 시스템하에서 자신들이 가장 이득이 되는 방향으로 움직일 뿐이다. 그 흐름을 바꾸려면 시스템을 바꿔야지 그 안에 있는 사람의 본성을 바꾸려 해서는 별 효과가 없다.

5. 억지로 사람의 이득을 따르려는 성향 자체를 억누르거나 바꾸려는 시도를 한다면, 그 시도야말로 가장 어리석은 시도이다. 이게 성공했다면 우리 인간은 벌써 예수님이나 부처님 같이 되었을거다. 심지어 '이타심'도 '이득'에서 나온다.

6. 지도자들이 정말 세상이 바뀌길 원한다면, 사람 자체를 비난하거나 처벌하거나 바꾸려는 노력 대신, '이득'을 쫓는 사람들의 성향을 이해하여 이에 맞게 자연스럽게 흐름을 바꿀 시스템을 고민하고 실험하고 실행해야 한다.

너 웃어? 장난해?

1. 얼마 전 농구선수 하승진의 은퇴 인터뷰를 우연히 보았다. 한국 최초로 NBA에 뛰었던 그가 한국과 미국의 운동시스템 차이를 이렇게 말했다. "선수들이 힘듭니다. 한국은 훈련량이 비상식적으로 많아요. 시즌 중에도 오전, 오후, 야간 하루 세 번은 기본이죠. 어떤 팀은 시즌 중에 새벽 훈련까지 합니다. 하루 네 번이나 훈련을 하죠. 최고의 몸 상태로 코트에 나서야 하는데 회복이 안 된 상태에서 경기를 뛰어요. 하지만 NBA는 우리처럼 훈련이 많지 않아요. 오전 10시부터 12시까지 하루 딱 한 번 훈련하죠. 나머지 시간은 개인 훈련에 맡깁니다. 지금처럼 선수들과의 소통 없이 강압적인 훈련 스케줄로는 장래가 어둡죠"

2. "선수들 훈련할 때 표정을 보면 하나같이 어둡습니다. 웃으면 큰일 나요. '너 웃어? 지금이 장난하는 시간이야?'란 질책을 듣습니다. 선수들과 코칭스태프의 관계는 철저하게 수직적이죠. 성인이고 프로 선수인데 학생 선수처럼 코칭스태프 눈치 보면서 훈련하고 시합에 뛰는 게 현실이에요. 유명한 선수들이라고 크게 다르지 않습니다. NBA는 훈련 시간이 짧은 대신 그 안에 모든 걸 쏟아냅니다. 숨이 턱 막힐 정도로 힘들어요. 하지만, 훈련 중 선수들의 얼굴을 보면 한국처럼 어둡지 않습니다. 재밌게 웃으면서 해요. 선수들끼리 떠들기도 하죠. 그렇다고 장난스러운 분위기는 절대 아닙니다. 똑같이 코칭스태프 지시에 따르고 때론 선수들과 소통하면서 함께 성장해 나아가는 분위기죠. 전 왜 이렇게 어두운 얼굴로 훈련해야 하는지 아직도 이해할 수가 없어요"

3. 이런 상황은 비단 스포츠계뿐 아니라 대부분의 직장에서도 유사하게 발생한다. 우리는 너무 필사적으로 '열심'이고 '비장'했다. 기계처럼 훈련받고 일하기도 했다. 사실 이것이 우리나라를 가난과 고통에서 탈출케한 동력이었다. 소수의 인구에서도 뛰어난 스타들을 배출한 동력이기도 했다. 그러나 그 덕에 과거 세대들은 '자율'과 '즐거움'을 별로 배우지 못했다. 그러고는 우리 후배들에게도 우리가 배웠던 방식, 성공한 방식을 강요한다. 이제 균형이 필요해 보인다. 일정 단계까지는 힘든 훈련이 필요할지라도 사람은 기계가 아니다. 스스로 생각하고 선택하고 즐거움을 느낄 수 있는 여지를 더 주어야 한다.

4. 얼마 전 한 세미나에 참석했는데 대부분 참석자들이 젊었다. 강사부터 참석자들이 다들 아무것도 아닌 것에도 까르르 웃고 즐거워하고 있었다. 나만 무게 잡고 즐기지 못함을 느꼈다. 내가 어느새 이렇게 무거워졌다는 것을 깨닫는 순간이었다. 내게는 웃음이 사라지고 엄숙이 자리잡았다. 가벼움이 사라지고 무거움이 자리 잡았다. 박장대소가 사라지고 진지함이 자리 잡았다. 희로애락의 표정에도 인색하다. 심지어 이 글도 진지하다. 우리 기성세대들은 이제 진지함과 열심의 힘을 빼고, 더 웃고 떠드는 걸 배워야 할듯하다. 40대 후반부터는 어디 유머 학원에라도 단체로 등록해야 하지 않을까 싶다.

비효율의 숙달화

1. 며칠 전 우리 조직에서 '로봇 Day'를 했다. 조직의 업무를 '소프트웨어 로봇화'하여 생산성을 획기적으로 높이는 사례들을 발표하는 시간이었다. 20여 개의 사례들이 발표되었다. 말도 안 되었던 소위 '닭질/삽질(단순작업)'들이 작게는 20~30%에서 크게는 80~90%가 개선되고 조기 출근, 야간근무가 줄고 직원들의 업무의 질이 높아졌다.(물론 아직은 일부이다.)

2. 마무리에 나는 이런 말을 했다.

1) 일터에서 벌어지는 최악의 상황 중 하나는 '비효율의 숙달화'입니다. 엄청나게 비효율적인데 시간이 지나다 보니 나름 요령이 생기고 숙달이 되는 겁니다. 그러면 자신이 일하는 방식이 엄청나게 비효율적이라는 사실을 잊어버립니다. 그러면서 자신은 하루 고생하며 열심히 일했다고 생각합니다.

2) 예전에 한 재무회계 조직에서 복잡한 업무를 엑셀의 여러 다양한 기능을 조합해서 업무를 하였습니다. 엄청 복잡해서 새로운 직원이 이를 숙달하는데 까지는 몇 개월이 걸렸습니다. 근무기간이 길수록 잘 썼습니다. 어느 날 한 소프트웨어 개발자가 그걸 보고 훨씬 쉽고 간단하게 처리할 수 있는 전산 시스템을 만들 수 있다고 했습니다. 그런데 흥미롭게도 그 부서 고참들은 새로운 시스템 만들기를 거부했습니다. 이미 과거 시스템에 숙달되었고 그걸 자유롭게 쓰는 것이 그들의 구력이요 능력이라 여겼기 때문이죠.

3) 흥미롭게도 수많은 조직들이 말도 안 되게 노동집약적이고 시간을 많이 잡아먹는 소위 '닭질'을 변화시키지 않습니다. 이유는 단순합니다. '숙달되었기' 때문입니다.

4) 500개 시스템에 유사한 명령어를 치는 운영자가 있었습니다. 맨 처음에는 하나하나 치다가 그다음에는 복사와 붙여넣기로 했죠. 조금 나아지긴 했지만 여전히 시간이 걸렸죠. 그래도 숙달되니 나름 적응하게 되었습니다. 그것을 소프트웨어 로봇화하면 그걸 아예 안할 수도 있는데 그렇게 하지 않습니다. 왜입니까? 첫째는 숙달되었고 둘째는 그 일을 안 하면 자신이 할 일이 없어진다는 생각이 든거죠.

5) 신입사원으로 들어왔을 때는 말도 안되는 비효율이 눈에 보였는데 이상하게 시간이 지나면 적응하게 되고 대리나 과장 쯤 되면 매우 자연스러워집니다. 왜인가요? 비효율이 숙달되었거든요. 그리고 숙달되면 자기가 신입사원보다 잘하게 되고 이미 기득권이 된 겁니다. 그러니 그 비효율적인 시스템은 고쳐지지 않고 생명을 유지하게 됩니다. 그러니 원대한 뜻을 품고 입사한 유능한 젊은 직원들이 단순노동에 치이면서 부품화됩니다.

6) 이러하니 'Transformation'이 잘 안됩니다. 'Change'와 'Transformation'의 차이는 전자는 현상태를 조금 낫게 하는 것인 반면, 후자는 완전히 새로운 변환입니다. 전자는 더 좋은 마차를 만드는 것이지만 후자는 자동차를 만드는 것이죠. 전자는 더 큰 애벌레가 되는 것이지만 후자는 나비가 되는 것이죠.

7) 그러나 우리는 현재 일이 큰 문제 없다고 여기고 그 일에 바빠서 'Transformation'을 하려 하지 않습니다. 숙달돼서 조금 나아지지만 여전히 바쁘고 '닭질'을 하는 경우가 많습니다.

8) 이렇게 하는 것은 사실 여러분이 아닌 저 같은 리더의 책임입니다. 리더들이 'Transformation'을 실험할 수 있도록 판을 깔아주고 그것을 인정해 주면 다들 새로운 사원의 고민을 합니다. 그게나 리더들이 그거에 관심 없고 현재일만 챙긴다면 여러분들이 'Transformation'을 시도할 이유가 없을 겁니다. 당장 바쁜데 그것까지 고민할 이유가 없고, 해도 인정 못받고, 해봤자 남는 시간에 다른 일만 더 줄 것이고, 오히려 지금까지 익숙해져서 나름 쌓아왔던 것을 스스로 무너뜨리는 것 밖에 되지 않으니까요. 그러나 더 나은 것은, 'Transformation'이 리더의 일시적 의지나 구성원만의 일시적 열정으로가 아닌 회사의 자연스러운 문화로 정착되는 것일 겁니다.

9) 항상 우리 스스로에게 물어봅시다. 우리는 '비효율을 숙달해서 혁신의 필요성을 잃어버린 것이 아닌가?', '고객과 외부자가 볼 때는 말도 안 되는 비효율을 우리는 너무도 자연스럽게 받아들이는 것은 아닌가?', '우리는 나비가 아닌 더 나은 애벌레가 되려 하는 것은 아닌지?'

좋은 회사란 무엇인가?

1. 아마존에서 10년 이상 근무한 한국 청년의 책을 읽었다. 아마존에 대해서 이상적으로 그려놓지 않았다는 것이 흥미로웠다. 일반적으로 실리콘밸리 기업에 대해 쓰는 분들은 그곳이 절대 선인 것처럼 묘사하는 경향이 있는데 그러지 않았기에 읽을만했다.

2. 세계 최고 회사, 강력한 리더십의 회사, 훌륭한 회사이지만, 한 명의 직원으로서 그의 평은 이러했다. "성장할 수 있지만 버티기 힘든 회사, 감사하지만 힘든 곳, 괴롭지만 배울 점이 있는 곳, 행복하지 않은 곳, 다시 돌아가고 싶지는 않은 곳" 한마디로 말하면 '훈련소'같은 느낌이다. 만일 '아마존'이라는 선입관이 없이 평만 본다면 아마도 '직원들의 행복이 회사의 성장의 필요조건이다'라고 주장하는 많은 리더십 학자들은 이 회사에 대해 매우 부정적으로 평가할 가능성이 높다.

3. 성공에 이르는 길은 다양하다. 구글의 문화와 아마존의 문화와 애플의 문화와 알리바바의 문화와 삼성의 문화가 다르다. 무엇이 반드시 성공하는 문화라고, 무엇이 더 좋은 문화라고 단정할 수 없다. 직원이 행복한 회사가 망하는 경우도 많고, 고객을 우선으로 하는 기업이 망하는 경우도 많다. 단지, 어떤 문화든 분명한 '철학'에 기반할 필요가 있다. 물론, 시대의 조류에 따라 변화할 필요는 있다.

4. 그러나 분명한 것은 이것도 저것도 아닌 문화를 가진 회사는 성공하기 어렵다. 주주, 직원, 고객, 파트너 모두를 만족시키고, 자유롭고 행복하며 통제도 잘되고 스피드도 빠른 기업이 되려는 것은 아무것도 안 되는 것과 동일하다.

5. 그러면 직원의 입장에서는 어떠할까? 자신의 철학과 가치에 일치하는 기업을 찾고 선택하려 노력해야 한다. 개인생활과 자유가 중요한 가치인 직원은 그런 철학을 가진 회사에, 훈련과 성장이 중요한 가치인 직원은 그런 철학을 가진 회사에 가는 것이 좋다. 개인과 회사의 가치가 다르면 둘 다 고통스럽다. 이는 마치 부부 둘 다 각각은 좋은 사람인데 이상하게 서로 안 맞는 경우와 유사하다.

6. 그러므로 회사에서 채용 시 가장 중요한 고려 사항 중 하나는 '이 지원자가 우리 회사의 가치와 맞는가?'가 되어야 하고 지원자 또한 그래야 한다. 그런데 문제는 많은 회사들과 지원자들은 자신이 추구하는 가치를 모른다는 것이다. 특히, 기업의 가치가 불분명하면 구성원들이 혼란에 빠진다. 아예 훈련소같이 빡빡하고 힘들다는 것을 알고 들어오면 거기에 적응한다. 그러나 이것도 저것도 아니면 혼란스럽다.

7. 좋은 회사란 남들이 좋다고 하는 회사가 아니라 자신의 가치에 맞는 회사이다. CEO들 또한 모든 사람을 만족시키는 좋은 회사를 만들려고 고통받지 마시고, 분명하게 자기 회사의 철학과 가치를 정립하고 그것에 맞는 사람들만을 뽑아 같이 일하면 된다.

착한 리더는 호구가 될 수도 있다

1. 한 책*을 읽다 보니 이런 이야기가 나온다. 송나라 벼슬아치인 자한은 왕에게 말했다. "칭찬하고 상 내리는 것은 백성들이 좋아합니다. 군주께서는 늘 존경을 받으셔야 하니 군주께서는 이것만 하십시오. 벌을 내리는 것은 다들 싫어합니다. 그런 일은 제가 처리하겠습니다" 이에 왕이 기뻐하고 자한에게 그 일을 맡겼다. 당연히 자한의 악명은 높아졌다. 그런데 흥미롭게도 백성들과 신하들은 왕이 아닌 자한을 두려워하고 자한을 따르기 시작했다. 이후 결국 자한은 왕을 몰아내었다.

 *『한비자』〈한비, 휴머니스트,2016〉

2. 일반적으로 사람들은 착하고 잘해주는 사람을 좋아하고 따른다. 그렇다고 항상 그러하지는 않다. 셈이 빠른 사람들은 착한 사람들을 '호인'이나 '호구'로 여기는 경우가 많다. 셈이 빠르고 정치적인 부하들은 착한 상사를 이용하기도 하고, 동료나 그 위의 상사는 그들을 희생양으로 쓰기도 한다. 나도 최고층에 오른 분들을 많이 보았지만, 결코 그저 착한 사람, 좋은 사람은 없었다.

3. 조직을 잘 다루시는 분들은 공통적으로 '자비'와 '두려움' 두 가지를 자유자재로 활용한다. 사람마다 섞는 비율이 다를 뿐 절대 '두려움'의 무기를 놓지 않는다. 썩은 사과에 대해서 단호하지 않으면 모든 사과를 썩게 만들 수 있다는 것을 알고, 두려움이 없으면 함부로 선을 넘는 이들이 나타난다는 것을 잘 알기 때문이다.

4. 세상이 '선의'와 '자비'로만 돌아간다면 얼마나 좋겠는가? 그러나 현실은 그렇지 않다. 그러므로 성경의 말씀대로 '비둘기처럼 순결하되 뱀처럼 지혜로울' 필요가 있을 듯하다. 이에, 너무 착한 분들은 자신을 이용하려는 자에 대해 단호해지려 하고, 두려움으로 시배하는 분들은 긍감괴 띠스함을 더 품는ㄷ면 사회가 조글 더 나아지지 않을까 싶다.

전문가는 자신이 움직이고,
리더는 타인을 움직인다

1. 얼마 전 한 대형 그룹의 임원과 이야기하는데 "유명 컨설팅펌 출신 임원, 해외 유명 교수나 전문가 등에게 사업을 맡기는데 대부분 조직 장악을 잘 못해서 실패한다"라는 이야기가 나왔다. 이는 기업뿐 아니라 정부기관 등에서도 발생하는 이슈이다. 나는 당연하다는 생각이다.

2. 많은 기업이 자주 실수하는 것 중 하나가 '전문가'를 '리더'로 쓰려는 것이다. 어떤 분야 전문가가 어떤 분야 조직책임이나 사업도 잘 할 것이라 생각한다. 그래서 큰 조직을 맡겨 놓고 사업을 맡긴다. 그러나 대개 실패한다. 이후 '그 사람 진짜 전문가야?' 또는 '전문가도 별수 없네'라는 평을 한다.

3. 그러나 '훌륭한 전문가'가 '훌륭한 리더'가 아니다. 훌륭한 스텝이라는 것과 훌륭한 사업가라는 것, 지략이 뛰어난 참모와 뛰어난 사단장이라는 것, 훌륭한 선수와 훌륭한 감독이라는 것, 훌륭한 보좌관과 훌륭한 장관 역할을 하는 것은 다른 문제이다. 그런데 같은 문제라고 생각하는 분들이 의외로 많다.(전문가 중에서는 본인도 리더는 그냥 쉽게 할 수 있다는 자신감에 빠진 분들도 많다) 지금 경기장에서 뛰는 뛰어난 축구선수를 데려다가 감독에 앉히고는 넌 축구의 최고의 전문가이니 성과를 내보라고 하는 것과 유사하다. 물론, 두 가지 모두를 잘하는 사람도 있지만 그렇지 않은 경우가 더 많다.

4. 전문가와 리더의 차이는 무엇인가? 많은 차이가 있지만 내가 가장 큰 차이로 생각하는 것은 '전문가는 자신이 움직이고, 리더는 타인을 움직인다'는 것이다. 전문가들은 대개 자신이 스스로 뛰어난 아이디어를 내고 직접 구현하는데 익숙하다. 이는 혼자 움직이거나 작고 빠른 조직을 이끌거나 또는 조언을 하는 Staff, 컨설턴트, 코치나 강연자, 작가, 연구자로서는 매우 효과적이다. 그러나 작게는 수십, 많이는 수백, 수천 명의 큰 조직을 이끌거나 큰 사업을 맡는다는 것은 다르다. 이런 경우, 자신이 스스로 할 수 있는 것이 별로 없다. 여기에서의 핵심은 비전을 제시하며 다른 사람들을 움직여야 한다는 것이다. 조직의 구성인들이 움직이지 않으면 자신이 아무리 똑똑하고 전문성이 풍부하고 글로벌로 유명해도 별 효과를 발휘하기 어렵다.

5. 그러므로 '그 사람이 진짜 전문가가 아니라서' 실패한 것도, '전문가도 별수 없어서' 실패한 것도 아니라 자리를 잘못 맡겨서 실패한 것이다. 중요한 것은 이 차이를 인식하고, 전문가가 잘 할 수 있는 규모와 역할을 맡겨야 된다. 그리고 훌륭한 리더로 하여금 그러한 전문가들에게 일을 잘 위임하고 지원하게 하여 그들의 역할을 극대화하게 하면 된다.

6. 중장기적으로는 리더의 자질이 있고 리더가 되고자 하는 전문가들을 리더로 키우는 것도 방법이다. 페이스북, MS, 구글 등 글로벌 IT 기업이나 국내 삼성전자나 현대차 같은 글로벌화된 기업에서는 전문가에서 훌륭한 리더로 변신한 분들도 많다.

7. 얼마 전 앨런 머스크가 이런 유사한 말을 한 걸 기억한다. '나는 하버드를 안 나왔지만 하버드 나온 사람들이 나를 위해 일한다' 전문가는 리더로서가 아니라 리더를 위해 일한다. 그러나, 리더는 전문가가 그 역량을 마음껏 발휘하도록 판을 깔아준다. 물론 머스크는 훌륭한 전문가이면서 훌륭한 리더이기도 하지만...

모르는 걸 모른다고 말할 용기

1.   과거 천재 경영의 대표적인 회사 중 하나가 마이크로소프트였다. 세계 최고 시총을 기록했던 마이크로소프트에는 뛰어난 사람들이 입사했고 입사한 직원들이 다들 자기가 천재급이라는 것을 증명하고자 했다. 스스로도 천재였던 스티브 발머는 이들을 경쟁시켜 진짜 천재를 찾아내고자 했다. 실패하면 그는 천재가 아니라고 간주하여 낮은 평가를 주거나 해고했다. 그러자 이들 사이에 문제가 생겼다. 천재들은 실패하지도 않고 누구에게 묻지도 않는다. 그래서 이들은 잘 묻지도, 정보를 공유하지도 않았다. 다들 아는 체 했다. 실패하거나 모르면 평가절하되기 때문이다. 그리고 목표를 낮게 설정했다. 높게 했다가 실패하면 멍청이라고 비난을 받기 때문이다. 실패를 두려워하고 작은 성공에 목매고 모르는 것을 두려워했다. 부서 간에 서로 정보를 감추었다. 당연히 회사는 점점 쇠락했다.

2.   그런데 새롭게 CEO로 부임한 사티아 나델라는 임원들과 기술자들이 모인 회의에서 이렇게 말했다고 한다. "저는 이 기술을 몰라요. 설명을 해주세요" 그러고는 이런 말을 했다. "모른다는 것과 실패했다는 것은 멍청하다는 의미가 아닙니다. 성장을 의미하는 것입니다. 우리에겐 천재가 필요한 게 아니라 서로 협력하는 팀이 필요합니다" 그러자 그동안 천재 흉내를 내었던 임직원들은 숨통이 트였다. 실패를 두려워하지 않고 높은 목표를 설정하고 정보를 오픈했다. 모르는 것은 솔직하게 서로 묻고 답했다.

3.   현재 구글 CEO인 순다 피차이가 15년 전 구글의 프로덕트 부사장을 지원하여 인터뷰를 볼 때였다. 그는 인터뷰어로부터 '지메일을 어떻게 생각하는가?'라는 질문을 받았다고 한다. 그런데 그는 그때 지메일을 몰랐다. 사실 인터뷰를 하는 그날 지메일이 발표되었다고 한다. 그는 갈등했다. 대충 들어본 척하고 화제를 돌릴까? 모른다고 솔직하게 이야기를 할까? 결국 그는 "그 제품을 사용해본 적이 없기에 코멘트 할 수 없다"라고 대답했다고 한다. 순다 피차이의 대답에 대해 인사 전문가들은 이렇게 말한다. "이러한 대답은 상당한 용기를 필요로 한다. 일반적으로 리더급 또는 천재형 지원자들은 다 아는 척하며 자신의 약함을 숨기거나 모를 경우 다른 주제로 슬쩍 전환하는 기법을 쓴다"

4. 리더의 큰 실수 중 하나는 자신이 모든 것을 안다고 생각하는 것이다. 모르는 것을 모른다고 말하지 않는다. 말할 경우 구성원들에게 무시당할까 또는 자신의 권위가 떨어질까 두려워서이다. 그래서 모르는 것도 아는 척하거나 잘 모르면서도 과감하게 지시하고 의사결정을 하기도 한다. 그런데 흥미롭게도 구성원들은 이 사실을 알고 있다. 리더가 모르면서도 마구 지시를 내릴 때 오히려 존경과 권위가 사라지게 된다. 엉뚱한 의사결정으로 회사를 어렵게 할 수도 있다.

5. 사실 모르는 것을 모른다고 하는 데에는 상당한 용기가 필요하다. 그러니 용기를 내어 솔직하게 말하자. 그리고 배우고 귀 기울여야 한다. 이것은 자신의 무능을 드러내는 것이 아니라 배움과 성장을 만드는 기회이다. '모르는 것을 모른다고 하는 것' 이것이 리더의 출발점이다.

유능한 직원을 무능하게 만드는 간단한 방법

1. 한 지인이 내게 물었다. "어떻게 하면 직원들을 유능하게 만들 수 있나요?" 나는 "유능하게 만드는 법은 잘 모르겠지만 유능한 직원을 무능하게 만드는 법은 잘 알고 있다"라고 대답했다. 이미 많은 리더들은 이 신비한 능력을 체득하여 부지불식간 실행하면서 여러 무능한 직원들을 만들고 있다.

2. 장 프랑수아 만조니 프랑스 인시아드(INSEAD) 교수는 유능한 직원을 무능하게 만드는 5가지 단계를 말한다.

 1) 상사가 유능한 직원의 능력을 의심하는 것이다. 의심하게 되면 점점 직원의 업무에 대한 감독을 강화하게 된다.

 2) 그러면 직원의 자존심과 업무 의욕은 점점 감퇴한다. 그리고 그는 상사를 조금씩 불편하게 대하게 된다.

 3) 상사는 이 모습을 보고 더 의심하게 된다. 그래서 더욱 감독을 강화하고 더 간섭하며 더 세부적인 보고를 요청한다.

 4) 직원은 점점 업무 의욕을 잃는다. 그래서 업무의 성과가 제대로 나지 않는다. 그리고 상사를 더 멀리하며 때로 상사에게 반항까지 한다.

 5) 상사는 자신의 의심이 정확했음을 확신하게 된다. "맞아 그 녀석은 진짜 무능한 거야", 드디어 그 직원은 무능한 직원으로 전락한다. 이처럼 유능한 직원을 실제로 무능하게 만드는 마법은 단순하다. 그것은 단지 상사가 "저 직원은 무능할지 몰라"라고 의심하거나 "저 직원은 무능한 직원이야"라고 단정하는 것이다. 그러면 이 직원이 어떻게 일을 하든 상사는 그 관점 밖의 것을 보지 못한다. 결국 그 직원은 진짜 무능하게 된다. 이것을 심리학에서는 '확증적 편향' 또는 '자기 예언 충족'이라고 한다.

3. 그러면 직원을 유능하게 만드는 방법은 무엇이겠는가? 역으로 돌리면 된다.

 1) 상사가 직원의 능력과 성상 가능성을 믿어준다. "이 직원은 능력이 뛰어나 또는 객관적으로도 경험과 능력이 아직 조금 부족한 직원이라면 "이 직원은 현재 경험은

부족하지만 성장 잠재력은 높아"라고 여긴다. 그리고 사사건건 간섭하지 않고, 대신 막히거나 더 발전이 필요한 부분은 지원하고 코칭을 해준다.

2) 그러면 직원의 자존심과 업무 의욕은 점점 상승한다. 그는 상사를 지원자나 코치로 친근하게 여긴다.

3) 상사는 이 모습을 보면 더 확신하게 된다. 그래서 더 인정해 주고 코칭 해준다.

4) 직원은 점점 업무 의욕이 상승한다. 성과도 나오기 시작한다. 상사를 존경하며 신뢰를 보낸다.

5) 상사는 자신의 생각이 정확했음을 확신하게 된다. "맞아, 이 친구는 정말 성장 가능성이 있었어. 내가 사람의 잠재력을 잘 보는 사람이라니까" 이에 그 직원은 유능한 직원으로 바뀐다.

물론 유능해지기 위해서는 다른 요소들도 필요하다. 마치 한 가지만 잘못해도 실패하지만 성공을 하기 위해서는 여러 가지가 필요한 것처럼 말이다. 그럼에도 불구하고 이러한 관점은 직원을 유능케 하는 핵심 중 하나임에 틀림이 없다.

4. 고백하자면 이런 글을 쓰는 나도 때때로 전자의 단계에 빠지곤 한다. 나와 일하는 스타일이나 가치가 다른 직원에 대해서는 괜스레 의심이 들기도 한다. 그러면 여지없이 그 직원과 멀어지게 된다. 그러니 어느 리더든 이러한 트랩에 빠지지 않도록 깨어있을 필요가 있다.

5. 다시금 기억하시라. 단지 "저 직원은 무능할지도 몰라", "저 직원은 무능해"라는 관점을 갖는 것만으로도 실제 그 직원은 무능해진다는 것을.

내가 말하지 않으면 리더도 나를 잘 모른다

1. 직장인들을 만나면 이런 상담이 많다. "정말 묵묵히 열심히 일했습니다. 제가 굳이 말하지 않아도 팀장님이 성과를 알아주실 것이라 믿었습니다. 그런데 결과는 아니었습니다. 배신감을 느낍니다" 이런 직장인들은 대개 정말 성실하고, 묵묵히 그리고 열심히 일한다. 겉으로는 평가에 별 관심 없는 듯 행동한다. 그리고 보고만 잘해서 '쇼잉'하는 사람들을 싫어한다.

2. 나는 이들에게 이런 이야기를 해준다. "연인 사이를 생각해 봅시다. 상대가 아무 표현하지 않는데도 여러분은 그 사랑을 잘 느낄 수 있나요? 표현하지 않으면 잘 모릅니다. 물론 마음에 없는데도 표현만 열심히 하면 사기꾼일 가능성이 높겠죠. 그러나 마음에 있다고 해도 말이나 행동으로 표현을 하지 않으면 오해를 받을 수 있습니다. 두 명 사이에도 이러한데 팀원이 여러 명인 리더와의 관계는 어떨까요?"

3. 알아서 내 모든 것을 파악해주는 리더는 많지 않다. 그 사람이 못된 리더이기 때문이 아니라 대부분이 그렇다. 특히 팀원 간 상대평가를 해야 하는 시스템에서는 더더욱 그러하다. 나도 초기 직장 생활 시절 상처를 몇 번 받았다. 나는 스스로 아주 잘한다고 생각했고, 그래서 말하지 않아도 팀장이 알아서 해외 교육도 보내주고 평가도 잘 줄 것을 기대했는데 그러지 않았다. 초기엔 원망도 했지만 이후 생각을 바꿨다. 제안하고 표현하기로 했다. 가고 싶은 교육에 대해 논리적으로 이야기하니 "네가 그런 교육 참석하고 싶은 거 몰랐었네. 다녀와" 이런 답이 돌아왔다. 보고 기회가 주어지지 않을 때는 가능한 내가 한 일이나 좋은 아이디어에 대해 간단하게 메일로라도 정리해서 보냈다.

4. 벤처 기업의 임원으로 근무할 때였다. 나는 그 회사를 무척 좋아했고 대표도 매우 존경했다. 그런데 대표가 연봉 올려줄 생각을 안 했다. 나는 열심히 일하고 큰 성과를 냈기에 크게 올려줄 것으로 기대했는데 평균 상승률만 올려주는 것이었다. 마침 헤드헌터에서 연락이 왔는데 그 당시 연봉보다 엄청나게 높았다. 고민 끝에 대표에게 메일을 썼다. 다음날 대표가 나를 부르더니 "자네가 연봉에 대해 그런 고민이 있는 줄 몰랐네. 자네 능력과 공헌은 이미 최고라고 인정하고 있네. 단지 회사 사정도 있고 형평성

도 있어서 자네만 올려주긴 어려워서 그랬네. 미안하네"라면서 이후 꽤 올려주었다.

5. 직장 생활하면서 내가 상사와 관련해 발견한 것은 1) 상사는 내가 말하지 않는 것은 잘 모르는 경우가 많다. 2) 상사는 표현하지 않으면 매우 만족하고 있다고 생각한다. 3) 내가 진심을 담아 논리적으로 말하면 상당 부분 들어주려 노력한다는 것이다. 물론 너무 자주 요청하거나 내용도 없으면서 부풀려 말하거나 감정적으로 대응하는 것은 적절하지 않다. 그러나 자신이 과제를 성공시킨다면 요청받지 않아도 시의적절하게 이를 표현할 필요가 있다. 또 자신이 좋은 평가를 받지 못한다면 상사에게 정중하게 구체적인 피드백을 요청하여 개선해 갈 필요도 있다.

6. 애매한 피드백으로는 개선이 이루어지지 않는다. 물론 자신이 맡은 프로젝트가 실패할 것 같으면 초기에 빨리 알려서 나중에 상사를 당황 시키지 않는 것이 좋다. 작업의 결과를 가능한 나누어 보고하여 피드백을 초기에 듣는 것이 좋다. 그래야 재작업을 최소화할 수 있다. 기억할 필요가 있다. "리더는 신이 아니다. 그도 내가 말하지 않으면 나를 잘 모른다"

리더가 상처받지 않고 직원 피드백 받는 법

1.   얼마 전 한 임원이 내게 물었다. "저는 직원들에게 좋은 리더십을 발휘하는 것 같지 않습니다. 그래서 직원들에게 피드백을 받고 싶은데 어떻게 받아야 할지 모르겠습니다. 솔직히 피드백을 받기가 싫습니다. 예전에 직원들에게 솔직한 피드백을 한번 해달라고 요청했는데 너무 솔직하게 이야기하니까 제가 힘들더라고요. 그다음부터는 더 이상 묻지 않습니다"

2.   리더가 구성원들에게 피드백을 받는다는 것은 쉽지 않다. 다면 평가가 활발한 직장도 있지만 대개 리더들은 다면 평가의 결과도 즐겁게 받아들이지 못한다. 특히, 자존심이 강하고 성공한 리더일수록 부정적 피드백을 받고 싶어 하지 않는다. '피드백'이라는 것은 자신이 무엇을 잘못했는지에 대한 부분에 초점을 맞추기 때문이다.

3.   이에 리더십 코치 골드스미스 박사는 '피드백(feedback)'이 아닌 '피드포워드(feed forward)'를 하라고 권고한다. 피드백이 바꿀 수 없는 과거에 초점을 맞추는 것이라면 피드포워드는 바꿀 수 있는 미래에 에너지를 집중하는 것이다.

4.   이러한 개념을 적용해 리더가 구성원들에게 "내가 과거에 잘못한 것이 무엇인가요?", "나의 문제가 무엇인가요?"라고 묻는 대신 "내가 ~부분을 잘하고 싶은데 좋은 방법이 없을까요?"라는 방식으로 물으라는 것이다. 전자는 피드백의 질문이라면, 후자는 피드포워드의 질문이다. 이렇게 하면 자신의 과거 잘못이나 문제를 들추지 않고도 필요한 부분에 대한 정보와 통찰을 얻을 수 있다.

5.   골드스미스 박사는 구성원들에게도 '수동형 질문'이 아닌 '능동형 질문'을 던지라고 한다. 수동형 질문이란 변명을 낳는 질문이다. 환경 탓이나 회사 탓을 하는 질문이다. 능동형 질문은 자신의 행동에 대해서 고민하게 하고 스스로의 책임을 깨닫게 하는 질문이다. "목표를 달성했나요?"는 수동형 질문이다. 반면 "목표 달성의 과정에서 어떤 교훈을 얻었나요?"는 능동형 질문이다.

6.   우리가 질문만 바꾸어도 초점을 완전히 바꿀 수 있다. 부정에서 긍정으로, 과거에서 미래로 전환할 수 있다. 피드포워드 질문, 능동형 질문을 통해 과거가 아닌 미래의 발전에 초점을 맞추는 것 또한 리더가 익숙해져야 할 부분이다.

훌륭한 리더가 되려면 성격을 바꾸어야 할까?

1. 종종 리더들이 필자에게 상담하러 온다. 많은 경우 뛰어난 리더, 훌륭한 리더가 되기 위해 자신의 성격을 고쳐야 하는지 질문이 많다. 적극적인 리더는 조용한 성격으로 바꾸어야 뛰어난 리더가 될 수 있다고 생각하고, 조용한 리더는 주도적이어야 훌륭한 리더가 될 수 있다고 생각한다. 꼼꼼한 리더는 좀 대충해야 훌륭한 리더가 될 수 있다고 생각하고, 좀 대충하는 리더는 더 치밀해야 훌륭한 리더가 될 수 있다고 생각한다.

2. 물론 성격이 중요한 역할을 하기도 하지만 뛰어난 리더의 핵심 요인이 그것일까? 2004년 CNBC의 프로그램 'Nightly Business Report'가 방영 25주년을 맞아 와튼스쿨 교수들과 지난 25년간 가장 뛰어난 리더 25인을 선정했다. 여기에는 인텔의 앤디 그로브, 사우스웨스트의 허버트 켈러허, 마이크로소프트의 빌 게이츠, 애플의 스티브 잡스, 아마존의 제프 베조스, 버크셔 해서웨이의 워런 버핏, SAS의 짐 굿나이트, 경영학 교수인 피터 드러커 등이 포함돼 있었다.

3. 리더 선정에 관여한 와튼스쿨 교수들은 이들의 리더십의 공통점을 찾기 위해 애썼다. 그런데 불행히도 이들의 공통점이 많지 않았다. 버크셔 해서웨이의 워런 버핏이나 SAS의 짐 굿나이트회장, 사우스웨스트의 허버트 켈러허 회장 같이 친절하고 유쾌하며 부드러운 리더들도 있었다. 그런데 그 명단에는 앤디 그로브, 스티브 잡스, 제프 베조스처럼 일반인들이 볼 때 괴팍하고 편집증적인 리더들도 있었다.

4. 이후 와튼스쿨 교수들은 한 가지 공통점을 발견했다. 그것은 바로 '끈질김'이었다. 선정된 리더들은 부드럽든 독단적이든 일시적인 부침에도 흔들리지 않고 꾸준히 나아가 목적을 달성했다는 것이다. 오래전 연구이긴 하지만 리더들에게 시사점이 있다.

5. 흔히 우리는 부드러운 리더들이 훌륭하고 뛰어난 리더일 것이라고 생각하지만, 그들이 뛰어난 리더로 인정받는 것은 그들이 조용하고 친절하고 부드러워서가 아니라는 것이다. 겸손하고 부드럽지만, 독하고 끈질기게 원칙을 지키고 성과를 이루었기 때문이다. 반면, 괴팍함에도 불구하고 뛰어난 리더들이 많은 사람의 존경을 받는 이유 역시 그들에게는 '끈질김'이 있었기 때문이다.

6.   그러나 무조건 끈질기다고 뛰어난 리더로 인정받는 것은 아니다. 잘못된 것에 대한 끈질김이나 자신의 사욕에 대한 끈질김은 독선과 아집이며 주위와 사회에 피해를 준다. 그렇다면 그들은 무엇에 대한 '끈질김'을 가졌을까? 그들은 큰 꿈을 좇는 데 있어서, 원칙과 가치에 대한 자신의 엄격한 기대 수준을 가지고 전진하는 데 있어서 '끈질겼다'. 예를 들어 잡스는 '단순함'의 원칙, 앤디 그로브는 '최고의 품질', 베조스는 '고객 중심'의 원칙에 끈질겼다. 이들은 이런 원칙들을 위해서는 손해를 마다하지 않았다. 선정된 리더들 25인 하나하나가 다 자신들의 꿈, 원칙과 가치에 대해 끈질겼다.

7.   물론 인격적으로 문제가 있는 리더, 폭력적이거나 갑질 리더는 당연히 퇴출되어야 한다. 그러나 뛰어난 리더가 되기 위한 핵심은 특정한 성격이 아니라는 것이다. '사심 없이 큰 뜻에 대한 가치와 원칙을 끈질기게 고수하는 리더들이 뛰어난 성과를 이루어 내는 것'이다.

리더가 존경받기 어려운 17가지 이유

1. 예전에 음식점에서 옆자리의 회사의 대리 정도로 보이는 두 사람이 대화하는 것을 본의 아니게 듣게 되었다. 대기업 직원들인 듯했는데 팀장들에 대한 이야기였다. "A 팀장은 참 훌륭하다. 다른 부서로 바뀌었는데 지금도 가끔 연락해서 안부를 묻고 밥도 사준다", "B 팀장은 참 같이 일하기 싫다. 성공하면 자기가 독점하고 실패하면 다 우리 책임으로 미룬다"

2. 그렇다면 어떤 리더들이 직원들로부터 존경받지 못할까? 지금까지의 내 직장생활을 돌이켜보면 다음과 같이 정리할 수 있다.

 1) 문제가 생기면 그 책임은 항상 구성원들에게 돌린다.

 2) 성공하면 그 공은 자신이 가로챈다.

 3) 직원에게 비열한 언사와 행동으로 감정적인 상처를 준다.

 4) 자기보다 나이가 적으면 무조건 반말을 쓴다.

 5) 능력이 부족하여 직원들에게 엉뚱한 일들을 시켜 고생만 시킨다. 보고 때 상사에게 혼나면 자신이 제대로 대응하지 못한 것은 생각하지 않고 부하직원에게 자료 잘 못 만들었다고 혼낸다.

 6) 경영진에게 똑똑하게 대응하지 못해서 같이 일하는 팀 전체가 회사의 신뢰를 잃게 한다.

 7) 아무 주관도 아이디어도 없이 있다가 상사가 어떤 사안에 대해 부정적인 말 한마디를 하면 10배의 부정적인 말을 쏟아낸다.

 8) 보고자료에 시시콜콜 참견하고 고생해서 만들어가면 온갖 비판만 한다.

 9) 상사에게 간단하게 말이나 메일로 보고할 수 있는 것도 수도 없이 자료 만들고 수정하게 하여 시간 낭비를 시킨다.

 10) 위임이라는 이름으로 가르침도 코칭도 없이 방치한다. 배울 것이 없다.

 11) 상사 앞에서는 자기가 다 지원해 줄 것처럼 이야기해놓고 뒤돌아서면 말만 늘어

놓는다. 고생해서 겨우 성공하면 자기가 지원해서 되었다고 떠들고 다닌다. 실패하면 자기는 엄청나게 지원했는데 자기 말을 안 들어서 실패했다고 떠들고 다닌다.

12) 근무 시간에 빈둥거리다가 퇴근 가까이 되면 일을 시킨다.

13) 공부는 하지 않고 눈치와 인맥으로만 대충 생존하려 한다.

14) 지시할 때 왜 이런 지시를 하는지 알려주지 않는다.

15) 공사를 구분하지 못한다.

16) 항상 우유부단하여 의사결정을 하지 못하고 미룬다.

17) 목표와 우선순위가 무엇인지 명확하게 제시하지 않고 위에서 내려오는 지시의 수행에만 급급하다.

위의 사항만 피한다면 훌륭한 리더라 여겨지지 않을까?

비효율이 효과적일 때가 있다

1. 한 벤처 CEO와 대화를 했다. "회사를 해보니 사람 채용하고 관리하기가 제일 힘듭니다. 바쁜데 사람에 시간을 쏟는 것은 비효율적으로 보이고요. 한가하게 티타임 하거나 1:1 미팅하거나 식사 하는 것은 시간 낭비 같고요. 그렇게 열심히 하고 신뢰를 쌓아도 어차피 나갈 사람은 나가더라고요. 그러니 아예 정을 주지 않는 게 속 편할듯 합니다"

2. 내가 물었다. "그렇게 하니 나아졌나요?" 그는 답한다. "아니오. 더 힘들어요. 예전보다 더 빨리 나가요"

3. 정과 신뢰를 줘도 떠날 수 있다. 그러나 신뢰를 주지 않으면 이에 대한 역치가 낮아진다.

4. 신뢰를 한번 돈으로 환산해보자. 예를 들어, 연봉이 5천만 원이고 신뢰가 2천만 원이라고 해보자. 그러면 전체 7천만 원의 가치가 제공되는것이다. 이 경우라도 외부에서 8천만 원의 제안을 받는다면 당연히 흔들릴 것이다. 그러나 6천만 원의 제안을 받는다면 그래도 저항성이 있을 것이다.

5. 그러므로 신뢰를 만들고 좋은 관계를 만든다고 해서 사람이 떠나지 않는 것은 아니다. 그러나 그 역치를 높여주는데 큰 역할을 한다. 물론 신뢰를 돈으로 계산해서 상대에게 낮은 대우를 하는 수단으로 쓰라는 의미는 아니고 시대가 변했는데도 구시대적인 방법으로 관계 형성을 하라는 뜻은 아니다.

6. 리더들은 대개 효율에 익숙해있어 시간을 낭비하고 싶어 하지 않고 시간 대비 효과가 분명한 일에 집중하기 원한다. 그런데 구성원들과의 관계 빌딩은 밑빠진 독 같은 느낌이 든다. 이에 사람들에게 시간을 쓰는 것은 매우 비효율적으로 보인다. 미팅하고 식사하고 커뮤니케이션 할 시간에 일 자체에 전념하면 훨씬 성과가 높아질 것 같은 생각이 든다. 열심히 커뮤니케이션 해도 가끔씩 오해와 비난, 나쁜 평이 들릴 때면 허탈해진다.

7. 그러나 기억할 것은 인간은 로봇도 AI도 아니다. 작은 감정에도 쉽게 흔들린다. 소소한 마음의 걸림과 불신으로도 동업자 간 의가 상하고 죽기 살기로 좋아했던 애인이 헤어지며 조직과 사회를 배신할 수 있는 것이 인간의 심리이다. 그러므로 인간과의 신뢰 향상을 위해서는 비효율적인 것처럼 보이는 활동이 필수적이다.

8. 미팅을 마칠 때쯤 그 대표가 내게 이런 말을 한다. "비효율적인 것이 효과적이기도 하네요" 오, 빙고! 인간관계는 더더욱 그러하다. 효율적인 것이 반드시 효과적이지 않다. 자녀를 효율적으로 대하는 부모, 애인을 효율적으로 대하는 남자친구를 생각해 보시라. 존경받고 사랑받을 수 있겠는가?

지휘자는 소리를 내지 않는다

1. 얼마 전 한 리더분이 내게 이런 이야기를 했다. "구성원들의 실력이 부족하다 보니 제가 그 일을 대신해 주느라 바쁩니다. 그래도 제가 솔선수범을 해야지요" 우리는 리더의 '솔선수범'을 잘못 해석하는 경우가 많다. 리더가 규정을 지키거나 본을 보이는 것이 아니라 구성원들의 일을 아예 대신해 주는 것을 솔선수범으로 여기기도 한다. 물론 팀 조직이 작은 경우나 긴급한 상황일 때는 리더가 구성원들과 같이 실무 업무를 할 필요도 있다. 그러나 팀 조직이 큰데도 리더가 일상적으로 구성원들의 일을 대신해 주어서는 조직이 효과적으로 작동되기 어렵다. 영업팀장이 팀원이 영업을 못한다고 대신 영업하고, 의사가 간호사가 미숙하다고 그 일까지 대신하면 조직이 제대로 동작하기 어렵다.

2. 예전에 한 교수님이 이런 말씀을 하셨다. "제자와 공동연구를 할 때 제가 직접 논문을 쓰면 금방 씁니다. 그러나 그렇게 해서는 제자가 훈련이 안 됩니다. 제자가 먼저 쓰게 하고 제가 피드백해주며 고쳐오면 다시 봐주고 하는 과정을 반복합니다. 사실 이렇게 하면 시간도 걸리고 답답하기도 하지만 이것이 제자의 능력을 향상시키는 방법입니다"

3. 리더는 리더의 일이 있다. 그런데 리더들이 자신이 할 일을 모르는 경우도 종종 있다. 그래서 극단적으로 구성원들의 일을 대신해 주거나 또는 앉아서 지시와 명령만 내리는 경우가 있다.

4. 저명한 지휘자 벤자민 젠더는 이런 말을 했다. "나는 20년 이상 지휘하면서 어느 날 갑자기 '오케스트라에서 지휘자만 소리를 내지 않는다'는 사실을 깨달았다. 지휘자들은 멋진 모습으로 포즈를 잡지만 오케스트라에서 유일하게 실제 소리를 내지 않는 사람은 지휘자뿐이다. 지휘자의 진정한 파워는 다른 사람들을 파워풀하게 하는 것이다"

5. 지휘자는 악기를 연주하지 않으며, 축구 감독은 공을 차지 않는다. 함장은 배를 운전하지 않는다. 여러 명이 한 배에 타고 노를 저어 경쟁하는 카누 경기의 지휘자도 직

접 노를 젓지 않는다. 그러나 그 누구도 그들이 직접 일을 하지 않는다고 비난하지 않는다. 시범을 보이고 본을 보일 수 있겠지만 구성원의 일을 대신 해주는 것이 리더의 역할은 아니다.

6. 그러면 팀을 이끄는 리더의 역할은 무엇일까? 한마디로 말한다면 '구성원들을 파워풀하게 하여 조직의 성과를 창출하는 것'이다. 이를 위해서는 구체적으로 다음과 같은 역할이 필요하다.

1) 얼라인먼트(Alignment): 회사 전체의 미션, 전략, 목표를 자신의 조직과 정렬하고, 자기 조직의 목표와 방향을 명확히 한다. 위로부터의 목표와 방향을 정렬하여 팀에서 실행하도록 하고 팀의 성과와 아이디어, 리스크 등을 위에 전달한다.

2) 목표와 성과관리: 팀 전체의 성과 달성에 초점을 맞추고 결과를 창출해야 한다. 이를 위해 목표를 분명히 하여 구성원들을 하나로 모으고, 전략을 세우고 우선순위를 정해 다양한 과제들을 효과적으로 해결하여 성과를 창출해야 한다. 또한 구성원들뿐 아니라 다양한 이해관계자들과 소통해야 한다.

3) 업무환경 조성 및 구성원 관리: 구성원들이 목표를 달성하기 위해 제대로 일하고 좋은 생각을 제안할 수 있는 환경을 만들어 줘야 한다. 구성원들과 소통하고 격려하고 인정하며 적절한 피드백과 상벌을 통해 동기를 고취해야 한다. 구성원들의 역량과 강점을 파악하여 적합한 역할을 맡기고 그들이 역량을 발휘하고 성장할 수 있도록 멘토링하고 코칭해야 한다.

4) 협업 관리: 개개인이 아니라 팀으로서 협업하여 성과를 발휘하고, 타 조직과도 매끄럽게 협업하도록 해야 한다. 자신만 파워풀한 것만으로는 부족하다. 구성원들 하나 하나를 파워풀하게 하는 것이 필요하다. 이를 통해 팀 전체가 멋진 연주를 하게 하는 것, 즉 성과를 창출하게 하는 것이 바로 리더의 역할이다.

리더는 직원과 어느 정도 개인적 유대를 맺어야 할까?

1. 리더들을 만나면서 놀라는 것 가운데 하나가 직원들과 사적인 유대관계를 전혀 맺지 않고, 또 바람직하지 않다고 생각하는 분들이 있다는 사실이다. 그냥 일의 성과에만 초점을 맞추고 보상은 돈으로 해주면 된다고 생각하는 것이다. 직원 수가 많지도 않은데 직원들과 밥 한번 먹지 않는 분들도 꽤 있다.

2. 역으로 직원들과 가족이나 친구처럼 지내는 분들도 있다. 너무 친밀해서 나이가 한 살이라도 적으면 반말로 이름을 부르고 때로 사내에서도 형, 동생이라고 하기도 한다. 항상 양극단은 지속하기 어렵다는 것을 기억할 필요가 있다.

3. 이 부분의 균형에 대해서는 리더십 전문가 니콜라스 니그로가 그의 책 『팀장 멘토링&코칭』〈니콜라스 니그로, 위즈덤하우스.2006〉에서 잘 제시한 바 있다. 여기에 내 생각과 경험을 반영하여 정리하면 다음과 같다.

  1) 구성원들에 대한 개인적 관심이 없이는 조직이 탄탄해질 수 없다. 개인의 장단점, 원하는 바, 동기, 가치, 가족 상황을 어느 정도 알 필요가 있다.

  2) 업무를 훌륭하게 수행한 직원에게는 항상 고마움을 표시한다.

  3) 그들의 발전을 인정한다. 돈은 중요하지만, 돈이 최고의 보상은 아니다. 용병처럼 회사 생활하기 원하는 사람은 생각보다 많지 않다. 작은 선물, 휴가, 이메일 등을 통한 인정 등 다양하게 활용해야 한다.

  4) 결혼, 상 등 사적 행사에 가지는 못하더라도 최소한 축하하고 위로하라.

  5) 점심 식사나 티타임으로 전 직원을 만나라. 최대한 골고루 만나라.

  6) 직원의 성과를 기록으로 남겨서 공유하고 인정해 준다.

  7) 화려한 이벤트가 아니라도 작은 인정을 보여주라.

  8) 가끔 옆에 가서 말을 걸고 그냥 가벼운 질문을 하라.

  9) 자신을 표현하도록 말할 기회를 준다.

10) 때때로 예기치 못한 작은 보상을 하라.

4. 단, 주의할 것은 다음과 같다.

1) 보상과 복지 프로그램은 몇 년 후까지, 또 규모가 커졌을 때까지 내다보고 설계해야 한다. 단기적 관점에서 설계하면 위험하다. 상향은 가능해도 하향하기는 쉽지 않기 때문이다.

2) 직원들과 친구나 형, 동생이 되지 마라. 적절한 거리를 유지하라. 리더의 관심은 직원이 훌륭한 성과를 내게 하는 것이지 놀이터나 스위트 홈을 만드는 것이 아니다.

3) 특정 직원들과 퇴근 후 또는 사적으로 어울리지 마라. 의도하지 않은 정치와 파벌을 만들게 된다.

4) 식사를 하거나 1:1 미팅을 해도 가능한 공평하게 돌아가면서 하라. 특정인과 계속 식사하면 편중된 의견만 듣게 된다.

5) 개인적 관심을 가진다는 것은 상대를 존중한다는 것이지 좋은 말만 하는 사람이 된다는 뜻이 아니다. 피드백을 줄 때는 명확히 준다. 프로답지 못한 행동을 했는데도 묵인하면 계속 그렇게 해도 괜찮다는 것을 의미한다. 단, 혼을 낼 때 크게 내더라도 이후 다독거려준다.

6) 기업의 초점은 좋은 팀을 만드는 것 자체가 아니라, 고객에게 가치를 제공하고 성과가 지속 가능한 구조를 만드는 것이다. 직원들이 이 목표에 자신의 목표를 연결할 수 있게 도울 필요가 있다. 아무리 분위기가 좋고 서로 친밀해도 사업이 망가지면 뿔뿔이 헤어져야 한다.

'팀장'이 아니라 '리더'로서
소명 의식이 중요하다

1. 한 연구에 의하면 어떤 일자리에 대한 소명 의식이 강할수록 그것을 잃었을 때 절망에 쉽게 빠진다고 한다. 어떤 직업에 대한 소명 의식과 열정이 너무 강하면 그 직업을 잃게 될 때 크게 좌절에 빠진다는 것이다.

2. 예를 들어 열정적이고 소명감이 강한 연주자일수록 연주자의 직업을 잃고 난 후 좌절감이 크다는 연구 결과가 있다. '교사'로서 소명 의식이 강한 사람이 교직을 은퇴하면 스스로 무용지물이 된 느낌이 된다. '의사'로서 소명 의식이 강할수록 의사직을 그만둘 때 공허해진다.

3. 리더들도 마찬가지다. 기업 임원으로서 소명 의식이 강하면 임원 자리에서 내려올 때 패배감이 크다. 그러면 어떻게 하라는 것인가? 소명 의식을 갖지 말라는 것인가? 두 가지를 구분할 필요가 있다. '일자리에 대한 소명 의식'과 '일에 대한 소명 의식'이 그것이다. '일자리'에 대한 소명 의식이 아니라 '일'에 대한 소명 의식이 필요하다는 것이다.

4. '직업 피아니스트'로서의 소명 의식보다는 '음악'에 대한 소명 의식, '교사'로서의 소명 의식보다 '교육'에 대한 소명 의식을 가지라는 것이다. 그러면 직업 연주자를 못하게 되더라도, 교사를 더 못하더라도 좌절하지 않고 여전히 그 뜻을 이루어 나갈 수 있다.

5. 리더도 유사하다. 기업의 팀장이나 임원, 또는 CEO 등 직책으로서의 소명 의식보다는 리더로서의 소명 의식이 필요하다. KDDI의 창업주이자 일본의 가장 존경받는 기업가 중 한 사람인 이나모리 가즈오는 리더란 높은 뜻을 품고 동시에 개인 욕심을 버리고 집단을 이끄는 역할을 한다고 했다.

6. 그래서 리더는 일자리의 정체성과 일의 정체성을 분리할 필요가 있다. 어떤 직위나 직책으로서가 아니라 역할로서 리더의 소명 의식을 가질 필요가 있다. 그렇다면 설

령 꼭 회사에서 직책을 맡지 않더라도 또한 그 직책을 내려놓더라도 가정이든, 사회든, 다른 작은 조직이든 어느 위치에서나 리더로서 사람들을 돕고 이끌며 봉사할 수 있을 것이다.

사람에게서 해결책을 찾으려 하지 마라

1. 돌은 왜 땅으로 떨어지는가? 과학을 잘 모르는 사람에게 이 질문을 하면 당연히 "돌이 무거우니까 땅에 떨어진다"라고 답한다. 그러나 과학을 아는 사람은 이렇게 답하지 않는다. "지구와 돌 사이의 힘(중력) 때문"이라고 말한다.

2. 일반적으로 사람들은 어떤 현상을 해석할 때 '돌(특정 사건 또는 사람)'에 초점을 둔다. 거기서 이유를 찾으려고 한다. "돌이 무거우니까 떨어지는 것 아니냐? 그러니 돌이 아닌 솜으로 바꾸자"라는 식이다. 그러나 이렇게 해도 떨어지는 시간이 조금 느릴 뿐 결국 떨어진다. 근본적인 변화는 그것을 만드는 힘(환경, 시스템)을 파악해서 바꾸어야 가능하다.

3. '미니멀 사고'라는 개념이 있다. 복잡한 문제를 해결하는 가장 효과적인 방법 가운데 하나는 '사람에게서 해결책을 찾지 말고 시스템에서 해결책을 찾는다'라는 것이다.

4. 많은 리더가 사람에게서 해결책을 찾으려 한다. 그러나 이는 한계가 있다. 예를 들어 '직원들이 실수를 자꾸 범하니 실수하지 않도록 교육해야 한다. 보안 위반을 되풀이하니 인식을 바꿔야 한다. 미세먼지가 많으니 공장에 매연을 내지 않도록 교육해야 한다'는 식이다.

5. 이런 대책이 잘못되었다는 것이 아니다. 교육도 중요하고 인식 전환도 필요하다. 그러나 사람을 중심으로 삼는 대책은 '지속 가능'하지가 않다. 더 중요한 대책은 사람들이 그런 행동을 자연스럽게 하지 않도록 유도하는 시스템을 만드는 것이다. 위의 예에서는 실수를 최소화하는 인터페이스, 보안 위반을 하지 않도록 하는 시스템, 매연 배출을 스스로 자제할 수 있는 시스템을 만드는 것이 지속 가능한 대책이라고 할 수 있다.

6. 부경복 변호사는 『부패전쟁』〈부경복, 프리스마.2011〉이란 책에서 이렇게 말했다. "부패는 개인의 문제가 아니라 시스템의 문제다. 따라서 부패를 범하는 개인이나 기업에 대한 이벤트성 적발 및 처벌에 치중할 것이 아니라, 부패가 발생하기 어려운 환경, 부

패하면 큰 손실이 올 시스템을 만드는 것이 더 효과적이다"

7. 한국의 대학생들은 커닝을 많이 하지만 서구 대학생들은 커닝을 잘 하지 않는다. 미국 학생들이 더 도덕적이어서 인가? 아니다. 커닝하던 한국 학생도 미국에 가면 하지 않는다. 표절도, 부패도 유사하다. 서구인이 도덕심이 더 뛰어나고 인식이 높아서 안 하는 게 아니다. 벌칙 시스템이 엄청나서 안 하는 것 뿐이다. 개인의 도덕심에 호소하고 인식 교육을 하고 해당 개인을 비난해봤자 근본적으로 변화시키기는 어렵다.

8. 리처드 탈러의 『넛지』〈리처드 탈러&캐스 선스타인, 리더스북.2009〉에 이런 사례가 있다. 자발적 장기기증의 비율이 매우 낮은데 한 나라만 유독 높았다. 그 나라 국민의 도덕심이 매우 뛰어난 줄 알았는데 추적해보니 다른 나라들은 의사를 밝혀야 장기기증을 하는 시스템이었는데, 그 나라는 의사를 밝히지 않으면 장기기증이 디폴트로 되는 시스템을 채택했다. 바로 시스템 차이가 결과의 차이를 만든 것이다.

9. 그러므로 사람의 도덕심이나 인식에 호소하여 행동을 바꾸려 한다면 쉽지도, 지속적이지도, 효과적이지도 않다. 리더들은 사람들이 자연스럽게 행동을 유도할 시스템을 만들어야 한다.

누구를 선택할 것인가?

1. 2000년 초 새로 입사한 회사에서 본부장을 하며 많은 사람을 뽑았다.

2. 어느 날, 타 회사의 한 사람이 메일로 내게 자기소개서와 입사 요청을 보냈다. 학벌이 좋지 않았다. 이름도 들어보지 못한 대학 출신이었다. 이에 선입관이 있었지만 자기소개를 읽어보니 아주 논리적이었고 수행 경험도 다양했다. 나이나 학력에 비해 직위도 높았다. 지인을 통해 체크해보니 일을 매우 뛰어나게 한다는 것이었다. 이에 채용했고 이후 그는 굉장히 큰 역할을 했다.

3. 이후에도 대개 학벌이 좋지 않지만 자신의 분야에서 뛰어난 인력들을 집중적으로 영입했는데 회사에 매우 큰 공헌을 했다. 사실 그들은 해외 유학은커녕 내세울 것이 별로 없었기에 대기업이나 유명 벤처들에서는 고배를 마셨지만 우리로서는 행운이었다.

4. 얼마 전 아는 한 벤처 CEO가 내게 어떤 사람의 이력서를 보여주었다. 스스로가 메일을 보내 자신의 회사에 CSO* 역할을 하겠다고 제안했는데 어떻게 보시냐는 것이다. 나이도 많지 않은데 10장도 넘는 이력서였다. 좋은 대학, 해외 경험, 그동안 거친 여러 회사를 나열했고, 자신의 인맥만 몇 페이지로 기록했다. 내 느낌에는 딱 봐도 빛 좋은 개살구였다. 무슨 놈의 인재가 자신이 누굴 안다는 것까지 일일이 나열해서 제출할까? 진짜 일을 잘 하는 사람은 일의 성과 외의 것은 별로 제시하지 않는다.

   * CSO(Chief Strategy Officer): 최고전략책임자

5. 동일한 위치에 오른 두 사람이 있다. 한 사람은 배경도 좋고 인물도 좋다. 또한 사람은 그렇지 않다. 이 경우 우리는 누구를 선택할 것인가? 대개 같은 값이면 다홍치마로 전자를 선택할 가능성이 높다. 그러나 실제는 대개 후자가 더 능력이 있다. 그 자리에 오르기까지 얼마나 많은 유리천장을 뚫었을 것인가!

6. 나심 탈레브는 자신의 저서 『스킨 인 더 게임』〈나심 니콜라스 탈레브, 비즈니스북스.2019〉에서 이런 말을 했다. "종합병원의 외과에 비슷한 직급을 가진 두 명의 외과의사가 있다. 첫 번째 의사는 은테 안경을 썼는데 손이 가늘고 섬세하다. 이 의사는 말도 침착하게 하고 제스처도 우아하며 은발의 머리카락 역시 잘 빗겨져 있다. 사무실 벽에는 아이비리그 대학의 학위증서가 걸려있다. 두 번째 의사는 도살업자처럼 생겼다. 비만에 손도 크고 말투도 상스럽고 외모도 단정하지 못하다. 그리고 강한 뉴욕 억양을 가지고 직설적으로 말한다. 게다가 입을 열면 금이빨이 보인다. 사무실 벽에는 아무런 학위 증서도 걸려 있지 않아 모교에 대한 자부심이 없음을 직감할 수 있다" 그는 만약 자신이 외과의사를 선택해야 한다면 아무 망설임 없이 두 번째 의사를 고를 것이라고 말한다. "전문분야에서 성공적인 경력을 쌓았다는 전제 조건하에, 외형이나 배경이 뛰어나지 않은 의사일수록 지금의 자리에 오기까지 극복해야 했던 장애물이 많았을 것이기 때문이다"

7. 물론 좋은 학력, 좋은 배경은 그가 기본적으로 '공부머리'나 '학습능력'이 있다는 것을 입증해 준다. 고교시절 그리 놀지 않았다는 것을 말해준다. 또한 세상에는 공부머리가 유리한 영역들이 있다. 이에 좋은 배경을 가진 이들이 성공 가능성이 더 높음은 분명하다. 그러나 배경은 별로지만 진짜 인재들이 꽤 있고 공부머리가 잘 통하지 않는 영역들도 꽤 있다.

8. 특히, 사람들이 몰려오지 않는 기업들이라면 눈을 크게 떠서 이런 인재를 찾을 필요가 있다. 번지르르한 옷과 화려한 학력과 경력, 현란한 언변은 눈을 어지럽히고 본질에 집중시키지 못하는 경우가 많다.

있는 게 아니라 만드는 것이다

1. 얼마 전 한 분에게 이런 질문을 받았다. "제가 회사를 옮기거나 창업하면 성공할 수 있을까요?" 이런 질문들도 간혹 받는다. "그 회사를 인수합병하면 시너지가 날까요?", "이런 서비스를 출시하려는데 성공할까요?"

2. 한 책*을 읽었는데 일본 산토리의 니이나미 다케시 사장 이야기가 나온다. 그 회사는 미국 양주 회사인 빔을 매수하려 하고 있었다. 기자가 물었다. "합병을 하면 무슨 시너지가 있습니까?"

  * 『일을 잘 한다는 것』〈야마구치 슈&구스노키 겐, 리더스북.2021〉

3. 다케시 사장은 이렇게 답했다고 한다. "지금은 그 질문에 답할 수 없습니다. 시너지는 '자, 여기 있습니다' 하듯이 정해진 곳에 있는 것이 아닙니다. 제가 만들어야 하는 것입니다"

4. 사장은 빔사를 인수한 후 빔의 제조 현장으로 갔다. 그러고는 말한다. "우리는 빔의 방식을 배우고 싶습니다" 흥미롭게도 과거 빔 사장들은 현장에 얼굴을 내민 적도 없었다. 그저 본사에 앉아서 매출이나 이익에만 신경을 썼다. 이 말을 들은 현장 사람들은 감동하기 시작했다.

5. 또한 그는 산토리의 교토 증류소에 빔임원들을 집결시켰다. 현장을 보게 하면서 산토리의 장인정신을 공유해주었다.

6. 이후 산토리가 빔의 기술을 채택하여 출시한 위스키가 성공을 거두게 되었다. 또한 하이볼* 문화를 확산하게 된다.

  * 하이볼: 위스키에 소다수를 타서 담아 내는 칵테일의 한 종류.

7. 그는 시너지가 두 회사 합병으로 저절로 되는 것이 아니고 만드는 것임을 증명했다.

8. 멋진 회사로 옮기거나 좋은 아이디어로 창업한다고 저절로 성공이 따라오는 것이 아니다. 내가 어떻게 하는가가 중요하다. 그 회사에서 어떻게 플레이하는지? 내가 아이디어를 어떻게 상품화하고 실험하며 발전시키는가가 더 중요하다.

9. '성공'이란 예측으로 이루어지는 것이 아니다. 어디에선가 그저 존재하다가 내게 오는 것도 아니다. 내가 '만드는 것'이다.

저 사람은 어떻게 저 자리에 올랐을까?

1.   얼마 전 카페 옆자리에서 대기업 직원들의 대화가 들린다. "우리 상무님은 어떻게 상무가 되었는지 몰라. 실력도 없는데. 대표이사에게 아부는 엄청 잘해" 또 한 직원은 이런 말을 한다. "A부서 상무는 직원들을 노는 걸 못 봐. 직원들이 다 싫어하는데 어떻게 임원이 되었는지 모르겠어"

2.   간혹 "저 사람은 어떻게 저 자리에 올랐을까?" 궁금한 경우들이 있다. 특히, 실력을 중시하는 젊고 의협심이 강한 이들의 눈에는 이해할 수 없는 임원들이 꽤 있다. 나도 그러했다. 과거 대기업에서 많은 임원들을 만나 보았는데 실력도 없는데 어떻게 저 자리까지 올랐는지 이해할 수 없는 사람들도 꽤 있었다.

3.   그러나 시간이 지나면서 보니 이해가 되었다. 기업에서 임원 이상 오른다는 것은 20년 이상 오랜 기간 경쟁을 뚫고 올랐다는 것이다. 그러므로 다들 특기가 있다. '성과'나 '똑똑함', '전문성'이 유일한 특기는 아니다. 사실 '정치'도 특기이고 '충성심', '관계'도 특기이다. '기획과 쇼잉'도 특기이고 '독함'도 특기이다. 오히려 '성과'는 20년 이상 꾸준하게 낸다는 것이 거의 불가능하므로 '실력'과 '성과'에만 초점 맞춘이들은 좋을 때는 잘나가지만 언젠가 실패할 때 누군가 보호해 주지 않으면 탈락한다.

4.   과거 마른 수건도 짜내는 지독한 대기업 CEO가 계셨다. 직원들에 대한 사랑이나 신뢰 같은 것은 없었고 본인의 성과와 오너에 대한 충성만 있으셨다. 당연히 직원들은 다 싫어했다. 그래도 그분은 승승장구하신 후 은퇴하셨다. 잘 보니 그분은 방만하게 운영되거나 적자가 많거나 구조조정이 필요한 기업에 배치되었다. 직원들 욕먹는 것에 개의치 않고 쥐어짜고 이익을 만들어내는 것이 그분의 특기였기에 오너가 적절히 활용한 것이다.

5.   윗사람과의 '관계'도 중요하다. 아무래도 사람들은 자신이 아는 사람을 쓰게 마련이니 윗사람이 잘되면 그와 좋은 관계를 맺은 이들은 실력이 조금 약해도 위로 올라갈 수 있다. 특히, 오너와의 관계는 승진의 핵심 중 핵심일 수 밖에 없다.

6. 이렇듯 산전수전 겪으며 쌓은 무언가가 있다. 그것을 하나의 잣대로 재면 말도 안 되는 사람들이 위치를 차지하는듯하지만 대개는 그래도 무언가 재주가 있기에 오르는 것이다.

7. 물론 여기에 '운'의 힘도 엄청나다. 아무리 뛰어나도 타이밍과 환경이 받쳐주지 않으면 어렵다. 그러므로 어떤 위치에 올랐다는 것은 운도 있다는 것이다.

8. 또 하나 고려할 것은 '피터의 법칙'이다. 수직적 계층 조직의 모든 직원은 능력이 고갈될 때까지 승진하는 경향이 높다는 것이다. 즉, 무능함이 드러날 때까지 승진하게 되니 높은 자리들은 무능한 사람으로 채워진다는 역설이다. 기업에서는 대개 높은 직급에 맞는 사람이 그 직급을 차지하는 게 아니라, 아랫 직급에서 가장 잘한 사람이 높은 직급을 차지한다. 그러다 보면 막상 높은 직급이 되어서 감당하지 못하는 사람들이 있게 되고 그들은 무능함을 드러낸다.

9. 그러므로 요약하자면,

  1) 직위는 고스톱으로 딴 것은 아니다. 재주와 운이 있는 것이니 인정해 주시라.

  2) 직위는 대개 그 직위가 끝인 사람들로 채워져 있다. 그러므로 무능하게 보이는 경우가 많다.

  3) 당신이 승진하길 원한다면 당신의 특기를 잘 개발하시라. 전문성이나 성과만이 실력은 아니라는 것을 기억하시라. 또한 하나씩 위로 오를 때 그것이 자신의 무능을 드러내는 마지막 자리가 되지 않도록 그 위치에 걸맞은 모습과 성과를 보여라.

창문을 열면 파리도 들어온다

1. 나는 주로 온건하고 부드러운 글을 쓰는 편이지만, 그렇다고 해서 '매사에 좋은 사람', '매사에 합리적인 사람', '매사에 옳고 그름 속에 있는 사람'을 좋아하지 않는다. 왜냐하면 세상을 바꾸는 사람들은 그저 좋은 사람, 그저 옳은 사람이 아니기 때문이다.

2. 매사에 자신만의 '절대 선'이라는 잣대로 '이게 맞고 저건 틀리고'식으로 말하는 평론가는 세상을 절대 바꾸지 못한다. 주위 사람들로부터 모두 사랑받고 좋게 비치고자 하는 이들도 세상을 바꾸지 못한다. 고고하게 비판만 하는 이들, 더럽다고 회피하고 더러운 오물에 발 담그지 않으려 하는 이들도 세상을 바꾸지 못한다.

3. 진흙탕 속에 있는 불의나 잘못된 전통, 고정관념과 싸우려면 진흙탕으로 들어가야 한다. 진흙탕에 들어가면 자신도 진흙이 묻는 것은 당연한 일이다. 거기서 싸우고 나와서 씻는 것이지 흙 튀는 게 무서워서 밖에서 비평만 하거나 더럽다고 빠져나오는 것은 고결한 것이 아니다. 나약한 것이다.

4. 창문을 열면 파리도 들어온다. 그러나 파리를 막으려고 문을 틀어막아 신선한 공기를 포기하는 것은 어리석은 일이다.

5. 세상을 바꾸는 사람은 착하고 고고하고 중립적이고 논리적이기만 한 사람이 아니다. 관중석에 앉아 구경하거나 평론하는 사람들이 아니다. 인권, 민주주의, 소수자 보호 등 역사의 획을 그은 변화들뿐 아니라 많은 기업의 혁신들을 보면 그 뒤에 경기장에서 넘어지며 쓰러져도 뛰는 사람들이 있다.

6. 소명의식과 의지가 강한 사람, 그릿(Grit)이 있는 사람, 행동하는 사람, 두렵지만 두려움을 뛰어넘는 사람, 미움받을 용기가 있는 사람, 상대의 계속된 공격에도 악착같이 또 덤비는 사람, 한마디로 말하면 '독한 사람'들이 있다. 변화가 필요한 조직과 사회에는 조금 더 '독한 사람'들이 필요하다.

상대가 진짜 똑똑한지 허풍인지 구별하는 방법

1. 미국 경제매체인 Inc의 한 기사를 읽다 보니 아마존의 제프 베조스는 자신이 같이 일하고자 하는 '똑똑한 사람'의 기준을 다음과 같이 말한다. "가장 똑똑한 사람들은 끊임없이 자신의 이해를 수정한다. 그들은 이미 해결했던 문제들에 대해서도 다시 고려해본다. 그들은 기존 사고에 대항하는 새로운 관점, 정보, 생각, 모순, 도전 등에 대해 열려있다. 자신의 예전 생각이 잘못되었다면 언제든 바꾼다"

2. 그런데 많은 리더가 새로운 정보가 들어왔음에도 불구하고 자신의 기존 의견을 잘 바꾸지 않는다. 왜일까? 자신의 의사결정을 바꾸는 것은 '자신이 틀렸고 패배했고 어리석었다'라는 것을 인정하는 것이라 생각하기 때문이다. 설령 새로운 증거가 나타나서 과거 의견이 잘못된 것이 명백함에도 의견을 잘 바꾸지 않는다. 특히 자신보다 낮은 직위의 구성원들이 자신의 의견과 다른 증거를 가져온다면 더더욱 그러하다.

3. 물론, 반드시 지켜야 할 가치와 원칙은 흔들리지 않고 고집스럽게 지켜나가는 것이 필요하다. 또한, 자신의 의견을 바꾸라는 것은 아무 생각도 줏대도 없이 남의 말에 혹해서 정신없이 이랬다저랬다 하라는 의미는 아니다. 자신의 의견은 가지고 있되 가정과 사실과 환경이 바뀌면 과감히 변경하라는 것이다.

4. 그러나 가정이 바뀌고, 사실이 바뀌고, 환경이 바뀌었는데도 '일관성'을 부르짖는 것은 '만용'일 뿐이다. 디지털카메라가 세상을 휩쓸고 있는데도 필름 사업을 고집한 코닥의 경영자들을 보라. 정말 똑똑한 리더들은 일관성에 얽매이지 않는다. 자신이 틀렸음을 인정하는 것을 '나는 바보가 되었다'라고 해석하지 않는다.

5. 연구에 의하면 '지적 겸손(Intellectual humility)'을 가진 사람들이 더 나은 의사결정을 한다고 한다. 지적 겸손도가 낮은 사람들은 시시비비를 잘 가리지도 못하면서 사람들 앞에서 자기가 맞다고 주장한다. 반면, 지적 겸손도가 높은 사람들은 "Strong opinions, which are weakly held"*의 자세를 가진다고 한다. 자신의 의견을 분명히 가지고는 있지만, 그것에 집착하지 않는다는 것이다. 너 분명한 사실과 증거가 나오면 언제든 이를 바꿀 수 있는 자세를 의미한다.

* Strong opinions, which are weakly held: 느슨하게 쥔 강한 의사 표현

6. 재미있는 예화가 있다. 어느 날 소로스와 탈레브가 주식시장의 전망을 두고 격론을 벌였다고 한다. 자기주장이 매우 강한 소로스에게 탈레브는 반대 의견을 제시했다. 그런데 시간이 지나자 시장은 탈레브의 예측대로 움직였다. 이에 탈레브가 소로스에게 말했다. "손해 좀 보셨겠습니다" 그러자 소로스는 이렇게 답했다. "아니오. 나는 내 의견을 빠르게 수정해서 큰돈을 벌었죠"

7. 이에 Inc의 기사는 이렇게 권고한다. "상대가 진짜 똑똑한지, 아니면 허풍인지 구별하는 질문이 있다. 그것은 상대가 기존 의견을 바꾼, 가장 최근이 언제인지 확인하는 것이다. 상대가 자신이 틀렸음을 인정한 기억이 별로 없다면 그 사람은 진짜 똑똑한 사람이 아님에 틀림없다" 당신이 스스로 틀렸음을 인정하고 생각을 바꾼 때는 언제인가? 기억하기 어렵다면 당신은 그렇게 똑똑한 리더가 아닐 가능성이 크다.

3장 · 成熟 성숙

일과 삶의 의미를 발견하는 방법
〈성숙〉한 삶을 위한 통찰

나중에 나이가 들어 되돌아볼 때 자신의 삶에 있어서
어떤 순간이 가장 빛나는 순간으로 기억될까?
바로 간절히 원하는데 얻는 것이 너무 어려웠던,
그리고 그것을 이루기 위해 분투했던 순간일 것이다.

나를 밀어내는 사람

1. 얼마 전 한 지인을 만났는데 상사가 자신을 힘들게 한다고 토로했다. 똑똑하지도, 말을 잘 알아듣지도 못하고, 배울 것도 없고 책임 회피만 한다고 불평했다.

2. 넬슨 만델라는 27년간 수감 생활을 했다. 만델라는 요주의 인물이었기에 간수가 3명이나 붙었다. 그러나 그들은 하나같이 만델라를 매우 가혹하게 대했다. 출옥 후 만델라는 대통령이 되었다. 이 세 간수는 모두 자신들이 큰 벌을 받을 것으로 생각하여 떨었다. 그런데 만델라는 그들을 대통령 관사로 초청했다. 주위 참모들은 의아해 하며 그 이유를 궁금해했다.

3. 이때 만델라는 이런 말을 했다고 한다. "제가 젊었을 때 성질이 매우 급하고 사나웠습니다. 옥중에서 나의 감정을 억제하는 법을 배우지 않았다면 벌써 죽었을 것입니다. 나는 오랜 시간 이 세 분들과 있으면서 나의 사나운 감정과 고통을 슬기롭게 극복하는 방법을 터득했습니다. 또한, 이분들이 없었다면 나는 나와 입장이 다른 사람과 대화하는 법을 배우지 못했을 겁니다"

4. 일본의 컨설턴트인 호소야 야샤오라는 분도 나의 지인과 유사한 질문을 받았을 때 흥미로운 답변을 했다. "이러한 환경은 자신을 훈련할 수 있는 '좋은 기회'다. 상사가 너무 머리가 좋아 내가 대충 준비해도 금방 알아듣는다면 수고는 덜지라도 자신의 설득 능력은 크게 훈련이 되지 않을 것이다. 그러나 상사가 이해력이 부족하여 잘 알아듣지 못한다면 어떻겠는가? 그가 알아듣게 설명하기 위해서는 전달 능력을 엄청나게 훈련시켜야 할 것이다"

5. "상사가 책임을 지지 않는다면 자신은 스스로 책임지지 않도록 일을 깔끔하게 하거나 또는 스스로 책임지는 법을 익힐 수밖에 없을 것이다. 어차피 자신 외에는 분세를 해결할 수 있는 사람이 없다면 이 문제를 어떻게 해결할지 곰곰히 생각할 기회가 많아질 수밖에 없다. 이에 오히려 생존능력, 설득력, 사고력을 개발할 수 있다"

6. 중국 작가 장징푸는 세상에는 두 부류의 사람이 있다고 한다. 하나는 이끌어주는 사람 또 하나는 뒤로 미는 사람이다. 우리는 이끌어주는 사람에게만 감사하지만 뒤로 미는 사람에게도 감사해야 한다고 한다. 이들에게 감사할 이유는 우리로 하여금 좌절을 딛고 새롭고 강한 인생을 살수 있게 해주기 때문이라고 한다.

7. 지난 시간 잘 생각해 보시라.(물론 다시는 경험하고 싶진 않아도) 의외로 어려운 환경, 힘든 경험을 한 사람이 자신을 더 강하고 성숙하게 만들었을지 모른다.

8. 그러므로 '나를 밀어내는 사람'조차도 나의 삶에 도움이 되도록 만들 수 있는지의 여부는 바로 자신의 마음에 달려있다.

나답게 산다는 것은?
좋은 사람으로 사는 것을 포기함

1. 예전에 한 산하 임원과 이야기를 했다. 자신이 제일 힘든 부분을 이야기한다. 그것은 타인에게 너무 강하거나 심하게 이야기한 후 내내 복기를 하게 되는 것이라 했다. 상대에게 상처를 준 것은 아닌지? 자신이 너무 심했던 것은 아닌지? 아무렇게나 악행과 폭언을 하고도 멀쩡한 소시오패스도 있지만 이런 착한 분들이 의외로 적지 않다. 그녀는 예의도 바르고 항상 논리적이고 차분하게 말하는 스타일이었다. 그녀가 화를 낸다고 생각하는 정도는 내가 평상시 약간 세게 말하는 수준이었다. 그런데 그녀 스스로는 이에 대해 매우 예민했던 것이다.

2. 의외로 주위 사람들에게 과도하게 예민한 착한 분들이 있다. '내가 쓸데없는 말을 했나? 그는 날 미워하나? 그렇게 하지 말았어야 했는데…'라고 신경 쓴다. 사실 나도 마음이 여려 이런 경향이 있다. 적절한 정도라면 괜찮은데 지나치면 독이 된다. 지나치면 다른 사람의 기분에 과도하게 신경 쓰고 죄책감을 가지기도 하며, 좋은 사람이 되지 말아야 할 상대에게도 좋은 사람이 되기도 하고, 호구가 되며 이용당하기도 한다.

3. 예전에 한 지인은 이런 말을 한다. "동창 중에 너무도 착하고 예쁜 친구가 있었는데 경제력도 없고 폭력을 휘두르는 남편과 아직도 살고 있다. 그녀가 결혼한 이유는 자기를 따라다녔던 그에게 연민의 정을 느껴서. 사랑해서가 아니라 안돼 보여서 결혼한 것이다. 결혼 후에 본 모습을 확인했음에도 불구하고 착해서 헤어지지도 못한다"

4. 대개 과도하게 착하거나 과도하게 좋은 사람은 어렸을 때 부모 등으로부터 온 심리적 트라우마가 있다. 이로 인해 무의식에 내가 누군가를 구해야 한다는 자동화된 생각이 깔려있거나 착한 사람으로 인정받는 것이 자신의 삶의 가장 근 우선순위기 된다. 좋은 사람이어야만 사랑받는다는 생각을 가지게 된다. 자신은 착하기만 한 엄마나 아빠처럼 살고 싶지 않은데 그렇게 되기도 한다.

5. 물론 이 세상에 좋은 사람, 착한 사람이 많이 필요하다. 남들을 배려하는 삶은 훌

륭하다. 그러나 그것이 주체적인 선택으로부터 나온 것이 아니면 결국 자신도 힘들고 타인에게 이용당하기도 한다.

6. 중요한 것은 나답게 사는 것이다. 나답게 산다는 것은 남들의 기분에 맞추는 것이 아니라 나의 기준에 맞추는 것이다. 자신이 하기 싫은 일은 거절하기도 한다. 거절 당해도 다시 도전한다. 오지랖 넓게 내가 다 해주려 하는 것이 아니라 상대가 스스로 해결하도록 돕거나 내버려 둔다. 돈을 쉽게 빌려주지 않는다. 고민이 되면 혼자 고민하거나 죄책감에 시달리지 말고 상대에게 그냥 이야기한다. 하고 싶은 말을 한다. 때로 독한 인간이라는 소리 듣는 것을 즐겨라. 쿨(Cool) 할 필요가 있다.

7. 어떤 책을 보니 이런 멋진 말이 있다. "나는 위성이 아닌 빛나는 별이다" 모두를 행복하게 하는 삶은 불가능하다. 자신이 행복하면 주위도 행복해진다. 남들 주위에 돌면서 눈치 보며 전전긍긍하고 남들이 가진 빛(인정, 사랑…)을 얻어 가려는 삶을 그만둔다. 사람들을 배려하고 돕지만 그것이 상대의 기분에 맞춘 도움이나 인정받으려는 데서 나온 것이 아니라 주체적 선택으로 한다. 우리 스스로가 빛으로 별로 산다. 그게 나답게 사는 게 아닐까?

실패한 후의 태도가 그 다음을 결정한다

1. 예전 부서의 한 직원이 나의 부서 이동에 대한 아쉬움의 메일을 보내며 금번에 과장 승진 탈락으로 나를 기쁘게 뵙지 못해 미안하다고 메일을 보냈다. 사실 그와 나 사이의 계층은 3단계나 있지만 몇 번 보고에 참여였기에 기억한다. 내가 기억하기에 아주 똑똑한 직원이었다. 비슷한 동기들 중 빠른 동기는 2년 전에, 또 많은 동기들은 작년에 되었기에 올해는 반드시 되어야 했을 것이다. 자존심도 많이 상하고 실망도 많이 되었을 것이다. 그녀는 예전에 내가 회사에서 강의한 '회사에서 성과 내고 성공적인 커리어를 쌓는 법'이라는 강의에서 '축적 후 발산'을 꼭 기억하겠다고 했다. 기특해서 몇 가지 구체적인 어드바이스를 해주었다. 직장 생활에서 승진 누락이란 참 어려운 부분이다. 특히 비슷한 동기 또는 나보다 실력 없다고 생각한 사람들이 먼저 올라갈 때 자존심도 상하고 망연자실해진다. 그러나 이럴 때일수록 기억해야 한다. '축적 후 발산' 그리고 상사와 진솔하게 대화해보시라.

2. 예전, 인사발령이 끝났는데 부장 담당 한 명이 찾아왔다. 사실 담당 직책은 대개 상무보가 하는 자리라 부장들은 그다음 승진을 매년 기대하기 마련인데 두 번이나 떨어졌다. "금번 많은 도움을 주셨는데 능력이 부족하여 상무보 승진을 못했습니다. 무엇을 보완할지 코칭 해주시면 내년에 다시 한번 열심히 하겠습니다" 일반적으로 승진자들은 빠르게 연락하거나 찾아온다. 그러나 보통 탈락자들은 찾아오지 않는다. 쑥스러워서인 경우도 있지만, 탈락의 쓰라림에 스스로 자기 세계에 빠지거나 때로 상사나 주위를 원망하기도 한다. 그런데 이런 과정을 이기고 찾아오는 직원인 만큼 기억에 남고 왠지 약간의 빚을 지는 느낌마저 들었다. 결국 다음 해 그는 승진하게 되었다.

3. 예전, 수주를 위해 제안을 많이 한 적이 있었다. 죽도록 고생해서 제안했는데 2등으로 떨어진 경우가 많았다. 이때마다 우리의 실력을 인정 못한 고객에 대한 원망으로 제안팀과 술 마시며 열분을 토했다. 그런데 어느 때인가 이래서는 안되겠다는 생각을 했다. 그래서 조금이라도 연결이 되는 고객에게는 떨어진 후 연락을 했다. "열심히 준비했지만 저희가 부족하여 탈락했습니다. 혹시 보완해야 할 부분이 있다면 알려주시면 다음번에 제대로 해보겠습니다" 고객들은 처음에 어리둥절했지만 보통 우리의 문제를 알려주었고 그 다음번 제안의 성공률이 아주 높아지게 되었다.

4. 살다 보면 '실패'란 당연하다. 그런데 내 열심과 능력을 못 알아준다고 술 먹고 상사나 고객을 원망하거나 또는 자책에 빠져 스스로 원망해봤자 달라지는 것은 없다. 아니, 악화될 뿐이다. 그러고는 예전 방식대로 다시 도전해봐야 또 실패할 뿐이다. 겸허한 자세와 피드백을 통해 자신을 업그레이드할 '기회'로 여기고 용기 있게 찾아가서 피드백도 받고 새로운 준비를 한다면 그 '실패'는 인생의 값진 '자산'으로 남을 것이다.

너무 일희일비할 필요가 없다

1. 예전에 어떤 회사의 CEO를 만났다. 과거 매우 큰 규모의 솔루션 수주를 해서 회사에서 축포를 울리고 좋아했단다. 솔루션 초기 단계였기에 만일 수주를 하면 그 프로젝트를 기반으로 솔루션을 완성하여 이후 사업을 본격적으로 하고 만일 실주하면 포기하려 했다고 한다. 그런데 수주했으니 기쁨과 희망에 전사원이 축배를 들 수 밖에. 그런데 이후 이 수주는 재앙으로 변했다. 프로젝트도 어렵게 했고 이후 이를 기반으로 사업을 확대했으나 너무 손이 많이 가는 솔루션이라 결국 수많은 손해를 보고 접었다고 한다. 그 솔루션 때문에 회사가 망하기 직전까지 갔다고 한다. 물론 결과론적 해석이지만 그때 수주를 못했으면 3년을 날리지 않았을 거라고 한다.

2. 얼마 전 한 CEO를 만났다. 몇 개월 전 자신과는 맞지 않지만 성과가 뛰어난 영업팀장이 회사를 그만두겠다고 했을 때 정말 큰 일 났다는 생각을 했다고 한다. 앞으로 영업은 어떻게 하지? 그런데 흥미롭게도 이후 회사 분위기가 더 좋아졌다고 한다. 그 영업팀장이 자신과 맞지 않았기에 자신의 에너지를 그 사람에게 80% 이상 쓰고 있었다. 그런데 그가 나가자 마음에 공간이 생기고 직원들을 하나하나 보게 되고 같이 하게 되어 오히려 더 회사의 사기와 분위기가 좋아졌다는 것이다.

3. 나의 과거를 봐도 그러한듯하다. 그 당시는 최악의 상황이라 여겨지는 몇 차례의 상황이 있었다. 그런데 그 덕분에 생각하지도 못했던 새로운 도전들을 하게 되고, 그것이 이후 전화위복이 되어 내 삶을 더 풍부하게 만들었다. 역으로 박수받고 환호 받는 순간이 이후 누군가의 시기와 간섭을 받는다든지 등의 다른 결과로 변하기도 했다.

4. 수주하면 세상을 얻은듯하고 실주하면 세상을 잃은듯하며, 어디엔가 합격되면 행복이고 떨어지면 불행인듯하며, 누군가가 오면 회사가 흥하고 누군가 떠나면 회사가 망할듯하며, 사랑을 얻으면 행운이고 실연당하면 죽을 것 같지만 그 결말은 어떠할지 예측할 수 없다.

5. 좋은 일 같았지만 나쁜 일이 되고 나쁜 일 같았지만 좋은 일도 되는 게 인생이라 '새옹지마'라는 말은 삶의 핵심 통찰인 듯하다. '새옹지마'는 나도 제일 좋아하는 단어 중 하나이다.

6.   그러므로 어떤 벌어진 사건에 너무 일희일비할 필요 없다. '과거는 과거다(Past is past)' 나쁜 일이 벌어지면 좋은 일도 있으려니 하고 좋은 일이 벌어지면 감사하되 경계할 필요가 있다. 밤이 있으면 낮이 오고, 낮이 있으면 밤이 오는 게 인생이리라. 단지, 행운이 부족한 어떤 이에게는 밤이 좀 길고, 행운이 많은 어떤 이에게는 낮이 좀 길뿐이다.

자신의 의자의 세 번째 다리는?

1. 왜 부자가 되고 싶은가?라는 질문을 해보면 흥미롭게도 대개 답변이 궁색하다. "집을 산다. 좋은 차를 산다. 명품을 산다. 세계 여행을 다니고 싶다. 노후에 안전함을 누리고 싶다. 그냥 책 읽고 이것저것 배우며 빈둥거리고 싶다. 가족들과 시간을 더 많이 보내고 싶다" 정도의 답이 나온다. 조금 더 나아가면 "자선을 하고 싶다. 학교를 짓고 싶다. 사람들을 가르치고 싶다. 봉사하고 싶다" 등의 답도 나온다.

2. 결국 한마디로 말하면 무언가를 '구매'하거나 '여유'를 가지고 싶거나 세상에 '기여'하는 일을 하고 싶은 것이다. 그런데 잘 보면 엄청난 고가의 구매를 제외한 '여유'나 '기여'는 꼭 부자가 된 미래 어느 날이 아니라 지금도 할 수 있는 것이다.

3. 지금도 빈둥거릴 수 있고, 지금도 책 읽고 배울 수 있고, 지금도 사람들을 가르칠 수 있다. 지금도 가족들과 시간을 더 많이 보낼 수 있다. 지금도 자선을 할 수 있고 지금도 낯선 곳을 다닐 수 있다.

4. 허핑턴 포스트의 허핑턴은 2007년 서재에서 일을 하다가 기절했다. 깨어나 보니 머리가 책상에 부딪쳐 피가 철철 흐르고 있었다. 병원에 가보니 과로와 수면 부족이었다. 그녀는 허핑턴 포스트를 설립하고 하루에 18시간을 일했다고 한다. 여러 잡지의 성공한 여성으로 표지를 장식했다.

5. 그런데 그 날 이후 그녀는 진정한 성공이 무엇인지 물었다고 한다. 그동안은 부와 권력 두 가지였지만 이는 다리가 2개인 의자임을 깨달았다고 한다. 다리가 2개인 의자는 쉽게 무너진다. 이후 그녀는 세 번째 다리로 '웰빙'을 추가했고 이후 매일 충분한 휴식, 수면, 삶의 여유를 포함시켰다고 한다.

6. 우리가 예수나 부처처럼 돈, 권력을 다 버리고 살 필요는 없을지 모른다. 그러나 자신의 의자의 또 다른 다리는 무엇일지 생각해 볼 필요가 있다. 그것이 웰빙이든 사회 공헌이든 자기 계발이든 그냥 산책이나 독서나 빈둥거림의 소소한 여유든 자신이 무언가 돈이 많아지고 시간이 충분해지는, 막연한 미래로 미루어 놓았던 그것이 바로 당신의 '세 번째 다리'이다.

소박하게 사는 게 좋을까?
사치스럽게 사는 게 좋을까?

1. 얼마 전 어떤 분이 이런 말을 하신다. "아이가 돈은 별로 못 버는데 고급만 찾아다녀서 큰일이다. 그러다가 돈을 어떻게 모을지?" 잘 들어보니 그 자녀가 무조건 사치하고 낭비하는 것은 아니었다. 자신이 좋아하는 특정 부분에 최고를 경험하기 위해 돈을 아끼지 않는 것이었다. 나이가 좀 있는 부모라면 기본적으로 하는 말이다.

2. 그런데 그게 과연 큰일 날일일까? 그럼 평생 우리처럼 자녀들도 그저 그런 것만 찾아다니고 애써 모으기만 하며 살게 하는 게 좋을까? 소박하게 사는 게 좋을까? 아니면 사치스럽게 사는 게 좋을까?

3. 개인의 철학에 따라 다르겠지만 나의 생각은 둘다 답일 수도 있고 아닐 수도 있다. 어떤 삶을 살든 자신이 '선택'하여 사는 것이라면 괜찮은 것이다. 그런데 '선택'이 아니라 어쩔 수 없이 어떻게 산다면 그것은 괜찮지 않다.

4. 자신이 경제력이 없어 어쩔 수 없이 소박하게 살거나, 남과의 비교의식으로 인해 남에게 잘 보이고 과시하려고 사치를 찾아다니는 것, 둘 다 자유가 아니다. 진짜 자유는 자신이 선택하는 것이다.

5. 나도 과거에는 우리 부모님들 세대와 비슷한 생각이 있었다. 그러나 지금은 생각이 바뀌었다. 젊은 청년들에게 페라리도 타보고 최고급 호텔도 가보라고 한다. 외제차를 사는 것을 이상한 시선으로 볼 이유가 없다. 투자도 공부하라고 한다. 일류가 어떤지 경험해보는 것은 필요하다. 누구 눈을 의식하거나 열등감으로 과시하기 위해서가 아니라, 호기심이나 즐거움으로 최고의 쇼나 공연도 보고 최고급 서비스를 받아보면 영감이 넘치고 자신이 서비스나 상품을 기획할 때도 시야가 넓어진다. 최고급 음식점에도 가보고 기사 있는 차도 타보는 것이다. 그런 거 실제 별거 아니라는 것을 느끼고 이후 소박함을 선택하는 것은 괜찮다.

6. 워런 버핏은 햄버거를 먹고 자기의 구식 차를 몬다. 그것은 그가 어쩔 수 없이 그

렇게 사는 게 아니라 호화롭게 살아봤고 살수 있지만 자기는 그렇게 사는 게 귀찮고 그렇게 안 살아도 남에게 잘 보일 이유가 전혀 없기에 그걸 선택할 뿐이다. 그게 자기 철학에도 안 맞고 또 별것도 아니라는 것을 알기 때문이다. 그러다가 가끔 큰 사치나 기부를 선택한다.

7.   부처도 왕궁 생활이 별거 아님을 느끼고 수행과 설파를 선택했다. 예수님도 신의 아들로서 무엇이든 가능했지만 자신의 뜻이 분명했기에 가난한 자와 함께하는 삶과 십자가를 선택하셨다. 이에 권력자와 부자 앞에서도 거리낌 없고 당당할 수 있었다.

8.   그러므로 좋은 것은 그래도 경험해볼 필요가 있다. 이왕이면 안 해보고 '별거 아냐'라고 하기보다는 해보고 '별거 아냐'가 좋지 않겠는가. 더 중요한 것은 어떤 상황이든 당당한 것이다.

9.   예전 미국 오렌지 카운티에 거주할 때 주위에 50대쯤 된 한국에서 의사를 했던 분의 가정이 있었다. 한국에서 의사를 하다 미국에 가족과 함께 오셨다. 몇 년 놀고 계시다가 한의사 공부를 하고 개원을 하신 분이었다. 그분이 이런 말을 했다. "과거 한국에서 개원을 했는데 성공적이었다. 건물도 사고 돈도 많이 벌었다. 그런데 십 년도 넘게 단 하루도 쉬어본 적이 없었다. 죽도록 밤낮으로 일만 했다. 그러다가 어느 날 가족의 성화에 난생처음 하와이로 여행을 갔다. 하와이의 바닷가에서 파도를 보며 이 좋은 세상이 있는데 내가 평생 밤낮 죽도록 일만 하다 죽을 것인가?라는 의문이 들었다. 그래서 휴가 후 과감하게 병원은 후배에게 맡기고 가족과 미국으로 왔다. 한동안 여행 다니고 책을 읽다가 미국에서 한의학 공부를 했다. 후회없다"

10.   경험하지 못하면 선택하기 어렵다. 경험해보고 선택하면 된다. 좋은 학교 나와 대기업에 가거나 공무원이 되거나 의사가 되고 죽도록 아껴서 집 사고 연금으로 노후 생활를 하며 사는 것이 성공인 시대는 지물고 있다.

11.   자기 삶은 자신이 사는 것이다. 고급도 경험하고, 투자도 배우고 사업도 시도하고 글로벌로도 시도하고 다양한 것을 경험하면서 가능성을 선택하면 좋지 않겠는가. 물론 예전에는 이러다 굶어죽기 직전의 사람들도 꽤 있었던 것은 분명하지만 앞으로야 이런다고 굶어죽기야 하겠는가.

과제의 분리

1. 인간관계를 힘들어하는 분들에게서 발견하는 두 가지 특성이 있는데, 하나는 '과제의 분리'를 잘 못하는 것이고 또 하나는 '일어난 일(사실)과 해석의 분리'를 잘 못하는 것이다. 이 중 '과제의 분리'를 살펴보자.

2. 심리학자 아들러의 주장 중 하나인 '과제의 분리'는 자신의 일과 타인의 일을 구분하라는 것이다. '이 일의 선택으로 인한 결과를 누가 받을 것인가?'가 누구의 과제인지를 결정한다.

3. '과제의 분리'를 하면, 다른 사람이 나에 대해 어떻게 생각하는지 그리 괘념하지 않게 된다. 나에 대해 어떻게 생각하는지는 그의 일이지 나의 일이 아니다. 그러나 그가 어떻게 나를 생각하고 대하는가에 따라 내 감정이 흔들리는가 아닌가는 나의 과제이다.

4. '과제의 분리'를 하면, 내가 누군가를 돕거나 벽을 허무는 것, 용서하는 것은 나의 과제이지만 그것을 받아들이는 것은 그의 과제라는 것을 알게 된다. 그러므로 "내가 그를 도왔는데, 그를 용서했는데, 그와 벽을 허물었는데, 그에게 친절하게 대했는데, 그에게 진심으로 대했는데 그는 변하지 않아"라고 실망할 필요가 없다. 그가 변하고 않고는 그의 과제이다. 말에게 물을 먹이러 물가에 데려갈 수는 있어도 거기서 물을 먹을지 말지는 말이 선택하는 것이다.

5. 어떤 사람은 '책임' 의식이 너무 강해 상대가 물을 먹는 것까지 책임지려 물을 억지로 먹이고자 한다. 그것까지 되지 않으면 소임을 다하지 않았다고 불안해한다. 그러나 그것은 책임지는 것이 아니라 그의 삶에 끼어드는 것이다. 누구든 자신의 삶만 자신이 책임지는 것이다. 타인의 삶을 내가 책임질 수 없다. 그의 삶은 그의 책임이다. 자식의 삶도, 부모의 삶도 자신이 책임지는 것은 아니다.

6. 나는 나의 과제를 히고 그는 그의 과제를 한다. 나는 타인의 과제에 끼어늘지 않고 타인은 당신의 과제에 끼어들지 않게 한다.

7. 다른 사람이 나의 길을 결정할 수 없다. 당신이 '과제의 분리'를 한다는 것은 당신이 카드를 가지고 있다는 것이다. 다른 사람을 바꾸기 위해 나를 바꾸는 것이 아니다. 그냥 나를 바꿀 뿐이다. 나는 나의 일을 담담히 한다. 사람을 도울지라도 대가에 그리 연연치 않는다. 그것으로 충분하다. 그러면 좀 쿨 한 삶을 살게 된다.

그만하자

1. 스티븐 호킹은 수학에 재능을 지닌 중산층 집안의 20세 청년이었다. 꽤 괜찮았지만 영재 타입은 아니었고 수석도 아니었다. 그래도 케임브리지 대학 박사과정에 합격했다. 합격을 축하하기 위해 부모님과 친구들은 크리스마스 이브 축하파티를 열었다. 호킹은 술병에서 술잔을 채우던 때 손이 감당할 수 없이 떨렸다. 결국 술잔의 3분의 1만 채우고 나머지는 식탁에 흘렀다.

2. 의사였던 아버지는 깜짝 놀라 아들을 런던의 병원으로 데려간다. 몇 주 뒤 호킹은 루게릭병이라는 진단을 받았다. 온몸이 마비되는 병이다. 의사들은 그가 3년 이상 살기 어려울 것이라고 했다.

3. 진단을 받고 난 이후 그는 우울증에 빠졌다. 기숙사 문을 닫은 채 고립상태로 지냈다. 수개월간 아무도 만나지 않았다. 두려움, 불안, 절망 속에 빠졌다.

4. 그러던 어느 날! 잠을 깬 호킹은 거울 너머로 몰골이 쇠약해진 자신을 보며 스스로 이렇게 말했다고 한다. '그-만-하-자' 그리고 그는 얼마 남지 않은 인생을 이렇게 불평하고 절망하는데 낭비하지 않겠다고 다짐했다. 그리고 면도 후 방 문을 나섰다. 그는 삶이 주는 선물을 누리겠다고 결심했다.

5. 3년 후 지팡이를 쥔 호킹은 우주학 역사상 가장 뛰어난 논문 중 하나를 쓰고 박사과정을 마쳤다.

6. 이후 점점 마비가 올 때도 그는 단호하게 외쳤다. '불평은 시간 낭비다'

7. 그는 한 인터뷰에서 이렇게 말했다. "저는 자기 연민에 빠지지 않는 법을 배웠습니다. 불평은 시간 낭비일 뿐입니다. 그리고 저는 행복합니다. 저는 21세부터 모든 기대를 내려놓았습니다. 의사들은 제가 박사과정을 마칠 때까지 살지 못할 것이라 했죠. 그 이후 제게는 모든 것이 보너스처럼 느껴집니다. 좌절과 원망에 빠졌었지만 살면서 싸워보기로 했습니다"

8. 우리는 새로운 변화에 대해 이런 말을 자주 한다. "생각은 있는데 잘 안돼요", "노력이 부족한가 봐요", "사람은 잘 안 변해요" 그러나 불행히도 이러한 이야기는 대개 진실이 아니다. 진실은 '노력이 부족한 것도 생각이 부족함도 아니다. 단지 선택하지 않았기 때문이다' 우리가 피아노를 배우려면 피아노 학원을 등록하고 피아노 앞에 앉으면 된다. 그것이 선택이다. 머리로 '피아노 치면 좋겠는데…', '배우고는 싶은데 잘 안돼요'는 '선택'이 아니다.

9. 그럼 왜 선택을 주저하는가? 그것은 새로운 가능성보다 현재가 주는 '혜택'이 더 크기 때문이다. 그 혜택은 '자기 연민'일 수도 있고 '자기 옳음'일 수도 있고 현재 상태가 주는 '편안함'일 수도 있다. 놓지 않는 이유는 생각 부족, 의지력 부족이 아니라 그 혜택을 잃으려 하지 않기 때문이다.

10. 선택할 필요가 있다. 거울을 본다. 자기 연민 속에 빠진 자신의 몰골을 본다. '이제 그만하자'고 외친다. 그리고 면도(또는 화장)를 한다. 스스로를 가두는 방에서 나와 문을 열고 밖으로 나간다. 싸워본다. 그게 다다.

11. 삶은 선물이다.

더 많이 행동하면 더 행복해진다

1. '행복'에 관한 책들을 몇 권 읽어보니 대략 다음과 같이 요약된다.

1) 유전적 요인이 50% 정도라고 한다. 태어나면서부터 행복한 사람이 있고 불행을 느끼는 사람이 있다. 부모 탓 조상 탓 하는 것도 일리는 있다.

2) 환경적 요인이 10% 정도라고 한다. 환경적 요인이란 새집을 사거나 좋은 직장을 얻거나 좋은 배우자를 얻거나 승진을 하거나 등인데 상식과 달리 그 비중이 낮다.

3) 나머지 40%는 매일매일의 습관이나 행동을 선택하는 방식이라고 한다. '스스로 의도한 행동'을 함으로써 행복을 느낀다고 한다.

4) 중요한 것은 행동한 결과가 성공일 때 행복한 것이 아니라 원하는 행동 자체를 한 것이 행복을 결정한다고 한다.

5) 성공해야 행복한 것이 아니다. 많은 사람들은 성공해야 행복해지기 때문에 그때까지는 참고 인내하고 불행을 감수해야 한다고 생각한다. 그러나 그래서 행복해지는 것이 아니라고 한다. 성공해서 행복한 게 아니라 행복해서 성공한다.

6) 그 행동의 성공 여부에 무관하게 자발적으로 적극 행동을 하면 그 자체로 행복해진다. 더 많이 행동하면 더 행복하다. 또한 행복해질수록 더 행동한다.

7) 결국 더 많이 시도하고, 더 많이 배우고, 더 많이 감사하고, 더 많이 맛보고, 더 많이 웃고, 더 많이 기뻐하고, 더 많이 여행하고, 더 많이 용서하고, 더 많은 사람들을 도울 때 행복해진다.

조금은 빈둥거려도 괜찮다

1. 예전에 개미 집단에 대한 연구를 읽은 적이 있다. 개미들의 20~30%는 일하지 않는다고 한다. 흥미롭게도 일하는 개미만을 모아 집단을 구성해도 일정 비율은 일하지 않고 논다. 그걸 보고 사람들은 대개 '세상에는 항상 빈둥거리고 무임승차하는 나쁜 20%가 있다'라는 결론을 냈었다.

2. 그런데, 이후 일본 하세가와 교수 연구팀은 흥미로운 현상을 발견했다. 『일하지 않는 개미』〈하세가와 에이스케, 서울문화사.2011〉 연구팀은 일본 전국에 서식하는 뿔개미 속의 한 종류를 사육하고, 한 마리마다 구분할 수 있도록 색을 입힌 후 한 달 이상에 걸쳐 8개 집단, 1,200마리의 행동을 관찰했다. 관찰 결과, 처음에 일하던 개미가 피로하여 일하기 어렵게 되자 칠하지 않고 놀던 개미가 일하기 시작하는 것으로 확인됐다.

3. 연구팀은 또 컴퓨터 시뮬레이션을 통해 한 집단의 개미 모두가 일하다 일제히 피로가 쌓이는 경우와 일부 개미는 노는 집단을 비교했다. 결과는, 전체가 모두 열심히 일하는 개미로 구성된 집단은 구성원 모두가 일제히 피로해져 움직일 수 없게 되었을 때 집단의 멸망이 왔다. 이에 반해 일하지 않는 개미들이 일정 비율 있는 집단은 오래 존속하는 것으로 나타났다.

4. 하세가와 교수는 "일하지 않는 개미가 항상 있는, 비효율적인 시스템이 집단의 존속에 꼭 필요하다"라고 지적했다. 물론, 다들 핑핑 노는 조직은 문제가 있지만 그렇다고 모두가 100% 극단의 효율로 돌아가는 조직도 바람직하지 않다는 것이다. 모두가 현재만을 위해서 빈틈없이 빡빡하게 돌아가다 보면 위기 상황이나 누군가 빠졌을 때 대응하기 어렵다. 소위 '슬랙'이 필요하다.

5. 인간 개인의 삶도 유사한 것 아닌가 싶다. 매시간 빈둥거린다면 문제가 있지만, 매 순간 100% 빡빡하게 사는 것도 위험하다. 20% 정도는 여유를 가지는 것이 좋을듯하다. 이래야 미래를 위한 고민도 하고, 가족과 책이나 자연을 즐기고, 비상 상황 시 백업으로 쓸 수 있다.

6.   의외로 열심히 살면서도 무언가 여유가 있으면 잘못 살고 있는 듯 죄의식을 느끼는 과도하게(?) 성실한 분들이 꽤 있다. 죄의식을 놓을 필요가 있다. 삶의 20%는 좀 빈둥거려도 된다. 휴일에는 노셔라. 그게 오히려 삶의 건강한 지속에 도움을 줄지 모른다.

착한 척 하다보니 착하게 되었다

1. 백종원 씨의 인터뷰를 읽는데 재미있는 말이 있다. "방송 하면서도 좋은 게 방송을 하면 어쩔 수 없이 선한 척하고 공익을 위하는 척하고 남을 배려하는 척할 수밖에 없어요. 사람들은 척하는 제 모습을 보고 좋아한단 말이에요. 그러면 생활에서도 척을 안 할 수가 없어요. 척을 하다 보니 그게 내 삶이 됐어요"

2. 물론, 마음과 생각이 착한 사람이 착한 행동을 하는 게 자연스럽다. 그러나 그분 말처럼 착한 행동을 하다 보니 착하게 될 수도 있다.

3. 진위에 약간의 논란은 있지만 하버드 심리학 교수 에이미 커디는 파워 포즈를 통해 자신감을 향상시킬 수 있다고 해서 전 세계에 화제를 이끌어냈다. 자신감 있는 포즈만으로도 자신감이 생긴다는 것이다. 실제 발표 전 긴장이 될 때 몸을 한껏 펼치면 실제 긴장 해소에 큰 도움이 된다는 것을 경험한다. 또한 심리학 연구는 '웃으면 행복해진다'는 것 또한 근거가 있음을 증명했다. 물론 행복하면 웃게 되지만, 먼저 웃어도 행복해질 수 있다. 나도 종종 크게 웃는다.

4. 즉, 선하면 선을 베풀게 되고, 자신감이 있으면 자신감 포즈를 취하고, 행복하면 웃지만, 때로, 선을 베풀다 보면 선하게 되고, 자신감 포즈로 자신감이 생기고, 웃으면 행복해진다. 다시 말하면, 생각이 행동을 만들기도 하지만, 행동이 생각을 만들기도 한다는 것이다.

5. 그러므로 마음이 생길 때까지 기다리지 말고 먼저 행동하는 것도 괜찮다. 짜증 나는 사람을 볼 때 미소를 지어보고, 스트레스의 환경을 만날 때 몸을 활짝 펴보며, 선한 마음이 안 생겨도 선한 행동을 해보자. 이러다 보면 어쩌면 그게 가식이 아니라 진짜 자연스러운 자신의 삶이 될지도 모른다.

자리가 사람을 만드는가?
사람이 자리를 만드는가?

1. 어떤 분이 '자리가 사람을 만드는지? 사람이 자리를 만드는지?'에 대해 의문을 던지신다. 사실 우리는 두 경우 모두를 본다. 기대하지 않았지만 더 높은 자리에 가니 그 자리에 걸맞게 행동하거나 조직을 훌륭하게 변화시키는 분도 보고, 역으로 자리를 감당하지 못하고 헤매는 분들, 갑자기 자기 멋대로 권력을 남용하는 분도 본다.

2. 그리스 철학자 에픽테토스는 이런 통찰 넘치는 말을 했다. "환경이 사람을 만드는 게 아니다. 환경은 그가 어떤 사람인지 드러낼 뿐이다"

3. 우리는 우리가 통제하지 못하는 일들이 자신을 만든다고 여긴다. 부모, 상사, 승진, 성공, 실패, 이별, 실직… 그러나 실제 이러한 환경이 '나'를 만드는 것이 아니라는 것이다. 그러한 환경은 내가 어떤 사람인지를 드러낸다. 실패가 '절망하고 포기하는 나'를 만들고, 성공이 '자신있고 훌륭한 나'를 만드는 것이 아니다. 동일한 실패 가운데서도 어떤 사람은 절망하고 포기하지만, 어떤 사람은 다시 배우고 성장하며 용기를 낸다. 환경은 그의 실제 모습을 드러낸다.

4. 평소에는 친절하고 인격적으로 보이던 분들이 위기의 상황에서 책임을 전가하고 자신만 살려고 하는 모습을 보이는 경우도 가끔씩 보게 된다. 평소에 논리적이었다고 생각했던 분이 자신이 손실을 보는 상황이 오자 논리 비약, 궤변을 늘어놓고 거친 표현을 쓰는 모습도 본다. 이 또한 환경이 그의 어떠함을 드러내는 것이다. 원래 맑은 물이 아니라, 잔잔할 때는 맑은 물 처럼 보였는데 휘저으니 흙탕물임이 밝혀진 것 뿐이다.

5. 그러므로 인생에서 벌어지는 일들, 즉 환경에 어떤 책임을 돌릴 수 없다. 어떻게 사는가는 온전히 '자신의 책임'이다.

6. 다시 원래 질문으로 돌아가 보자. "사리가 사람을 만드는가?" 에픽테토스에 따르면 자리는 그가 어떤 사람인지 드러낸다. 평소 실력을 갈고닦으며, 자리를 맡아서도

겸손히 배우고 성장하는 사람은 더 큰 자리를 맡았을 때 그 자리에 맞게 성장한다.

7. 그러나 자기 자신의 능력보다 뻥튀기 되어 보여왔음에도 여전히 인정하지 않고 배우지 않는 사람, 교만한 사람들은 더 큰 자리를 맡았을 때 감당하지 못한다. 오히려 자신의 부족과 한계만을 드러낼 뿐이다.

8. 승진하시거나 새로운 책임을 맡으시는 분들은 모두 배우고 성장하는 마인드셋으로 그 자리를 멋지게 감당하시길 바란다.

그게 다다

1. 한 책*을 읽는데 아버지와 아들간 이런 대화가 있다. 아들이 실수로 물을 쏟았다.

> 아들 : 난 너무 칠칠치 못해요.
> 아버지 : 물을 쏟았을 때 할 말은 아닌 것 같다.
> 아들 : 뭐라고요?
> 아버지 : '물을 쏟았으니 닦을게요'라고 말하면돼.
> 아들 : 그게 다예요?
> 아버지 : 그게 다지.
> 아들 : 와우~ 땡큐

* 『비폭력 대화』 〈마셜 B. 로젠버그, 한국NVC센터.2017〉

2. 우리의 큰 실수 중 하나는 어떤 발생한 사건으로 그 사람의 인격이나 특성을 정형화하여 해석하는 것이다. 뭐 하나를 실수했을 뿐인데 '멍청하다', '칠칠치 못하다', '바보 같다'의 정형화된 해석을 한다. 나를 환영하지 않는 상대의 어떤 하나의 행동에도 '그는 나를 싫어해', '나는 사랑받을 존재가 아니야' 등으로 일반화하기도 한다.

3. 물론, 이런 정형화된 해석은 삶에 도움을 주기도 한다. 눈치 빠른 행동을 하게하여 득이 되게도 한다. 그러나 때로 이러한 정형화는 자신을 어떤 형편없는 모습으로 규정하도록 하고 그 속에서 헤어 나오지 못하게 한다. 특히 마음이 단단하지 못한 어린아이들에게는 더더욱 그러하다. 단지, 몇 가지 사건이 벌어졌을 뿐인데 아이들은 자신을 평생 그렇게 규정한다.

4. 한두 번 사람들 앞에서의 실수로 평생 스스로 칠칠치 못한 사람이라는 트라우마 속에서 사람을 피하며 살기도 하고, 단지, 시험을 못 보았을 뿐인데 평생 능력 없는 사람이라는 자기 비하 속에 살기도 하며, 단지, 부모가 이혼했을 뿐인데 평생 자신이 잘하지 못했기 때문이라는 트라우마 속에서 살기도 한다. 단지, 할머니가 남동생에게 떡하나 더 주었을 뿐인데 평생 자신은 사랑받지 못하는 사람이라는 트라우마 속에 사는 사람도 있다.

5.   그러므로 부모, 리더, 교사, 선배로서든 이러한 것을 기억하고 상대를 대할 필요가 있다. 장난으로라도 '멍청한 놈', '형편없는 녀석', '칠칠치 못한 놈', '그것밖에 안되지', '그게 너의 한계야', '넌 희망이 없는 녀석이야', '네 능력에 그런 걸 한다고?', '너 때문에 너의 엄마(또는 아빠)와 사이가 안 좋은 거야' 등을 남발한다면 이는 자칫 상대를 그 감옥에 평생 가두게 하는 엄청난 악행일수 있음을 기억해야 한다.

6.   실수를 했으면 고치면 되고, 잘못을 하면 꾸중을 듣고, 성과가 안 나오면 교훈 삼아 다음에 잘하면 되고, 차였으면 다른 사람을 찾으면 된다.

7.   그게 다다.

동일한 일만 계속하면
인생이 통째로 사라진다

1. 우리 뇌는 우리가 보고, 우리가 듣고, 우리가 느끼는 모든 것을 처리하지 않는다고 한다. 효율을 높이기 위해 전략을 쓰는데 그것은 '변화가 있는 것'만 저장하고 처리하려 한다는 것이다. 변화가 없는 상황이나 기간은 마치 그것이 우리 인생에서 존재하지 않은 것처럼 지워 버린다.

2. 요즘 CCTV 녹화 방식에 대해 들은 적이 있다. 기존 CCTV는 모든 순간을 다 저장한다. 그런데 이러다 보니 너무 저장 용량이 커졌다. 이제는 변경되는 부분만 기록한다고 한다. 변하지 않고 계속 그 상태인 것은 시간이 지나도 저장하지 않는 것이다. 누가 또는 무언가 영역 안에 새로 들어왔거나 나갈 때만 저장한다. 덕분에 저장용량을 대폭 절약한다. 뇌도 그런 전략을 쓴다.

3. 이 이야기는 우리에게 삶에 지혜를 안겨 준다. 우리의 삶이 다람쥐 쳇바퀴 같다면 시간이 많이 흘러도 뇌에 남는 게 없다는 것이다. 과거 10년 동안 뭘 했는지 기억에 별로 없다면 바로 이 때문이다. 10년을 살았는데 1년도 안 산 것 같다. 그러므로 어떤 사람은 50년을 살아도 10년밖에 못 산 것 같고, 어떤 사람은 30년을 살아도 50년을 산 것 같을 수 있다.

4. 현재까지 인간의 수명을 크게 늘일 방법은 별로 없다. 최고 부자에 최고의 건강관리를 하시는 회장님들도 죽음을 피해 갈 수 없다. 그러나 뇌가 느끼기에 수명을 늘릴 수 있는 방법이 있다. 그것은 바로 '변화하는 삶'을 사는 것이다. 새로운 곳을 가고, 새로운 도전을 해보는 것이다. 어제와 다른 오늘을 만드는 것이다.

5. 변화가 많은 삶을 살수록 인생은 길어진다.

시그널이 불필요한 삶

1.   소위 성공한 사장님들 몇 분과 식사 중에 이런 이야기가 나왔다. "요즘 진짜 성공한 부자들은 우리처럼 양복에 넥타이 입고 안 다닌다. 아무 티나 입고 다닌다" 남들이 보면 크게 성공한 것처럼 보이는 사람들도 이런 말을 서로 한다. 겉으로는 우아한 모습이지만 여전히 열등감이 있다는 것이다.

2.   사실 먹는 거, 입는 거, 타는 거, 출신 학교, 거주하는 장소 등은 '시그널'이다. 물론 진짜 건강과 안전을 위해, 즐기기 위해서인 경우도 분명히 있지만, '나는 돈 있고 지위 있는 사람이니 좀 봐주세요', '알아봐 주세요', '저는 믿을만한 사람입니다', '비싼 사람입니다', '성공한 사람입니다', '학교 다닐 때 공부 좀 한 사람이에요', '제게 당신의 돈을 맡겨주세요'라는 시그널인 경우가 많다.

3.   고객에게 비싸게 청구하려는 컨설팅이나 명품 회사일수록 비싼 사무실로 폼나게 치장하고, 높은 학벌을 선호하며, 직원들에게 비싼 슈트 등을 입으라고 한다. 알랭 드 보통은 뚜껑 열고 자신을 과시하며 페라리를 몰고 가는 이들을 보면 부러워하기보다 불쌍히 여기라고 했다. 자신의 약점과 콤플렉스를 감추려 더 멋지게 더 화려하게 보이고자 하는 것이라 했다.

4.   주커버그나 버핏 같은 큰 부자는 굳이 그럴 필요가 없다. 매일 검정 티만 입어도 상관없다. 최고의 부자 워런 버핏도 싸구려 옷을 입고, 스스로 운전하고 햄버거와 콜라를 즐겨 하며, 공항에서 수행원 없이 자기 짐은 자기가 끌고 다닌다. 구글은 직원들에게 비싼 옷 입으라고 하지 않는다. 왜냐하면 주커버그나 버핏은 아무렇게 입어도, 혼자 짐을 끌고 다녀도, 기사 없이 혼자 운전해도 그들이 대단한 사람이라는 것을 다 알아주기 때문이다. 구글은 직원들에게 비싼 옷을 안 입혀도 다들 구글 직원들이 똑똑한 사람임을 안다. 그러므로 그들은 '난 대단한 사람이에요', '우리 회사는 훌륭한 회사예요'라는 외적 시그널을 주려고 애쓸 필요가 없다. 공항에서 수행원에게 캐리어를 던지면서, 비즈니스나 퍼스트 클래스에서 꼬투리 잡고 약한 승무원들 괴롭히면서 '난 이런 사람이야'라고 과시할 필요가 없다. 이런 것이 부족한 사람들이 '시그널'을 주려 애를 쓰는 것이다.

5. 진짜 자유한 사람은 고급 슈트에 넥타이를 조이고 포르셰를 타는 사람이 아니라, 자기가 필요할 때 아무거나 선택할 수 있는 사람이다. 굳이 나는 성공한 사람이야라는 신호를 줄 필요가 없다. 그냥 상황에 따라 티도 입었다가 양복도 입었다 할 뿐이다. 필요가 있으면 기사 있는 차도 쓰고, 그렇지 않으면 지하철을 타면 된다. 타인의 눈으로부터 자유롭고 시그널을 주려 애쓸 필요 없는 사람이 진짜 자유인이고 부자다.

6. 보석은 진흙을 묻혀도 보석이고, 진짜 황금 덩어리는 먼지가 쌓여도 황금이다. 그러나 돌들은 금빛을 칠해서 은쟁반에 올려놔도 돌이다. '나는 금이니 좀 봐주세요'라고 외쳐도 본질은 여전히 돌이다.

7. 그런데 이런 자유와 소탈함은 반드시 주커버그나 워런 버핏 정도의 최고 부자나 되어야 누릴 수 있는 특권일까? 그렇지 않다. 철학자 디오게네스는 그 지혜와 통찰력으로 유명했다. 이에 알렉산더 대왕은 다리 밑에 사는 디오게네스를 찾아갔다. 그에게 소원이 있다면 어떤 것도 들어주겠다고 말한다. 하지만 디오게네스는 "당신이 내게 줄 것은 없습니다. 단지 내게 가장 필요한 것은 당신이 가리고 있는 태양이니 비켜 주십시오"라고 답했다.

8. 물론 돈과 명예, 권력 또는 외모와 가진 것들은 영향력의 비결이기도 하다. 그러나 그렇지 않은 사람들도 여전히 선한 영향력을 발휘할 수 있다. 결국 본질의 문제이다.

9. 그러면, 우리는 그런 본질을 가지고 있는가? 흥미롭게도 그 본질을 정하는 것은 자기 자신이다. 내적 학식과 인격, 철학으로 무장하고, 자신을 귀하게 여기고 자신감이 있으면 자신의 본질은 금이 된다. 그러나 자신이 스스로를 형편없는 사람으로 여긴다면 그 본질은 돌이 될 뿐이다. 나는 형편없고 돈도 학별도 지위도 약한 사람이라서 강자에게 굴복하며 살아야 한다고 여기면 돌로 살 수밖에 없다.

10. 상대의 고작 몇 가지의 외적 '시그널'에 기가 죽고 쪼그라들고 좌절감이 든다면 돌로 살 수 밖에 없다. 이런 사람들은 멋진 옷 입고 멋진 차 몰면서, 돈 크게 벌게 해주겠다는 현란한 말솜씨의 인간들에게 사기도 잘 당한다.

11. 왜 다리 밑에 사는 디오게네스는 당당했을까? 자신은 이미 '세상의 이치를 통찰한 사람'이요 '행복의 본질을 알고 있는 자유인'이라고 여겼기 때문이다. 주커버그나 워런 버핏뿐 아니라, 목수의 아들도 거리의 철학자도 이렇게 할 수 있다면, 그 누구도 이렇게 살 수 있다.

내가 나를 좌절시키는 것이다

1. 그리스 철학자 에픽테토스는 한때 노예였다. 너무도 총명하고 똑똑해서 주인이 이후 그를 사면해 주었다. 이러한 배경에서인지 그는 '정신적 노예에서 벗어나는 자유'에 대한 탐구를 했다.

2. 내가 보기에 그는, 과학으로 따지면 코페르니쿠스의 '지구가 돈다' 정도의 엄청난 통찰을 발견했는데, 그것은 바로 "우리는 자신에게 일어난 사건의 영향을 받는 것이 아니라 그 사건에 대한 스스로의 해석에 영향을 받는다. 그러므로 우리를 힘들게 하는 것은 우리에게 일어난 일 자체가 아니라, 그 일에 대한 우리의 생각(해석)이다"라는 것이다. 나도 이게 얼마나 엄청난 발견인지 잘 몰랐지만 예전에 한 포럼을 통해 실감했다.

3. 우리는 흔히 '외부 사건'이 나의 감정(우울,불안,분노)을 만든다고 여기지만, 실제로는 외부 사건 그 자체가 아니라 '외부 사건에 대한 나의 생각과 해석'이 나의 감정을 만든다는 것이다. 즉, 중간에 하나의 계층이 더 있다.

4. 예를 들어, 누군가 사랑하는 사람이 죽거나 떠났을 때 고통받는 이유는 그 죽음이나 이별 자체 때문이 아니라 그 죽음이나 이별에 대해 부여한 나의 의미, 즉 '나는 이제 혼자야', '끔찍해', '내 탓이야', '나 때문이야' 등으로 인해 자책하고 고통받는 것이다.

5. 누군가 그저 쿨하게 대답했는데 그걸 자신은 '애정이 없어', '나를 미워하나 봐'로 해석하여 좌절하기도 한다. 어떤 일을 실패했을 뿐인데 그걸 자신은 '나는 실패자고 낙오자야. 살 가치가 없어'라고 해석하여 염려하고 좌절하며 죽음까지 고민하기도 한다. 결국 누군가 또는 어떤 사건이 나를 힘들게 하고 좌절시키는 게 아니라 내가 나를 힘들게 하고 좌절시키는 것이다.

6. 인간이 어떤 일에 의미를 부여하고 해석하는 일은 자연스럽다. 그러니 이 의미 부여와 해석이 극단을 향하여 갈 때, 인간은 스스로 고통 속에 들어가게 되는 것이다. 어

떤 이의 표현에 의하면, 이는 마치 땅바닥에 떨어져 있는 독화살을 주워서 스스로 자기 심장에 꼽는 것과 같다.

7. 이를 벗어나는 방법은 무엇인가? 인지 심리학자들은 이에 대해 벌어진 사건을 자신의 마음에서 극단적으로 확대 해석하지 않고, 사건과 해석을 분리해서 사건을 쿨하게 받아들이는 연습을 하라고 한다. 독화살을 그냥 땅바닥에 구르게 내버려 두라는 것이다. 물론, 이론처럼 쉽게 안된다. 근육을 단련하듯 이 또한 꾸준한 마음의 연습이 필요하다

8. 신을 믿는 사람이라면 어떻게 할까? 이를 품지 말고 신께 던져버리면 된다. 성경 베드로전서 5장 7절에서는 "너의 염려를 다 주께 맡기라"라고 되어있는데 여기에서 '맡기라'는 실제 의미는 '던져 버리다'이다. 맡기는 것은 조심스럽고 나중에 찾아온다는 의미가 있지만, 던지는 것은 되찾아 올 필요가 없는 것이다. 독화살을 다 던져버리고 평안하라.

9. 삶은 오로지 자신의 책임이며, 자신이 삶의 주인이다. 그 누구도 그 어떠한 상황도 우리를 흔들 수 없다.

너무 잘 될 때 조심하라

1. 얼마 전 대형 조선회사의 임원으로부터 이런 말을 들었다. "지난 수 년간 너무 수주가 잘 되었다. 모든 인력들이 배를 만들어 내는 데 바빴다. 다른 걸 고민할 시간도 여력도 없었다. 열심히 생산해서 팔고 돈을 벌었다. 그런데 문제는 돈 버는 기쁨에 그리고 만드는 데 바빠 막상 미래를 제대로 준비하지 못했던 것이다. 이제야 신기술이나 디지털 전환 등을 본격화하기 시작했다"

2. 얼마 전 이헌재 전 부총리의 인터뷰를 읽었는데 한국의 산업에 대해 유사한 진단을 하셨다. "시장 수요가 너무 빨리 우리에게 들이닥쳤기 때문에 우리는 마지막 생산에 바빴다. 이러다보니 하나씩 도전을 받으면서 문제를 풀어온 경제가 아니고 그냥 점프업한 경제가 되었다. 중간단계 고민의 과정이 없었다. 이것이 그 당시는 성공적이었는데 전환기의 끝에 오니 부담이 되어버렸다.

3. 너무 현재가 잘 되다 보니 세 가지 문제에 봉착했다. 하나는, 시행착오를 통한 축적의 시간을 별로 갖지 못했다. 사실 좀 안되기도 하고 장애와 허들도 있고, 고통도 당해야 시행착오를 통해 실력과 역량이 축적되는 것인데 너무 잘 되니 그걸 쌓을 시간이 없었다. 이에 원천기술, 기초 부품 등의 역량을 축적하지 못했다. 두 번째는, 현재의 수요 공급에 너무 매몰되다 보니 그것에 급급하여 미래를 준비하지 못했다. 현재 잘 될 때 별도의 조직을 꾸려 차근히 장기적인 관점을 가지고 미래를 준비했어야 했다. 셋째, 그것이 엄청난 실력이라고 여겼다. 상황이 좋아서 잘 되는 것을 내 실력이 좋아서 잘 되는 것으로 착각하는 경우가 많다. 상승장에는 실력과 무관하게 웬만하면 대부분의 투자자가 돈을 번다.

4. 인생도 그러하다. 과도하게 잘 풀리는 게 좋은 게 아니다. 고생도 하고, 좌절도 하고, 장애물도 만나면서 이를 극복하며 축적을 하나씩 할 때, 오히려 겸손할 수 있고 어려운 상황을 만나도 의연하게 대처할 수 있다.

5. 지금 인생이 잘 안 풀린다면? 축적의 시간으로 생각하고 감사하리. 지금 너무 잘 풀린다면? 겸손하고 최악의 상황과 미래의 전환을 대비하라.

결핍이 우리를 강하게 만든다

1. 얼마 전 한 기업인을 만났는데 흥미로운 말을 한다. "제가 창업자들의 자제들을 많이 압니다. 그런데 대개 3대부터는 기업이 어려워집니다. 왜 그런가 생각을 해보았는데 '결핍'이 이유라는 생각이 듭니다. 이들은 1세대처럼 '결핍'을 직접 겪어 보지도 못했고, 2세대처럼 옆에서 보지도 못했습니다. 탄생서부터 모든 과정이 풍요로웠습니다. 좋은 환경에 좋은 외국 대학에서 공부하고 쉽게 CEO가 되었습니다. 그러나 그들은 고난과 결핍을 겪어보지 못했습니다. 위기의식이나 강렬한 절실함이 없습니다. 결핍의 상황뿐 아니라 결핍된 사람에 대한 이해도 없습니다"

2. 이스라엘은 800만이 조금 넘는 나라이지만 스타트업이 6,000개 이상이며, 세계 최고 수준의 과학기술을 보유하고 있다. 전 수상 페레즈는 이렇게 된 비결 중 하나는 역설적이게도 이스라엘이 아무것도 없었기 때문이라고 한다. 천연자원도 기존 산업도 아무것도 없었기에 다시 돌아온 유대인들은 굶어죽거나 성공했어야 했다.

3. 이에, 척박한 땅을 일구어 과수를 심고 사막에 우물을 팠다. 물 부족과 싸우기 위해 물 재활용 기술을 개발하고 '방울 물 주기' 같은 기술을 개발했는데 이후 이 기술이 세상에서 가장 중요한 농업혁신 중 하나가 되어 수출되었다고 한다. 자원이 없었기에 근육보다 머리를 더 의존하게 되었고, 그들 땅속에서가 아닌 '자신의 머리' 속에 더 큰 보물이 있음을 발견하게 되었다고 한다.

4. 나의 지난 시간을 돌이켜봐도 내가 부족하고 결핍할 때 더 많이 생각하고 도전하고 창의력을 발휘했다. 자신의 부족과 결핍이 결국 자신의 강함이 되었다.

5. 암기력이 부족하니 세세한 것을 기억 못해서 손해 보기도 했지만, 대신 큰 맥락을 기억하고 요약하는 훈련이 되었다. 사람 만나는 것을 즐겨하지 않으니 인맥을 넓게 만들진 못했지만, 책을 읽고 사색하여 사고를 단련시키는 시간을 더 얻게 되었다. 덕분에 SNS도 하게 되어 온라인 인맥도 넓어졌다. 어렵고 위기인 조직들만 맡게 되어 불안하고 힘들었지만, 덕분에 이를 변화시키는 법을 습득하게 되었다. 오히려 부족함이 없을 때 게을러지고, 방만하거나 교만하게 되었던 기억이 난다.

6. 그러므로 '결핍'이 올 때 이를 '고통'이나 '원망'이 아닌 '기회'로 본다면 우리의 미래에 더 가능성이 열려 있을 것이다.

7. 성경에 이런 구절이 있다. '내가 약할 그때, 바로 내가 강한 것이다.(When I am weak, then I am strong)'

'업무의 신'이 집에 가서는 인정받지 못하는 이유

1. 예전에 한 남자 직원이 있었다. 말도 조용하게 하고 장황하게 설명하고 결론을 명확하게 이야기하지 않았다. 카리스마는 전혀 보이지 않았다. 그래서 남자 직원들 사이에서는 인기도 별로 없었고 업무 관련해서는 내게 구박도 좀 받았다. "이야기할 때 결론부터 이야기하고 명확하게 이야기하세요"

2. 그런데, 흥미롭게도 이 직원이 사적인 영역에서는 인기가 많았고, 여자친구도 많았다. 한두 번 만난 후에는 좋다고 따라다니는 여성도 많았다고 한다. 그 이유가 무엇이었을까? 누나들 사이에서 자라면서 여성들과의 대화를 편해했고 공감 능력이 뛰어났던 것이다. 그는 술 없으면 십분도 대화가 안되는 일반적인 남성과 달리, 술 한 잔을 하지 않으면서도 여성과 몇 시간씩 대화가 가능했다.

3. 대개 조직에서 일을 잘해서 성공한 사람들은 다음과 같은 태도가 몸에 배어있다. "결론과 핵심만 듣고 빠르게 판단하기", "비용 효과 계산으로 대안 중 최상안 선택하기", "감정이나 불필요한 일에 시간 소모하지 않기", "냉정함 유지하기"

4. 즉, 최소의 시간으로 논리로 가장 빠른 솔루션을 찾아내는 것에 익숙하고, 직원들과 짧고 명료한 대화를 하고 의사결정하고 지시하고 설교하고 가르치는 데에 익숙하다. 효율과 논리에 익숙하다.

5. 그런데 흥미롭게도 이런 사람들이 사적인 영역으로 들어가면 엉망이 되곤 한다. 자녀들이나 부모, 자매, 형제, 배우자나 애인들이 이런 방식을 좋아할 리가 없다. 그들은 직장동료나 부하직원이 아니다.

6. 자녀가 '아빠 짜증 나'라고 하고, 배우자나 애인이 '나 힘들어'라고 할 때, '결론이 뭐야', '대안이 뭐야', '요점이 뭐야' 이런 답변이 통할 리가 없다. '짜증 나면 나가 놀아', '힘들면 잠을 더자', '아프면 약 먹어' 이런 솔루션 중심의 대화 방식도 통할 리가 없다. 자기는 가만히 앉아서 또는 뒹굴거리면서, 가르치고 설교하고 지시하는 방식 또한 환영받지 못한다.

7. 결국 직장에서는 펑펑 날고 존경받는 사람이 집에 가면 '독재자', '짜증 남', '무심 남', '소시오패스', '이기주의자', '대화가 안 통하는 사람', '인정 없는 사람', '권위주 의자'가 되는 것이다. 그러면서 '이중 인격자'로 비판받기도 한다. "저 사람은 밖에서 는 멋져 보이지만 다 가짜야", "아빠는 위선자야" 기업 임원분 아니라 목사, 교사, 변 호사, 언론인 등 전문가 들 중에 이런 분들도 적지 않다. 나도 예외는 아니다.

8. 그러면 그가 가짜이고 위선자이고 이중인격자인가? 꼭 그렇지 않다. 오히려 이중 인격이 아니기에 어려운 것이다. 공적 생활과 사적 생활이 각각 통하는 법칙이 다르 다. 사적인 영역에서는 '효율'보다 '낭비'가 때로 필요하고, '답'보다 '공감'이 필요하 고, '똑똑함'보다 약간 '바보스러움'이 필요하다. '결론'보다 '과정'이 필요하고, '지시' 보다 '함께함'이 필요하다. '냉정함'보다 '따뜻함'이, '몸사림'보다 '몸 씀'이 필요하다.

9. 나도 과거에 잘 몰랐다가 나이가 들수록 점점 실감하게 된다. 사실 이제는 과거와 달리 공적 생활에서 조차 후자의 태도 또한 필요한 경우가 증가하고 있다. 그러므로 사회적으로 능력 있고 존경받는 사람이 집안에서 인정받고 사랑받는 사람이 되지 못 하는 경우가 많은 것이다.

10. 자신도 주위도 행복하려면, 일에서도 가정에서도 환영받으려면 어떻게 해야 할 까? 어쩌면 Dual mode를 유지하기 위해 (좋은 의미에서의)이중인격자가 되어야 할 지 모른다. 퇴근 후에는 스위치 모드를 'Smart'에서 'Dumb' 모드로, '냉수'에서 '온수' 모드로 바꾸자.

11. 당신이 이러하다면? 부끄러워 말고 구체적으로 '대화하는 법'의 책을 읽고, 교육 기관을 찾아 배워야 한다. 당신이 이런 사람의 자녀나 배우자라면? 이 글을 읽고 이해 를 해주시라. 그 사람이 위선자가 아니라 마음은 있지만 뭘 할 줄을 모르기 때문에 그 런거다.

쓸데없는 짓은 없다

1. 한 지인을 만나서 자녀의 이야기를 들었다. 자녀가 학창 시절 게임에 빠져서 공부를 열심히 하지 않았다. 이에 대학 진학도 못하고 어려움이 있었다. 그러던 차에 미국에 비행기 조종사를 양성하는 전문대학으로 유학을 보냈다.

2. 매우 고생하고 힘들어할 것이라 생각했는데 의외로 잘 적응하고 성적도 우수하다고 했다. 왜였을까? 비행 조종을 배우는데 게임과 매우 유사하다는 것이었다. 게임을 통해 얻은 감각으로 비행 조종에 매우 뛰어난 성과를 보인 것이다.

3. 예전에 바르셀로나에 갔다. 가우디라는 건축가가 만든 건물들을 보면 왜 저런 쓸데없는 고생을 사서 했는가라는 생각이 들 정도로 디테일이 살아있다. 표준화된 돌을 다듬어 쓰면 짓기 쉬웠을 텐데, 울퉁불퉁한 자연 그대로의 돌을 이어붙이기도 했다. 당연히 엄청난 시간이 들었다.

4. 그런데 이런 쓸데없어 보이는 짓을 한 작품들이 결국 그 도시를 먹여살리는 핵심이 되었다. 바르셀로나 수입의 18%는 관광이 차지하며 그 관광의 핵심 코스는 가우디 건물이다.

5. 예전 장하석 교수에게 한 기자가 물었다. "철학은 쓸데없는 것을 공부하는 거 아닌가요?" 그의 답변은 "철학은 쓸데없는 것을 하기 때문에 쓸데 있는 것이라 할 수 있다"

6. 스티브 잡스 또한 젊은 시절 쓸데없어 보이는 서체를 공부하거나 인문학에 심취한 것이 이후 뛰어난 제품을 만드는 동력이 되었음을 이야기하면서 "CONNECTING DOT"라는 표현을 사용했다.

7. 그러므로 우리 인생에 있어 쓸데없는 것은 없다. 결국 모든 것은 연결될 것이다.

나는 나의 삶의 통제자요, 원인이요, 자유인인가?

1. 심리학자 로딘과 랭어의 유명한 실험이 있다. 그것은 요양원 노인들을 두 그룹으로 나누고 동일하게 일주일에 한번 영화를 볼 기회와 키울 식물 한 그루를 주었다. 단, 한 그룹에게는 키울 식물을 직접 고르고 언제 물을 줄지도 스스로 정하게 했으며, 영화도 언제 볼지 선택하게 했다. 그러나 또 한 그룹에게는 직원이 모든 것을 선택해서 지시했다.

2. 18개월 뒤 실험자들은 놀라운 결과를 발견했다. 전자의 그룹의 노인들이 더 행복하고 건강했을 뿐 아니라 사망자 수가 절반에 불과했다. 실험자들도 수명의 차이까지는 예측하지 못했다고 한다.

3. '선택', '통제권', '자유'의 삶이 인간에게 얼마나 중요한지! 아무리 잘 먹고 잘 살아도 자신의 삶에 자신이 '원인'이요 '선택자'요 '창조자'가 아니라면 인간은 행복할 수 없다. 사육당하는 애완견과 다를 바 없을 것이다.

4. 또 다른 연구에 의하면 인간이 실제 자신의 삶을 통제하지 못하더라도 통제하고 있다고 생각(착각)만 해도 삶은 훨씬 건강하고 행복해진다는 것이다. 그러므로 자신이 통제할 수 없다고 절망되는 환경, 직장 환경, 상사, 자녀 등에 쌓여있다고 해도 인간은 길이 있다.

5. 인간의 '생각'은 '실재'에 대한 '관점'을 바꿀 수 있는 힘이 있다. 더욱 흥미로운 것은 많은 경우 '관점'을 바꾸면 '실재'도 정말 바뀌곤 한다는 것이다.

6. 자신이 삶의 '원인'이요 '통제자'요 '자유인'으로 여기고 우뚝 서서 삶을 직면하자. 그러면 삶은 내게 그렇게 실재가 될 것이다.

부란 자유와 독립에 관한 것이다

1. 타임라인에서 존리씨의 인터뷰를 읽었다. 비즈니스맨인 존리씨의 주장을 다 순수하게 받아들이지는 않지만 이 말은 좋다. "부자처럼 보이고 싶은 것과 부자가 되고 싶은 것은 다른 것이다. 진짜 부자란 부자처럼 보이는 사람이 아니라 자유로운 사람이다"

2. 작년쯤, SW 개발 직원들과 식사하는데 재테크 이야기가 나왔다. 이때 한 수수한 차림의 40대 후반의 한 차장이 이런 말을 한다. "제가 선물을 좀 할 줄 압니다" 이후 이야기를 나눠보니 SW 프로그래머인데 글로벌 선물을 다루는 프로그램을 만들어 십수 년째 투자 중이고 팍스넷에도 유명인인 숨은 고수였다. 매년 연봉보다 더 많은 돈을 벌고 있고 회사는 알바(?)처럼 다니고 있었다. 내가 전업투자 생각해 본 적이 없냐고 물었다. 그랬더니 "전업을 하게 되면 욕심이 생깁니다. 지금은 한 달에 한 번 정도밖에 거래를 안 합니다. 초기에는 한 번에 수억도 벌고 깨지기도 하고 욕심에 빠져 모니터 앞에만 있었던 적도 있었습니다. 일을 해도 밥을 먹어도 잠을 자도 마음이 항상 그곳에 가있었고 불안했습니다. 이제는 욕심을 통제하게 되었습니다. 제 분수를 지킵니다. 그리고 굳이 전업을 할 이유가 없습니다. 일도 재미있는데 제가 회사를 그만둘 이유는 없습니다. 단지, 승진하기 위해 더 많은 연봉을 받기 위해 무리하지는 않습니다. 즐겁게 일할 뿐입니다. 또한 가족과 제가 좋아하는 캠핑카로 자유롭게 여행하는 것이 가장 큰 행복입니다. 평생 그렇게 할 정도의 돈은 가지고 있습니다" 나는 그 직원이 멋져보였다.

3. 반면, 나의 한 대학 후배는 회사 다니며 주식을 했다. 틈틈이 한 주식으로 큰 돈을 벌었다. 주식 책을 섭렵했다. 좋은 머리에 심도 있는 투자 공부로 주식시장에서 승리하는 기법을 발견했다고 여겼다. 이에 회사를 그만두고 전업투자자로 활동하기 시작했다. 더 큰 돈을 벌었고 자신감이 높아졌다. 이에 레버리지를 과감히 쓰기 시작했다. 이후 시장이 꼬꾸라지며 개인의 모든 부도 붕괴했고 빚까지 생겨서 50살이 넘었는데도 생활에 힘들어하고 있다. 물론, 한 예시이고 후배와 동일한 여정을 걸었는데 이후 대단히 부자가 된 분들도 있다.

4. 모건 하우절도 그의 책 『돈의 심리학』〈모건 하우절, 인플루엔셜.2021〉에서 이런 말을 한다. "부는 눈에 보이지 않는다. 부는 구매하지 않은 좋은 차와 같은 것이다. 구매하지 않은 다이아몬드 같은 것이다. 부란 눈에 보이는 물건으로 바꾸지 않은 금전적 자산이다. 부의 가치는 소비에 있지 않다. 부는 자유에 관한 것이며 독립에 대한 것이다. 부는 원하는 것을, 원하는 시간에, 원하는 사람들과, 원하는 만큼 할 수 있는 능력이다. 돈 때문에 어쩔 수 없이 원치 않는 사람을 만나지 않고 원치 않는 일을 하지 않는 것이다. 이것은 값으로 매길 수 없는 가치이며 그것이야말로 돈이 가져다주는 최고의 배당이다" 찰리 멍거 또한 이렇게 말한다. "부란 독립심이다. 원하는 대로 살아가는 힘이다"

5. 나도 권력과 부가 있는 분들을 만나보면 대개 두 부류로 나뉜다. '강력한 엘리트의식과 탐욕으로 more more more 를 외치는 부류'와 '자신과 위험을 적절히 통제하고 겸손하며 남을 도우려는 부류'이다. 전자의 분들은 똑똑한데 어딘지 불안하다. 후자의 분들은 비록 소수이지만 심리적으로 안정되어 있고 또한 스스로 탐욕에 빠지지 않도록 자신을 통제한다. 이에 도를 깨우친 현자의 느낌이 든다.

6. 부자이면서 지혜로운 이들은 대개 돈에 연연하지 않으면서도 돈을 번다. 돈 보다 시간이나 주변 사람을 더 중요하게 여긴다. 욕심을 절제한다. 물론 이런 분들은 미디어에서 자신을 선전하는 이들에 비해 화려하지도 않고 계좌 인증도 하지 않고 돈을 자랑하지 않는다. 어떻게 벌었다고 떠들고 다니지는 않는다. 스스로 자유롭기에 굳이 과시하지 않는다. 자신의 승리가 '행운'임을 알기에 겸손하다. 단지, 누군가 물으면 자신의 모든 방법을 아낌없이 나누어 주고 여유를 가지면서 남을 도울 정도로 산다. 물론, 이분들도 내게 자주 이런 말을 한다. "항상 탐욕이 불쑥불쑥 나옵니다" 나는 이렇게 말할 수 있다는 것 자체가 자기 성찰의 신호라고 본다.

7. 돈을 초월하면서도 누구보다도 자유롭고 세상에 큰 영향력을 끼친 부처나 예수 같은 분이 계시지만 사실 우리 같은 범인들이 감히 흉내 내기 어렵다. 나도 한때 따라하려다가 그릇이 안됨을 깨달았다. 그러나 '돈은 중요하지 않아. 돈은 악의 뿌리야'라고 거룩한 모습으로 말하면서 뒤로는 탐욕을 일삼는 거짓 선지자들 거짓 구루들이나 돈을 흔들어 보이면서 '내 밀대로 하면 너희도 부자가 돼'라고 하며 뒤에서는 주송자들

을 이용하는 거짓 멘토들보다는 '돈은 중요해. 좋은 부를 쌓아야 해'라고 말하고 부의 방법을 연구하고 부를 쌓되, 돈에 휘둘리지 않고 자신의 심리를 통제하며 자유롭게 살며 타인에게 베푸는 진짜 멘토이자 현인이 이 시대에 더 필요하지 않을까 싶다. 나뿐 아니라 이 글을 읽는 모든 분들이 이런 현인으로 사시길 기원한다.

다른 사람들의 인정과 칭찬을
구할 필요가 없는 이유

1.   타인으로부터의 인정과 칭찬을 갈구하는 것은 인간의 당연한 욕망이다. 사람은 인정과 칭찬을 통해 자신의 가치를 더 느끼고 성장하기도 한다. 많은 사람들은 이 칭찬과 인정에 목마르다. 칭찬과 인정을 받으면 잠시 행복해진다. 페이스북의 좋아요에 일희일비하는 것은 바로 이런 이유이다.

2.   그러나 심리학자 아들러는 '타인의 인정을 구할 필요가 없다'고 말한다. 다른 사람들의 칭찬과 인정을 구하는 삶을 살게 되면, 다른 사람들의 기대를 만족시키는 삶을 살게 될 위험이 높다는 것이다. 부모님의 인정, 상사의 인정, 친구의 인정에 적합한 삶을 살게 된다는 것이다. 타인의 판단에 예민하게 된다. 궁극적으로는 '다른 사람의 삶을 사는 것'으로 귀결된다.

3.   그는 이렇게 묻는다. "만일 당신이 다른 사람의 삶을 산다면, 누가 당신의 삶을 살아 줄 것인가? 당신 자신의 삶을 살 사람은 바로 당신이다"

4.   그러므로 우리 자신의 삶을 살기 위해서는 타인의 판단, 시선과 기대에 따라서 사는 삶, 타인의 칭찬과 인정을 구하는 삶을 극복할 필요가 있다. 이에 일희일비하지 않고 그저 쿨하게 받아들일 뿐이다. 물론, 타인의 조언과 도움을 받을 수 있지만 모든 선택은 우리 자신에게 달려있다.

5.   우리의 삶은 우리의 것이다.

정말 살고 싶은 삶은?

1. 나는 지인이나 후배들에게 이런 질문을 종종 한다. "삶에서 가장 원하는 것이 무엇인가?" 이런 질문에 대한 가장 솔직하면서도 가장 많은 답변은 "돈을 많이 벌고 싶다", "회사의 임원이나 사장이 되고 싶다", "훌훌 떠나 세계 여행을 가고 싶다", "학위를 따고 싶다" 등이다.

2. 그러면 "그것이 이루어지면 무엇을 하고 싶은가?" 라고 물어본다. 그러면 흥미롭게도 놀라는 사람들이 많다. 그 이상을 생각해 본 적이 없기 때문이다. "돈을 많이 벌면 자동차도 사고 집도 사고 여행도 가고…", "사장이 되면 마음대로 지시하고 비싼 곳에 가며 폼 잡으며 살고…"

3. 그러면 또 하나의 질문을 해본다. "그것을 다 성취한다면 그다음에는 무엇을 하고 싶은가?" 또는 "그것을 다 성취한다면 어떻게 살고 싶은가?"

4. 두 가지 질문에 답을 해보면 자신의 숨어있는 깊은 '소망'이 나온다. 우리는 '무엇을 얻고 싶은가?'에 대해서는 쉽게 답한다. 그러나 '어떻게 살고 싶은가?'에 대해서는 쉽게 답하지 못한다. 왜냐하면 별로 생각해 보지 않았기 때문이다.

5. 얻고 싶은 것을 얻는 것이 자신이 원하는 삶이라고 생각하지만, 어쩌면 정말 원하는 삶은 다른 것일 수도 있다.

6. 그러므로 이런 질문을 다시 해보자. "그것을 다 얻었다면 그 다음에는 무엇을 하고 싶은가?", "그것을 다 얻었다면 어떻게 살고 싶은가?" 그것이 바로 우리 삶의 진정한 '가치'일 것이다.

자랑할 것, 자부심을 가질 것이 무엇인가?

1. 요즘같이 오픈된 시대에는 자랑할 만한 것, 자부심을 가질 만한 것이 점점 줄어든다. SNS 공간에서도 잘난 사람들이 가득하다. 과거에는 무슨 대학, 무슨 과 나오고 전국 몇 등 안에 들었다느니 하는 것이 자랑할만한 것이었으나 요즘은 스펙 좋은 사람들도 엄청나게 많고 특히 사이버 공간에서 쉽게 보인다.

2. 과거에는 해외에서 공부하거나 영어 잘하는 사람들이 드물었으나 요즘은 매우 많다. 하버드 등 해외 유명 대학 출신도 풍년이고 영어 실력자들도 풍년이다. SAT 몇 점 맞았느니 해외 유명 대학에 동시 합격되었다느니 하는 것 또한 식상하다. 지금은 구글이나 애플에서 일한다고 하면 대단한 것처럼 보이지만 조만간 이 또한 식상해질 것이다. 그래봐야 조금 나은 샐러리맨일 뿐이다.

3. 요즘은 자리들이 많아져서인지 현직, 전직 고위직들도 많아졌다. 기관장들도 많고, 교수님도 많고, 변호사도, 의사도, 임원들도, 사장님들도 엄청나게 많다. 어디 명함 가지고 자랑하기도 어렵다.

4. 부자들도 적지 않다. 금융부자들, 주식부자들, 부동산 부자들도 적지 않다. 책 몇권 쓴 사람들도 적지 않다. 이에 한두 권 책 써서 자랑할 수도 없다. 글쟁이들도 많아 웬만하게 써가지고는 글 좀 쓴다고 말하기도 어렵다. 산도 웬만큼 다녀서는 어디 산좀 다녔다고 자랑하기도 어렵고, 맛집 웬만큼 다녀서는 맛 좀 안다고 이야기하기 어렵고 와인 웬만큼 마시고서는 사이버 공간 어디에 오픈해서 자랑하기 어렵다. 골프도 잘치는 사람이 수두룩하다. 예쁘고 잘생긴 사람들, 몸짱들도 많아 웬만한 몸 가지고는 명함도 못 내민다.

5. 과거에는 해외여행 나가는 사람들도 별로 없어 뉴욕, 파리, 런던만 다녀와도 자랑할만했는데, 요즘은 중동, 아프리카 등의 오지나 남미 어디 못 들어본 곳이나 남극, 북극 정도나 가야 자랑할 만하다. 명품 걸친 사람들이 많아 웬만한 명품 가지고는 자랑할만하지 않다. 그래서 과거에 자랑할 만하 했던 것들이 희소성을 잃어가면서 점점 자랑할 게 없어진다.

6. 나는 오히려 다행이라 생각한다. 이제는 일반적인 영역, 순위를 세우는 영역에서는 자랑할만한 게 별로 없다는 것이다. 조금 잘난 사람이나 아니나 50보 100보 이다. 순위를 세우는 영역에서는 1등 외에는 모두가 열등감이 있다. 전국 10등이라도 열등감이 있을 수밖에 없다.

7. 서울대 출신들도 다들 열등감이 있다. 우리나라처럼 1등부터 줄 세워 대학이나 과를 정하는 것이 일반적인 환경 속에서는 학교, 과에 따라, 과 내에서도 열등감 풍년이다. 모든 학생이 다 열등감 속에 산다. 부자도 전국 1위 부자 외에는 다들 열등감이 있고, 고액 연봉자들도 전국 1등 연봉자 외에는 열등감이 있다. 이에 자부심을 가지기 쉽지 않다.

8. 명품을 가진 사람들은 더 비싼 명품 앞에서 열등감을 가지며, 고급차를 가진 사람들도 더 뛰어난 고급차 앞에서는 열등감을 가진다. 영어 좀 하는 사람들도 더 잘 하는 사람 앞에서는 입을 닫는다.

9. 얼마 전 글로벌 CEO가 내한한 모임에 갔는데 초대받은 한국 분들 중 몇 분이 먼저 거의 네이티브 수준으로(내용은 그저 그런데) 이야기 하자 엄청 잘 하시는 분인데도 자신의 차례에 영어가 부족하다며 자신감이 확 떨어진 발언을 하는 것을 봤다. 회사에서도 마찬가지다. 심지어 부사장, 사장도 열등감을 가진다. 장관님들도 더 위의 권력자 앞에서는 받아쓰기를 할 뿐이다. 드라마 '스카이캐슬'을 보니 학력고사 1등 서울의대 출신의 의사와 서울법대에 검사 출신 법학교수 간의 상호 간 열등감과 경쟁의식도 재미있게 묘사되는데 난 이게 그리 과장되었다고 보지 않는다. 그러므로 아예 고급이 뭔지, 명품이 뭔지, 무슨 직위가 더 높은지 구분할 줄 모르는 사람이 오히려 당당해진다.

10. 난 명품, 좋은 와인, 좋은 집이나 차 등은 관심도 없고 구별도 못하니 다른 사람이 뭘 입던, 뭘 타던, 뭘 마시넌 냥냥아나. 그린네 직위는 칠 일기에 높은 시람 앞에서는 당당하지 않게 된다. 그러므로 이제 점점 진짜 자랑거리, 진짜 자부심을 가질 만한 것, 진짜 다른 사람에게 영향을 줄 수 있는 것은 '순위로 정할 수 없는', '자신만의 특별한 것'이다. '자신의 개성'이고 '자신만의 취향'이며 '자신만의 자신감'이다. 특히, 계급장을 뗀 공간에서는 그 또는 그녀가 가진 오프라인 스펙이나 지위로 인기나 존경이 결정

되는 것이 아니다. 그 사람만의 독특한 매력과 재능으로 결정된다.

11. '자신의 약한 것'이 더 자랑이 될 수도 있고, '평범하게 사는 것'이 더 자부심이 될 수도 있다. 부자와 스펙자와 권력자는 늘어나는데 품위 있고 희생하고 헌신하는 이들은 줄어가고 있으니 '품위'와 '헌신'이 더 희소하고 더 큰 자부심이 될 수 있다. 가진 자들은 늘어나지만 욕심에서 자유한 자들은 점점 감소하고 있으니 '마음의 자유'가 더 희소하고 더 큰 자부심이 될 것이다.

12. 흥미롭게도 이런 것은 일부러 자랑하려고 하는데서 나오는 것도, 독특한 것을 해서 남에게 이겨봐야지 하는 경쟁심이나 열등감에서 나오는 것도 아니다. 그냥 자유인으로서 자신만의 철학을 가지고 자연스럽고 자신있게 남의 눈을 의식하지 않고 자기 스타일대로 사는데서 나오는 것이다.

13. 당신은 무엇에 자부심을 가지고 있는가?

I AM ENOUGH

1. 정신분석학 의사 이문석, 이인수 씨의 인터뷰를 읽었다. "인정받으려 애쓰지 마세요. 상담하다 보면 평생 돈에 구애받지 않고 살아온 분도 있고, 정말 이름 높은 사람도 있죠. 이들은 그런데 정작 매 순간 행복하지 않고 '나는 여전히 부족하다'고 느껴요. 자기가 왜 아픈지, 어릴 때 무엇 때문에 상처 받았는지 정확하게 몰라서 그렇겠죠.

2. 왜 다들 인정에 목마른 가요? 그것은 본인이 무엇을 원하는지 정확히 모르고 살아서 그래요. 남들 바라는 대로 남들 좋다는 것을 쫓아, '이게 바로 성공이다'라고 쓰인 깃발만 보며 그 길로 냅다 뛰기만 해서 정작 자기가 무엇을 정확히 원하는지 알지 못합니다. 그런데 이렇게 성공해도 마음은 답답하거든요. 돈도 많고 유명한데도 뭔가 충족이 안 되고, 가슴 속에 여전히 화가 있어요. 자기 진짜 욕구를 채우지 못해서 그런거죠. 그런데 대부분은 남들에게 더 인정받으면 괜찮아질 거라고 잘못 생각해요. 그래서 더 잘되려고, 더 높아지려고, 칭찬받고 박수받으려고 발버둥쳐요. 그 과정에서 서로 할퀴고 생채기 내고 넘어지죠"

3. 물론, 단순히 애쓴다고 사라지지 않는다. 근원을 이해해야 한다. 나 자신도 수년 전에 한 세미나를 통해 깨달은 사실이다. 그 세미나에서 이런 질문을 했다. "당신이 지금까지 이만큼 성공케한 동력이 무엇인지 3가지를 말해보세요" 그리고 또 질문을 했다. "왜 그 동력이 생겼을까요?" 그리고 어린 시절 과거를 돌아 보게 했다.(물론, DNA의 영향도 있다) 그러면 거기엔 자신을 힘들게 한 크고 작은 트라우마들이 있다. 어떤 이에게는 부모로부터, 어떤 이에게는 친구로부터, 어떤 이에게는 큰 실패로부터, 어떤 이에게는 그동안 감추어 왔던 기억일 수도 있고, 어떤 이에게는 잊어버린 기억일 수도 있다. 그런데 흥미롭게도 그것을 벗어나기 위한 생존의 몸부림이 바로 자신을 성공케 하는 동력이 된다. 나도 예외가 아니었다.

4. 어떤 이는 부모로부터 사랑받지 못한 기억이 이후 사랑을 갈구하거나 집착하게 만들고, 기억하기 싫은 큰 실패는 이후 인정받고자 하는 열정을 만들기도 한다. 지배받은 기억이 겸손을 만들기도 한다. 그러므로 매사 열정적이고 이기고자 하며 겸손하며 의지가 굳건해서 사람들에게 박수를 받을지라도 그 뒤에는 여전히 충족되지 않은 무

엇인가 있을 수 있다. 사실 그것이 자신의 삶을 성공케 한 원동력이지만 역으로 삶에 평안과 자유가 없게 하기도 한다.

5. 자신 안에 5살 또는 10살 또는 20살짜리의 작은 아이가 살고 있음을 깨닫고 그 아이를 이해해야지만 조금씩 자유할 수 있다. 그렇지 않으면 평생 '나는 불충분해', '나는 부족해'라고 독백하며 '사랑'이나 '인정'에 목말라하며 살게 될 수 있다.

6. 다시금 기억하는 말이다. 'I AM ENOUGH' 당신은 이미 충분하다. 그리고 지금 그대로 사랑할, 사랑받을 자격이 있다.

왜 착한 사람들이 더 힘들어 할까?

1. 『가족의 발견』〈최광현, 부키.2014〉이라는 책을 읽으니 흥미롭게도 심리 상담사인 저자에게 찾아오는 사람들은 나쁜 사람들이 아닌 착한 사람들이 압도적으로 많다는 것이었다. 왜 착한 사람들이 덜 행복할까?

2. 착한 사람들은 대개 어렸을 때부터 '흥부의 신화'를 배우고 지내온 사람들이다. '가난해도 착하게 살고 부모에 그리고 권위에 순종해야 한다. 너무 네 주장을 하지 말라. 너 자신이 아닌 타인을 위해 살아라. 그것이 결국에는 성공하는 비결이다' 그래서 그렇게 훈련받고 부모에 순종하여 부모의 뜻을 따르고 자기 목소리를 죽인 채 자신보다는 가족 등 누군가를 위해 살아왔다.

3. 남을 배려하는 것은 당연히 필요하고 중요한 덕목이지만, 문제는 너무 그렇게만 하고 살면서 자신을 잃고 타인의 눈으로 자신을 바라보는 것에 익숙해졌다. 타인의 시선으로 자신을 보고, 자신이 아닌 부모, 자녀, 친척이나 상사, 스승, 친구 등 타인을 기쁘게 하고 만족시키는 삶을 살게 되었다는 것이다.

4. 그러나, 불행히도 현실은 배운 바와 다르다. 착하면 모든 것이 잘된다고 했는데 착한 사람이 치이고 손해를 본다. 자기주장과 자기표현이 분명한 이들이 공을 가로채 간다. 자기보다는 가족을 위해 살면서 자신의 에너지는 모두 소진되었다. 자신은 가족을 위해 모든 것을 희생했다고 생각하지만 배우자는 이를 당연시 여기고 자녀들은 반항한다. 자신은 직원들이나 동료, 주위 사람들을 위해 희생했다고 생각하지만 그들은 그렇게 여기지 않고 더 많은 것을 요구한다. 여기에서 고통이 나타나게 되는 것이다. 타인에 대한 원망과 배신감이 나온다. 그러면서 자기 학대가 나온다. '그래 내 잘못이야. 이렇게 원망하는 것도 내가 더 착하지 않아서야' 평생 착한 자녀이자 아내로 살던 이가 우울증이나 무력감에 빠지기도 하며, 이를 회피하기 위해 사녀를 동세하고 그들에게 집착하기도 한다.

5. 그러면 해결책은 무엇인가? 첫째는 지금의 '나'가 '진짜 자신'이 아니라는 것을 인식해야 한다고 한다. 부모의 요구에 의해 만들어진 페르소나 일 수 있다는 것이다. 진

짜 자신을 찾아라. 둘째는 다른 사람의 눈에 착한 사람, 다른 사람을 만족시키기 위한 삶이 아니라 자신이 원하는 삶을 찾아라. 자신의 감정과 욕구가 잘못된 것이 아니라는 것을 인식하라. 억누르지 말고 있는 그대로 받아들여라. 착하지 않아도 괜찮다. 아무 문제없다. 자신이 원하는것을 찾아라. 그것을 위해 살려고 하라. 남의 삶이 아닌 자신의 삶을 살 때 타인에 대한 원망이 없어진다. 지금까지는 타인의 눈에 보이는 '착한 나'의 페르소나를 지키기 위해 분투하는 삶을 살았을 수 있다. 착한 사람들은 착하지 않은 것은 '악한 것'이라 생각하지만, '착하다'의 반대말은 꼭 '악하다'가 아닐 수 있다. '당당하다'일 수도 있음을 기억할 필요가 있다.

6. 착한 이들이여 '착함'을 벗어 던지고 '당당하게' 살아라. 진짜 착하게 살아야 할 사람들은 당신들이 아니라 착한 사람들을 이용하고 괴롭히는 나쁜 놈, 악한 놈들이다.

생각만으로도 살 수 있다

1. 나는 예전에 사람은 물리적 병이나 사고 때문으로만 죽는 줄 알았다. 그러나, 암이나 불치병이 아니고도 죽을 수 있다. 상심만으로도 죽을 수 있고, 절망만으로도 죽을 수 있다고 한다. 이를 의학적으론 '상심병(Heart broken syndrome)'이라 한다.

2. 이러한 죽음에 이르게 하는 위험은 '스트레스'인데, 이중 '절망'과 '무기력'이 가장 위험하다고 한다. 살 가치가 없다고 생각하면 진짜 죽는다. 유태인 수용소나 북한 수용소에 갇혔던 사람들에 대한 연구에서 밝혀졌다. 더 이상 희망이 없다는 생각으로 무기력해진 사람들은 그냥 쓰러져 죽었다고 한다.

3. 심지어 생각만으로 죽을 수 있다. 쥐조차도 생각만으로 죽는다. 한 과학 실험이 있었다. 실험 쥐들에게 설탕물을 먹이면서 위통 유발 주사를 놓았다. 당연히 실험 쥐들은 고통 속에 뒤집어졌다. 실험 쥐들은 이것이 설탕물 때문이라 생각했고, 다음번에 과학자들이 설탕물을 먹이려 하자 먹기를 거부했다. 과학자들은 여기까지가 기대한바였다. 이후 쥐들에게 설탕물을 억지로 먹여보았다. 그런데 이상한 현상을 발견했다. 쥐들이 고통 속에 뒤집어졌던 것이다. 심지어 죽었다고 한다. 설탕물은 아무 해가 없는데도 말이다.

4. 사람들이 암 선고를 받은 후에 심장마비나 뇌졸중으로 죽는 경우도 드물지 않다고 한다. 생각 때문에 죽는 것이다. 세상은 그대로인데, 환경도 그대로인데 자신만의 해석과 의미 부여로 어떤 사람은 죽기도 하고 어떤 사람은 살기도 한다.

5. 한 책을 읽었는데, 그 저자가 암을 과거 선고받았다. 이에 그 사람이 의사에게 물었다. "선생님 제가 살 확률이 얼마나 되죠?" 그 의사는 "죄송하지만 97%가 2년 내 사망했습니다" 이에 그 저자는 이렇게 답한다. "네, 그럼 전 3%가 되기를 선택하겠습니다" 의사는 벙쪄서 말한다. "이건 선택의 문제가 아니라 통계예요. 통제할 수 있는 게 아닙니다" 그 저자는 "아닙니다. 이것이 저의 선택입니다"라고 말하고는 자신은 3% 내 들겠다는 확신을 가지고, 그 병에 걸려 살아남은 사람들을 찾아다니며 공통점을 찾았다. 그리고 식단 조절, 약 등으로 결국 생존을 이뤄냈다. 물론, 이래도 죽음을

피하지 못할 수도 있겠지만 생존 가능성이 높아지는 것임에는 틀림없다.

6.   생각의 차이는 이렇게 중요하다. 이에, 삶을 보는 자신의 관점을 '감사'와 '희망'으로 바꿀 필요가 있다. 어떤 상황에서도 긍정의 끈을 놓지 않고 유지하자. 그러면 우리의 삶은 훨씬 강해질 것이다.

'무거워서' 힘든 게 아니다

1. 한 강사가 청중들 앞에서 앞에 있는 물컵을 들고 물었다. "이 물컵이 가벼운 가요? 무거운 가요?" 청중들은 '가볍다'고 했다. 그러자 그는 다시 물었다. "만일 이 물컵을 10분간, 아니 20분간, 1시간 동안 들 수 있을까요?" 청중들은 30분 이상은 힘들다고 답했다.

2. 그는 다시 물었다. "그러면 힘들 때마다 내렸다가 다시 들면 어떨까요?" 그랬더니 청중들은 그러면 하루 종일이라도 들 수 있다고 답했다.

3. 많은 사람들이 자신의 삶이 힘든 이유는 자신에게 온 스트레스, 염려, 책임, 불안, 경제적 짐 등이 너무도 무거워서라고 생각한다. 왜 자신에게만 무거운 짐이 왔는가라고 원망한다. 왜 자신만 무거운 짐을 들고 살아야 하는가라고 원망한다. 남들의 짐은 가벼워 보인다. 그러나 자신의 짐은 너무도 무거워 감당하기 어렵고 고통스럽다고 여긴다.

4. 그러나, 실제는 그것의 가볍고 무거움과 삶이 힘든 것과는 관계가 별로 없다는 것이다. 설령 자신의 염려, 불안, 책임이 물컵처럼 가벼워도 힘들 수 있다. 역으로 돌덩이처럼 무거워도 힘들지 않을 수 있다. 가벼워도 힘든 이유는 틈틈이 내려놓지 않아서이고, 무거워도 힘들지 않는 이유는 틈틈이 내려놓기 때문이다. 그러므로 자신이 힘든 것은 '무게'와 상관이 없다. '내려놓음'과 상관이 있다.

5. 물론, 자신의 책임과 염려, 불안, 스트레스를 완전히 내려놓거나 제거하는 것은 불가능하다. 인간은 그렇게 살 수 없다. 나는 완전히 내려놓을 수 있다는 유사 종교나 자기계발의 가르침은 믿지 않는다. 그러나 틈틈이 내려놓을 수는 있다. 짐을 지되 틈틈이 쉬어가자. 그것이 삶에 짐이 있어도 가볍게 살 수 있는 비설이나.

스트레스는 나의 친구요 나의 도전이다

1.   직장인들을 만나면 이런 말을 종종 한다. "회사 때려치우고 제주도 같은 곳에서 스트레스 없는 삶을 살면 얼마나 좋을까. 아이디어도 팍팍 떠오르고 건강해질 것 같다" 그런데 이상하다. 은퇴하시고 일을 하지 않고 쉬기만 하는 선배분들을 2~3년 지나서 보면 오히려 팍삭 늙은 경우가 많다. 스트레스도 하나도 없이 편하게 지내는데 왜 생생하지 않을까?

2.   물론 스트레스가 생각을 할 여유도 빼앗아가고 건강도 망칠 수 있다. 그러나 흥미롭게도, 새로운 아이디어를 내고 뭔가 돌파를 하는 경우는 스트레스가 하나도 없을 때가 아니라 약간의 위기감과 긴장감이 있을 때였다. 지난 시간을 돌이켜보면 나도 책을 쓰거나 뛰어난 것을 성취한 해는 위기감과 긴장감, 즉 스트레스가 높은 때였다.

3.   심리학 교수 캘리 멕고니걸은 그녀의 유명한 TED 강의에서 말한다. "스트레스는 당신의 적이 아니라 친구로 여기세요. 스트레스가 많으면 사망 확률이 43% 증가합니다. 그런데 우리는 흥미로운 결과를 발견했습니다. 스트레스를 해롭다고 생각하지 않은 사람들에겐 많은 스트레스가 그 사람들의 사망 확률을 높이지 못했습니다. 스트레스 때문에 병 걸리고 죽는 확률이 높은 사람은 실제 스트레스가 많은 사람이 아니라 그 스트레스가 자신에게 큰 피해를 준다고 믿는 사람입니다"

4.   신경 심리학자이자 뇌과학자 이안 로버트슨도 유사한 말을 했다. "스트레스의 강도가 너무 세면 사람을 무너뜨릴 수 있습니다. 그러나 극단적인 경우가 아니라면 그 스트레스는 사람에 따라 어떤 이에게는 자신을 발전시키는 '도전'이 되기도 하고, 어떤 이에게는 자신을 망가뜨리는 '위협'이 되기도 합니다. 그러면 그 차이는 무엇일까요? '통제력'입니다. 스트레스는 자신을 강하게 할 수도 있고 무너뜨릴 수도 있는데, 그 핵심요소는 스트레스 자체에 있지 않고 스트레스에 대한 자신의 '태도'에 있습니다. 자신이 자신의 삶과 스트레스를 '통제'하고 있다고 '믿는'사람에게는 스트레스가 도전일 뿐입니다"

5.   이 말씀들은 비과학적 자기계발자들, 동기부여자, 설교자들의 말이 아니라 심리학

자, 과학자들의 말이라는 것을 기억하시라! 스트레스 자체가 우리를 죽이고 살리는 게 아니라는 것이다. 받아들이는 우리의 '태도'와 '믿음'에 따라 우리를 죽일 수도 우리에게 더 많은 성취를 부여할 수도 있다.

6. 그러므로 스트레스가 오면 심호흡을 하거나 명상, 기도를 하면서 이렇게 말해보자. "오! 나의 친구가 왔구나. 이번엔 나에게 뭘 도와주려고 왔니?"

7. 겨자씨만 한 믿음으로도 산을 옮길 수 있다는 말은 허황된 빈소리가 아니다.

잘 안돼도 괜찮아

1. 스페인 인지치료학자 라파엘 산탄트루는 사람들이 기본적으로 가지고 있는 세 가지의 비합리적 신념에 대해 말한다. 1) 내가 하는 모든 것이 잘 되어야 돼. 2) 사람들은 나를 친절하고 공정하게 대해야 해. 3) 모든 일은 내 뜻대로 돌아가야 해. 그리고 이것이 이루어지지 않으면 분노하기도, 우울해하기도, 실망하기도, 아파하기도 한다.

2. 그러나 실제 가질 필요가 있는 합리적인 신념은 다음과 같다고 한다. 1) 모든 것을 잘하고 싶어. 하지만 못한다고 해도 망가지는 건 아냐. 2) 다른 사람들이 내게 친절하게 대하면 좋겠어. 하지만 그렇게 안해도 괜찮아. 3) 내 뜻대로 돌아가면 좋겠어. 하지만 그렇지 않아도 상관없어. 그러나 우리는 '그렇지 않아도 괜찮아', '그렇지 않아도 상관없어'에 익숙하지 않다.

3. 우리는 대개 어렸을 때부터 부모나 교사로부터 '넌 이걸 해야 돼. 그래야 성공해'라는 말을 들어왔고, 자신에게 또는 타인에게도 '실패하면 안돼'라고 말하며 살아왔다. '안돼도 괜찮아'라는 말을 많이 듣지 못했다.

4. 그러다보니 무엇인가 이루지 못했을 때, 집착과 원망과 실망에 빠지는 경우가 많다. 특히, 감정적으로 취약한 사람은 스스로를 극단으로 몰아간다. 물론, 적당한 불안과 걱정은 필요하지만 극단으로 가면 우울과 공황에 빠진다. 그러나 실패와 역경은 생각만큼 끔찍하지 않다.

5. 그러므로, 자녀에게는 '너는 공부를 잘해야 해. 대학가야 해, 의사가 돼야 해. 그렇지 않으면 실망할거야'가 아니라 '네가 공부를 잘했으면 좋겠어. 하지만 그렇지 않아도 난 여전히 사랑해'

6. 애인에게도 '당신 이런 습관은 바꿔줘. 그렇지 않으면 당신은 날 사랑하는 게 아냐'가 아니라 '당신은 이 습관은 바꿔줬으면 좋겠어. 하지만 그렇지 않아도 당신에 대한 애정은 변치 않을 거야'

7. 자신에게도 '난 이번 일은 꼭 성공해야 돼. 그렇지 않으면 사람들에게 실망을 주고 내 인생은 망가질 거야'가 아니라 '난 이번 일을 꼭 성공시키고 싶어. 하지만 실패한다고 해서 내 인생이 망가지는 건 아냐. 새로운 걸 배우게 되겠지'라는 마음을 유지할 필요가 있다.

8. 마음의 건강은 집착을 버리는 것에서 시작된다. '있으면 좋고 없어도 괜찮아', '평안하면 좋고 불안해도 괜찮아', '성공하면 좋고 실패해도 괜찮다', '잘생기면 좋겠지만 이 정도도 괜찮아', '잘 되면 좋고 잘 안돼도 괜찮아'.

9. '괜찮아. 잘 될 거야'라는 말은 TV 광고에서도 사용 되는 것을 들은 적이 있다. 그러나 이보다 더 좋은 말은 '잘 될 거야. 하지만 설령 잘 안되어도 괜찮아'이다. 자신분 아니라, 자녀들에게도 가까운 사람들에게도 자주 사용한다면 다들 조금 더 관대해지고, 조금 더 힘과 용기를 얻을 수 있을 것이다.

'프로이트 vs 아들러', 선택은 당신의 몫

1. 한 지인이 이런 말을 했다. "학창 시절 몸이 자주 아팠다. 이후 곰곰이 생각해 보니 어머니의 관심을 받으려고 아팠던 것이라는 것을 깨달았다. 몇 명의 형제, 자매 사이에서 어머니의 관심을 받기 어려웠다. 그런데 아플 때마다 어머니가 나의 얼굴을 만지고 같이 있어주었다. 그 이후로 이상하게 더 자주 아프게 되었다"

2. 심리학자 아들러 또한 동일한 말을 한다. "어떤 소녀가 얼굴이 항상 붉어져서 남자를 만날 수 없다고 했다. 그런데 실제로는 얼굴이 붉어져서 남자들을 만나지 못한 게 아니다. 그녀는 남자들을 만나기 두려워서 만날 기회가 있을 때마다 얼굴이 붉어졌던 것이다. 남자들을 만나지 못할 때마다 얼굴의 붉어짐을 핑계로 심리적 안정감을 얻었다"

3. 즉, 그는 원인과 결과가 바뀌었다고 말한다. 프로이트는 과거의 원인(트라우마)으로 현재의 어떤 일이 발생한 것이라고 하지만, 아들러는 사람이 자신의 목적을 이루기 위해서 현재를 만든다고 했다.

4. 아파서 어머니가 관심을 두는 게 아니라 어머니의 관심을 얻으려 아픈 것일 수도 있다는 것이고, 얼굴이 붉어져서 남자를 못 만나는 게 아니라 남자를 만나기 두려워 얼굴이 붉어질 수 있다는 것이다. 몸이 아파서 시댁에 가지 못하는 것이 아니라 시댁에 가기 싫어 몸이 아파질 수 있다. 그리고 이는 꾀병이 아닌 실제이다.

5. 많은 사람은 자신이 열심히 노력하지 않아서 성공하지 못한 것이라 생각하지만, 실제로는 실패할까 두려워 열심히 하지 않았을 수도 있다. 이에 자신을 제한하는 것들을 곰곰이 고찰해보라. 실패가 두려워 스스로를 제한하고 있는 것이 아닌지.

6. 프로이트의 주장에 따르면, 우리의 현재 행동은 과거의 트라우마의 산물이다. 그러므로 바꾸기 어렵다고 한다. 과거를 바꿀 수는 없기 때문이다. 그러나 아들러의 주장이 맞다면 우리에겐 희망이 있다. 그것은 우리기 만든 것이기 때문이다. 이를 깨닫고 우리가 필요한 목적을 선택하면 더 이상 자신을 제한하는 한계에 묶이지 않는다.

현재의 행동과 현상을 바꿀 수 있다.

7. 물론, 실제 상황은 두 분의 주장의 복합이라 생각한다. 프로이트 말대로 트라우마로 심리적 어려움이 있을때도, 아들러의 말대로 목적 달성을 위한 심리적 현상이 있을 때도, 이 둘과 무관하게 발생하는 현상도 있으리라 본다.

8. 그럼에도 불구하고 아들러의 주장은 많은 경우 진실이다.

9. 당신의 삶은 당신의 선택에 달려있다.

가장 재미있는 스토리는 무엇일까?

1. 한 유명 웹툰 작가가 이야기하는 것을 들었다. 재미있는 웹툰을 만들기 위해 3,000권의 가장 재미있다고 하는 만화들을 읽고 줄거리를 요약했다고 한다. 6개월 정도의 시간이 지났다. 재미있는 3천 개의 스토리를 요약하다 보니 공통점을 찾았는데 그것은 '간절히 원하지만 얻는 게 너무 어려웠다'는 것이다.

2. 간절히 원하지 않았는데도 얻은 것은 재미없다. 원하긴 했지만 너무 쉽게 얻어도 재미없다. 간절히 원하지만 얻는 게 너무 어려워서 포기하고 싶고 좌절을 느끼는 순간들을 인간은 깊이 기억하고, 흥미를 느낀다고 한다. 그것이 사랑이든, 입시든, 사업이든, 취업이든, 발명이든, 봉사든, 빈곤 탈출이든, 불평등과 차별의 극복이든, 정의의 실현이든, 부패와 부조리와의 싸움이든...

3. 그러면 주인공은 어떤 사람인가? 그 스토리에서 가장 갈망하는 사람이라고 한다.

4. 결국, 사람들을 움직이고 재미와 감동을 주는 스토리는 '간절히 원했지만 너무 얻기 어려운 상황 속에서도 이를 극복하고 성취하는 스토리다' 얼마 전에 봤던 '그린북'이라는 영화와 '가자 어디에도 없었던 방법'으로 라는 책이 그래서 나의 마음을 움직인듯 하다.

5. 나중에 나이가 들어 되돌아 볼 때 자신의 삶에 있어서 어떤 순간이 가장 빛나고 기억날까? 바로 간절히 원하는데 얻는 것이 너무 어려웠던, 그러나 그것을 이루기 위해 분투했던 순간일 것이다. 설령, 성공하고 이기지 못했더라도. 나도 내 삶에 있어서 그런 순간들, 그런 스토리들이 가장 기억에 남는다.

6. 우리의 삶에 있어서 우리가 주인공으로 느끼며 사는 순간이 어떤 순간일까? 바로 무언가를 이루기 위해 갈망한 순간일 것이다. 순간순간 갈망을 가지고, 엑스트라도 조연도 아닌 우리 삶의 주인공으로서 자신의 스토리를 쓰며 살자.

자신의 삶을 바꿀 수 있는 것은
오직 '나 자신' 뿐이다

1. 출장 중 비행기 안에서 'I feel pretty'라는 영화를 매우 재미있게 보았다. 뚱뚱하고 못생긴 여인이 어느날 머리를 다친 후 자신이 스스로 엄청 예쁘게 변했다고 착각하게 된후 엄청난 자신감을 가지고 행동하게 된다. 흥미롭게도 자신감을 가지자 그동안 풀리지 않았던 많은 일들이 술술 풀렸다. 그런데 다시 정신이 돌아오자 다시 자신감을 잃게 되었다. 신체는 그대로인데 어떻게 생각하느냐에 따라 삶의 방식이 바뀐다는 스토리이다.

2. 많은 경우 우리는 어떤 일어난 '사실'이나 어떤 '환경', 자신의 '모습'이 자신의 삶을 좌지우지 한다고 생각한다. 예를 들어, 가난한 집안, 못생긴 용모, 시험의 실패 등이 인생을 망쳐왔다고 여긴다. 그러나 희랍철학자 에픽테토스부터 근대 심리학자 아들러까지 전혀 다르게 이야기를 한다.

3. 일어난 '사건'이나 주위의 '환경', 나의 '모습' 이 자체가 나의 삶을 좌지우지하는 것이 아니라 그것들에 '내가 부여한 의미(해석)'가 나의 삶을 좌지우지 한다는 것이다. 그 자체는 아무 '의미가 없다'. 그럼에도 불구하고 우리가 그것들에 '의미를 부여하여' 스스로를 행복하게도 불행하게도 만든다는 것이다. 예를 들어 '시험의 실패' 자체가 나를 불행으로 이끄는 것이 아니라 '시험에 실패했기에 나는 희망이 없고 미래가 없으며 능력이 없어'라는 의미 부여로 자신을 불행에 이끈다는 것이다.

4. 만일 이것이 진실이라면 행복과 불행, 감사와 원망, 기쁨과 슬픔, 용기와 좌절은 결국 '나의 책임'이라는 것이다. 왜냐하면 의미를 부여한 이는 타인도 세상도 아닌 바로 '나'이기 때문이다.

5. 이는 또한 우리에게 희망을 제시하는데 우리의 삶의 어떠함은 '우리 자신'이 결정할 수 있다는 것이기 때문이다. 내가 자신감과 희망으로 이 세상과 일어난 사건을 볼지, 아니면 비관과 좌절로 이 세상을 볼지는 전적으로 나에 달렸기 때문이다.

6.   얼마 전에 마윈의 강의를 동영상으로 보았다. 마윈이 이런 말을 했다. "제가 여러분이 보는 바와 같이 키도 작고 못생겼습니다. 심지어 KFC의 알바를 뽑는데 15명이 지원했는데 유일하게 떨어졌을 정도입니다" 그런데 그 마윈의 야심차고 자신있는 강의를 볼 때 그의 용모는 전혀 그렇게 보이지 않았다. 유튜브에는 정말 멋지고 섹시하다는 댓글이 넘칠 정도 였다. 그의 모습은 과거와 동일하게 여전히 키도 작고 못생긴 모습이었지만 그 자신도 또 주위 누구도 그를 그렇게 보지 않은 이유는 그 자신도 청중들도 다른 의미를 부여했기 때문이다.

7.   그러므로 나의 삶은 온전히 나의 책임이며, 자신의 삶을 바꿀 수 있는 것은 오로지 '그 자신'뿐이다.

억누르지 말고 관점을 재해석 하라

1. 하나의 실험이 있다. 동물 살육, 외과 수술을 실험 대상에게 보여주었다. 실험 대상은 두 그룹으로 나누었다. 첫째 그룹에게는 고개를 돌리지 말고 보면서 혐오의 감정을 억누르라고 했다. 둘째 그룹에게는 자신이 의사라고 생각하고 보라고 했다. 이후 그 수술을 자신이 시연한다고 여기라 했다.

2. 그러고는 두 그룹의 뇌의 활동을 측정했다. 첫째 그룹은 동물적 뇌인 편도체의 활동이 증가했다. 즉, 혐오와 불쾌, 고통의 감정이 더 증가했다. 그러나 둘째 그룹은 전두엽의 활동이 증가하고 편도체에 브레이크가 걸렸다고 한다. 즉, 혐오와 불쾌의 감정이 급속히 감소했다.

3. 분노나 두려움, 미움, 혐오 등의 감정은 억누를수록 더 폭발한다. 그러나 재해석을 하면 완화되거나 사라질 수 있다.

4. 혼잡한 버스 안에서 누군가 자신의 발을 밟았다. 화가 잔뜩 나서 욕을 퍼부으려고 봤는데 그가 맹인이라면 순식간에 화가 녹아질 것이다. 그가 공격자가 아니라 오히려 어려움에 처한 사람이라는 것으로 뇌가 해석하는 순간 부정적 감정이 사라지는 것이다. 그러므로 부정적 감정은 재해석으로 해결될 수 있다.

5. 여러분이 팀장으로 회의를 하는데 직원이 한 명 졸고 있다고 해보자. 화가 날 것이다. 그러나 만일 그 직원이 가까운 가족의 죽음으로 밤을 새웠다는 것을 알게 된다면? 화가 나지 않을 것이다. 오히려 들어가서 쉬라고 할 수 있다.

6. 그러므로 스스로를 바꿀 수 있는 방법은 성격을 바꾸는 것도, 인내심을 기르는 것도 아니다. 물론, 수련을 통해 화를 줄이고 인내심을 기를 수 있겠으나 우리 같은 의지박약 일반인들에게는 너무도 어렵다. 심리학자들은 성격 또한 40살이 넘으면 별로 바뀌지 않는다고 한다. 그러므로 인내심도 기르기 어렵고 성격을 바꾸기도 어렵다.

7. 그러면 방법이 없는 것인가? 하나의 비결이 있는데 그것은 바로 '관점'을 바꾸는

것이다. 세상이나 현상을 다른 관점으로 보고 재해석하면 인내심이 부족하고 성격이 좋지 않아도 감정 조절이 가능해진다.

8. 얼마 전 어떤 분이 내게 물었다. "이 시대, 전통적 방식에 익숙한 꼰대 리더들이 과연 변해보겠다는 결심을 한다고, 교육을 받는다고 바뀔 수 있을까요?" 나는 답을 이렇게 했다. "결심이나 교육으로는 바뀌기 어려울듯 합니다. 그러나 바뀔 수 있는 길이 있습니다. 그것은 관점을 바꾸게 하는 것 입니다"

9. 그렇다. 관점의 변화, 즉 재해석이 우리의 행동을 바꾼다.

믿음의 힘

1. 유명한 심리 실험 중 다음과 같은 실험이 있다. 연구자들은 두 노동자 그룹을 나누었고 그들에게 일을 하도록 했다. 이때 그들에게 옆방에 큰 소음이 있을 것이라 했다. 한 그룹에게는 그 소음이 견디기 정말 어려울 때 벽에 있는 버튼을 누르면 소음이 멈출 것이라고 했다. 그러나 실제 버튼은 어디에도 연결되지 않았다. 또 다른 그룹에는 아무 말도 하지 않았다.

2. 실험 결과는 인상적이었다. 첫 번째 그룹은 아무 문제 없이 작업을 마쳤고 생산성도 다른 날과 비슷했다. 그리고 그들은 그 가짜 버튼을 누를 만큼 힘들어하지도 않았다. 그러나 또 다른 그룹은 완전히 달랐다. 작업에서 스트레스를 받았고 생산성도 떨어졌다. 일부 노동자는 중간에 일을 그만두기까지 했다.

3. 인간은 객관적 환경이 어려울 때 고통과 스트레스를 받는 것 같지만 꼭 그렇지 않다. 자신이 환경을 통제할 수 없다고 여길 때 그 고통과 스트레스가 진정 커지고 확대된다. 그러나 자신이 환경을 통제할 수 있을 때 인내하고 이겨낸다.

4. 아우슈비츠 수용소의 경험을 쓴 빅터 프랭클은 다음과 같이 말했다. "미래에 대한 믿음을 상실한 죄수는 파멸되었다. 미래에 대한 믿음을 잃어버리면 정신력까지도 함께 잃어버렸다. 어느 날 죄수가 옷을 입고 세수하고 점호장으로 나가는 것을 거부하면 아무 간청도, 위협도 소용이 없었다. 그는 단순히 포기한 것이었다. 그리고 24시간 이내 사망한다"

5. 사람은 통제할 수 없다고 여기는 순간 고통과 좌절이 밀려오고 포기하게 된다. 그런데 이 실험이 보여주는 또 하나의 중요한 레슨은 실제 통제할 수 있는 방법이 없더라도 통제할 수 있다는 '믿음'만 가져도 인내하고 이길 수 있다는 것이다.

6. 그러므로 '믿음'의 힘은 우리가 생각하는 것보다 훨씬 강력하다. 이 '믿음'이 신 또는 절대자에 대한 믿음이어도 좋다. 하나님께서 자신의 모든 염려를 가져가고, 협력하여 선을 이루며, 필요한 모든 것을 주신다고 믿는 사람은 인내하고 이길 수 있다. 또는

'자신'이나 '운명'에 대한 믿음이어도 좋다. 어려움이 있을 수 있지만 결국 다 잘 될 것이라는 믿음, 내가 나 자신과 세상을 결국은 변화시킬 수 있다는 믿음 또한 큰 힘이 된다.

7. '믿음'은 우리를 인내하게 하고 이기게 한다.

인과관계와 우연이 삶에 미치는 영향

1. 얼마 전 한 지인과 이야기를 하다가 'Why'에 대한 이야기를 하게 되었다. 인간은 모든 것에 '원인'이나 '이유'를 찾으려 하는 성향이 있다. 이에 어떤 일이 발생하면 논리를 만들거나 원인을 찾는다.

2. 이러한 사고방식은 인간의 발전을 가져오게 된 원동력이기도 하다. 과거에는 이해하기 어려운 대부분의 사건의 원인이나 이유를 '신' 또는 '의인화된 자연'에 돌렸다. 이에 오랫동안 가뭄이 들면 신의 노함을 풀기 위해 기우제를 지내고 심지어 그를 달래기 위해 인간을 제물로 바치기도 했다.

3. 그러나 근세에 들어서 과학적 사고와 탐구가 발전되면서 많은 현상들의 원인이나 이유가 하나씩 탐구되기 시작하였다. 이제 비가 왜 오고 안 오는지 이해를 하게 되었다. 사과가 왜 땅에 떨어지는지, 심지어 인간과 우주가 어떻게 변해왔는지도 이해하게 되었다. 인류 역사상 가장 뛰어난 사람 중 하나인 아인슈타인은 만물 현상을 법칙으로 해석할 수 있으리라 믿었다. 이러한 세상은 '결정론적 세계'라 한다.

4. 그러나, 일어나는 모든 일에 이유와 원인이 있는 것은 아니다. 독약을 먹으면 죽고, 알코올을 마시면 취하지만 세상 일이 다 이렇게 인과관계가 분명하지 않다. 그럼에도 불구하고 이를 집어넣어 해석하는 과정에서 예기치 못한 불행이 발생한다. '내 자녀가 교통사고가 난 것은 그 날 내가 데려다주지 않아서이며, 가난한 것은 노력을 안해서고, 내가 고통받는 것은 전생에 죄를 지었기 때문이다. 남편이 나를 떠난 것은 내가 부족해서이다' 이런 식으로 '자책', '집착'을 만들기도 한다. 사람은 이유와 원인을 찾지 못하면 마음이 편하지 않기에 반드시 이유와 원인이 있을 것이라 생각하여 이를 찾거나 만들어낸다.

5. 만일 가까운 사람이 여행에서 어려움을 당했다고 생각해 보자. 이를 파고 들어가면 그 때 그 호텔에 묵지 않았더라면, 그때 그 비행기를 타지 않았다면, 그 때… 하지 않았다면, 이런 식으로 거슬러 올라가면 태어나지 않았더라면, 더 거슬러 올라가면 결국 모든 원인은 둘 중 하나로 귀착된다. 하나는 '무(nothing)'이고 또 하나는 '신(God)'이다.

6. 그러나 세상에는 모든 것이 법칙으로 돌아가는 것이 아니다. 여기 곳곳에 '우연'들이 있다. 다른 말로 하면 '그냥 의미 없이 발생하는 것'들이 있다. 심지어는 모든 것을 인과법칙으로 설명할 수 있다는 물리학에도 양자역학 등 불확정성 영역이 나타나고 있음을 알고 있다. 거대 복잡계로 이루어진 인간사는 더더욱 그러하다. 마치 예쁜 주식의 그래프처럼 지나가면 그 흐름이 깔끔하게 해석되는 듯 보이지만 그 속 안의 개별 사건들은 우연히 또는 랜덤으로 발생하는 경우가 많고, 심지어 그 거시적 흐름조차도 과거 해석과 달리 앞으로 어떻게 될지 예측하기 어렵다. 지나보면 모든 것이 '필연'처럼 느껴지나 실제로는 수많은 '우연'이 개입되어 개인, 국가, 지구 또는 우주의 역사를 만든다.

7. 독일의 급작스런 통일을 예측한 전문가들은 거의 없었다. 그 국경선이 터지는 과정을 기록한 글을 읽어보면 그야말로 '우연'이 몇 개 겹쳐서 그것이 일어났다. 우리의 통일 또한 언제 어떤 식으로 이루어질지 예측하기 어렵다. 단지, 더 가능성이 있는 시나리오가 있을 뿐이다.

8. 과거, 나는 진화에 대해 잘못 알고 있었다. 진화는 '가장 똑똑하고 강한 자가 살아남는 필연의 과정'으로 알고 있었다. 그러나 이후 알게 된 것은 '우연'과 '적응'의 과정이었다. 예를 들어 어느 날 우연히 빙하기가 왔고 그 추위에 적응한 생명체가 살아남았다. 적응한 생명체는 그 당시 가장 강하고 똑똑했던 놈이 아니었다는 것은 정설이다. 진화는 '가장 똑똑하고 강한 자가 살아남는 필연의 과정'이 아닌 '가장 (환경에)잘 적응하는 자가 살아남는 우연의 과정'이라는 것이다. 지구의 역사를 거꾸로 돌리거나 몇 가지 우연적 요소가 달랐다면 전혀 다른 방식의 지구가 형성되었을 것이라는 것은 과학자들의 공통 견해이다.

9. 세상의 모든 일이 '우연'이라는 것이 아니다. 세상에서 일어나는 일에 '필연'도 있지만 '우연'도 적지 않다는 것이다. 필연과 우연의 비율을 모르겠으나 복합해서 일어나는 것이 분명하다. 세상에는 의미 없이, 이유 없이 일어나는 일이 많다. 술 먹고 운전해서 교통사고가 나기도 하지만 갑자기 미친 사람이 나타나 교통사고가 나기도 한다. 드라마나 소설과 달리 악인이 성공하기도 하고 착한 사람이 패배하기도 한다. 착한 사람이 사고를 당하기도 하고 열심히 키웠는데 자녀가 빗나가기도 한다. 인생사에

곳곳에 발생하는 '우연'이 삶과 역사를 어떻게 바꿔 놓을지 모른다. 그저 우리는 '확률' 정도를 사후 계산하고 확률로 거시적 예측을 하는 정도이다.

10. 이에 '벌어지는 일'에 겸허한 자세를 가질 필요가 있다. 스토아 철학자들은 이 진실을 이미 알고 있었다. 그들은 '인간을 고통스럽게 만드는 것은 일어난 일이 아니라 그 일에 대한 해석'이라고 말했다.

11. 어쩌면 자신이 사랑하는 상대가 수백 년간 점찍어진 필연의 연인이 아닌 그냥 자신이 움직이는 가까운 공간 안에 살던 사람 중 우연히 가장 먼저 만난 사람일 수도 있다. 자신이 이렇게 고통받는 것이 전생의 죄도 아니고 열심히 살지 않아서가 아닐 수 있다. 가족이 사고를 당한 것이 자신의 잘못이 아닐 수도 있다. 그냥 우연히 의미 없이 발생한 사건일 수 있다. 이는 '책임'을 회피하라는 것이 아니고 '집착'과 '자책'을 버리라는 말이다. 살다 보면 부부가 헤어질 수도 있고, 자녀는 내 뜻대로 안될 수도 있고, 사고도 날 수 있고 죽을 수도 있다. 물론, 누군가 잘못해서 헤어지는 것일 수도, 교육을 잘못시켜서 자녀가 빗나갈 수도, 부주의해서 사고가 날 수도, 죽을 경우도 있지만, 서로 크게 잘못하지 않아도 뜻이 안맞아 헤어질 수 있고 열심히 해도 자녀가 빗나갈 수도 있고 운이 없어 사고가 날 수도 있다.

12. '인과관계'의 해석은 우리에게 동일 실수를 반복하지 않고 발전시키기도 하는 요인이기도 하지만 그냥 의미 없이 발생하는 일에 대한 과도한 해석으로 자신을 집착과 자책 속에 가둘 수도 있다는 것이다.(다행히 신을 믿는 사람들은 상당부분 '신의 뜻'으로 받아들여 이 이슈를 해결하고, 긍정적인 분들을 좋은 쪽으로 해석하여 해결한다)

13. 세상에는 내가 통제할 수 없는, 의미 없는 일들이 발생한다. 그러므로 '교훈'은 간직하되 과도하게 낙심하거나 슬퍼할 이유도 없다. 좋은 일이 있으면 나쁜 일도 있게 마련이고 나쁜 일이 있으면 좋은 일도 있다. 인생은 '새옹지마'이다. 우리는 각자 한 자유로운 인간으로서 자신의 길을 창조하며 선택하고 나타난 일은 쿨하게 받아들이면 될 듯싶다.

자유, 불안 그리고 삶의 창조자

1. 얼마 전, 한 30~40명 정도의 IT기업을 운영하는 지인이 제주도 한 달 살기를 한다고 말했다. '회사는 어떻게 하고요?'라고 질문했더니 가볍게 말한다. "제가 대기업에서 나와서 회사를 창업한 후 수년간 정신없이 일했습니다. 그리고 그저 열심히만 살았습니다. 그런데 한 세미나를 통해 제가 진정 원하는 것들을 미루지 않고 지금 바로 선택할 수 있다는 것을 깨달았습니다. 이에 하고 싶은 것들을 한 가지씩 실행해보고 있습니다. 제주에서 한 달 살기도 그중 하나 입니다. 작년에 처음으로 미국의 교육에 참여하느라 2주간 회사를 비웠습니다. 그런데 제가 꼭 사무실에 없어도 아무 문제 없이 잘 돌아간다는 것을 발견했습니다. 아이들이 다 컸기에 부부만 같이 가면 됩니다. 회사 업무는 원격에서 하면 됩니다"

2. 멋졌다. '자유'라는 것은 무엇이든 원하는 것을 선택 가능할 때 누릴 수 있는 힘이다. 자유는 너무도 멋진 것이지만 사실 행사하기 쉽지 않다. 권력자들 앞에서 자유롭게 반대 의견을 내고, 커리어에 대해서 과감하게 선택하고, 때로 현 위치나 관계, 상황으로부터 떠나기를 희망하지만, 대부분의 사람들은 막상 그럴 수 있는 상황이 되어도 주저하게 된다.

3. 그 이유는 '불안'과 '두려움' 때문이다. '자유'는 '불안'과 '두려움'을 동반한다. 권력자들 앞에서 다른 의견을 개진할 때 불이익을 받을 두려움, 현재의 위치를 떨치고 나올 때 무언가 잘 안 돌아가거나 실패할 두려움, 현재의 관계를 끊을 때 저항 받고 비난받을 두려움들이 자유를 제한한다. 사르트르는 심지어 '불안은 자유의 증거다'라고 했다 .

4. 그러면 '자유'와 '도피'는 어떤 차이인가? '자유'는 불안과 두려움이 있어도 자신이 책임을 지는 선택으로 맞서는 것인 반면, '도피'는 답답하고 힘든 현 상태를 일단 무책임하게 빠져나가고자 하는 것이다. 그러므로 '도피'할 때는 잠시 마음이 편하다. 일단 현실을 빠져나오게 되기 때문이다. 그러나 '자유'는 불안과 두려움을 동반한다. 오히려 자유를 행사히려면 그 불안이나 두려움에 밎설 용기가 필요하고, 사신의 선백에 대한 책임이 필요하다.

5. 흥미롭게도 자유 또한 선택할수록 더 얻게 된다. 자유의 삶의 선택에 익숙해진 사람은 더 많은 자유를 선택한다. 영화 쇼생크 탈출에서 두 사람을 보았다. 주인공 팀로빈스는 탈출을 시도한다. 잡히면 더 오래, 더 고통스럽게 감옥 생활을 할 두려움을 떨쳐내고 자유의 삶을 희구한다. 구속된 사람들에게 그들 속에 감춰진 자유의 소망을 깨워주고자 했다. 이 영화에는 교도소에서 장기간 있으면서 교소도 생활에 잘 적응하여 지냈던 한 가석방된 죄수가 나온다. 그는 결국 스스로 목숨을 끊는다. 자유를 갑자기 얻었을 때 그는 감당할 수 없었다. 오히려 구속과 속박이 더 편했던 것이다. 왜냐하면 그는 자유를 희망하지도 선택하지도 않았기 때문이다. 자유를 잃는 것 보다 더 무서운 것은 자유를 희망하지 않는 것이다.

6. 그러므로, 자유를 꿈꾸고, 선택해 갈 필요가 있다. 그것이 설령 작은 것이라도, 그럴 때 더 큰 자유를 선택해 나갈 수 있다. 그렇지 않으면 그저 관성으로 머무르게 된다. 그리고 설령 자유가 주어진다고 해도 감당하지 못하게 된다.

7. 우리는 자유하고 있는가? 스스로 자신의 삶에 대한 창조자(Author)로 살고 있는가? 아니면 누군가가 써준 시나리오대로 삶을 살고 있는가?

좋아한다고 너무 퍼주지 마라

1. 보스조르메니 나지는 인간관계에서 보이지 않는 '관계 통장'이 있다고 한다. 배려, 사랑, 칭찬, 코칭, 선물 등은 '입금'이고 폭력, 무시, 화, 비난 등은 '출금'이다. 서로 좋은 것을 주고받아 입금이 많이 쌓이면 웬만한 어려움이 생겨도 서로 견딜 수 있지만, 둘 다 또는 한쪽이 잔고가 없거나 마이너스 상태라면 조그만 위기가 와도 와르르 무너진다는 것이다.

2. 당연히 관계 통장은 서로가 주고받아서 서로의 잔고가 늘어나는 것이 가장 바람직하다. 또한 당연히 서로가 계속 싸우고 상처만 준다면 둘 다 파산이다.

3. 그럼 일방적인 헌신이나 사랑은 어떠할까? 이는 한쪽만 계속 입금되는 상황이다. 한쪽이 일방적으로 주고받는 것이 없다면 부모가 아닌 이상 노예같이 느낄 수 있다.

4. 받는 사람은 어떨까? 좋을 듯 하지만 정상적인 사람이라면 부채 의식을 느끼게 되고 이 부채 의식을 청산하고자 하는 심리가 있다고 한다. 이때, 자신이 받은 만큼 주기 어려운 경우 아예 관계를 청산함으로써 이 부채 의식을 청산하려 할 수도 있다.

5. 그러므로 연인, 부부, 친구, 동료들의 관계에 있어서도 일방적으로 퍼주는 것이 반드시 좋은 결과를 가져오지 않을 수 있다. 베풀어 줄 때도 상대가 어느 정도 갚을 수 있도록 해주어야 관계가 지속될 수 있다고 한다. 한 쪽 만의 통장이 아닌 서로의 통장을 빵빵하게 하라.

두뇌에 가해지는 최악의 행동은 무엇일까?

1. "두뇌에 가해지는 최악의 행동은 무엇인가?" 하버드 뇌과학자 존 레이티 박사의 답은 '소극적 삶에 만족하며 사는 것'이라 한다. 그냥 익숙한대로 살고, 앉아서 내내 TV만 보고, 세상에 대해 호기심을 잃은 채 무관심한 태도로 살면 뇌를 약화시킨다고 한다. 쉽게 말하면 편하게 사는 것이 좋지 않다는 것이다.

2. 그러면 뇌를 강하게 해서 머리도 핑핑 돌고 나이 들어도 생생하려면 1) 운동을 하라: 산책, 수영 등 특히, 지속되는 유산소 운동은 우울증에 특효약이라고 한다. 2) 새로운 것을 배우라: 댄스, 무술, 피아노, 기계 수리법 등 배우고 배워라. 퍼즐도 풀고 토론도 하고 교육 세미나는 최대한 참석하고. 3) 균형 잡히게 먹어라 4) 영성과 명상의 시간을 가져라: 기도, 신앙, 명상 등은 뇌에 큰 도움을 준다.

3. 어린 자녀에게라면 자꾸 말을 걸어주고, 접촉해 주고, 외국어를 들려주고, 미술과 음악을 가르치라고 권고한다. 아이들 피아노 가르치고 미술 가르치는 것은 공부시간을 줄이는 낭비가 아니라고 한다.

그깟 사소한 일 하나

1. 얼마 전 한 지인과 대화하는데 이런 말을 한다. "집사람이 청소 해달라고 하는데 귀찮다고 짜증을 냈더니, '그깟 사소한 일 하나' 때문에 내게 화를 내고 말을 안하더라고요" 당연히 그 '사소한 일 하나' 때문일 리 없다.

2. 예전 페북에 이런 글을 쓴 적이 있다. 얼마 전 한 유명인 부부의 이혼에 대한 내용을 잠깐 읽었는데 흥미롭게도 여성은 이런 말을 한다. "냉면이 너무 먹고 싶어 남편과 냉면집에서 만나기로 했다. 도착하니 남편은 먼저 다 먹고 있었다. 내가 주문하니 남편은 '난 다 먹었고 보는 건 지루하니 먼저 가겠다'며 자리를 떴다. 그 순간 이혼을 결심했다"

3. 가끔 보면, 사소한 일 때문에 애인과 이별도 하고, 절친과 절교도 하고 이혼도 한다. 심지어 '그깟 사소한 일' 때문에 자살도 한다. '그깟 사소한 일'로 인해 회사를 떠나고 심지어 국가를 배신하기도 한다. 흥미롭게도 사람은 대의명분이 아닌 '그깟 사소한 일'로 극단적 선택을 하거나 사람과 조직을 떠나기도 한다.

4. 그런데, 여기서 기억할 것은 일반적인 사람들은 '그깟 사소한 그 일 하나' 때문에 그렇게 행동하는 것은 아니라는 것이다. 이미 99도 상태에서 사소한 어떤 일이 1도를 증가시켜 100도의 기체로 만든 것이다. 흥미롭게도 많은 사람들은 '사소한 그 일' 때문에 관계가 틀어졌다고 생각한다. 아무것도 아닌 그 일 때문에 말도 안되는 행동을 했다고 한다. 그러나 위의 상황에서도 보듯이 그녀가 냉면집에서 이혼을 결심한 것은 그 냉면 사건 때문이 아니라, 그 냉면 사건이 그동안 쌓여있던 99도의 스트레스에 1도를 더한 것이다.

5. 우리는 1도나 99도나 똑같은 액체 상태이기에 차이가 없다고 생각하지만, 99도의 경우에는 '그깟 사소한 상황 하나'로도 상태가 완전히 변할 수 있다. 누군가 원래 그런 사람이 아님에도 불구하고, 매우 작은 일에도 예민하거나 인상을 쓰거나 화를 낸다면 그 사람의 스트레스가 터질만큼 쌓였다고 여겨야 한다. 그러므로, 그 속에 쌓인 '서운함', '스트레스'를 빼내지 않으면 자칫 '사소한 한가지'로 빵 하고 터진다. 자신이 자존

심이 강할수록, 내향적일수록, 털어놓을 대상이 없는 사람일수록, 칭찬만 받았던 사람일수록 99도가 되기까지 풍선을 빵빵하게 할 위험이 높다.

6.   그러므로 주위 사람들은 이를 예민하게 관찰하여, 중간중간 충분한 대화나 솔직한 소통으로 풀어주어 온도를 낮추어 주어야 한다. 조직이나 사회 또한 마찬가지이다. 쌓인 스트레스, 불만과 긴장지수를 주기적으로 풀어주지 않으면 자칫 조직 전체 또는 사회 전체가 빵하고 터진다.

7.   그런데 만일 당신이 스트레스가 99도인 상황이라면? 만일 당신이 작은 일에도 예민해지거나 짜증과 화가 나거나 우울하고 슬퍼진다면 스스로가 위험 상황임을 인식해야 한다. 용기를 내어 당사자와 솔직한 대화를 하든, 여행을 떠나든, 심리 상담가를 찾든 그 온도를 낮출 필요가 있다.

8.   예전 어릴 때 했던 '모래뺏기 놀이'가 생각난다. 모래성을 쌓은 후 한줌 한줌 서로 빼어간다. 그러다가 마지막에는 아주 작은 양의 모래를 건드려도 확 무너져버린다. 삶은 때로 그러하다. 그러므로 주위를 그리고 자신을 다시 돌아보자.

우리는 대부분의 시간을 같이 보내는 다섯 사람의 평균이다

1. 얼마 전 젊은 직원들과 식사를 하며 이런 말을 했다. "자신이 어떤 사람인지 아는 쉬운 방법이 있다" 그러자 다들 궁금해했다. "가장 많은 시간을 함께 보내는 다섯 사람을 떠올려보라. 자신은 그 다섯 사람의 평균이다" 그러자 다들 머릿속으로 분주하게 계산하기 시작했다.

2. 이 말은 내가 만든 것이 아니라, 미국의 사업가 짐론의 말이다. 사람은 사회적 동물이다. 서로 영향을 주고 영향을 받는다. 특히, 같이 시간을 많이 보낸 사람들로부터 영향받는다. 많은 사람들이 부모의 부정적인 어떤 면들을 닮기를 원치 않는데도, 어느새 닮아져 있는 자신의 모습에 깜짝 놀라는 것도 그 이유 때문이다.

3. 사사건건 냉소적이고 불평하고 부정적인 사람들, 비도덕적이고 폭력적인 사람들과 대부분의 시간을 보내면, 자신도 어느새 그렇게 변한다. 꿈이 큰 사람들과 같이 있으면 자신의 꿈도 커지지만, 꿈에 냉소적인 사람과 같이 있으면 있는 꿈마저 사라진다.

4. 시간을 같이 보내는 사람을 바꾸기만 해도 자신의 변화를 가져올 수 있다. 자신의 에너지를 다 빼앗는 사람들과는 빨리 헤어지는 게 상책이다. 그리고 나와 다른 시각을 가진 사람, 큰 생각과 꿈을 가진 사람을 만나는 게 좋다.

5. 그러면 어떻게 훌륭한 사람들과 더 많은 시간을 보낼 수 있을까? 오프라인에서 그들과 사귀는 것은 쉽지 않다. 그러나 다행히도 우리에게는 책이 있고, 사이버 공간이 있다. 또한 배울 수 있을만한 분들이 진행하는 좋은 프로그램들도 다양하게 있다. 나도 책을 통해, 때로 영상을 통해, 때로 인터넷이나 SNS를 통해 시공을 초월하여 훌륭한 생각, 대담한 생각과 통찰을 가진 분들을 매주 주말마다 만나고 있다.

6. 자신을 바꾸려고 노력하려 애쓰지 말라, 환경을 바꾸고 만나는 사람들을 바꾸는 게 훨씬 빠른 길이다.

주위 평범한 할머니 할아버지가
귀인일 수도 있다

1.   요즘 인기를 얻고 있는 양준일 씨의 인터뷰를 읽었다. 양준일 씨는 생계유지를 위해 미국에서 식당에서 서빙 알바를 하고 있었다. TV 출연 이후에 다시 미국으로 가서 동일한 서빙을 했다. 그런데 사람들의 반응이 바뀌었다고 한다.(한인들이 많이 오는 식당인 듯) "너무나도 신기한 게 제가 같은 손님들을 서빙을 하는데 그 분들이 저를 바라보는 눈빛이 그리고 태도가 너무 바뀌었어요. 그런 가수인지 몰랐고 그런 스타인 줄 몰랐고 그러시면서 아티스트인지 몰랐고 하면서 제가 서빙하는 거 자체를 영광이라고 그렇게 표현을 해주셔서 제가 너무 좀 어색했어요" 동일한 사람이 동일한 서빙을 했다. 그런데 얼마 전까지는 존재 자체도 모르고 무시하던 사람에 대해 이제 '영광'이라고까지 말한다.

2.   예전에 EBS에서 이런 실험을 했다. 30대 한 사람을 후줄구레한 옷을 입히고 주위 행인들에게 예상 연봉과 매력도를 평가하게 했다. 그러자 3,000만 원에 매력도 3 정도 밖에 안나왔다. 다음날 유명 미용실에서 머리를 만지고 멋진 양복을 입혀 주위 행인들에게 동일한 평가를 하게 했다. 연봉 7,000만 원에 매력도 8 이 나왔다.

3.   또 한 실험을 했다. 신호등이 바뀌었을 때 앞 차가 가지 않는다면 얼마나 빨리 경적을 울릴까? 앞차가 소형차일 경우는 평균 3초 걸렸다. 그러면 대형차나 외제차가 앞에 있다면? 평균 10초나 걸렸다.

4.   미국에서도 유사한 실험이 있었다. 모든 객석이 항상 매진되는 세계적 바이올리니스트 죠슈아벨로 하여금 워싱턴역에서 자신의 신분을 감추고 연주를 하게 했다. 그래도 청중들이 진가를 알 것이라고 여겼다. 그는 39억 짜리 바이올린으로 40여 분간 연주를 했다. 그러나 대부분의 군중들은 1초도 그의 앞에 머무르지 않았고 모은 돈 또한 32불이었다. 평범한 거리의 악사 정도의 수입 밖에 되지 않았다.

5.   "겉모습으로 판단하지 말라"라고 이야기 하지만, 실제 사람들은 대개 겉모습으로 판단한다. 이러한 심리를 아는 사람들은 상대를 속이거나 자신을 과장하려 여러가지

장치를 만든다. 개인들은 최고의 옷을 입고, 멋진 차를 타고 다니며, 과도한 직위의 명함을 만들어 있는 척 한다. 성공 스토리 만들고 이를 자꾸 드러낸다. 자신의 학벌이나 경력, 나이를 슬그머니 드러내려 애쓴다.

6.   고객들에게 돈을 많이 받으려는 회사일수록 사무실을 권위 있고 휘황찬란하게 꾸민다. 직원들도 명품을 입게 하고 가능한 보기 좋은 외모, 학벌과 경력을 가진 이들로 채우려 한다. 해외 유명 대학, 유명 컨설팅펌이나 증권사 이런 경력을 가진 인물이 머리에 왁스를 발라 세우고 새파란 고급 양복을 입고 나타나서 현란한 경영, 금융의 영어 용어들을 쓰면, 밑바닥에서 열정으로 회사를 일군 CEO들도 이들에게 지분을 헐값으로 넘기거나 이들의 조언에 엄청난 돈을 써도 될 것처럼 여기게 된다. 많은 기업들은 보이고 인식되는 '브랜드'를 만들기 위해 수십억, 수백억, 수천억을 쓴다.

7.   그럼에도 불구하고, 진짜 훌륭한 분들 중에는 소탈한 분들이 꽤 있다. 이미 훌륭하기에 굳이 '나는 훌륭한 인간이니 좀 봐줘'라는 시그널을 만들 필요가 없다. 겉모습만 봐서는 구별이 안된다. 이에 때로 무시를 당하기도 한다.

8.   평범해 보이는 주위 할머니, 할아버지 또는 아저씨, 아줌마 중에 일생의 귀인이 있을 수도 있다. 겉모습으로만 판단하고 무시해서 행여 일생의 귀인을 놓치지 않을까 유의하라. 누군가 최고의 처세는 상대에 따라 카멜레온처럼 변하는 것이라 했다. 그러나 진짜 최고의 처세는 어쩌면 상대가 누구이든 항상 진심과 겸손을 유지하는 것일지도 모른다.

9.   상대가 운전 기사라고, 서빙하는 종업원이라고, 후질구레한 잠바를 입은 아저씨라고, 수수한 차림의 아줌마라고, 학벌이나 외모가 그저 그렇다고 무시하는 사람들은 재산과 학력과 권력이 아무리 커도 자신들의 숨은 열등감을 드러내는 것 밖에 되지 않는다.

10.   '주위 사람 모두가 신(God)이다'라는 마음으로 산다면 진짜 신을 만날지도 모른다.

수레가 있으면 길이 난다

1. 조선시대, 청나라를 방문한 박지원은 깜짝 놀랐다. 청나라에서는 수레를 이용해서 물건을 쉽게 옮기는 것 아닌가! 그 당시 조선에서는 가마나 말을 이용하여 물건을 옮기다보니 많은 물자를 제때 옮기지 못해 썩어버리는 등 문제가 많았다. 이에 박지원은 수레를 도입할 것을 주장한다. 그러자 양반들의 반응은 이러하였다. "조선은 길이 구불구불하고 산이 많고 길도 없어 수레가 불필요하다"

2. 양반들에게 박지원은 이렇게 일갈한다. "수레가 있으면 길이 난다"

3. 불행히도 우리 또한 많은 경우 양반들의 사고와 유사하다. 버는 돈이 쥐꼬리만한데 무슨 저축이나 투자를 하라고? 글 솜씨가 없는데 글을 쓰라고? 말 재주가 없는데 발표를 하라고? 시간도 없는데 무슨 책을 읽고 신기술을 배우라고? 전기차 인프라도 없는데 전기 자동차를 도입하자고?

4. 그러나 저축이나 투자를 하면 돈이 늘어나고 글을 쓰면 글 솜씨가 늘고 발표를 하다 보면 말 재주가 늘고 새로운 방법을 학습하고 신기술을 배우면 여유 시간을 만들 수 있다. 전기차를 도입하면 전기차 인프라가 생긴다.

5. 현재의 상황과 환경을 핑계 대며 새로운 행동이나 기술을 받아들이지 않으면 영원히 그 상황과 환경 속에 있게 된다. 과감히 받아들이고 새로운 가능성을 강조한다면 현재의 상황과 환경이 바뀌어진다. 길이 있어야 수레를 만들 수 있는 게 아니다.

6. 수레가 있으면 길이 난다.

멘탈에 관하여

1. 예전 어떤 분을 만났는데 자신은 너무 유리 멘탈이라 작은 일에 염려되고 떨린다고 어떻게 하면 좋을지 묻는다. 사실 나도 멘탈이 강한 편이 아니다. 이슈가 생기면 심장이 쿵쿵거리고 불안과 걱정이 앞선다. 협상 이론은 잘 알지만 마음이 약해서 협상에서도 손해 보는 적이 많다. 마음이 여려서 돈도 빌려주고 떼 먹히기도 한다. 이에 정말 강한 멘탈이 있는 사람들을 보면 부러운 적이 한두 번이 아니었다. 흔들리지 않는 멘탈을 가지면 얼마나 좋을까?라는 생각도 종종 했고 이에 탐구도 많이 했다.

2. 서울대 의대 전홍진 교수는 다음과 같이 말한다. "멘탈은 정신 건강과는 좀 다른 얘기다. 멘탈이 강하다는 것은 정신이 건강한 사람이 아니다. 그런 사람이 오히려 더 정신이 건강하지 않다. 정신이 건강한 사람은 오히려 다른 사람의 감정을 수용하고, 감정을 이야기하고, 감정에 자연스러운 사람이다" 물론, 우리는 대개 멘탈과 정신 건강이라는 단어를 구분하지 않고 쓴다. 이에 대개 멘탈을 좋은 뜻으로 쓰고 멘탈이 강한 것을 긍정적으로 말한다. 이에 멘탈이 강한 운동선수, 멘탈이 강한 학생 등 좋은 용어로 사용한다. 이 글에서는 이를 구분하여 쓴다. 이것이 무슨 말일까?

3. 주위나 이 사회를 보면 비정상적으로 강한 멘탈을 가진 사람들을 종종 발견한다. 이런 사람은 대개 '자신의 잘못이 명백한데도 흔들리지 않고 거짓말을 하며, 뻔뻔하다. 전혀 양심의 가책이 없고 당당하다. 자신이 오히려 의롭다고 여긴다. 타인을 무시하며 남들의 말에 전혀 영향을 받지 않는다. 남들의 멘탈이나 상황을 아무 감정의 기복 없이도 쉽게 붕괴시킨다. 자신의 잘못이나 범죄에 아무 죄책감이 없다. 타인을 괴롭히고 협박하고 파괴하고 학대하면서도 미안함이나 가책이 없다. 자신의 말을 듣지 않거나 자신의 조직에서 이탈하는 이에게는 피의 복수를 아무렇지도 않게 한다'

4. 즉, 우리가 보기에 이런 초강력 멘탈을 가진이들은 사실 뇌에 문제가 있는 사이코패스, 소시오패스들이 많다는 것이다. 또한 후천적으로도 권력에 중독되면 뇌의 변화로 초강력 멘탈로 변하는 경향이 있다고 한다. 문제는 이런 사람들이 조폭 세계에만 있는 것이 아니다. 권력을 합법적으로 휘두르는 곳에도 있다는 것이다. 뉴스에서도 자주 본다. 주위에도 직장에서도 가정에서도 있을 수 있다.

5. 그러므로, 당신이 그리 멘탈이 강하지 않다면 그것은 '정상적'이라는 것이다. 당신이 멘탈이 그리 강하지 않다면 소시오패스가 아니라는 증거이고 권력이나 인기에 취하지 않았다는 증거이다. 정상적인 뇌를 가진 일반인들이라면 동정심도 많고 공감도 많고, 걱정도 많고 염려도 많고 감정도 잘 흔들린다. 오히려 과도하게 강한 멘탈을 가진 사람들이 '비정상적'일 가능성이 높다. 그러므로 정신건강은 정상이니 안심하라.

6. 다만, 멘탈이 너무 약하면 두 가지 이슈가 있다. 첫째, 삶이 힘들 수 있다. 그러므로, 적절한 훈련을 통해 멘탈을 어느 정도 강화하는 것이 필요하다. 대응 방법으로 전문가들은 기도를 하거나 명상을 하는 것, 운동을 하는 것, 사실과 해석을 분리하는 것, 인지 치료 방법들을 권한다. 자신의 감정으로 인해 과하게 힘들다면 인지 치료의 대가 앨버트 앨리스의 '오늘부터 불행을 단호히 거부하기로 했다' 같은 책을 읽으시면 큰 도움이 될 것이다. 이를 훈련하면 쉽게 흔들리는 것을 대응하거나 이슈 시 회복 탄력성을 높일 수 있다. 나는 명상은 하지 않지만 사실과 해석의 분리, 인지 치료 방법을 종종 적용하고 심호흡을 한다.

7. 또 다른 위험은 바로 비정상적으로 멘탈이 강한 이들에게 이용당하고 착취당하는 것이다. 그러므로 멘탈이 정상적인 일반인들은 이에 매우 주의해야 한다. 이런 소시오들이 많지는 않지만 꼭 나타나서 일반인들을 망가뜨린다. 예전에 미국의 하버드 출신의 여성작가가 고백서를 썼는데 남편의 폭력으로 결혼 내내 지옥에서 살았다는 것이다. 이런 멀쩡한 지식인들조차도 이들에게서 탈출하기 어렵다. 주위에 이런 소시오들이 있다는 것을 기억하고 이들을 대하는 법을 익혀야 한다.

8. 소시오와는 만나지 않는 게 최상이다. 어쩔 수 없이 만났다면 조짐이 보일 때 최대한 빨리 헤어지고 주위에 도움을 요청해야 한다. 싸워야 한다면 목숨 걸고 싸워야 한다. 이들은 흔들리지 않고 잘 교화되지 않기에 어중간한 자비심을 보였다가는 언제든 복수당한다. 이늘은 따뜻함블 모이번 삼농하는 게 아니라 악섬으로 모고 파고늘어 오기 때문이다. 어쩔 수 없이 함께 해야 한다면 냉정하게 나도 Win 하는 방법을 찾아서 Win-Win 관계만 만들어라.

자신의 약점과 트라우마를
명확히 아는 것이 좋다

1. 많은 분들을 만나면서 놀라는 것은 자신의 트라우마와 약점을 잘 모른다는 것이다. 트라우마나 약점은 사람으로 하여금 무언가를 무의식적으로 회피하게 한다. 누구에게나 약점이나 트라우마가 있다. 중요한 것은 자신의 약점이나 트라우마가 무엇인지 명확하게 알아야 한다는 것이다.

2. 자신의 약점이나 트라우마를 알지 못하면 어떤 현상이 생길까? 자신도 모르는 사이에 그것을 무의식적으로 피하게 된다. 그러므로 문제를 전혀 해결할 수가 없다. 왜냐하면 무의식은 다루기 어렵기 때문이다. 예를 들어 책임의식이 과도한 사람은 책임질 상황을 회피한다. 그런데 자신은 왜 그런지 모른다. 무의식적으로 책임을 회피한다. 자유에 대한 갈망이 과도한 사람은 조금이라도 구속되는 상황을 못 견뎌 한다. 그런데 자신은 왜 그런지 모른다. 공정에 대한 의식이 과도한 사람은 공정하지 않은 환경을 피한다. 그런데 자신은 그것에 왜 피하는 지도 모른다. 어렸을 때 경제적 어려움이 닥쳐 돈에 대한 트라우마가 있는 사람은 돈에 과도하게 집착하거나 돈을 아예 회피하거나 둘 중 하나의 극단으로 간다.

3. 약점도 마찬가지이다. 자신이 약한 점은 무의식적으로 드러내지 않으려 애쓴다. 자신의 약점이 드러나는 환경을 도망간다. 약점에 당당하지 못하고 움츠린다. 그러면 평생 해결하지 못한다. 그러므로 이를 알아야 한다. 자신의 강점뿐 아니라 트라우마와 약점도 알아야 한다.

4. 안다는 것은 무엇인가? 무의식에서 의식의 영역으로 가져온다는 것이다. 의식의 영역으로 가져오면 다룰 수 있다. 시간이 걸릴 수는 있지만 해결 가능하다. 약점을 안다면 해결하는 가장 좋은 방법은 당당하게 드러내고 도움을 구하는 것이다.

후퇴를 받아들임

1. 한 CEO를 만났다. 대학 졸업 후 창업했는데 회사가 엄청나게 잘 나갔다. 직원 수가 수백 명에 이르렀고 유명 대기업과 VC(Venture Capital)의 투자가 쇄도했다. 자회사도 몇 개나 만들었다. 그러나 수익이 잘 나오지 않았다. 이에 사업부와 자회사를 팔고 지금은 몇십 명의 직원들과 다시 시작한다고 했다. 그러면서 내게 초심으로 돌아가겠다며 찾아왔다.

2. 우리가 보기에 끝없이 성장하는 듯한 기업도 잘 들여다보면 큰 굴곡이 있다. 멀리서 보니 멈춤이나 후퇴가 없어 보일 뿐이다. 가까이 보면 크고 작은 후퇴들이 있다. 그런데 이런 후퇴들 뒤에 새로운 전환과 성장을 보였다.

3. 스타벅스도 계속 잘 나간 것이 아니다. 하워드 슐츠가 CEO를 타인에게 맡겼을 때 스타벅스는 하락했다. 이에 그는 복귀하여 초심으로 돌아갔다. 매장을 300개나 철수했으며 6,700명이나 내보냈다. 직원들을 재교육하고 품질을 높였다. 영업이익도 후퇴하고 주가도 떨어졌으나 2년 후 다시 상승했다.

4. 자라 또한 코로나로 큰 타격을 받았다. 오프라인 매장에 고객이 오지 않자 1,200개의 매장 정리를 결정했다. 그러나 신규 프리미엄 매장 450개를 오픈하고 1조 이상을 온라인 투자에 쏟아부었다. 이에 턴어라운드 하고 있다.

5. 끝없이 성장해왔다는 미국 주식 그래프를 봐도 멀리서 보면 우상향이지만 가까이 보면 반 토막으로 떨어진 적도 있고 수년 동안은 정체한 적도 있다. 멀리서 볼 때와 가까이 볼 때는 완전히 다르다.

6. 아마추어 투자자들과 달리 고수 투자자들은 숨도 쉬지 않고 올라가는 경우를 싫어한다. 적절히 올라가며 후퇴도 있어야 응축되고 지속 가능하다는것을 알기 때문이다. 무엇이든 가파르게 오르는 것은 가파르게 떨어진다는 것을 안다.

7. 그 CEO는 같이 출발했는데 수직 상승하며 후퇴 없이 엘리베이터 상승만 하는 CEO들을 부러워했다. 이제 30대 초반 밖에 안되었는데 말이다. 나는 이런 이야기를 했다. "회사 몇 년하고 말 것인가요? 유성 같은 회사를 원하는가? 아니면 항성과 같은 회사를 원하나요?"

8. 반짝 빛나다가 사라지는 유성이 되지 않으려면 후퇴가 올 때 오히려 감사하라. 물론, 후퇴를 잘못 다루면 완전히 망할 수도 있다. 그러나 후퇴는 그동안 쌓인 거품을 걷어내고 초심으로 돌아가며 새로운 전진을 할 수 있는 응축의 기회가 될 수 있다.

9. 오히려 실패 없이 끝없이 성공하기만 한다면 두려워하라. 운을 자기 실력인 줄 착각하고 교만해진다. 거품이 끼여있음을 기억하라. 이러다가 큰 위기를 만나면 한 번에 빵 터지거나 고속 하강하게 될 위험이 크다. 그러므로 이럴 때일수록 시스템을 만들고 겸손하라. CEO의 잡지 표지 등장 횟수가 많을수록 쇠락할 위험이 크다는 연구결과도 있다.

10. 멀리 가려면 후퇴를 환영하라. 위기가 기회라는 말은 위로의 말이 아니다.

Worker가 아니라 Player로 산다

1. 얼마 전 젊은 직원들과 이야기를 하는데 "재테크에 대해 어떻게 생각하세요?"라고 묻는다. 과거에는 "회사일 열심히 하면 돈은 따라옵니다"라는 꼰대스러운 대답을 한 적도 있지만 지금은 생각이 바뀌었다. "회사 생활도 잘 해야 하지만 재테크도 잘할 필요가 있어요. 자신의 경쟁력을 쌓고 금융 공부도 열심히 하세요"라고 대답한다.

2. 그저 직장생활 열심히 해서 경제적 자유를 얻는 것은 어려운 시대가 되었다. 자본 소득을 누리는 법을 배우지 못하면 점점 힘들게 살게 될 가능성이 높다.

3. 요즘 창업으로 일가를 이룬 젊은이들을 많이 만난다. 또한 한쪽에서는 재테크로 꾸준히 자본 소득을 얻으면서 회사를 여유롭게 다니는 분들도 가끔 본다. 직장 생활을 하면서도 매우 당당한 직원들이 있다. 흙수저인데도 이런 분들이 꽤 있다. 흥미롭게도 이들은 일반 직장인들과 다르다. 무엇이 다를까?

4. 동경대 이또 모토시게 교수는 이런 말을 했다. "회사에서 맡은 일을 열심히 하는 것은 Work이다. 개개인은 Worker라고 부르고 Worker는 톱니바퀴의 일부를 담당하는 것이다. 다른 사람이 그 일을 담당해도 회사는 아무 지장이 없다. Worker에게 중요한 것은 자신이 속한 톱니바퀴가 얼마나 크고 단단한가이다. 자신의 경쟁력보다는 자신이 소속된 회사를 자랑한다. 그러나 Worker가 잘 사는 시대는 저물어 간다. 이제 Player가 필수적인 시대가 오고 있다. Player는 자신의 전문성, 컴퓨터나 타인이 대체할 수 없는 독특한 무언가를 가지고 있다. 톱니바퀴에서 빠져 나와도 생존할 수 있는 사람이다"

5. 그렇다. 깨인 사람들은 Worker로 일하지 않고 Player로 일한다. Worker는 수동적인 콤포넌트로 일하지만 Player는 게임을 하듯, 경기를 하듯 자신이 주도권을 가지고 일한다.

6. 미국의 전설적 한 벤처 투자사에서 조사를 해보았다. 기업에서 매우 똑똑하고 학력이 뛰어나고 일 잘하는 사람들을 모아 굉장히 좋은 아이디어를 주고 창업을 하도록

했다. 그런데 흥미롭게도 거의 성공하지 못했다고 한다. 완성도가 부족하더라도 자신들이 스스로 아이디어를 내어 창업한 벤처의 성공 확률이 압도적으로 높았다고 한다. Work에 익숙한 사람은 아무리 똑똑해도 Play를 할 줄 모르는 것이다.

7. 창업만이 Play를 하는 방법은 아니다. 직장 생활을 하면서도 충분히 Play를 할 수 있다. Play를 잘 하는 사람들의 공통점은 '독립심, 유연성, 호기심'이 강하다. 주도성과 독립심이 강하면서도 유연하고 끊임없이 배우고 탐구한다. 타인이 대체하기 어려운 자신만의 차별화된 것을 쌓는다. Work 하기보다는 게임하듯 경기하듯 한다. 물론, 게임이나 경기에서 다치고 패배하기도 하지만 오뚝이같이 일어선다.

8. 당신은 Work를 하고 있는가? Play를 하고 있는가? 우리 자녀들이 Worker가 되길 원하는가? Player가 되기를 원하는가?

범선인가? 크루즈인가?

1. 창업자들을 만나다 보면 대기업 직원들과 비교하게 된다. 유사한 나이, 유사한 배경이 있는 둘 간에 어떤 차이가 있을까? 흥미롭게도 대기업 핵심 부서 직원들이 오히려 학교 다닐 때 공부를 더 잘했고 더 논리적이며 보고서도 더 잘 쓰는 경우가 많다.

2. 여러 차이가 있지만 그중 한 가지는 사업 아이디어였다. 흥미롭게도 똑똑한 대기업 직원들은 대개 공통적으로 이렇게 말한다. '나가서 창업하고 싶지만 성공할 만한 사업 아이디어가 별로 없습니다. 웬만한 것은 이미 다른 사람이 다 해서 창업할만한 게 별로 없습니다. 누가 사업 아이디어만 주면 그걸 키우는 것은 자신 있는데요' 그런데 창업자들을 만나보면 대개 사업 아이디어가 넘친다. 들어보면 별로 성공할 것 같지 않은데 열의가 넘친다. 현재 사업을 하고 있지만 시간만 되면 또 하고 싶은 사업 아이디어들이 있고 빠르게 실행한다.

3. 『일을 잘한다는 것』〈야마구치 슈&구스노키 겐, 리더스북,2021〉을 읽다 보니 '범선'과 '크루즈'에 대한 비교가 있다. 범선은 바람에 의해 가는 배이다. 순풍이 오면 전진하고 큰 돛대를 달수록 순풍에 더 잘 간다. 잘 나갈 때는 매우 잘 나간다. 그러나 외부 환경에 의존적이다. 범선의 선장은 외부 환경에 예민하다. 그러나 문제는 자신이 통제할 수 있는 것이 별로 없다. 역풍이 불면 힘을 쓰지 못한다.

4. 반면 크루즈는 스스로 원동기를 부착한 배이다. 바람에 의해 방향과 속도가 결정되는 것이 아니라 선장 자신의 생각과 판단에 의해 결정된다.

5. 범선에 있는 사람들은 대개 outside-in의 사고를 한다. 스스로 생각하기보다는 외부에서 답을 찾는다. 회사나 상사의 지시로부터 답을 찾는다. 문제가 주어지면 검색하고 조사하고 정리하여 논리적인 답을 찾는다. 반면 쿠르즈의 사람들은 inside-out 사고를 한다. 자신으로부터 답을 찾는다. 스스로 생각을 많이 한다. 외부 정보는 불완전하지만 자신의 생각, 스토리가 있다. 문제에 대한 답보다 해결할 문제 자체를 발견한다.

6. outside-in의 사고를 하는 사람은 "이런 예측이 있고", "그것은 어떻게 될까?"의 사고에 익숙하다고 한다. 반면 inside-out 사고를 하는 사람은 "제 생각은", "그것이 어떻게 될지는 모르지만 나는 이렇게 생각해"의 사고에 익숙하다고 한다. 미래를 예측하기보다는 내가 미래를 위해 무슨 일을 할까 고민한다고 한다.

7. 물론, 창업을 해도 범선처럼 사는 사람도 있고 직장인이지만 크루즈처럼 사는 사람도 있다. 범선으로 살 것인가? 크루즈로 살 것인가? 그것조차도 자신의 선택이다.

노력이라는 미신에 대하여

1. 성경에 베데스다 연못이 나온다. 그곳에는 가끔 천사가 내려와 물을 움직이는데, 그때 그 물에 들어가면 병이 낫는다고 한다. 38년 된 한 병자는 그 연못 옆에 있었지만 그 연못에 들어갈 힘도, 넣어줄 사람도 없었기에 그저 그 옆에서 고통스럽게 누워 있었을뿐 치료되지 못하고 있다. 이때 그 연못을 지나가시던 예수께서 그에게 말씀하신다. "일어나 네 자리를 들고 걸어가라" 그러자 그가 곧 나아 자리를 들고 걸어간다.

2. 성경이 인류에게 가져다준 큰 통찰 중의 하나는 '갈망'도 '노력'도 삶을 근본적으로 바꾸지 못한다는 것이다. 그것들이 필요 없다는 의미가 아니라 우선순위가 아니라는 것이다. 38년 된 병자는 낫고자 하는 갈망도 있었고, 연못에 들어가고자 하는 노력도 있었지만 불가능했다. 갈망도 노력도 그의 삶을 바꾸지 못했다.

3. 우리는 '노력'에 대한 엄청난 미신을 가지고 있다. 노력해야지만 성공하고 인정받는다고 배워왔고 덕분에 많은 사람들은 평생 '애만 쓰다 죽는 인간'이 되었다. 인정받기 위해 노력하고 좋은 사람이 되기 위해 노력하며, 부자가 되고 성공하기 위해 또 사랑받기 위해 노력한다. 매일 애를 쓰지만 좌절만 하면서 인생을 보낸다. 그러나(예수님을 믿든 안 믿든) 성경의 통찰은 '노력'이 먼저가 아니라 '믿음'이 먼저라는 것이다. 믿고 믿음대로 담대하게 행동하라는 것이다.

4. 인정받기 위해, 좋은 사람이 되기 위해, 성공하기 위해 노력하는 게 아니라, 먼저 자신이 인정받는 존재임을, 좋은 사람(성경에 따르면 우리는 '좋은 사람' 정도가 아니라 '신의 자녀')임을, 성공의 존재임을 믿으라는 것이다. 그리고 그 믿음대로 담대하게 행동하라는 것이다. 베데스다 연못의 38년 된 병자는 믿고 그대로 자리를 박차고 일어섰다.

5. '인정받기 위해 노력하는 존재'와 '인정받는 존재'는 완전히 다르다. 전자는 인정을 받기 위해 끝없이 갈구하지만 결국 채우지 못한다. 전자는 평생 인정에 목마르고 인정을 받기 위해 노력하지만, 인정받지 못하면 좌절하고 결국 인정을 이룰 수 없다. 후자는 이미 인정받은 존재이기에 인정에 애쓰고 연연해 할 필요가 없다. 설령 주위에서 인정을 안해도 괘념치 않는다. 왜냐하면 이미 인정받은 존재이기 때문이다. 그저

신념대로 전진할 뿐이다. 이는 인정뿐 아니라 사랑, 성공, 비전(꿈) 모두에도 동일하게 적용된다.

6. 당신이 인정에 일희일비하고, 사랑에 일희일비하며, 돈과 성공에 노심초사한다면 당신은 '노력하는 존재'라는 뜻이다. 당신이 누군가로부터 인정받지 못하고, 때로 사랑받지 않고 미움받으며, 그리 출세한 듯 보이지 않아도 그리 크게 괘념치 않는다면 당신은 이미 '인정', '사랑', '성공'의 존재라는 뜻이다.

7. 어떻게 살 것인가? 평생 애쓰고 노력만 하며 살 것인가? 아니면 믿고 그저 무소의 뿔처럼 자리를 박차고 전진할 것인가? 당신의 선택에 달려있을 뿐이다.

변화하지 못하는 것은
이득을 놓지 못해서다

1. 예전 한 포럼에 참석했을 때 충격을 받았던 인사이트 중 하나가 있다. 한 사람이 물었다. "나는 화를 멈추고 싶어요. 자녀나 배우자에게 엄청나게 화를 내는데 그치고 싶지만 잘 안돼요"

2. 이때 리더는 이렇게 대답한다. "왜 당신이 화를 그치지 않을까요? 그건 당신이 화를 내는데 이득이 있기 때문입니다", "이득이라고요? 화를 내서 저는 마음만 아프고 미안하기만 한데요. 제가 무슨 이득이 있어서 화를 내겠어요?" 리더는 다시 말한다. "아니에요. 화를 내는데 큰 이득이 있어요. 그 이득이 뭔지 생각해 보세요"

3. 결국 질문자는 이득을 발견했다. 화를 냄으로써 자신이 옳다는 것을 증명했고, 자신이 지배권과 우위가 있음을 확인했다. 잠시 자신의 스트레스를 해소했다. 이득이 있기 때문에 그 행동이 지속되는 것이다. 화를 냄으로써 얻는 것, 자신의 옳음과 지배력의 이득을 포기할 수 있는가? 그것을 포기할 수 없다면 그는 영원히 그 '화'와 같이 사는 수밖에 없다.

4. 한 책을 읽으니 유사한 이야기가 나온다. 왜 수치심을 가지고 싶지 않은데 그것에서 벗어나지 못할까? 왜 불안, 무기력, 우울에서 벗어나고 싶은데 그렇게 안될까?(뇌의 이상 등으로 인한 경우를 제외하면) 잘 고찰해보면 그렇게 하는 데에 '자신의 이득'이 있기 때문이라는 것이다. 그 이득으로 인해 말로는 해결하고 싶다고 하지만, 실제 해결을 원하지 않는 것이다. 그 이득으로 인해 자신도 모르는 사이 그것을 선택한 것이라는 것이다.

5. 벗어 버리고 싶은 무언가가 있다면 곰곰이 생각해 보라. 그 이득이 무엇인가? 불안이 이득이 있다고? 무기력이 이득이 있다고? 게으름에 이득이 있다고? 우울이 이득이 있다고? 집착이 이득이 있다고? 화가 이득이 있다고? 짜증이 이득이 있다고? 곰곰이 생각해 보면 이득이 있다.

6. 어떤 분은 자녀가 사고로 죽은 후 계속 우울하게 살았다. 자신은 그 우울을 그치고 행복하게 살고 싶다고 입으로는 말했지만 실제 그 우울에 큰 이득이 있었다. 우울을 통해 자녀에 대한 죄의식이 해소되었던 것이다. 자녀에 대한 미안함, 죄의식, 불쌍함을 자신의 우울함으로 갚아주고 있었던 것이다. 사랑하는 사람이 죽었을 때 흔히 사람들은 스스로를 고통스럽게 하고 우울하게 함으로서 살아생전 잘해주지 못했던 죄의식을 푸는 이득을 얻는다. 그것을 놓지 않는 이상, 그 우울함에서 탈출할 수 없다.

7. 이득이 무엇인지? 그 이득을 버릴 수 있는지 생각해 보라. 그 이득을 버릴 때 비로소 변화가 가능하다. 그것을 버리길 선택하지 않는다면 변화할 수 없다. 변화가 되지 않는 것은 노력하지 않아서가 아니다. 이득을 포기하기로 선택하지 않아서이다.

이 세계는 자신의 인식의 범위만큼
자신에게 존재한다

1. 예전 어렸을 때 한 친구와 재미 삼아 언덕 위에서 내 이름이 들어간 상호의 숫자를 맞추는 게임을 했다. 나는 단연코 '0'이라 했다. 몇 번 왔지만 본 기억이 없다. 그런데 찾아보니 왠걸, 나는 세상에 그렇게 많은 '수정약국', '수정교회', '수정목욕탕'이 있는 줄 몰랐다.

2. 흥미롭게도 우리가 관심이 있는 것은 엄청나게 잘 보인다. 그러나 관심이 없는 것은 내 눈 앞에 존재해도 잘 보이지 않는다. 이것이 우리 뇌의 특성이라는 것은 널리 알려져 있다. 정보 과잉으로 과부하가 걸리는 것을 막아주는 뇌의 효율적 전략이다. 존재한다고 사람들에게 인식되는것이 아니다. 각 개인에게 있어서 이 세계는 자신의 '인식의 범위'만큼 존재한다.

3. 이로 인해 부작용이 생긴다. 즉, 자신의 눈에는 자신이 믿는 것, 자신이 관심 있는 것만 보인다는 것이다. 예를 들어, 자신이 특정 정치적 주장에 관심 있다면 페북의 타임라인에도 그 정치적 주장만 보일 것이다. 삶과 일에 대한 정보는 이상하게 보이지 않는다. 그것만 누르고 읽다 보면 페북은 더더욱 당신의 타임라인을 그런 기사로 채운다. 자신의 세계는 그것으로 가득 차게 된다.

4. 자신이 불평, 불만의 시각을 고수하면, 자신에게는 이상하게도 불평, 불만, 부조리만 보인다. 자신의 뇌가 그렇게 만든다. 세상은 구제불능으로 보인다. 만족하고 감사할 것이 없다. 실제 세상이 그러하지 않아도 그 사람에게 세상은 그렇게 인식되고 존재한다.

5. 이러한 메커니즘에 끌려다닐 것인가? 그럴 수도 있지만 역으로 인간은 이를 현명하게 이용할 수도 있다. 한 책을 읽다 보니 이런 말이 나온다. "무엇(WHAT)을 원할 지 결정하고 기록하고 이를 상상하라. HOW에 대해서는 신경 쓰지 마라. 그러면 당신의 뇌는 자동적으로 HOW를 실행해 줄 것이다"

6.   즉, 자신이 원하는 것을 의도적으로 뇌에 심어놓으라는 것이다. 그러면 자신의 뇌는 세상을 그 목표에 맞춰 자신에게 인식시켜준다. 자신이 원하는 것을 선명하게 정의하면, 우리 뇌는 그것에 맞춰 세상에 존재하는 많은 것들을 자신에게 인식되게 하기 때문이다.

7.   예를 들어, 우리가 '호주의 시드니'에 갈 것을 목표하고 상상하게 되면, 평소 보이지도 않았던 수많은 시드니에 대한 정보, 자료 등이 우리 눈에, 귀에 사방으로 부터 들어온다. 이에 우리의 실행력을 가속화시킨다.

8.   그러므로 자기 계발서에서 이야기하는 '믿으면 된다', '목표를 정하라', '목표를 이미지화 하라', '세상을 낙관적으로 보라' 등이 허황된 말이 아니다. 단, 목표를 정할 때 주의할 것은 '긍정의 문장'으로 정하는 것이다. 코끼리를 생각 안하자고 결심하면 더 생각난다. '나는 10kg을 뺀다'가 아니라 '나는 50kg이 된다', '나는 연봉이 낮은 회사에는 안간다'가 아니라 '나는 연봉 1억의 회사에 입사한다', '나는 담배를 끊는다'가 아니라 '나는 비흡연자가 된다' 이다. 그리고 기한을 정하며, 매일 말로 선포하고, 이미지화 하라.

9.   여러분은 어떤 목표와 어떤 태도, 어떤 관점을 선택하고자 하는가? 그것에 따라 세상은 자신에게 인식된다는 것을 기억하시라. 자기에게 인식되는 세상은 자신의 선택의 결과물이다.

Be-Do-Have

1. 우리가 삶을 추구하는 방식은 대개 Do-Have-Be 또는 Have-Do-Be이다. 내가 열심히 일하면(Do), 돈을 많이 가지게 되고(Have), 그러면 자유로운 존재가 될 텐데(Be). 내가 조금 더 시간이 있다면(Have) 자녀들과 놀아주고(Do) 그러면 좋은 아빠가 될 텐데(Be). 내가 조금 여유가 있다면(Have), 다른 사람들을 도와주고(Do) 그러면 사회에 도움이 되는 사람이 될 텐데(Be).

2. 이에 무언가 갖지 못해서 목적하는 존재가 되지 못한다고 생각하고, 무언가 행하지 못해서 목적하는 존재가 되지 못한다고 여긴다. 그러고는 열심히 이것저것 하지만 결국 좌절을 거듭한다. 그러고는 평생 시간이 없고, 돈이 없고, 백이 없고, 재능이 없고 등의 이유로 하고 싶은 일을 제대로 못하며, 스스로 형편없는 존재로 자신을 단정하고 인생을 마치기도 한다.

3. 그러나 깨달은 자들이 우리에게 주는 대부분의 통찰은 이 순서가 바뀌었다고 말한다. 즉, Be-Do-Have라는 것이다. 자신이 어떤 존재이므로(Be), 어떤 것을 행할 수 있고(Do), 그 결과 자신이 원하는 것을 소유(Have)한다는 것이다.

4. 나는 자유와 가능성의 존재이므로(Be), 자유롭게 살고(Do) 그 결과 자유를 얻으며(Have), 나는 부의 존재이므로(Be), 당당하게 행동하고(Do) 그 결과 부를 얻는 것(Have)이며, 나는 이미 좋은 아빠이므로(be), 자녀들과 함께하고(Do) 그 결과 자녀들과 좋은 관계를 갖는 것(Have)이다.

5. 우리들의 삶은 마치 독수리 새끼가 닭들 사이에 껴서 '나는 미약하니 향후 열심히 노력해서 멋진 닭이 되고 싶어요'라고 하는 것과 같다. 흥미롭게도 닭 사이에서 자란 독수리는 결국 날지 못한다. 자신을 엉뚱한 존재로 인식하고 그 존재로 사는데 새로운 존재가 될 리가 없다.

6. 우리에게 필요한 자각은 자신이 '독수리'임을 인식하는 것이다. 아직은 새끼일지 모르지만 독수리이다. 아직은 비틀거리지만 독수리의 생명이다. 독수리라는 존재임을

인식하고 독수리로 당당하게 행동하면 결국 독수리의 날개침을 얻게 되는 것이다.

7. 그러므로 먼저 자신의 '존재'를 선포하고 믿음을 가지는 것이 우선이다. 이미 우리는 훌륭한 아빠(엄마)요, 훌륭한 자녀요, 훌륭한 시민이요, 세상에 선한 영향력을 미치는 존재이다. 그리고 그러한 존재이기에 훌륭한 행동을 하는 것이다. 단지, 미진함이 있다면 그런 존재가 아니라서가 아니라 어리기 때문일 뿐이다.

삶은 그 자체가 선물, 소소한 행복

1. 요즘 내 또래나 나보다 연장자이신 수억 연봉 벌고 소위 성공한 사람들을 만나면 (일 이야기 외엔) 다들 아랫배만 볼록한 채 '간헐적 단식' 등의 다이어트 이야기나 위염, 지방간, 고혈압, 가벼운 공황장애 이곳저곳 약간씩 골병든 얘기뿐이다. 나도 그러하다.

2. 돈 많이 번다고 밥 네 끼 먹는 것도 아니다. 고급 음식점도 한때뿐이다. 다들 풍성하고 맛있는 음식점에 가서도 안타깝게 깨작깨작 먹는다. 최고급 일식집에서도 양식집에서도 다들 깨작깨작이다. 야채나 먹어야 할 듯하다.

3. 많이 번다고 스타벅스에서 특별 커피를 주문할 수 있는 것도 아니고, 많이 번다고 황금 스마트폰을 가질 수 있는 것도, 자신만의 초고속 모바일 서비스를 받을 수 있는 것도 아니다. 해외 출장은 빈번하게 다니지만 다들 업무만 마치면 밤 비행기로 돌아온다. 개인적 해외여행은 대개 은퇴 후로 미룬다. 은퇴하고 나이 들어서 가는 해외여행이 뭘 그리 재미있겠는가. 해외여행도 젊었을 때 사랑하는 연인과 또는 즐거워하는 자녀들과 가야 최고 즐거운 법이다. 많이 번다고 스포츠카 타고 출근할 수도 없는 일이다. 교통 막히고 미세먼지에 덥고 추운 환경에 오픈 스포츠카를 타고 다니는 것은 '나는 관종이에요'라는 이야기 밖에 안된다.

4. 집에 영화관이 있는 부자가 부러운가? 그거 만들어서 영화 보면 처음에는 왕이 된 듯하지만 시간이 지날수록 심심하다. 극장에 가서 사람들 속에서 웃고 울며 보는 것이 훨씬 재밌다. 별장이 부러운가? 만들어 놓으면 그곳만 가야 할 뿐이다. 요즘은 전국 방방곡곡 좋은 펜션과 리조트가 넘쳤다. 시간만 잘 선택하면 10만 원대로 충분히 즐길 수 있다. 집안에 산책로가 있는 집이 부러운가? 우리 동네엔 엄청 좋은 산책로가 5분 거리에 있다. 아무리 집이 커도 컴컴하고 심심한 산책로 혼자 돌아봤자 운동도 안된다. 멋진 카페 같은 주방이 부러운가? 5천 원에서 만 원만 내면 아름다운 카페가 천지이다. 거기 가면 바로 옆에 스킨십하고 서로 좋아 죽을듯한 젊은 연인들, 공부하는 20대들의 기운도 느낄 수 있는데 집에서 혼자 또는 왠수같은 남편이랑 무슨 청승인가?

5. 돈이 많아 주먹만 한 다이아몬드 반지나 목걸이, 넥타이핀을 샀다고 해보자. 그거 어디 누가 훔쳐 갈까 겁나서 몸에 걸치고 다닐 수 있겠는가. 기껏해야 집에 꽁꽁 숨겨 놓지 않겠는가. 사실 기껏 할 수 있는 사치라고는 명품 정도인데, 이를 구별할 능력이 없으면 전혀 효력이 없다. 명품 브랜드는 사람들의 머릿속에 '이게 진짜 성공한 사람만 가질 수 있는거야'라는 인식을 남기려고 엄청난 돈을 퍼붓고 있다. 이것에 세뇌만 안되면 명품의 가치는 전혀 없어진다. 비싼 돈을 내면서 주위 사람이 아무도 몰라주는 옷을 입고 장식품을 걸치고 다닐 바보는 별로 없다.

6. 부자가 안돼서 인생이 힘든 게 아니라, 비교 자체가 인생을 힘들게 하는 것이다. 만족하게 살다가도 자꾸 비교하니 힘들다. 재미있게 잘 살다가도 넓고 화려한 친구 집에 가면 실패한 인생 같다. 회사 잘 다니다가도 딴 회사에 있는 동기가 나보다 높은 연봉을 받으면 괜히 회사가 날 착취하는 것 같고 미워진다. 아무 문제 없이 잘 살고 있었는데도 명품 옷 걸친 친구 보고 나면 집에 와서 남편이나 아내에게 바가지 긁고, 공부 잘 한다는 친구 애들 보면 괜스레 착하고 성실하게 잘 지내는 애들한테 성질낸다. 물론, 나도 때때로 그러하다. 부동산 투자 좀 했으면 더 나았을 텐데 하는 불만이 있다. 때로 배도 아프다.

7. 현재 있는 정도에서 매일 즐겁게 지내면 된다. 물론, 돈은 벌수록 좋다. 가능한 많이 벌고 투자도 잘하는 게 좋다. 그러나 중요한 것은 부자가 된 후 행복을 누리겠다는 게 아니라 바로 지금 소소하더라도 행복을 누리는 것이다. 작은 일을 즐기고, 맛보고, 사랑하고, 웃고, 울고, 기뻐하고, 용서하고, 배우고, 가르치고, 보고, 듣고, 만지고, 느끼고, 숨 쉬고, 읽고, 소통하고, 대화하고, 걷고, 뛰고, 마시고, 성취하고, 춤추고, 여행하고, 양육하고, 따뜻하고 관대하게 산다.

8. 때로, 슬픔과 아픔과 두려움도 살아있는 삶의 일부이다. 삶은 그 자체가 선물이다. 불평만 하고 미루기만 하다가 어느 날 갑자기 늙고 어느 날 갑자기 죽는다. 이 정도 지내는 것도 불과 백 년 전 최고 부자들보다 훨씬 더 잘 먹고, 잘 사는 것임을 기억할 필요가 있다.

내게 주어진 인생은 선물이다

1. 얼마 전 내가 좋아하는 분과 같이 걷는 중이었다. 그가 스마트폰의 메시지를 보며 깜짝 놀란다. "예전 직장 상사 분이 암에 걸려서 한주 밖에 못 산데요" 물어보니 나이가 나보다 약간 많은 정도이고 아주 가난하게 살았지만 공부를 잘해서 일류대를 나와 대기업에 들어가서 이제야 겨우 먹고 살 만 해졌다는 것이다. 50대밖에 안되었는데 삶의 마지막을 앞두고 있는 것이다.

2. 나의 고교나 대학 동기 중에서도 이미 유명을 달리한 친구도 있다. 유명인들 중에도 아까운 나이에 스스로 세상을 저버린 분들도 적지 않다. 출생은 순서가 분명하지만 죽음은 그러하지 않다. 죽음은 출생순이 아니며 언제 우리에게 닥칠지 모른다. 갑자기 사고를 당할 수도 있고 병이 올 수도 있다. 예상보다 늦게 죽을 수도 있지만 일찍 죽을 수도 있다.

3. 죽음을 생각하는 것은 부정적일까? 그렇지 않다. 죽음은 우리가 어떻게 살아야 할지를 알려준다. 나는 성경의 전도서를 풀은 신학자 데이비드 깁슨의 말*을 항상 명심하려 한다. "삶은 바람의 속삭임 같다. 연기와 같다. 연기는 물리적 실체이지만 잡으려하면 비켜간다. 우리가 삶을 통제하려 애 쓸때 우리의 통제력은 비켜간다. 당신이 얻었다 생각하는 것도 사라질 것이고 당신도 사라진다. 해 아래 얻을 수 있는 유익은 없다. 지혜, 즐거움, 일, 재산, 성취는 거품이다. 죽음은 이 거품을 터트리는 바늘이다. 결국 우리의 거품은 터진다.

* 『인생, 전도서를 읽다』 〈데이비드 깁슨, 복있는사람.2018〉

4. 죽음을 준비할 때만 우리는 어떻게 살지 배울 수 있다. 삶은 'Gain'이 아니라 'Gift'이다. 자신이 죽을 것이라는 것을 받아 들일 때, 우리는 너무 많은 것을 기대하지 않도록 해준다. 무언가 '얻으려', '이루려' 사는 게 아니라, 성취하려 분투하는 것이 아니라, 삶 자체를 선물로 받아들여라. 기쁨이란 추구하고 움켜지는 것이 아니다.

5. 늘 해야 할 것을 찾고, 완수하지 못한 죄책감을 안고 살지 마라. 유산을 남기려 하지 마라. 언젠가 더 나은 사람이 될 거라는 생각을 멈춰라. 내일 죽을 지도 모른다. 지금 당신이 소유한 삶을 살라. 현실을 회피하고 마음껏 먹고 마시는 것은 도피주의이다. 지혜롭게 살라. 훌륭한 삶을 사는 것이 훌륭한 죽음을 준비하는 것이다.

6. 오늘 바로 '지금 여기'를 살라. 풍성한 삶이란 자격 없는 당신에게 하나님이 즐기라고 주신 선물을 오늘의 보상으로 받아들이는 것이다. 해야 할 일의 리스트가 아닌 원하는 일의 버킷리스트를 실행하라. 기쁘고 즐겁게 살라. 작은 일을 즐기고, 맛보고, 사랑하고, 웃고, 기뻐하고, 용서하고, 관대하게 살라. 죽음을 염두에 두고 살 때 매일 매일 사랑하고, 현명하고, 자유롭고, 관대하게 살게 된다. 매 순간이 Gift이기 때문이다"

7. 유사한 통찰을 제시하는 『미움받을 용기』〈고가 후미타케&기시미 이타로, 인플루엔셜.2014〉라는 책에서 내가 가장 좋아하는 문장은 다음과 같다. "삶은 정상에 도달하기 위한 등산이 아니라 플로어에서의 댄스이다. 인생이란 지금 이 찰나를 춤추듯이 사는, 찰나의 연속이다. 그러다 문득 주위를 돌아봤을 때 '여기까지 왔다니!'라고 깨닫게 되는 것이다. '지금, 여기'를 진지하게 사는 것 그 자체가 인생이다"

8. 내게 주어진 인생은 선물이다. '내가 무엇을 얻고 이루는가'가 감사가 아니라 그저 존재하고 누리고 사랑하고 웃고 울고 기뻐하고 슬퍼하고 용서하고 맛볼 수 있는 하루 하루가 감사일 뿐이다.

마치는 글

1. 우주와 인간: 나는 예전부터 이런 생각으로 지냈다. "이 우주는 인간과 무관하게 그저 독립적이고 객관적으로 존재하고 묵묵히 자신의 길을 가지만, 인간 개개인에게 이 우주는 자신이 존재하기에 존재하는 것이다. 내게 있어 이 우주는 내 존재가 사라지면 그 존재도 사라진다. 내가 보는 우주가 내게는 실재의 우주이다" 양자물리학자 카를로 로벨리의 『보이는 세상은 실재가 아니다』〈카를로 로벨리, 쌤앤파커스.2018〉라는 책을 읽었는데 흥미로운 문구들이 있었다 "세계는 시간에 따라 변화하는 것이 아니라 서로에 관해서 변화한다. 공간 양자들과 물질들의 끊임없는 상호 작용만 있다. 실재는 대상으로 나누어져 있지 않고 변화무쌍한 흐름이다. 산, 파도 등의 경계가 없다. 우리는 이해하기 쉽게 세상을 나눈 것 뿐이다. 살아있는 체계는 끊임없이 자신을 재형성하고 상호 작용하는 특별한 체계이다" 양자역학에서는 이 우주는 객관적으로 존재하고 있는 것이 아니라 상호 연결되어 있는 우주, 상호 소통하는 우주, 동참하는 우주라고 한다. 겉으로는 산, 파도, 인간 등으로 나뉘어 있지만 실제 이를 구성하는 원자들, 더 기술적으로는 공간 양자들의 끝없는 상호 교환과 흐름이라는 것이다. 흥미롭게도 인간을 구성하는 원자의 98%는 1년 안에 바뀐다. 1년 전의 내가 지금의 나와 다르다는 것이다. 1년 전의 나는 우주로 흘러가 버렸다. 그러므로, 이 우주는 객관적으로 따로 노는 우주가 아니라 우주의 모든 구성원들이 상호 관계를 통해 창조해가는 우주이다. 우리 모두가 하나의 구성원으로서 인간 뿐 아니라 돌, 산, 공기, 별 들과 상호작용을 하며 흘러가고 있다.

2. 과거, 현재 그리고 미래: '현재의 나'는 무엇에 의해 결정되는가? 라고 물을 때 대부분은 '과거'라고 답한다. 과거의 경험, 과거의 생각이 현재의 나를 결정하는 것은 당연한 사실 일 수도 있다. 이에 대부분은 자연스럽게 '과거'에 근거하여 미래의 목표와 방향도 설정한다. 이렇게 한 인간의 '과거'는 그의 '현재' 뿐 아니라 '미래'를 지배한다. 나도 그렇게 생각했다. 그러나 몇 년선 한 모섬에 참여 했을 때 임칭닌 인사이드로 큰 충격을 받았는데 그것은 '현재의 나'가 '과거'가 아닌 '미래'로 결정될 수 있다는 것이다. 우리가 멋진 곳에 여행을 가겠다는 계획을 가지면 현재 기분을 들뜨게 한다. 그러므로 '미래'가 '현재'를 결정할 수도 있다. '현재'의 목표와 방향 또한 마찬가지이다. '과거'의 경험, 성과, 생각에 근거하여 '현재의 목표와 방향'을 설정 하는 것은 '통념'이

고 자연스럽다. 그러나 현재의 목표와 방향 설정을 과거에 근거하지 않고 '미래'에 근거해서 설정할 수 있다고 생각을 바꾸어보자. 과거의 경험, 성과, 생각은 잊어버리고 백지에 나의 원하는 미래를 그려보고 이에 근거하여 현재의 목표와 방향을 설정해 보자는 것이다.

3. 통념 그리고 상상: '미래' 중심적으로 현재를 바라보는 것을 방해하는 것은 무엇일까? 그것은 '통념'이다. 일반적으로 통하는 생각과 방식이다. '통념'은 우리의 삶을 매우 편하게 해준다. 모든 사항들을 의심하고 고민한다면 힘들 것이다. '통념'을 받아들이면 남들 만큼 간다. 그러나 이 통념은 우리를 '과거'에서 못 벗어나게 하는 역작용이 있다. 그 속에 우리를 갇히게 한다. 갈릴레오 이전까지는 '태양이 돈다'는 통념 속에 있었고, 뉴턴 이전까지 사람들은 '사과가 떨어진다', 우버나 에어비앤비 이전까지는 '집이나 차를 공유하지 못한다'는 통념이 있었다. 미래로 현재를 만들기 위해서는 '통념'을 벗으려 할 필요가 있다. 그리고 그 '통념'을 다른 단어로 대체할 필요가 있는데 그 단어는 바로 '상상'이다. 유발 하라리는 사피엔스가 이 세상을 정복하게 된 비결을 '상상'이라고 한다. '상상'을 통해 무언가를 만들고 그것을 믿게 만들었다. 그 덕에 '인권'이니 '돈'이니 '아름다움'이니 '종교' 등이 나왔다. 상상이 없이 통념 속에 사로잡혀 있었다면 인간은 진보하지 못했다. 인간은 상상을 통해 이 세상에 없는것을 생각해 냈을 뿐 아니라 사람들을 믿게 하고 그것을 실현시켰다.

4. 용기: 통념을 이기고 상상을 하는 데 필요한 것이 있다. 그것이 '용기'이다. 통념을 넘어 새로운 상상은 주위 사람들에게 배척당할 가능성이 높다. 종교시대는 기존의 통념을 넘어 새로운 상상력을 발휘하고 이를 주장하는 사람들을 교수형에 처했다. 지금은 물리적 처형은 사라졌지만 사회적, 심리적 처형을 당할 수 있다. 고립되고 왕따 당하기도 한다. 다행히 20세기 발전된 몇몇 사회에서는 이러한 시도가 격려되기도 한다. 그러나 대부분의 사회에서는 '이단자'요 '해적'으로 취급받기도 한다. 대다수의 생각과 의견과 다른 생각과 다른 주장을 한다는 것은 쉽지 않다. 용기가 필요하다. '미움 받을 용기'이다.

5　원인과 결과: 용기가 있는 사람은 삶을 결과(Effect)로 살지 않고 원인(Cause)으로 산다. 남들의 눈에 따라, 남들이 원하는 삶을 살기보다는 자신의 삶을 산다. 사실, 대

부분은 남들이 원하는 삶, 남들이 기대하는 삶을 산다. 그리고 남들의 칭찬과 인정을 구한다. 남들을 만족시키는 삶을 산다. 그런 삶은 결과(Effect)로 사는 삶이다. 용기 있는 사람은 자신이 '원인'이 된다. 자신의 주도적인 삶, 자신의 삶을 산다.

6.   행동: 용기는 행동을 낳는다. 행동은 기분을 앞선다. 기분이 생겨야 행동할 수 있는 것이 아니다. 기분을 기다리면 행동할 수 없다. 행동하지 않으면 세상은 움직이지 않는다. 당신이 행동할 때 세상은 당신을 위해 움직인다. 그러므로 당신이 상상을 했다면 취할 것은 '행동'이다. 당신의 상상을 믿고 한 걸음 내딛는 것이다. 생각은 커도, 행동은 한 발자국부터이다.

7.   변화: 행동이 이루어지면 변화가 생긴다. 변화는 두 가지 용어가 있다. 'Change'와 'Transformation', 전자는 선형적이며 후자는 비선형적이다. 이에 후자를 '변신'이라고도 번역한다. 애벌레가 나비가 되는 것이 'Transformation'이다. 통념을 넘어선 큰 생각을 하고 행동했다면 여기에 'Transformation'이 생긴다. 작은 생각을 하고 통념을 넘어서지 못한다면 작은 'Change'에 그칠 것이다.

8.   지금, 이 순간: 인생을 '등산'이 아닌 '댄스'에 비유한다. 어느 한순간 달성을 위해 사는 것이 아니라 순간순간을 산다는 것이다. 인생은 선이 아니라 점의 연결이다. 지금 이 순간이 중요하다. 그러므로 시작은 바로 지금, 이 순간이다.